LE
GRAND LIVRE
Marabout
de la

pâtisserie facile

600

recettes

LE
GRAND LIVRE
Marabout
de la
pâtisserie
facile
600
recettes
maraboutchef

LES PICTOS

Temps de préparation

Temps de cuisson

Temps de cuisson au four

Nombre de personnes

Nombre de pièces

Temps de réfrigération

Temps de congélation

Temps de repos

Température du four

SOMMAIRE

MOULES DU PÂTISSIER

Constitués d'une large gamme de matériaux, tous ces ustensiles ont leurs avantages et leurs inconvénients. Le prix est un bon indicateur de qualité. Prenez soin de bien choisir. Un bon moule à gâteau devrait durer toute votre vie.

1 MOULES À GÂTEAU CONIQUES

Principalement utilisés pour faire des gâteaux en forme de jupe sur lesquels on place ensuite le buste d'une poupée. On trouve ces moules dans les magasins et sur les sites spécialisés.

2 MOULES À GÂTEAU CARRÉS EN MÉTAL

En étain, ils ont besoin d'être chemisés de papier sulfurisé et leur contenu doit cuire à 10 °C de moins que dans un moule en aluminium.

3 MOULES À ENTREMETS ANTIADHÉSIFS

On en trouve de toutes les formes et tailles. Peuvent être utilisés pour confectionner divers desserts frais et petits gâteaux.

4 MOULES À MUFFINS

Il en existe de nombreuses matières et tailles. Le revêtement des moules antiadhésifs ne doit pas être rayé.

5 MOULES À KOUGLOF

Cuisent bien les préparations car la chaleur est diffusée depuis le centre et les bords. Peuvent être remplacés par des moules à charlotte ou autres moules en forme d'anneau.

6 MOULES À GÂTEAU RONDS

Ceux figurant sur la photo sont du même type que les moules carrés (voir n° 2, page ci-contre).

7 MOULES À CAKE

De taille très pratique, idéaux pour congeler des préparations. La plupart des gâteaux cuits dans ces moules se craquèlent car la pâte est dans un contenant étroit, ce qui la fait lever assez rapidement.

8 MOULES À MANQUÉ

Principalement utilisés pour les recettes qui cuisent vite (généralement en moins de 30 minutes), ils ont de multiples usages.

9 PETITS MOULES RONDS

Peuvent être utilisés pour les gros muffins, les entremets, les flans, etc.

MATÉRIEL SPÉCIFIQUE

Si vous débutez comme pâtissier maison, achetez le matériel au fur et à mesure que vous en avez besoin. Le prix est généralement un bon indicateur de qualité.

THERMOMÈTRES DE CUISINE

On en trouve de nombreux types, formes et tailles dans les magasins de matériel culinaire. Les plus utilisés sont le thermomètre à four (à gauche), le thermomètre à viande (à droite) et le thermomètre confiseur.

MOULES À GÂTEAU

Il vous faudra de temps en temps un moule de forme particulière. On peut en acheter ou en louer auprès des enseignes de décoration pâtissière. Ils sont en étain de bonne qualité, donc il faut réduire la température de cuisson de 10 °C.

SERINGUES ET DOUILLES

Les glaçages peuvent être appliqués à l'aide d'une seringue à douille pour obtenir diverses décorations. En plastique ou en métal, ces ustensiles se trouvent dans les magasins de matériel culinaire.

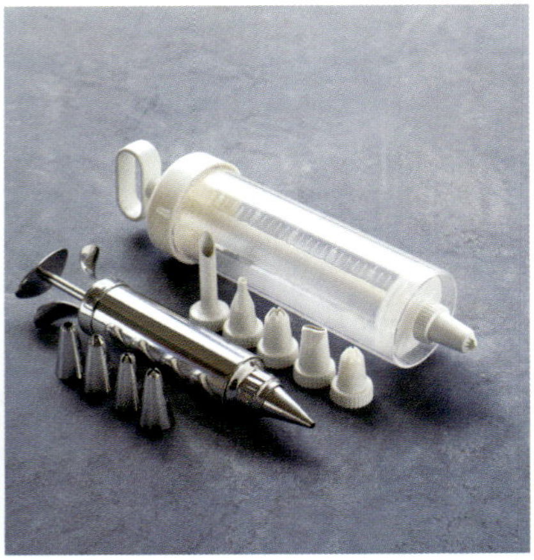

MOULES À CROQUEMBOUCHE

Utilisés pour créer la fameuse pièce montée composée de choux à la crème maintenus ensemble par du caramel ou du chocolat fondu. Ces moules sont chers à l'achat mais peuvent se louer auprès des enseignes de décoration pâtissière.

CUILLÈRES ET SPATULES

On n'en a jamais trop car il en faut des différentes pour chaque travail. Rangez celles en bois, que vous utilisez pour la cuisson, séparément de celles en plastique, qui servent à mélanger des ingrédients, car le bois absorbe les saveurs et les graisses.

EMPORTE-PIÈCE

La qualité se paye pour ces ustensiles. On trouve les meilleurs chez les fournisseurs pour professionnels – si vous en prenez soin, ils dureront toute votre vie. Ceux en métal sont largement supérieurs à ceux en plastique car ils coupent de façon bien nette la pâte, le fondant, etc.

RACLOIRS COUPE-PÂTE

Ces ustensiles servent à couper et à tourner différents types de pâtes, de fondants, etc., à racler un saladier ou une planche, ou à transférer des ingrédients d'une planche à une casserole.

ROULEAUX À PÂTISSERIE

Les pâtissiers adorent leurs rouleaux et en prennent soin. En bois, ils se tachent et s'abîment facilement. On en trouve dans de nombreux matériaux et de différentes formes et tailles selon les besoins.

RÂPES ET ZESTEURS

Il en existe diverses formes et tailles, et leur prix et leur qualité sont très variables. Si vous achetez une râpe à bas prix, préparez-vous à la jeter quand elle s'émoussera.

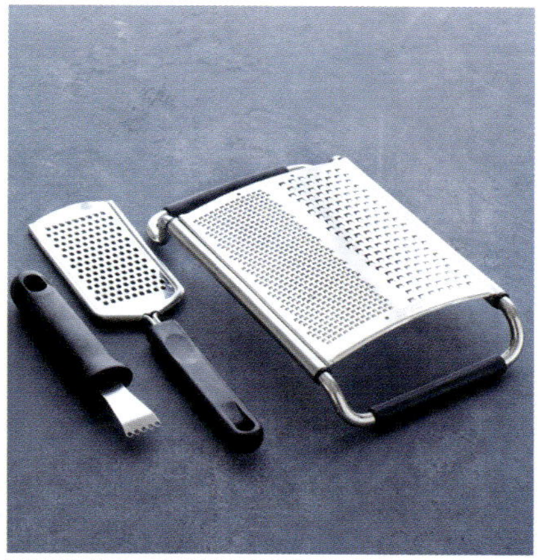

DOUILLES ET POCHES À DOUILLE

Des poches à douille de divers matériaux et tailles se trouvent dans les supermarchés, les enseignes de décoration pâtissière, les magasins pour professionnels et les boutiques de matériel culinaire. Les douilles se déclinent également en de nombreuses formes et tailles. Des fixations à vis permettent de changer de douille sur la même poche.

SALADIERS ET BOLS

Comme pour les casseroles, il n'est pas utile d'en acheter une série. Achetez les tailles et les formes correspondant à vos besoins. Ceux en acier inoxydable, en verre et en céramique sont probablement les plus pratiques.

USTENSILES DE MESURE

La pâtisserie est une science, et il est essentiel de peser ou de doser les ingrédients avec précision pour réussir à coup sûr. Achetez des verres et des cuillères à mesure solides et faciles à lire. Une cuillerée à soupe doit mesurer 20 ml.

TOUT CHOCOLAT

brownies au chocolat

8 20' 30' 180°

300 g de chocolat noir coupé en morceaux
150 g de beurre coupé en cubes
330 g de sucre roux
4 œufs légèrement battus
150 g de farine
120 ml de crème fraîche
75 g de noisettes grillées concassées

Sauce au chocolat
200 g de chocolat noir de dégustation
20 g de beurre
¼ de c. à c. d'extrait de vanille
125 ml de crème fraîche

1 Préchauffez le four à 180 °C. Beurrez un moule rectangulaire.

2 Mélangez le chocolat et le beurre dans une casserole, puis faites fondre à feu doux, en remuant sans cesse.

3 Versez le mélange dans un saladier, puis incorporez le sucre et les œufs. Ajoutez enfin la farine, la crème et les noisettes. Quand la préparation est homogène, versez-la dans le moule et lissez la surface. Faites cuire au four 30 minutes, puis laissez refroidir.

4 Préparez la sauce au chocolat. Faites fondre le chocolat et le beurre au bain-marie. Remuez constamment pour que le mélange soit lisse. Incorporez la vanille et la crème.

5 Au moment de servir, détaillez le gâteau en rectangles, puis nappez-les de sauce au chocolat.

brownies chocolat-framboises

16 | 25' | 45' | 10' | 180°

150 g de beurre coupé en cubes
350 g de chocolat noir coupé en morceaux
220 g de sucre en poudre
2 œufs
185 g de farine ordinaire
75 g de farine avec levure incorporée
200 g de framboises fraîches ou surgelées
2 c. à c. de cacao en poudre

1 Préchauffez le four à 180 °C. Beurrez un moule à gâteau carré de 20 cm de côté et chemisez-le de papier sulfurisé, en le laissant dépasser de 5 cm de chaque côté.

2 Faites fondre le beurre avec 200 g de chocolat dans une casserole, à feu doux, en remuant. Laissez refroidir 10 minutes.

3 Incorporez le sucre, les œufs, les farines tamisées, les framboises et le reste du chocolat, mélangez et versez la préparation dans le moule.

4 Faites cuire le brownie 45 minutes, puis laissez-le refroidir dans son moule avant de le découper en 16 parts. Servez les brownies saupoudrés de cacao.

ASTUCE
Si vous utilisez des framboises surgelées, ne les décongelez pas avant emploi, elles perdraient leur jus et leur forme.

brownies au beurre de cacahuète

24 | 20' | 50' | 180°

180 g de beurre coupé en cubes
150 g de chocolat noir haché
385 g de sucre en poudre
4 œufs légèrement battus
1 c. à c. d'extrait de vanille
110 g de farine
2 c. à s. de farine avec levure incorporée
35 g de cacao amer en poudre
50 g de chocolat noir haché supplémentaire
95 g de beurre de cacahuète crunchy

1 Préchauffez le four à 180 °C. Huilez un moule de 20 × 30 cm, puis chemisez-le de papier sulfurisé, en le laissant dépasser de 5 cm sur les côtés les plus longs.

2 Faites fondre le beurre et le chocolat dans une casserole, à feu doux, sans faire bouillir. Laissez tiédir.

3 Incorporez le sucre, les œufs et l'extrait de vanille, puis les farines tamisées, le cacao et le chocolat noir supplémentaire. Versez dans le moule. Déposez des petits tas de beurre de cacahuète sur la pâte, puis enfoncez-les avec un couteau.

4 Faites cuire le gâteau 50 minutes environ. Laissez-le refroidir dans le moule, puis découpez-le en 24 parts.

16 | 25' | 35' | 180°

brownies aux 3 chocolats

125 g de beurre coupé en cubes
200 g de chocolat noir coupé en petits morceaux
110 g de sucre en poudre
2 œufs
185 g de farine
150 g de chocolat blanc coupé en petits morceaux
100 g de chocolat au lait coupé en petits morceaux

1 Préchauffez le four à 180 °C. Huilez un moule carré de 19 cm de côté, puis chemisez-le de papier sulfurisé, en le laissant dépasser de 5 cm sur les côtés.

2 Faites fondre le beurre et le chocolat noir dans une casserole, à feu doux, puis laissez refroidir 10 minutes.

3 Incorporez le sucre et les œufs, puis la farine tamisée, le chocolat blanc et le chocolat au lait. Versez la pâte dans le moule.

4 Faites cuire 35 minutes environ, puis laissez refroidir dans le moule. Découpez en 16 parts.

fondants au chocolat

6 | 25' | 3h | 14' | 220°

200 g de chocolat noir grossièrement haché
100 g de beurre doux coupé en cubes
1 c. à s. de cacao en poudre
1 c. à s. de farine avec levure incorporée
75 g de sucre en poudre
3 œufs

1 Beurrez les 6 alvéoles (contenance 125 ml) d'un moule à muffins.

2 Faites chauffer au bain-marie le chocolat et le beurre, en remuant, jusqu'à ce que le mélange soit lisse.

3 Tamisez le cacao, la farine et le sucre au-dessus d'un saladier. Incorporez les œufs, puis le mélange chocolat-beurre.

4 Répartissez la préparation dans les alvéoles. Couvrez de papier d'aluminium et mettez au congélateur pour 3 heures ou toute une nuit.

5 Préchauffez le four à 220 °C. Faites cuire les fondants, sans les décongeler, pendant 7 minutes. Tournez le moule et faites cuire encore 7 minutes. Laissez reposer 2 minutes, puis dégagez le bord des fondants avec la pointe d'un couteau et démoulez délicatement. Servez aussitôt, avec de la crème fraîche ou de la glace.

ASTUCE
La préparation peut se garder au congélateur plusieurs semaines. Ne décongelez pas avant de cuire. Veillez à ce que les fondants soient servis le cœur tendre et onctueux.

6 | 30' | 12' | 200°

mokas au cœur coulant

150 g de chocolat noir coupé en morceaux
125 g de beurre coupé en cubes
3 c. à c. de café soluble
2 œufs
2 jaunes d'œufs
75 g de sucre en poudre
35 g de farine ordinaire
2 c. à c. de cacao en poudre

1 Préchauffez le four à 200 °C. Beurrez généreusement 6 grands moules à muffins de 180 ml.

2 Faites chauffer le chocolat, le beurre et le café à feu doux, en remuant, jusqu'à obtention d'une préparation lisse. Laissez refroidir 10 minutes. Transférez dans un saladier.

3 Battez les œufs, les jaunes d'œufs et le sucre, au robot, jusqu'à obtention d'une préparation épaisse et crémeuse. Incorporez-la au chocolat tiède, puis ajoutez la farine tamisée.

4 Versez la pâte dans les moules et faites cuire 12 minutes.

5 Démoulez délicatement les gâteaux sur des assiettes, à l'envers. Servez-les sans attendre, saupoudrés d'un peu de cacao. Vous pouvez les décorer avec des framboises fraîches et de la crème fouettée.

CONSEIL
Utilisez un chocolat noir de bonne qualité, à 70 % de cacao au minimum.

gâteaux aux dattes et au chocolat

6 | 25' | 15' | 180°

120 g de chocolat noir fondu
250 g de dattes séchées dénoyautées
1 c. à c. de bicarbonate de soude
250 ml d'eau bouillante
60 g de beurre
165 g de sucre roux
2 œufs
150 g de farine avec levure incorporée
80 g de chocolat noir
coupé en morceaux

Sauce chocolat-caramel
110 g de sucre roux
160 ml de crème liquide
50 g de beurre
1 c. à s. de cacao en poudre tamisé

1 Préchauffez le four à 180 °C. Beurrez 6 gros moules à muffins de 180 ml et chemisez leur fond de papier sulfurisé.

2 Étalez le chocolat fondu au fond des moules et placez-les au réfrigérateur pour qu'il durcisse.

3 Pendant ce temps, mélangez les dattes, le bicarbonate de soude et l'eau dans le bol d'un blender, puis fermez le couvercle. Laissez reposer 5 minutes, puis mixez jusqu'à obtention d'une purée lisse. Ajoutez le beurre et le sucre, mélangez bien, puis ajoutez les œufs et la farine, et mélangez. Ajoutez le chocolat en morceaux.

4 Versez la pâte dans les moules et faites cuire 15 minutes. Laissez reposer les gâteaux 2 minutes avant de les démouler sur une grille pour qu'ils refroidissent un peu. Décollez le papier.

5 Préparez la sauce chocolat-caramel. Faites chauffer les ingrédients dans une casserole, sans laisser bouillir, jusqu'à ce que le sucre soit dissous. Portez à ébullition et mélangez, puis laissez refroidir.

6 Servez les gâteaux tièdes, nappés de sauce, avec de la crème fouettée.

gâteau à la menthe et au chocolat

36 30' 1h

220 g de sucre en poudre
160 ml de lait concentré
2 c. à c. de sirop de glucose
15 g de beurre
100 g de guimauves blanches grossièrement hachées
400 g de chocolat noir grossièrement haché
arôme de menthe

1 Huilez un moule de 19 × 29 cm, puis chemisez-le de papier sulfurisé, en le laissant dépasser de 5 cm sur les côtés les plus longs.

2 Faites chauffer le sucre, le lait concentré, le sirop de glucose et le beurre dans une casserole, sans faire bouillir, jusqu'à ce que le sucre soit fondu. Portez à ébullition et faites bouillir 4 minutes, en remuant, jusqu'à ce que la préparation prenne une couleur de miel et épaississe.

3 Retirez du feu, puis incorporez les guimauves et 250 g de chocolat. Ajoutez l'arôme de menthe (à votre convenance). Versez la pâte dans le moule.

4 Faites fondre le reste du chocolat au bain-marie, puis étalez-le sur la pâte. Placez au réfrigérateur jusqu'à ce que le gâteau soit ferme. Découpez-le en 36 parts.

24 40' 15' 40' 30' 170°

12 35' 2h 20' 180°

moelleux chocolat-noisettes

100 g de chocolat noir de dégustation coupé en gros morceaux
180 ml d'eau
100 g de beurre ramolli
220 g de cassonade
3 œufs
25 g de cacao en poudre
110 g de farine avec levure incorporée
35 g de poudre de noisettes

Ganache à la noisette
80 ml de crème fraîche épaisse
180 g de chocolat au lait râpé
2 c. à s. de liqueur de noisette

1 Préparez la ganache : dans une casserole, faites fondre à feu doux la crème et le chocolat au lait. Quand le mélange est lisse, ajoutez la liqueur. Versez le mélange dans un récipient, couvrez et réservez 2 heures au frais.

2 Préchauffez le four à 180 °C. Beurrez 12 petits moules ovales de 125 ml.

3 Pour la pâte, faites fondre le chocolat avec l'eau dans une casserole. Dans un saladier, fouettez le beurre et la cassonade en crème légère. Ajoutez les œufs un à un, en mélangeant bien après chaque ajout, puis incorporez le chocolat fondu tiède, le cacao, la farine tamisée et la poudre de noisettes.

4 Répartissez la pâte dans les moules et faites cuire 20 minutes au four. Laissez les gâteaux reposer 5 minutes avant de les démouler sur une grille.

5 Sortez la ganache du réfrigérateur et fouettez-la jusqu'à ce qu'elle pâlisse. Étalez-la aussitôt sur les gâteaux refroidis.

---

bouchées chocolatées

Génoise moka
500 g de beurre coupé en cubes
300 g de chocolat noir grossièrement haché
880 g de sucre en poudre
500 ml d'eau
160 ml de liqueur de café
2 c. à s. de café soluble
450 g de farine ordinaire
75 g de farine avec levure incorporée
50 g de cacao en poudre
4 œufs

Ganache au chocolat
600 ml de crème épaisse
800 g de chocolat noir grossièrement haché

Pour décorer
5 m de liseré en coton de 1,5 cm
disques en carton épais de 15 cm, 20 cm, 30 cm, 35 cm et 45 cm de diamètre
4 boîtes vides de 9 cm de haut et 5 cm de diamètre
papier d'emballage pour les boîtes
200 g de chocolat au lait
115 g de gingembre confit finement haché
25 g de grains de café grillés
10 g de pétales de rose séchés
2 langues-de-chat

1 Préchauffez le four à 170 °C. Garnissez de caissettes en papier les 24 alvéoles de 2 moules à muffins.

2 Pour la génoise : mélangez le beurre, le chocolat, le sucre, l'eau, la liqueur et le café soluble dans une grande casserole. Faites chauffer à feu doux, en remuant, jusqu'à obtention d'un mélange lisse. Versez la préparation dans un grand saladier. Laissez refroidir 15 minutes.

3 Incorporez les farines et le cacao tamisés, puis les œufs. Versez 2 cuillerées à soupe rases de pâte dans chaque caissette.

4 Faites cuire environ 40 minutes. Démoulez et laissez refroidir sur une grille.

5 Préparez la ganache : portez la crème fraîche à ébullition et versez-la sur le chocolat. Remuez jusqu'à obtention d'un mélange lisse. Couvrez et placez au frais pour 30 minutes, jusqu'à épaississement ; la ganache ne doit pas durcir.

6 Collez le liseré en coton sur le tour des cartons avec du ruban adhésif double face. Couvrez les boîtes avec le papier d'emballage. Collez les boîtes au centre des quatre plus grands cartons. Empilez les cartons comme sur l'illustration.

7 Nappez les petits gâteaux de ganache. Faites des copeaux de chocolat avec un épluche-légumes. Décorez avec les copeaux, le gingembre confit, les grains de café, les pétales de rose et les langues-de-chat. Disposez les gâteaux sur les cartons.

carrés au chocolat et aux cacahuètes

30 20' 50' 200°

1 ½ rouleau de pâte sablée rectangulaire
220 g de confiture de framboises
3 blancs d'œufs
330 g de sucre en poudre
110 g de gâteau nature émietté
35 g de cacao en poudre
1 c. à c. d'extrait de vanille
250 g de cacahuètes grillées non salées
2 c. à c. de sucre glace

1 Préchauffez le four à 200 °C. Disposez les morceaux de pâte sablée sur une plaque de cuisson plate et piquez-les sur toute leur surface avec une fourchette. Faites-les cuire 10 minutes. Placez les 2 morceaux de pâte chauds côte à côte sur une surface plane. Découpez-les de façon à pouvoir en foncer un moule de 20 × 30 cm. Beurrez et chemisez de papier sulfurisé le fond et les côtés du moule. Déposez-y la pâte et étalez la confiture dessus.

2 Baissez la température du four à 180 °C.

3 Battez les blancs d'œufs, avec un batteur électrique. Incorporez le sucre en 3 fois. Incorporez les miettes de gâteau, le cacao tamisé, l'extrait de vanille et les cacahuètes. Étalez la préparation dans le moule, sur la confiture.

4 Faites cuire 40 minutes. Laissez refroidir dans le moule avant de couper en carrés. Saupoudrez de sucre glace tamisé avant de servir.

24 20' 15' 10' 180°

bouchées au chocolat et aux noix

50 g de noix grillées finement hachées
80 g de beurre
150 g de chocolat noir grossièrement haché
150 g de cassonade
1 œuf légèrement battu
50 g de farine
60 ml de crème fraîche
150 g de barres chocolatées Mars® coupées en morceaux

1 Préchauffez le four à 180 °C. Huilez 24 moules à minimuffins (de 30 ml chacun), puis répartissez-y les noix.

2 Faites fondre le beurre et le chocolat dans une casserole, à feu doux. Incorporez la cassonade et laissez tiédir.

3 Incorporez l'œuf, puis la farine tamisée et la crème fraîche. Versez dans les moules et enfoncez un morceau de Mars® au centre de la pâte. Étalez-la sur le dessus pour recouvrir le morceau.

4 Faites cuire 15 minutes environ. Décollez le contour des bouchées avec la pointe d'un couteau, puis laissez reposer 10 minutes dans les moules. Démoulez délicatement les bouchées.

tuiles aux noisettes et au chocolat

24 20' 5' 180°

1 blanc d'œuf
55 g de sucre roux
2 c. à s. de farine
2 c. à c. de cacao amer en poudre
30 g de beurre fondu
1 c. à c. de lait
1 c. à s. de noisettes moulues

1 Préchauffez le four à 180 °C. Huilez des plaques de cuisson.

2 Montez le blanc d'œuf en neige, à l'aide d'un batteur électrique, jusqu'à ce que des pointes souples se forment. Ajoutez peu à peu le sucre roux, tout en fouettant jusqu'à ce qu'il soit dissous. Incorporez la farine tamisée et le cacao, puis le beurre, le lait et les noisettes.

3 Étalez la pâte sur les plaques en disques de 8 cm de diamètre, en les espaçant de 4 cm.

4 Faites cuire les tuiles 5 minutes environ. Retirez-les aussitôt des plaques avec une spatule en métal et faites-les refroidir sur un rouleau à pâtisserie.

fondants au chocolat et coulis au café

12 15' 20' 20' 160°

50 g de cacao en poudre
220 g de sucre roux
125 ml d'eau bouillante
85 g de chocolat noir grossièrement râpé
2 jaunes d'œufs
30 g de poudre d'amandes
50 g de farine complète
4 blancs d'œufs

Coulis au café
180 ml d'eau
165 g de sucre roux
1 c. à s. de café soluble

1 Préchauffez le four à 160 °C. Beurrez 12 moules à muffin.

2 Mélangez le cacao tamisé et le sucre dans un saladier. Incorporez l'eau, puis le chocolat, et mélangez pour obtenir une pâte homogène. Ajoutez les jaunes d'œufs, la poudre d'amandes et la farine.

3 Montez les blancs d'œufs en neige ferme, puis incorporez-les en 2 fois au mélange chocolaté. Versez cette pâte dans les moules et faites cuire 20 minutes au four.

4 Préparez le coulis au café. Versez l'eau et le sucre dans une casserole, puis faites chauffer à feu doux jusqu'à dissolution du sucre. Portez à ébullition, puis réduisez le feu et laissez frémir 15 minutes sans remuer. Quand le sirop a épaissi, incorporez le café soluble et mélangez bien, puis versez le coulis dans une saucière.

5 Laissez reposer les muffins 5 minutes et démoulez-les sur une assiette. Nappez-les de coulis au café chaud et servez sans attendre.

roses des sables

12 30' 1h

35 g de pistaches non salées
35 g d'amandes
150 g de pastilles de chocolat au lait
80 g de raisins secs

1 Garnissez de papier sulfurisé une tôle à pâtisserie. Concassez grossièrement les pistaches et les amandes, puis faites-les griller à sec dans une poêle. Surveillez bien la cuisson car elles peuvent brûler rapidement. Réservez dans un autre récipient.

2 Faites fondre le chocolat, dans une casserole à feu doux ou au bain-marie, en remuant sans cesse. Ajoutez les amandes et les pistaches, ainsi que les raisins secs.

3 Déposez des petits tas irréguliers de ce mélange sur la tôle à pâtisserie et laissez raffermir au moins 1 heure au réfrigérateur.

24 20' 15' 180°

bouchées chocolat-amandes-noisettes

110 g d'amandes effilées
110 g de noisettes grillées grossièrement hachées
55 g de sucre en poudre
1 c. à s. de jus d'orange
2 c. à c. de zeste d'orange finement râpé
250 g de chocolat noir fondu

1 Préchauffez le four à 180 °C. Garnissez de caissettes en papier les 24 alvéoles (de 20 ml chacune) de 2 moules à minimuffins.

2 Dans un saladier, mélangez les amandes, les noisettes, le sucre et le jus d'orange. Étalez ce mélange sur une plaque de cuisson huilée. Faites cuire 15 minutes au four, en remuant de temps en temps.

3 Sortez la plaque du four et ajoutez le zeste d'orange. Remuez pour incorporer le zeste et émietter la préparation. Laissez refroidir.

4 Dans un saladier, mélangez la préparation aux amandes et aux noisettes avec le chocolat fondu. Répartissez ce mélange dans les caissettes. Laissez prendre à température ambiante.

craquelins au chocolat

24 25' 15' 15' 180°

100 g de chocolat noir de dégustation coupé en gros morceaux
80 g de beurre coupé en cubes
220 g de sucre en poudre
1 œuf légèrement battu
150 g de farine ordinaire
2 c. à s. de cacao en poudre
¼ de c. à c. de levure chimique
40 g de sucre glace

1 Faites fondre le chocolat et le beurre à feu doux. Versez le mélange dans un saladier.

2 Incorporez le sucre et l'œuf, puis la farine tamisée, le cacao et la levure. Couvrez et réfrigérez 15 minutes, jusqu'à ce que le mélange soit suffisamment ferme.

3 Préchauffez le four à 180 °C. Beurrez 2 plaques de cuisson et chemisez-les de papier sulfurisé.

4 Façonnez en boules des cuillerées rases de pâte. Roulez-les une à une dans le sucre glace et disposez-les sur les plaques, à 8 cm de distance. Faites cuire 15 minutes au four. Laissez refroidir sur les plaques.

12 25' 30'

petites mousses chocolat-noisettes

100 g de chocolat noir fondu
1 c. à s. de gaufrettes finement émiettées
12 noisettes grillées
1 c. à s. de poudre de noisettes

Crème chocolat-noisettes
110 g de pâte à tartiner au chocolat et aux noisettes
25 g de poudre de noisettes

1 À l'aide d'un pinceau fin parfaitement propre, tapissez généreusement l'intérieur de 12 caissettes en papier (2,5 cm de diamètre) de chocolat fondu. Posez les caissettes sur un plateau et placez-les pour 30 minutes au réfrigérateur. Lorsque le chocolat a pris, ôtez délicatement les caissettes.

2 Préparez la crème chocolat-noisettes : mélangez la pâte à tartiner et la poudre de noisettes dans un petit saladier. Versez la préparation dans une poche munie d'une douille cannelée de 1,5 cm de diamètre.

3 Répartissez les miettes de gaufrette et les noisettes grillées dans les caissettes en chocolat. Déposez des petits tas de crème chocolat-noisettes à l'aide de la poche à douille et saupoudrez de poudre de noisettes.

puddings au chocolat blanc et aux framboises

6 | 20' | 35' | 15' | 160°

3 petits croissants (150 g)
100 g de chocolat blanc grossièrement haché
150 g de framboises fraîches
310 ml de lait
180 ml de crème fraîche
2 c. à s. de sucre en poudre
½ c. à c. d'extrait de vanille
3 œufs
sucre glace

1 Préchauffez le four à 160 °C. Huilez un moule à muffins de 6 alvéoles (contenance 180 ml). Garnissez chaque alvéole avec 2 bandes de papier sulfurisé de 5 × 20 cm, que vous croiserez.

2 Coupez les croissants en deux et émiettez chaque moitié. Garnissez les alvéoles avec les petits bouts de croissant. Parsemez de chocolat blanc et de framboises.

3 Dans une petite casserole, mélangez le lait, la crème fraîche, le sucre et l'extrait de vanille. Portez à ébullition. Dans un saladier, fouettez les œufs. Incorporez progressivement le mélange au lait encore chaud. Versez cette préparation dans les alvéoles du moule.

4 Placez le moule dans un grand plat à gratin. Versez de l'eau bouillante dans le plat jusqu'à mi-hauteur. Faites cuire 35 minutes au four. Sortez le moule du plat et laissez reposer 15 minutes. Démoulez les puddings en tirant sur les bandelettes de papier sulfurisé. Avant de servir, saupoudrez de sucre glace tamisé. Servez avec des framboises fraîches.

mille-feuilles au chocolat blanc et aux framboises

9 | 30' | 15' | 240°

1 pâte feuilletée rectangulaire de 250 g
50 g de chocolat blanc fondu
1 c. à s. de confiture de framboises
125 ml de crème fleurette entière
50 g de chocolat blanc râpé
60 g de framboises fraîches
30 g de chocolat blanc grossièrement haché
1 c. à s. de crème fleurette entière supplémentaire
1 c. à s. de sucre glace

1 Préchauffez le four à 240 °C. Huilez 2 plaques de cuisson.

2 Posez la pâte feuilletée sur une plaque de cuisson et mettez la deuxième plaque sur la pâte. Faites cuire 15 minutes. Laissez refroidir 2 minutes.

3 Étalez le chocolat fondu sur la pâte, puis la confiture de framboises. Découpez en 18 rectangles.

4 Montez la crème en chantilly dans un saladier. Incorporez le chocolat râpé.

5 Étalez la crème fouettée sur la confiture. Répartissez les framboises sur la moitié des rectangles. Superposez un deuxième rectangle de pâte sur les framboises, en le mettant à l'envers.

6 Faites fondre le chocolat haché et la crème supplémentaire au bain-marie. Nappez les mille-feuilles de chocolat fondu et saupoudrez de sucre glace.

tranches au chocolat, aux cacahuètes et à la guimauve

250 g de biscuits au chocolat
125 g de beurre fondu
250 g de chocolat noir coupé en gros morceaux
45 g de beurre coupé en gros cubes
70 g de cacahuètes non salées grillées, grossièrement hachées
50 g de noix de coco râpée
250 g de chocolat blanc fondu
220 g de guimauves blanches grossièrement hachées

1 Beurrez un moule à gâteau carré profond de 23 cm de côté. Chemisez le fond et les côtés de papier sulfurisé, en le laissant dépasser de 5 cm sur les bords.

2 Mixez finement les biscuits, puis ajoutez le beurre fondu et mixez, jusqu'à ce qu'il soit incorporé. Tassez la préparation dans le fond du moule et placez au réfrigérateur pour 20 minutes, jusqu'à ce qu'elle soit ferme.

3 Faites fondre à feu doux le chocolat noir et les cubes de beurre dans une petite casserole, en remuant, jusqu'à obtention d'une consistance homogène. Retirez du feu, incorporez les cacahuètes et la noix de coco, puis étalez sur la base de biscuits. Placez au réfrigérateur pour 30 minutes.

4 Mélangez le chocolat blanc fondu et les guimauves dans un récipient moyen, puis répartissez sur la couche aux cacahuètes. Laissez prendre au réfrigérateur pendant 1 heure. Découpez en tranches.

esquimaux chocolat-menthe

8 · 30' · 12h

2 œufs, blancs et jaunes séparés
1 c. à s. de sucre glace
50 g de chocolat noir fondu
2 c. à s. de liqueur de menthe
160 ml de crème fraîche
8 bâtonnets pour esquimau

1 Battez ensemble les jaunes d'œufs et le sucre, avec un batteur électrique. Quand le mélange est épais et onctueux, incorporez le chocolat et la liqueur.

2 À part, battez la crème fraîche, avec un batteur électrique, jusqu'à ce qu'elle soit onctueuse. Incorporez-la au mélange au chocolat.

3 Montez les blancs d'œufs en neige souple avec un batteur électrique. Incorporez-les au mélange au chocolat.

4 Répartissez le tout dans 8 moules à esquimau ou à sucette glacée (contenance 60 ml). Plantez 1 bâtonnet au cœur de chaque moule. Refermez les moules s'ils sont équipés d'un couvercle. Placez au congélateur pour toute la nuit.

meringues au chocolat et au lait malté

3 blancs d'œufs
110 g de sucre roux
110 g de sucre glace
25 g de cacao en poudre
2 c. à s. de lait malté en poudre
150 g de chocolat au lait fondu

1 Préchauffez le four à 120 °C. Beurrez 3 plaques de cuisson. Pour vous guider, tracez 22 cercles de 6 cm de diamètre sur 3 feuilles de papier sulfurisé, en les espaçant de 2,5 cm environ. Chemisez les plaques des feuilles de papier sulfurisé, côté dessiné vers le bas.

2 Battez les blancs d'œufs dans un récipient, avec un batteur électrique, jusqu'à la formation de pics mous. Ajoutez le sucre roux et battez jusqu'à ce qu'il soit dissous. Incorporez le sucre glace tamisé, le cacao et le lait malté en poudre.

3 À l'aide d'une cuillère, mettez la préparation dans une poche à douille munie d'un embout lisse de 1 cm de diamètre. Formez sur les plaques des disques avec la préparation, en vous aidant des cercles tracés (voir page 111).

4 Faites cuire 2 heures environ. Laissez refroidir dans le four entrouvert.

5 Trempez la partie supérieure des meringues dans le chocolat fondu, puis laissez prendre à température ambiante. Saupoudrez d'un peu de sucre glace tamisé.

Prenez une grosse poche à douille munie d'un embout étroit et lisse. Remplissez-la aux trois quarts avec la pâte à meringues. Pour former des meringues plates, faites des petites spirales en tenant l'embout au plus près de la plaque.

22 20' 2h 120°

TRAVAILLER LE CHOCOLAT

FAIRE FONDRE LE CHOCOLAT

Le chocolat doit être chauffé doucement. La technique la plus sûre est la suivante : posez un récipient résistant à la chaleur (de préférence en verre ou en céramique) contenant le chocolat cassé en morceaux sur une casserole d'eau frémissante (attention, l'eau ne doit pas toucher le fond du récipient). Remuez de temps en temps, jusqu'à ce qu'il soit onctueux. Dès que le chocolat a fondu, retirez du feu.

GANACHE

La ganache est principalement utilisée comme garniture ou glaçage. Elle peut servir à enrober un aliment (par exemple des truffes). Dans ce cas, elle doit avoir refroidi avant utilisation. Attention, elle ne doit pas durcir. Pour l'utiliser comme garniture ou glaçage, il faut la laisser refroidir, parfois au réfrigérateur, et la remuer de temps en temps avec une cuillère en bois. Elle peut aussi être fouettée à la sortie du réfrigérateur.

1. INCORPORER DES BLANCS EN NEIGE

Tout bon cuisinier se doit de maîtriser la technique d'incorporation des blancs en neige. Ce n'est pas évident lorsque la préparation est lourde (chocolat ou pâte à gâteau) ou en grande quantité. Pour la détendre, commencez par ajouter ¼ des blancs à l'aide d'une spatule ou d'un fouet, puis incorporez le reste en 2 fois.

2. INCORPORER DES BLANCS EN NEIGE

Pour incorporer les blancs en neige, il faut mélanger les ingrédients tout en laissant de l'air dans la préparation, sans les écraser. Nous vous conseillons d'utiliser une spatule en plastique, qui permet de racler les bords du saladier.

GARNIR DE CHOCOLAT DES CAISSETTES À PETITS-FOURS

Nous vous conseillons d'utiliser des petites caissettes en aluminium, elles sont suffisamment rigides et solides pour maintenir le chocolat. Utilisez un petit pinceau trempé dans du chocolat fondu pour recouvrir l'intérieur des caissettes d'une couche épaisse de chocolat. Il est préférable de le laisser durcir à température ambiante, mais vous pouvez mettre les caissettes au réfrigérateur si vous êtes pressé.

ENROBER DES AMANDES DE CHOCOLAT

Le chocolat doit être à la bonne température, ni trop chaud ni trop froid, pour pouvoir bien enrober les amandes. Vous devrez peut-être faire quelques tests à différentes températures pour y parvenir. Avec 2 fourchettes ou, mieux encore, 2 fourchettes à tremper, plongez rapidement les amandes dans le chocolat, laissez couler l'excédent, puis posez-les sur une grille pour que le chocolat durcisse à température ambiante.

DÉMOULER DES CAISSETTES EN CHOCOLAT

Quand le chocolat a durci, décollez délicatement les caissettes en aluminium avec les doigts. C'est très facile à faire. Si les caissettes se trouvaient au réfrigérateur, laissez-les reposer 10 minutes à température ambiante.

TREMPER DES TRUFFES DANS DU CHOCOLAT

Laissez légèrement refroidir le chocolat, pour qu'il ait la bonne consistance. Plongez-y rapidement les truffes en les tenant avec 2 fourchettes. Laissez couler l'excédent et posez-les sur une plaque recouverte de papier sulfurisé. Placez-les au réfrigérateur pour que le chocolat durcisse.

tarte chocolat-pistache

70 g de pistaches grillées non salées
100 g de beurre doux ramolli
110 g de sucre en poudre
2 œufs
100 g de farine avec levure incorporée
35 g de cacao en poudre
160 g de confiture de framboises
12 pistaches grillées, non salées, supplémentaires
40 g de chocolat noir en pastilles, fondu

Pâte
185 g de farine ordinaire
80 g de sucre glace
125 g de beurre doux froid coupé en gros morceaux
2 c. à s. d'eau glacée, environ

1 Préparez la pâte. Travaillez la farine tamisée avec le sucre et le beurre jusqu'à obtention d'une pâte sableuse. Ajoutez juste assez d'eau pour rendre la pâte homogène. Pétrissez-la sur un plan de travail fariné. Quand la pâte est lisse, couvrez-la et placez-la pour 30 minutes au réfrigérateur.

2 Beurrez un moule cannelé de 12,5 × 35 cm (ou de 22 cm de diamètre) à fond amovible. Abaissez la pâte au rouleau, entre 2 feuilles de papier sulfurisé. Foncez le moule avec la pâte, en la pressant dans le fond et sur les côtés. Égalisez le pourtour, piquez le fond avec une fourchette et placez pour 30 minutes au réfrigérateur.

3 Préchauffez le four à 200 °C. Hachez finement 70 g de pistaches dans un robot.

4 Battez le beurre et le sucre avec un batteur électrique. Quand le mélange est souple et léger, incorporez les œufs un à un. Dans un saladier, ajoutez à cette préparation la farine et le cacao tamisés, puis les pistaches. Étalez la confiture sur la pâte, puis ajoutez la garniture aux pistaches. Faites cuire 15 minutes.

5 Réduisez la température du four à 180 °C. Faites cuire 25 minutes, puis laissez refroidir.

6 Trempez les pistaches supplémentaires dans le chocolat et disposez-les sur le dessus de la tarte. Laissez refroidir avant de servir.

16	45'	1h30	40'	200°

gâteau facile au chocolat

125 g de beurre ramolli
1 c. à c. d'extrait de vanille
275 g de sucre en poudre
2 œufs
200 g de farine avec levure incorporée
50 g de cacao en poudre
160 ml d'eau

Glaçage au chocolat
90 g de chocolat noir coupé en morceaux
30 g de beurre
160 g de sucre glace
2 c. à s. d'eau chaude
2 c. à s. de cacao en poudre

1 Préchauffez le four à 180 °C. Beurrez un moule de 20 cm de diamètre et chemisez-le de papier sulfurisé.

2 Dans un saladier, battez le beurre, l'extrait de vanille, le sucre, les œufs, la farine et le cacao tamisés ainsi que l'eau, au robot à vitesse minimale, pour mélanger tous les ingrédients. Passez à la vitesse intermédiaire et battez 3 minutes environ, jusqu'à ce que la préparation soit onctueuse et s'éclaircisse.

3 Versez dans le moule et faites cuire le gâteau 1 heure. Laissez-le refroidir 5 minutes avant de le démouler et de le laisser refroidir sur une grille.

4 Pendant ce temps, préparez le glaçage au chocolat. Faites fondre le chocolat et le beurre au bain-marie, puis incorporez progressivement le sucre glace et l'eau chaude, en remuant Nappez le gâteau de glaçage.

CONSERVATION
Ce gâteau se conserve 3 jours dans une boîte hermétique.

gâteau fort en chocolat pour les amateurs

250 g de beurre coupé en cubes
1 c. à s. de café soluble
375 ml d'eau
440 g de sucre en poudre
1 c. à c. d'extrait de vanille
200 g de chocolat noir de dégustation coupé en gros morceaux
2 œufs légèrement battus
225 g de farine avec levure incorporée
150 g de farine ordinaire
25 g de cacao en poudre
80 ml de crème fraîche
120 g de chocolat blanc de dégustation
2 sachets de billes de chocolat

1 Préchauffez le four à 150 °C. Beurrez et chemisez de papier sulfurisé un moule à gâteau carré de 19 cm de côté.

2 Faites fondre en crème lisse le beurre, le café, l'eau, le sucre, l'extrait de vanille et la moitié du chocolat noir. Versez ce mélange dans un saladier et laissez tiédir 20 minutes, puis ajoutez les œufs et les ingrédients secs tamisés.

3 Transférez la pâte dans le moule et faites cuire 1 h 50 au four. Laissez reposer le gâteau 15 minutes avant de le démouler sur une grille.

4 Pour la ganache, faites fondre la crème et le reste du chocolat noir à feu doux, en remuant souvent. Couvrez et réfrigérez 1 heure.

5 Faites fondre le chocolat blanc au bain-marie, puis étalez-le sur du papier sulfurisé en formant une couche uniforme. Quand il commence à devenir ferme, découpez dedans des étoiles avec des emporte-pièce. Laissez-les ensuite durcir à température ambiante pendant 30 minutes environ.

6 Nappez le gâteau de ganache, puis décorez-le d'étoiles et de billes de chocolat.

VARIANTES
Avec son décor d'étoiles et de boules en chocolat, ce gâteau est parfait pour terminer en beauté un réveillon de Noël. Mais toutes les variantes sont permises. On peut ainsi l'embellir avec des dragées de toutes les couleurs, des petits œufs de Pâques fourrés à la liqueur ou, plus simplement, déposer sur le glaçage quelques griottes au sirop ou des framboises fraîches. À vous de jouer selon vos envies...

8 35' 1h05 1h50 1h 150°

6 15' 45' 12h 180°

gâteau au chocolat sans farine

100 g de chocolat noir coupé en morceaux
100 g de beurre coupé en cubes
110 g de sucre en poudre
2 c. à s. de marsala
80 g de poudre d'amandes
1 c. à s. de café soluble
1 c. à s. d'eau chaude
3 œufs, blancs et jaunes séparés

Coulis de fraises
250 g de fraises
40 g de sucre glace

1 Préchauffez le four à 180 °C. Beurrez un moule de 20 cm de diamètre et chemisez-le de papier sulfurisé.

2 Faites fondre le chocolat et le beurre dans une casserole, à feu doux, en remuant. Versez dans un saladier, puis ajoutez le sucre, le marsala, la poudre d'amandes et le café dissous dans l'eau. Incorporez les jaunes d'œufs un à un.

3 Montez les blancs d'œufs en neige, au robot, jusqu'à ce que des pointes se forment. Incorporez-les délicatement à la préparation, en 2 fois.

4 Versez la pâte dans le moule et faites cuire 45 minutes. Laissez le gâteau refroidir dans son moule, couvrez-le et placez-le au réfrigérateur pour plusieurs heures ou toute une nuit.

5 Préparez le coulis de fraises en mixant les ingrédients jusqu'à obtention d'un coulis onctueux.

6 Démoulez délicatement le gâteau sur un plat. Découpez les parts avec un couteau dont vous aurez réchauffé la lame. Servez accompagné de coulis de fraises. Vous pouvez saupoudrer le gâteau de sucre glace et le servir avec de la crème fouettée.

gâteau au chocolat noir et aux amandes

12 30' 45' 45' 180°

160 g de chocolat noir coupé en morceaux
160 g de beurre doux
5 œufs, blancs et jaunes séparés
165 g de sucre en poudre
120 g de poudre d'amandes
50 g d'amandes effilées grillées, grossièrement hachées
35 g de chocolat noir grossièrement râpé
140 g d'amandes caramélisées

Ganache au chocolat noir
125 g de chocolat noir coupé en morceaux
80 ml de crème fraîche

1 Préchauffez le four à 180 °C. Beurrez un moule de 22 cm de diamètre et chemisez-le de papier sulfurisé.

2 Faites fondre le chocolat noir et le beurre à feu doux, en remuant. Laissez refroidir.

3 Battez les jaunes d'œufs avec le sucre, au robot, jusqu'à ce qu'ils soient épais et crémeux. Versez-les dans un saladier, puis incorporez le chocolat et le beurre fondus, la poudre d'amandes, les amandes effilées et le chocolat râpé.

4 Montez les blancs d'œufs en neige, au robot, et incorporez-les à la préparation, en 2 fois.

5 Versez la pâte dans le moule et faites cuire 45 minutes. Laissez reposer le gâteau 15 minutes avant de le démouler sur une grille et de le laisser refroidir.

6 Préparez la ganache : faites chauffer les ingrédients à feu doux, en remuant.

7 Nappez le gâteau de ganache. Décorez avec les amandes caramélisées et laissez reposer 30 minutes avant de servir.

gâteau Mississippi

16	40'	45'	1h30	12h	160°

250 g de beurre coupé en cubes
150 g de chocolat noir coupé en morceaux
440 g de sucre en poudre
250 ml d'eau chaude
80 ml de liqueur de café
1 c. à s. de café soluble
225 g de farine ordinaire
35 g de farine avec levure incorporée
25 g de cacao en poudre
2 œufs légèrement battus

1 Préchauffez le four à 160 °C. Beurrez un moule de 20 cm de diamètre et chemisez-le de papier sulfurisé.

2 Mettez le beurre, le chocolat, le sucre, l'eau, la liqueur et le café soluble dans une casserole moyenne. Faites chauffer à feu doux, en mélangeant avec une cuillère en bois, jusqu'à ce que le chocolat soit fondu. Versez la préparation dans un saladier et laissez-la refroidir 15 minutes.

3 Incorporez les farines tamisées et le cacao, puis les œufs, en mélangeant au fouet. Versez la pâte dans le moule.

4 Faites cuire le gâteau 1 h 30 (couvrez-le de papier d'aluminium s'il se colore trop). Laissez-le reposer 30 minutes avant de le démouler sur une grille et de le laisser refroidir. Vous pouvez le saupoudrer de cacao avant de le servir.

moelleux fourré au chocolat

10 40' 1h 3h 180°

180 g de beurre
coupé en petits cubes
1 c. à c. d'extrait de vanille
330 g de sucre en poudre
4 œufs, blancs et jaunes séparés
110 g de farine avec levure incorporée
35 g de cacao en poudre
180 ml de lait fermenté

Garniture au chocolat
250 g de beurre fondu
400 g de chocolat noir fondu
80 g de sucre glace

1 Préchauffez le four à 180 °C. Beurrez un moule rond et chemisez-le de papier sulfurisé.

2 Battez au robot le beurre, l'extrait de vanille et le sucre, puis incorporez rapidement les jaunes d'œufs un à un. Versez la préparation dans un saladier avant d'ajouter la farine et le cacao, puis le lait fermenté.

3 Montez les blancs d'œufs en neige, puis incorporez-les en 2 fois à la pâte. Versez le tout dans le moule et faites cuire 1 heure au four. Laissez refroidir dans le moule.

4 Préparez la garniture. Mélangez le beurre et le chocolat, puis incorporez le sucre glace. Laissez refroidir à température ambiante. Remuez avec une cuillère en bois pour que la préparation soit plus facile à étaler.

5 Découpez le gâteau en 3 disques. Étalez une couche de garniture sur celui du bas, posez le deuxième disque dessus et recouvrez-le à son tour de garniture ; posez enfin le troisième disque. Nappez le dessus et les côtés avec le reste de la garniture, puis réfrigérez 3 heures.

12 15' 1h15 1h 180°

gâteau rhum-raisins-chocolat

60 ml de rhum brun
180 g de raisins secs finement hachés
300 g de chocolat noir coupé en morceaux
150 g de beurre coupé en cubes
150 g de sucre roux
100 g de farine avec levure incorporée
2 c. à s. de cacao en poudre
3 œufs, blancs et jaunes séparés
2 c. à s. de cacao en poudre supplémentaire

1 Préchauffez le four à 180 °C. Beurrez un moule à gâteau de 23 cm de diamètre et chemisez-le de papier sulfurisé.

2 Faites chauffer le rhum dans une petite casserole, ajoutez les raisins secs et laissez infuser pendant 1 heure.

3 Faites fondre le chocolat et le beurre dans une casserole, à feu doux, en remuant. Versez dans un saladier et laissez refroidir 5 minutes. Ajoutez le sucre, la farine et le cacao tamisés, les jaunes d'œufs, puis le rhum et les raisins.

4 Montez les blancs d'œufs en neige au robot, jusqu'à ce que des pointes se forment. Incorporez à la préparation précédente, en 2 fois.

5 Versez la pâte dans le moule et faites cuire le gâteau 1 heure. Laissez-le reposer 15 minutes, puis démoulez-le sur un plat. Vous pouvez servir ce gâteau tiède ou froid, saupoudré du cacao supplémentaire et avec de la crème fouettée.

gâteau fudge au chocolat et à l'orange

10 15' 1h 15' 180°

125 g de beurre coupé en cubes
250 g de chocolat noir coupé en morceaux
100 g de farine avec levure incorporée
150 g de sucre en poudre
3 œufs
2 c. à s. de zeste d'orange finement râpé
60 ml de jus d'orange
2 c. à s. de Cointreau ou d'une autre liqueur d'orange

Ganache chocolat-orange
200 g de chocolat noir coupé en morceaux
2 c. à c. de zeste d'orange finement râpé
160 ml de crème fraîche

1 Préchauffez le four à 180 °C. Beurrez un moule à gâteau de 20 cm de diamètre et chemisez-le de papier sulfurisé.

2 Faites fondre le beurre et le chocolat dans une casserole, à feu doux, jusqu'à ce que la préparation soit onctueuse. Transférez-la dans un saladier et laissez refroidir 10 minutes.

3 Incorporez la farine tamisée, le sucre, les œufs, le zeste et le jus d'orange, ainsi que la liqueur. Battez au robot, à vitesse minimale, pour bien mélanger tous les ingrédients. Passez à la vitesse supérieure et battez 2 minutes, jusqu'à ce que la préparation soit onctueuse et s'éclaircisse légèrement.

4 Versez la pâte dans le moule et faites cuire 1 heure. Laissez reposer le gâteau 5 minutes avant de le démouler et de le laisser refroidir sur une grille.

5 Pendant ce temps, préparez la ganache. Mélangez le chocolat et le zeste d'orange dans un saladier. Portez la crème à ébullition dans une petite casserole, puis versez-la sur le chocolat. Mélangez et laissez reposer 15 minutes. Étalez la ganache sur toute la surface du gâteau. Servez avec de la crème fouettée.

gâteau au chocolat et aux noix de pécan

8 | 20' | 55' | 15' | 30' | 180°

200 g de chocolat noir de dégustation coupé en morceaux
150 g de beurre coupé en cubes
5 œufs, blancs et jaunes séparés
165 g de sucre en poudre
150 g de noix de pécan moulues

Ganache
125 ml de crème fraîche
200 g de chocolat noir de dégustation coupé en morceaux

1 Préchauffez le four à 180 °C. Beurrez et chemisez de papier sulfurisé un moule de 22 cm de diamètre.

2 Dans une petite casserole, faites fondre à feu moyen le chocolat et le beurre, en lissant le mélange à la spatule. Laissez refroidir 10 minutes.

3 Fouettez les jaunes d'œufs et le sucre en crème épaisse dans un saladier. Ajoutez le chocolat fondu et les noix de pécan.

4 Montez les blancs d'œufs en neige dans un petit saladier, puis incorporez-les au mélange au chocolat, en 2 fois. Versez la pâte dans le moule et faites cuire 55 minutes environ.

5 Laissez reposer le gâteau 15 minutes avant de le démouler. Retournez-le sur sa base, sur une grille recouverte de papier sulfurisé.

6 Préparez la ganache. Portez à ébullition la crème dans une petite casserole. Hors du feu, ajoutez le chocolat et lissez le mélange au fouet ou à la spatule.

7 Répartissez la ganache sur le gâteau. Réfrigérez 30 minutes avant de servir.

sachertorte

150 g de chocolat noir coupé en morceaux
1 c. à s. d'eau
150 g de beurre ramolli
110 g de sucre en poudre
3 œufs, blancs et jaunes séparés
150 g de farine
2 c. à s. de sucre en poudre supplémentaire
320 g de confiture d'abricots réchauffée et filtrée

Glaçage au chocolat
125 g de chocolat noir coupé en morceaux
125 g de beurre ramolli

1 Préchauffez le four à 180 °C. Beurrez un moule à gâteau de 22 cm de diamètre et chemisez le fond de papier sulfurisé.

2 Faites fondre le chocolat au bain-marie. Ajoutez l'eau et laissez revenir à température ambiante.

3 Battez le beurre et le sucre dans un bol, au robot, jusqu'à ce que la préparation soit légère et mousseuse. Incorporez les jaunes d'œufs un à un. Versez la préparation dans un saladier, ajoutez le chocolat fondu, puis la farine tamisée.

4 Montez les blancs d'œufs en neige jusqu'à ce que des pointes se forment. Incorporez progressivement le sucre supplémentaire, en mélangeant bien. Incorporez à la préparation au chocolat.

5 Versez la pâte dans le moule et enfournez pour 30 minutes. Laissez reposer le gâteau 5 minutes avant de le démouler et de le laisser refroidir sur une grille.

6 Préparez le glaçage au chocolat. Faites fondre le chocolat et le beurre au bain-marie. Laissez refroidir à température ambiante, en remuant de temps en temps (cela peut prendre jusqu'à 2 heures.)

7 Une fois le gâteau refroidi, coupez-le en deux dans l'épaisseur. Posez une moitié, côté coupé sur le dessus, sur un plat et nappez-la avec la moitié de la confiture. Posez l'autre moitié du gâteau dessus et nappez-la avec le reste de la confiture. Laissez reposer 1 heure à température ambiante, pour que la confiture sèche. Recouvrez le dessus et les côtés du gâteau avec le glaçage au chocolat, puis laissez reposer à température ambiante, pour que le glaçage prenne. Vous pouvez servir ce gâteau avec des fruits rouges.

ASTUCE

Ce glaçage peut également être mis dans une poche à douille.

10
40'
30'
3h
180°

gâteau au chocolat et aux raisins secs

300 g de raisins secs
500 ml d'eau
1 c. à c. de bicarbonate de soude ou de levure chimique
35 g de cacao en poudre
2 c. à c. de cannelle moulue
½ c. à c. de clous de girofle moulus
1 c. à c. d'extrait de vanille
250 g de beurre coupé en cubes
330 g de sucre en poudre
4 œufs
225 g de farine ordinaire
150 g de farine avec levure incorporée

Glaçage au chocolat
200 g de chocolat noir de dégustation coupé en gros morceaux
100 g de beurre coupé en cubes

1 Préchauffez le four à 180 °C. Beurrez un moule à kouglof de 24 cm de diamètre.

2 Portez l'eau à ébullition dans une petite casserole avec les raisins secs, réduisez le feu et laissez frémir 10 minutes sans couvrir. Hors du feu, ajoutez le bicarbonate de soude, le cacao, les épices et l'extrait de vanille. Laissez tiédir à température ambiante.

3 Battez en crème le beurre et le sucre dans un saladier, jusqu'à ce que le mélange mousse. Ajoutez les œufs un à un, en mélangeant bien après chaque ajout. Incorporez en 2 fois les farines tamisées puis la sauce aux raisins secs.

4 Étalez la pâte dans le moule et faites cuire 1 h 10 au four. Laissez reposer le gâteau 5 minutes avant de le démouler sur une grille.

5 Pour préparer le glaçage, mettez le chocolat et le beurre dans un saladier et laissez fondre au bain-marie, au-dessus d'une casserole d'eau frémissante. Lissez la préparation avec une spatule.

6 Étalez le glaçage encore chaud sur le gâteau refroidi. Laissez reposer au moins 30 minutes avant de servir.

ASTUCE
En cuisant, les fruits secs ont tendance à se ratatiner et à devenir durs, sauf si vous les faites d'abord tremper dans de l'eau, du thé ou du jus de fruit, voire dans un peu d'alcool. Ce trempage permet aussi de séparer les fruits qui restent collés. Pour cette recette, vous pouvez remplacer les raisins secs par la même quantité de canneberges séchées (en vente dans les épiceries bio).

12 20' 10' 1h10 30' 180°

gâteau chocolat-noisette sans gluten

100 g de pâte à tartiner au chocolat et aux noisettes
110 g de sucre roux
2 œufs
60 ml de lait
75 g de poudre de noisettes
100 g de farine sans gluten avec levure incorporée
2 c. à s. de cacao en poudre

Glaçage fudge
55 g de sucre en poudre
50 g de pâte à tartiner au chocolat et aux noisettes
2 c. à s. d'eau
120 g de sucre glace
2 c. à s. de cacao en poudre

1 Préchauffez le four à 180 °C. Beurrez un moule carré de 22 cm de côté et chemisez-le de papier sulfurisé, en le laissant dépasser de 5 cm de chaque côté.

2 Battez la pâte à tartiner et le sucre au robot. Incorporez les œufs un à un. Ajoutez le lait, la poudre de noisettes, puis la farine et le cacao tamisés, en 2 fois.

3 Versez la pâte dans le moule et faites cuire 20 minutes. Laissez le gâteau reposer 10 minutes avant de le démouler sur une grille. Laissez refroidir.

4 Préparez le glaçage. Faites chauffer le sucre, la pâte à tartiner et l'eau dans une casserole sur feu doux, jusqu'à ce que le sucre soit dissous. Versez dans un saladier, puis incorporez le sucre glace et le cacao. Couvrez et placez pour 20 minutes au réfrigérateur. Battez le glaçage au robot avant d'en napper le gâteau.

gâteau tout chocolat

500 ml d'eau
660 g de sucre en poudre
250 g de beurre coupé en cubes
35 g de cacao en poudre
1 c. à c. de levure chimique
450 g de farine avec levure incorporée
4 œufs

Glaçage au chocolat
90 g de beurre
110 g de sucre en poudre
80 ml d'eau
240 g de sucre glace
35 g de cacao en poudre

1 Préchauffez le four à 180 °C. Beurrez un grand moule rectangulaire et tapissez le fond de papier sulfurisé.

2 Faites fondre dans une casserole l'eau, le sucre, le beurre, le cacao et la levure tamisés. Dès que le mélange bout, baissez le feu et laissez frémir 5 minutes. Versez le mélange dans un grand saladier.

3 Quand il est tiède, ajoutez la farine et les œufs, puis mélangez au fouet. Versez dans le moule et faites cuire 50 minutes. Laissez le gâteau reposer 10 minutes avant de le démouler sur une grille.

4 Préparez le glaçage au chocolat : faites fondre à feu doux le beurre et le sucre en poudre dans l'eau. Tamisez le sucre glace et le cacao au-dessus d'un saladier avant de verser dessus la préparation précédente. Mélangez bien, couvrez et réfrigérez 20 minutes. Quand le glaçage est assez ferme, battez-le avec une cuillère en bois pour l'assouplir un peu, puis nappez-en le gâteau refroidi.

gâteau au chocolat et cerises au piment

10 30' 20' 1"30 170°

250 g de beurre coupé en cubes
200 g de chocolat noir de dégustation coupé en gros morceaux
440 g de sucre en poudre
250 ml de lait
1 c. à c. d'extrait de vanille
80 ml de bourbon ou de whisky
225 g de farine ordinaire
35 g de farine avec levure incorporée
25 g de cacao en poudre
2 œufs

Ganache au chocolat noir
80 ml de crème fraîche
200 g de chocolat noir de dégustation

Cerises au piment
500 ml d'eau
165 g de sucre en poudre
1 petit piment oiseau coupé en deux dans la longueur
1 étoile de badiane
6 grains de poivre noir
1 lanière de 10 cm de zeste d'orange
300 g de cerises surgelées

1 Préchauffez le four à 170 °C. Beurrez un moule à gâteau rond de 22 cm de diamètre ; chemisez le fond de papier sulfurisé.

2 Faites fondre à feu doux le beurre, le chocolat, le sucre, le lait, l'extrait de vanille et le bourbon. Laissez refroidir 15 minutes. Incorporez au fouet les farines et le cacao en poudre tamisés, puis ajoutez les œufs.

3 Versez la pâte dans le moule et faites cuire 1 h 30 au four.

4 Préparez les cerises au piment : faites chauffer dans une casserole l'eau, le sucre, le piment, la badiane, le poivre et le zeste d'orange. Quand le sucre est dissous, laissez bouillir 2 minutes. Faites ensuite pocher les cerises 5 minutes dans le sirop frémissant. Coupez le feu. Quand les cerises sont tièdes, sortez-les de la casserole. Faites épaissir le sirop 10 minutes, puis laissez-le refroidir et remettez-y les cerises.

5 Sortez le gâteau du four et attendez 5 minutes avant de le démouler sur une grille.

6 Préparez la ganache : portez la crème à ébullition puis ajoutez le chocolat hors du feu. Travaillez au fouet pour lisser ce mélange. Nappez-en le gâteau refroidi et servez ce dernier avec les cerises au piment.

NOTE
Les Aztèques furent les premiers à associer chocolat et piment, tradition millénaire qui se retrouve dans la cuisine du Mexique d'aujourd'hui, comme en témoignent les cerises au piment qui accompagnent ce gâteau au chocolat. Vous pouvez utiliser des cerises fraîches en saison. À défaut, des cerises au sirop pourront faire l'affaire, à condition de bien les égoutter. Vous pouvez alors remplacer l'eau de la recette par la même quantité de sirop des cerises.

gâteau au chocolat et à la crème

10 25' 50' 45' 180°

125 g de beurre ramolli
220 g de sucre roux
2 œufs
160 ml de lait
240 ml de crème fraîche
300 g de farine avec levure incorporée
70 g de cacao en poudre

Ganache à la crème
160 ml de crème fraîche
200 g de chocolat noir coupé en morceaux

1 Préchauffez le four à 180 °C. Beurrez un moule à gâteau de 23 cm de diamètre et chemisez-le de papier sulfurisé.

2 Battez le beurre et le sucre au robot, jusqu'à ce que la préparation soit légère et mousseuse. Incorporez les œufs un à un. Versez la préparation dans un saladier, ajoutez le lait et la crème mélangés, puis les ingrédients secs tamisés, en 2 fois.

3 Versez la préparation dans le moule et tapez-le sur le plan de travail pour faire sortir les bulles d'air. Faites cuire le gâteau 50 minutes, puis laissez-le reposer 5 minutes avant de le démouler. Laissez refroidir sur une grille.

4 Pendant ce temps, préparez la ganache à la crème. Faites chauffer les ingrédients à feu doux dans une petite casserole, et mélangez pour obtenir une ganache onctueuse. Laissez-la refroidir 45 minutes.

5 Coupez le gâteau en deux dans l'épaisseur et nappez une moitié avec la moitié de la ganache. Posez l'autre moitié du gâteau dessus, puis garnissez avec le reste de la ganache.

gâteau à la banane et au chocolat

8 25' 10' 1°10 170°

160 ml de lait
2 c. à c. de jus de citron
150 g de beurre ramolli
220 g de sucre en poudre
2 œufs
300 g de farine avec levure incorporée
½ c. à c. de bicarbonate de soude
ou de levure chimique
2 grosses bananes écrasées (460 g)
100 g de chocolat noir
de dégustation râpé

Glaçage au chocolat
200 g de chocolat noir
160 g de sucre glace
120 ml de crème fraîche

1 Préchauffez le four à 170 °C. Beurrez un moule de 22 cm de diamètre ; chemisez le fond de papier sulfurisé.

2 Mélangez le lait et le jus de citron dans un petit pichet. Laissez reposer 10 minutes.

3 Battez le beurre et le sucre en crème légère dans un saladier. Incorporez les œufs un à un, en fouettant bien après chaque ajout. Tamisez la farine et le bicarbonate de soude au-dessus de la préparation ; ajoutez les bananes écrasées, le mélange lait-jus de citron, ainsi que le chocolat râpé.

4 Étalez la pâte dans le moule et faites cuire 1 h 10 au four. Laissez reposer le gâteau 5 minutes et démoulez-le sur une grille.

5 Préparez le glaçage : faites fondre le chocolat au bain-marie, puis incorporez progressivement le sucre glace et la crème fraîche. Lissez le mélange à la spatule, puis étalez-le très vite sur le gâteau tiède. Servez à température ambiante.

FAIRE DES DÉCORATIONS EN CHOCOLAT

C'est une chose de faire un gâteau, c'en est une autre de faire un beau gâteau. Vous trouverez ci-dessous quelques techniques de décoration pour y parvenir.

ÉTALER DU CHOCOLAT

Étalez du chocolat fondu de façon uniforme sur une surface froide – plaque de four plate, planche à découper, etc. – ou bien, encore mieux, sur une plaque de marbre. Laissez reposer à température ambiante jusqu'à ce qu'il soit presque pris.

FAIRE DES COPEAUX DE CHOCOLAT BOUCLÉS

Il existe de nombreuses façons de faire des copeaux ; sur la photo, nous utilisons une cuillère parisienne. Passez la cuillère doucement et régulièrement sur la surface du chocolat. N'oubliez pas que vous pouvez toujours faire refondre les copeaux que vous ratez.

UTILISER DES COPEAUX BOUCLÉS

Donner une allure spectaculaire à un gâteau est plus facile qu'on ne le croit. Découpez en forme d'étoile un gâteau cuit dans un grand moule, tartinez-le de ganache puis disposez des copeaux de chocolat blancs et noirs sur sa surface.

STRIER DU CHOCOLAT

Le chocolat blanc fondu se colore facilement ; nous avons utilisé ici du colorant alimentaire rose. Étalez le chocolat coloré de façon uniforme, puis utilisez un peigne à décor (vous pouvez en trouver sur le Web ou dans un magasin d'ustensiles de cuisine et de pâtisserie) pour tracer des sillons dans le chocolat. Lorsqu'il est presque pris, étalez une deuxième couche de chocolat blanc.

ROULEAUX DE CHOCOLAT RAYÉS

Lorsque le chocolat est presque pris, passez sur celui-ci la lame d'un grand couteau tranchant, en le tenant à un angle d'environ 45 °, pour obtenir de fins rouleaux rayés. Faites refondre les rouleaux que vous ratez. L'astuce est de travailler un chocolat qui a juste la bonne consistance ; s'il est trop dur, les rouleaux vont se casser ; s'il est trop mou, le chocolat ne formera pas de rouleaux.

COPEAUX SIMPLES

La façon la plus simple d'obtenir des copeaux de chocolat est de se servir d'un économe. Vous pourrez seulement faire de petits copeaux, mais c'est une méthode facile et rapide qui vous permettra aussi de faire des copeaux directement sur la surface du gâteau. Utilisez une grande tablette ou un gros morceau de chocolat à température ambiante, et passez l'économe le long de la tranche de la tablette.

1. FAIRE DES VAGUES

Découpez un cercle de papier sulfurisé de la même taille que le dessus du gâteau que vous souhaitez décorer, puis divisez-le en 4 morceaux. À l'aide d'une petite spatule, étalez du chocolat fondu sur chaque morceau.

2. FAIRE DES VAGUES

Posez des objets de forme cylindriques côte à côte sur le plan de travail ; sur la photo, nous nous servons de deux bougies pour faire sécher deux vagues en chocolat. Soulevez délicatement les couches de chocolat pendant qu'elles sont encore molles, puis disposez-les à cheval sur les cylindres ; laissez refroidir à température ambiante.

UTILISER DES VAGUES

Décollez le papier des vagues en chocolat, puis disposez-les sur un gâteau glacé. Les vagues sont faciles à manipuler ; déplacez-les jusqu'à ce qu'elles « s'emboîtent ». Saupoudrez-les de cacao tamisé.

FAIRE DES COLLERETTES

Découpez plusieurs bandes de papier sulfurisé assez longues et larges pour entourer les côtés du gâteau. Découpez un bord festonné sur chaque bande, en vous assurant que les extrémités se joindront joliment. Étalez uniformément du chocolat sur toute la surface des bandes.

METTRE LES COLLERETTES EN PLACE

Posez le gâteau (glacé, nappé, etc.) que vous voulez décorer devant vous pour y disposer les bandes de chocolat. Lorsqu'elles commencent à durcir, soulevez-les avec précaution et entourez-en les côtés du gâteau, puis décollez le papier.

FINITION

Sur la photo, il s'agit de deux gâteaux superposés, entouré chacun d'une bande puis décoré d'un mélange de baies fraîches. Remarquez le raccord de la bande sur le gâteau du dessous : les deux extrémités sont harmonieusement assemblées.

gâteau au chocolat blanc

250 g de beurre coupé en cubes
180 g de chocolat blanc
330 g de sucre en poudre
180 ml de lait
225 g de farine ordinaire
75 g de farine avec levure incorporée
½ c. à c. d'extrait de vanille
2 œufs légèrement battus

Nappage
125 ml de crème fraîche épaisse
360 g de chocolat blanc
coupé en morceaux

Copeaux de chocolat
100 g de chocolat noir
100 g de chocolat blanc
100 g de chocolat au lait

1 Préchauffez le four à 180 °C. Beurrez un moule à gâteau rond.

2 Mélangez le beurre, le chocolat blanc, le sucre et le lait dans une casserole. Faites fondre à feu doux en remuant régulièrement, puis laissez reposer 15 minutes avant d'incorporer les farines mélangées, l'extrait de vanille et les œufs. Versez la préparation dans le moule et faites cuire 1 h 40 au four. Laissez refroidir dans le moule.

3 Préparez le nappage au chocolat blanc : faites chauffer la crème dans une casserole, jusqu'au point d'ébullition, puis versez-la dans un récipient contenant les morceaux de chocolat blanc. Mélangez avec une cuillère en bois, puis laissez raffermir 20 minutes au réfrigérateur. Le nappage doit être assez épais pour être étalé facilement.

4 Préparez les copeaux : faites fondre séparément les 3 chocolats, puis étalez-les sur des assiettes plates. Quand le chocolat est assez ferme, grattez-le avec une cuillère à glace pour former des petits copeaux. Réfrigérez ces derniers 20 minutes environ avant d'en décorer le gâteau.

5 Démoulez le gâteau sur un plat, couvrez-le de nappage en l'étalant bien, puis décorez-le de copeaux de chocolat.

cheesecake chocolat-cerise

12 | 20' | 3h30 | 50' | 180°

125 g de biscuits au chocolat
75 g de beurre fondu

Garniture
425 g de cerises en conserve dénoyautées et égouttées
500 g de cream cheese à température ambiante
75 g de sucre en poudre
2 œufs
200 g de chocolat noir fondu

1 Beurrez un moule à fond amovible de 24 cm de diamètre.

2 Émiettez finement les biscuits dans un robot. Ajoutez le beurre et mixez. Pressez le mélange dans le fond du moule. Posez le moule sur une plaque et placez pour 30 minutes au réfrigérateur.

3 Préchauffez le four à 180 °C.

4 Préparez la garniture. Posez les cerises sur du papier absorbant. Dans un bol, battez le cream cheese et le sucre, avec un batteur électrique, jusqu'à ce que le mélange soit lisse. Incorporez les œufs un à un, puis ajoutez progressivement le chocolat fondu tiédi. Ajoutez les cerises.

5 Versez la garniture dans le moule et faites cuire 50 minutes. Laissez refroidir le cheesecake dans le four entrouvert.

6 Placez au réfrigérateur pour 3 heures ou toute une nuit. Garnissez le cheesecake avec des copeaux de chocolat, si vous le souhaitez.

gâteau au chocolat et aux fruits

850 g de cerises noires dénoyautées au sirop
150 g de raisins de Malaga hachés
120 g de dattes séchées dénoyautées et finement hachées
80 g de raisins de Smyrne
95 g de pruneaux dénoyautés et hachés
200 g de figues séchées finement hachées
250 ml de marsala
120 g de noix de pécan
185 g de beurre ramolli
2 c. à c. de zeste d'orange finement râpé
275 g de sucre brun
3 œufs
185 g de farine ordinaire
75 g de farine avec levure incorporée
2 c. à s. de cacao en poudre
2 c. à c. de mélange d'épices pour pain d'épice
100 g de chocolat noir finement haché

Ganache
200 g de chocolat noir coupé en morceaux
125 ml de crème fraîche

1 Égouttez les cerises et conservez 85 ml de leur jus. Coupez-les en quatre et mélangez-les avec les autres fruits dans un saladier. Ajoutez 190 ml de marsala et le jus des cerises réservé. Mélangez. Couvrez et laissez reposer toute une nuit.

2 Préchauffez le four à 150 °C. Chemisez un moule rond profond avec 2 couches de papier sulfurisé, en le laissant dépasser de 5 cm.

3 Hachez la moitié des noix de pécan au robot jusqu'à obtention d'une fine poudre et hachez grossièrement l'autre moitié.

4 Battez le beurre, le zeste d'orange et le sucre au robot. Incorporez les œufs un à un. Versez cette préparation sur les fruits, mélangez, ajoutez les ingrédients secs tamisés, le chocolat ainsi que les noix de pécan hachées et en poudre.

5 Versez la pâte dans le moule et faites cuire 3 heures. Badigeonnez le gâteau avec le reste du marsala à sa sortie du four, couvrez-le d'aluminium et laissez-le reposer toute une nuit dans son moule.

6 Préparez la ganache. Faites chauffer les ingrédients dans une petite casserole, à feu doux, jusqu'à obtention d'une préparation onctueuse. Placez au réfrigérateur pour 20 minutes, en remuant de temps en temps.

7 Recouvrez le gâteau de ganache et décorez-le. Vous pouvez le saupoudrer de sucre glace avant de le servir.

NOTE
Nous avons réalisé une décoration non comestible en trempant une petite branche de houx dans du chocolat fondu.

20 50' 24' 3h 20' 150°

opéra

4 œufs
150 g de poudre d'amandes
160 g de sucre glace
50 g de farine ordinaire
25 g de beurre doux fondu
4 blancs d'œufs
1 c. à s. de sucre en poudre

Crème au café et au beurre
60 ml de lait
55 g de sucre roux
2 c. à c. de café soluble
1 jaune d'œuf
125 g de beurre doux ramolli

Sirop au café
80 ml d'eau bouillante
2 c. à s. de sucre en poudre
1 c. à s. de café soluble

Ganache
160 g de chocolat noir
80 ml de crème

Glaçage
50 g de beurre doux coupé en cubes
75 g de chocolat noir

1 Préchauffez le four à 220 °C. Beurrez 2 plaques de 25 × 30 cm et chemisez-les de papier sulfurisé, en le laissant dépasser de 5 cm sur les bords.

2 Battez les œufs, la poudre d'amandes et le sucre glace au robot pour obtenir un mélange crémeux. Ajoutez la farine. Versez dans un saladier et ajoutez le beurre. Montez les blancs d'œufs en neige au robot, ajoutez le sucre en poudre et battez jusqu'à ce qu'il soit dissous. Incorporez à la préparation précédente, en 2 fois. Versez sur les plaques et faites cuire 7 minutes. Laissez refroidir.

3 Pour la crème beurre-café, faites chauffer le lait, le sucre et le café jusqu'à ce que le sucre soit dissous. Fouettez le jaune d'œuf et incorporez le lait chaud. Remettez la préparation dans la casserole et faites chauffer pour que la crème épaississe, sans la faire bouillir. Laissez refroidir. Battez le beurre au robot pour qu'il soit léger et mousseux, puis ajoutez-le à la crème.

4 Dans un bol, mélangez les ingrédients du sirop au café. Faites chauffer les ingrédients de la ganache au bain-marie. Lissez le mélange et placez au réfrigérateur.

5 Coupez chaque gâteau en 2 rectangles, l'un de 20 × 25 cm et l'autre de 10 × 25 cm. Posez 1 grand rectangle sur une plaque recouverte de papier sulfurisé et badigeonnez-le avec la moitié du sirop au café, au pinceau, puis avec la moitié de la crème. Placez pour 10 minutes au réfrigérateur. Recouvrez avec les 2 petits rectangles, posés côte à côte. Badigeonnez avec le reste du sirop et nappez de ganache. Recouvrez avec le dernier rectangle de pâte et réfrigérez 10 minutes. Nappez avec le reste de la crème et placez pour 3 heures au réfrigérateur.

6 Faites chauffer les ingrédients du glaçage au bain-marie. Lissez le mélange et versez-le, encore chaud, sur le gâteau. Étalez-le rapidement, puis placez au réfrigérateur pour 30 minutes.

Découpez chaque gâteau en 2 rectangles, l'un de 20 × 25 cm et l'autre de 10 × 25 cm. Badigeonnez l'un des grands rectangles de sirop au café, au pinceau, puis nappez-le avec la moitié de la crème au beurre. Recouvrez-le avec les 2 petits rectangles posés côte à côte, en veillant à bien aligner les bords et les coins. Badigeonnez-les du reste du sirop au café et recouvrez-les avec la ganache.

Posez le dernier rectangle sur la ganache et nappez-le du reste de la crème au beurre. Placez au réfrigérateur pour 3 heures. Étalez ensuite rapidement le glaçage sur le dessus du gâteau, puis remettez au réfrigérateur pour qu'il durcisse. Pour que le glaçage soit bien brillant, il faut qu'il soit encore chaud lorsque vous l'étalez. Avant de découper le gâteau, égalisez les bords à l'aide d'un couteau à lame réchauffée et sèche.

24 50' 7' 4h 220°

barres glacées façon tiramisu

125 ml de liqueur de café
2 gros muffins au chocolat (230 g) émiettés
500 ml de glace au café ramollie
180 g de chocolat noir fondu
2 c. à s. de cacao en poudre

1 Chemisez de papier d'aluminium les 6 alvéoles (contenance 160 ml) d'un moule à minicakes, en laissant l'aluminium dépasser de 5 cm.

2 Dans un bol, versez la liqueur sur les muffins. Incorporez la glace.

3 Répartissez ce mélange dans les alvéoles du moule. Couvrez de papier d'aluminium. Faites prendre environ 3 heures au congélateur.

4 Démoulez les barres glacées et disposez-les sur une plaque. Laissez reposer au congélateur.

5 Sur une feuille de papier, tracez un rectangle d'environ 12 × 15 cm. Couvrez le papier d'une feuille de film alimentaire. Versez 1/6 du chocolat fondu sur le film alimentaire, à l'intérieur du tracé rectangulaire. Sortez une barre glacée du congélateur, posez-la verticalement au centre du chocolat et relevez les côtés du film de manière à bien enrober la barre. Faites prendre au congélateur pendant 1 minute, puis déballez délicatement et reposez la barre sur la plaque au congélateur. Répétez l'opération avec les 5 autres barres glacées.

6 Saupoudrez les barres glacées de cacao tamisé. Servez avec un petit café.

ASTUCE
Si le chocolat tend à se figer pendant l'enrobage des barres glacées, remettez-le à fondre.

Tracez un rectangle de 12 × 15 cm sur une feuille de papier. Posez du film alimentaire par-dessus. Étalez du chocolat fondu sur le film, à l'intérieur du rectangle. Posez une barre de tiramisu glacée au centre du rectangle, puis relevez rapidement les coins et les côtés du film pour envelopper la barre de chocolat. Posez sur une plaque et placez au congélateur pour que le chocolat durcisse.

Quand le chocolat a durci, décollez délicatement le film alimentaire, une barre après l'autre, laissez les autres barres au congélateur. Servez-les sans attendre, saupoudrées de cacao, ou remettez-les au congélateur pour les utiliser plus tard.

6 30' 3h

16 15' 35' 180°

lamingtons

6 œufs
150 g de sucre en poudre
50 g de fécule de maïs
75 g de farine ordinaire
50 g de farine avec levure incorporée
160 g de noix de coco séchée

Glaçage au chocolat
640 g de sucre glace
50 g de cacao en poudre
15 g de beurre fondu
250 ml de lait

1 Préchauffez le four à 180 °C. Beurrez un moule de 20 × 30 cm, puis chemisez le fond et les 2 longs côtés de papier sulfurisé, en le laissant dépasser de 5 cm.

2 Battez les œufs, avec un batteur électrique, pendant 10 minutes, jusqu'à obtention d'une consistance onctueuse. Incorporez le sucre par petites quantités, en fouettant chaque fois jusqu'à ce qu'il soit dissous. Tamisez la fécule et les farines 3 fois, puis incorporez-les au mélange œufs-sucre. Versez dans le moule.

3 Faites cuire environ 35 minutes. Laissez refroidir le gâteau démoulé sur une grille chemisée de papier sulfurisé.

4 Préparez le glaçage : dans un bol, mélangez le sucre glace et le cacao tamisés, puis incorporez le beurre et le lait, en remuant. Faites chauffer au bain-marie, en remuant.

5 Découpez le gâteau en 16 portions. Trempez chacune d'elles dans le glaçage et laissez s'égoutter un instant. Enrobez chaque portion de noix de coco. Laissez figer sur une grille.

tiramisus

460 g de génoise ronde nature toute prête
2 c. à s. de café soluble
60 ml d'eau bouillante
80 ml de liqueur de café
1 c. à c. de gélatine
1 c. à s. d'eau bouillante supplémentaire
180 ml de crème épaisse
40 g de sucre glace
1 c. à c. d'extrait de vanille
375 g de mascarpone

Ganache
160 ml de crème fraîche
180 g de chocolat noir coupé en morceaux

1 Préparez la ganache. Portez la crème à ébullition dans une casserole. Hors du feu, ajoutez le chocolat et mélangez pour obtenir une ganache lisse.

2 Beurrez et chemisez avec du film alimentaire 6 grands moules à muffins de 180 ml. Répartissez la moitié de la ganache au fond des moules et placez au réfrigérateur pour 20 minutes.

3 Découpez la génoise en trois dans l'épaisseur. Découpez 6 disques de 8 cm de diamètre et 6 disques de 7 cm de diamètre dans les tranches de génoise.

4 Mélangez le café et l'eau bouillante dans un bol, ajoutez la liqueur. Dans un autre bol, saupoudrez la gélatine sur la cuillerée à soupe d'eau bouillante et mélangez jusqu'à ce qu'elle soit dissoute. Laissez refroidir.

5 Fouettez la crème, le sucre glace tamisé et l'extrait de vanille, au robot, jusqu'à ce que des pointes se forment. Incorporez la gélatine. Transférez dans un saladier et incorporez le mascarpone.

6 Badigeonnez les 2 côtés des disques de génoise avec le café, à l'aide d'un pinceau. Garnissez les moules de la moitié de la crème au mascarpone et recouvrez avec les petits disques de génoise. Garnissez avec le reste de la crème et recouvrez avec les grands disques de génoise. Nappez avec le reste de la ganache. Placez au réfrigérateur pour 3 heures ou toute une nuit.

7 Démoulez les tiramisus sur des assiettes et enlevez le film. Saupoudrez-les de cacao avant de servir.

6 40' 3h20

carrés décadents au chocolat

24 25' 15' 20' 180°

250 g de chocolat noir fondu
135 g de noix grillées grossièrement hachées
150 g de chocolat noir grossièrement haché
165 g de cassonade
3 œufs

1 Huilez un moule de 19 × 29 cm, puis chemisez-le de papier d'aluminium, en le laissant dépasser de 5 cm sur les côtés.

2 Étalez le chocolat fondu au fond du moule, puis faites-le durcir au réfrigérateur.

3 Préchauffez le four à 180 °C.

4 Mixez les noix, le chocolat haché, la cassonade et les œufs dans un robot. Versez le mélange dans le moule, sur le chocolat durci.

5 Faites cuire 20 minutes environ, puis laissez refroidir dans le moule. Démoulez et retirez délicatement le papier d'aluminium. Découpez en 24 carrés.

naomi's bars

16 | 15' | 40' | 3h | 170°

110 g de farine
25 g de noix de coco râpée
75 g de cassonade
90 g de beurre fondu
395 g de lait concentré sucré
60 g de beurre supplémentaire
2 c. à s. de sirop d'érable
200 g de chocolat noir grossièrement haché
2 c. à s. d'huile végétale

1 Préchauffez le four à 170 °C. Huilez un moule carré de 22 cm de côté, puis chemisez-le de papier sulfurisé, en le laissant dépasser de 5 cm de chaque côté.

2 Mélangez la farine tamisée, la noix de coco, la cassonade et le beurre dans un saladier. Versez dans le moule et étalez la pâte sur le fond, en pressant bien.

3 Faites cuire 15 minutes, jusqu'à ce que la pâte soit légèrement dorée, puis laissez refroidir.

4 Pendant ce temps, faites chauffer le lait concentré, le beurre supplémentaire et le sirop d'érable dans une casserole, à feu moyen, jusqu'à ce que le mélange soit fluide.

5 Versez sur le fond de pâte et faites cuire 25 minutes. Laissez refroidir.

6 Mettez le chocolat et l'huile dans une petite casserole, puis faites chauffer à feu doux pour faire fondre le chocolat. Versez sur le caramel. Placez pour 3 heures au réfrigérateur afin de le faire durcir avant de le découper en 16 carrés.

carrés au chocolat blanc et aux noix de macadamia

20 | 20' | 30' | 160°

125 g de beurre coupé en cubes
180 g de chocolat blanc grossièrement haché
110 g de sucre en poudre
2 œufs
150 g de farine
75 g de farine avec levure incorporée
100 g de noix de macadamia grossièrement hachées
135 g de pépites de chocolat blanc
1 c. à s. de sucre glace

1 Préchauffez le four à 160 °C. Huilez un moule de 19 × 30 cm, puis chemisez-le de papier sulfurisé, en le laissant dépasser de 5 cm sur les côtés les plus longs.

2 Faites fondre le beurre et le chocolat dans une casserole, à feu doux. Laissez refroidir 10 minutes.

3 Incorporez le sucre et les œufs au chocolat fondu, puis les farines tamisées, les noix de macadamia et les pépites de chocolat blanc. Versez la pâte dans le moule.

4 Faites cuire 30 minutes environ. Laissez refroidir le gâteau dans le moule. Saupoudrez-le de sucre glace au moment de servir et découpez en carrés.

12 30' 3h30 25' 160°

cheesecake chocolat-orange

250 g de biscuits au chocolat
150 g de beurre fondu

Garniture
3 œufs
165 g de sucre en poudre
500 g de cream cheese à température ambiante
100 g de chocolat noir fondu
1 c. à s. de zeste d'orange finement râpé
2 c. à s. de Cointreau

Ganache au chocolat
150 g de chocolat noir grossièrement haché
60 ml de crème fraîche

1 Beurrez un moule de 19 × 29 cm. Chemisez-le de papier sulfurisé, en le laissant dépasser de 5 cm sur les grands côtés.

2 Émiettez finement les biscuits dans un robot. Ajoutez le beurre et mixez. Pressez le mélange dans le fond du moule et placez pour 30 minutes au réfrigérateur.

3 Préchauffez le four à 160 °C. Préparez la garniture. Dans un bol, battez les œufs et le sucre, avec un batteur électrique, jusqu'à ce que le mélange soit lisse. Dans un autre bol, fouettez le cream cheese jusqu'à ce qu'il soit lisse, puis incorporez le mélange œufs-sucre, en 2 fois.

4 Répartissez cette préparation dans 2 bols. Dans un des bols, versez le chocolat fondu ; dans l'autre, ajoutez le zeste d'orange et le Cointreau. Mélangez chaque préparation puis versez-les dans le moule. Remuez légèrement avec une brochette. Faites cuire 25 minutes. Laissez refroidir le cheesecake dans le four entrouvert.

5 Préparez la ganache. Dans une petite casserole, faites chauffer le chocolat et la crème à feu doux, en remuant, jusqu'à ce que la préparation soit lisse. Laissez refroidir 10 minutes.

6 Étalez la ganache sur le cheesecake. Placez pour 3 heures ou toute une nuit au réfrigérateur.

gâteau velours au chocolat

16 25' 45' 20' 20' 180°

125 g de beurre ramolli
220 g de sucre roux
110 g de sucre en poudre
3 œufs
300 g de farine
35 g de cacao en poudre
1 c. à c. de bicarbonate de soude
160 ml de crème fraîche
125 ml d'eau

Glaçage au chocolat
100 g de chocolat noir coupé en morceaux
60 g de beurre coupé en cubes
80 g de sucre glace
60 ml de crème fraîche

1 Préchauffez le four à 180 °C. Beurrez un moule de 22 × 32 cm. Chemisez-le de papier sulfurisé, en le laissant dépasser de 5 cm de chaque côté.

2 Battez tous les ingrédients dans un saladier, au robot, à vitesse faible. Passez à la vitesse intermédiaire et battez 3 minutes environ, jusqu'à ce que la préparation soit homogène.

3 Versez la pâte dans le moule et faites cuire le gâteau 45 minutes. Laissez-le reposer 10 minutes avant de le démouler et de le laisser refroidir sur une grille.

4 Pendant ce temps, préparez le glaçage au chocolat. Faites chauffer les ingrédients à feu doux pendant 2 minutes environ, en remuant. Versez le glaçage dans un petit bol et laissez-le refroidir 10 minutes. Placez-le au réfrigérateur pour 20 minutes.

5 Étalez le glaçage sur le gâteau refroidi. Servez avec de la crème fouettée.

36 15' 10' 3h 180°

carrés au chocolat et au beurre de cacahuète

210 g de beurre de cacahuète lisse
50 g de beurre doux ramolli
55 g de cassonade
160 g de sucre glace
250 g de chocolat au lait grossièrement haché
35 g de cacahuètes grillées écrasées

1 Préchauffez le four à 180 °C. Huilez un moule carré à fond amovible de 20 cm de côté.

2 Mélangez le beurre de cacahuète, le beurre, la cassonade et le sucre glace dans un saladier. Étalez la pâte dans le moule. Faites cuire 10 minutes.

3 Pendant ce temps, faites fondre le chocolat au lait avec les cacahuètes dans une petite casserole, à feu doux.

4 Versez le chocolat sur le gâteau. Placez au réfrigérateur pour 3 heures ou toute la nuit.

5 Découpez le gâteau en 36 carrés.

cheesecake chocolat-rhum-raisins

18 3h 20' 1h 3h 180°

80 ml de rhum vieux
160 g de raisins secs grossièrement hachés
150 g de beurre coupé en cubes
100 g de chocolat noir grossièrement haché
220 g de sucre en poudre
160 ml d'eau
150 g de farine ordinaire
2 c. à s. de cacao en poudre
2 jaunes d'œufs

Garniture
500 g de cream cheese à température ambiante
110 g de sucre en poudre
3 œufs
250 g de chocolat noir fondu

1 Mélangez le rhum et les raisins secs dans un bol. Couvrez et laissez reposer 3 heures ou toute une nuit.

2 Préchauffez le four à 180 °C. Beurrez un moule de 20 × 30 cm. Chemisez-le de papier sulfurisé, en le laissant dépasser de 5 cm sur les grands côtés.

3 Mélangez le beurre, le chocolat, le sucre et l'eau dans une casserole. Faites chauffer à feu doux, en remuant, jusqu'à ce que la préparation soit lisse. Hors du feu, incorporez la farine et le cacao tamisés, ainsi que les jaunes d'œufs.

4 Versez la pâte dans le moule et faites cuire environ 15 minutes. Laissez refroidir dans le moule.

5 Préparez la garniture en battant le cream cheese et le sucre avec un batteur électrique. Quand la préparation est lisse, incorporez les œufs un à un, puis ajoutez le chocolat tiédi et le mélange rhum-raisins.

6 Versez la garniture dans le moule et faites cuire environ 45 minutes. Laissez refroidir le cheesecake dans le four entrouvert.

7 Placez pour 3 heures ou toute une nuit au réfrigérateur. Saupoudrez de cacao tamisé.

barres au chocolat et aux noix

30 15' 30' 160°

125 g de beurre coupé en gros cubes
220 g de sucre roux
185 g de chocolat noir
110 g de flocons d'avoine
75 g de noix grossièrement hachées
1 œuf
110 g de farine ordinaire
35 g de farine incorporée
½ c. à c. de bicarbonate de soude
130 g de pépites de chocolat noir

1 Préchauffez le four à 160 °C. Beurrez un moule de 20 × 30 cm. Chemisez le fond et les 2 grands côtés de papier sulfurisé, en le laissant dépasser de 5 cm sur les bords.

2 Faites fondre le beurre dans une casserole moyenne, à feu doux. Retirez du feu et incorporez le sucre.

3 Coupez la moitié du chocolat en gros morceaux.

4 Incorporez les flocons d'avoine et les noix dans le mélange au beurre, puis l'œuf, les ingrédients secs tamisés, le chocolat en morceaux et les pépites.

5 Étalez uniformément la préparation dans le moule. Faites cuire 30 minutes environ. Couvrez de papier d'aluminium et laissez refroidir.

6 Faites fondre le reste du chocolat. Démoulez le biscuit sur une grille, à l'endroit, et arrosez-le de chocolat fondu. Laissez prendre à température ambiante avant de découper en barres.

CONSERVATION

Ces barres se conservent jusqu'à 1 semaine dans un récipient hermétique.

pavés au chocolat et aux noisettes

24 30' 10' 40' 20' 180°

250 g de biscuits au chocolat
60 g de beurre fondu
2 blancs d'œufs
165 g de sucre en poudre
50 g de poudre de noisettes
2 c. à s. de farine ordinaire
1 c. à s. de cacao en poudre

Garniture
125 g de beurre ramolli
110 g de sucre en poudre
2 jaunes d'œufs
1 c. à s. de jus d'orange
200 g de chocolat noir fondu

1 Préchauffez le four à 180 °C. Beurrez un moule rectangulaire peu profond. Couvrez le fond et les grands côtés de papier sulfurisé, en le laissant dépasser un peu.

2 Réduisez les biscuits en poudre. Du bout des doigts, mélangez-en 120 g avec le beurre, puis répartissez cette chapelure dans le moule et réfrigérez 10 minutes.

3 Montez les blancs d'œufs en neige. Incorporez progressivement le sucre, en fouettant bien après chaque ajout pour le faire dissoudre complètement. Ajoutez la poudre de noisettes, le reste des biscuits pulvérisés et la farine.

4 Étalez cette meringue sur la pâte et faites cuire 20 minutes au four. Laissez le gâteau refroidir 20 minutes. Baissez le thermostat à 170 °C.

5 Pour la garniture, fouettez en crème légère le beurre, le sucre, les jaunes d'œufs et le jus d'orange. Incorporez le chocolat fondu tiède.

6 Étalez la garniture sur la meringue et faites cuire encore 20 minutes au four. Saupoudrez de cacao et découpez en tranches rectangulaires.

rocky road

125 ml d'eau
5 c. à c. de gélatine en poudre
220 g de sucre en poudre
80 ml d'eau supplémentaire
2 c. à c. de jus de citron
1 c. à c. d'extrait de vanille
colorant alimentaire rose
25 g de noix de coco séchée
400 g de chocolat au lait grossièrement haché
30 g de beurre doux coupé en cubes
100 g de cerises confites rouges
70 g de cacahuètes grillées non salées

1 Beurrez 2 moules de 8 × 26 cm.

2 Dans un bol, versez 125 ml d'eau et saupoudrez la gélatine. Dans une petite casserole, mélangez le sucre et 80 ml d'eau, puis faites chauffer à feu doux, en remuant, jusqu'à dissolution du sucre. Incorporez la gélatine et faites bouillir 8 minutes sans remuer. Hors du feu, incorporez le jus de citron et l'extrait de vanille. Répartissez ce mélange dans 2 bols. Colorez en rose le contenu d'un des bols. Laissez refroidir à température ambiante.

3 Avec un batteur électrique à vitesse élevée, épaississez les 2 préparations à la gélatine pendant environ 8 minutes. Versez-les, séparément, dans les 2 moules. Couvrez et faites prendre 1 heure au réfrigérateur.

4 Étalez une feuille de papier sulfurisé sur un plan de travail et parsemez-y la noix de coco. Démoulez les 2 blocs de guimauve et tournez-les dans la noix de coco. Avec un couteau chaud, découpez la guimauve en morceaux de 2 cm de côté. Réservez le reste de la noix de coco.

5 Beurrez un moule de 20 × 30 cm. Chemisez le fond et les 2 longs côtés de papier d'aluminium.

6 Dans un bol résistant à la chaleur, faites fondre le chocolat et le beurre au bain-marie. Retirez du feu.

7 Étalez sur le fond du moule la moitié du mélange chocolat-beurre. Rangez-y les morceaux de guimauve. Couvrez avec le reste de la noix de coco, les cerises et les cacahuètes. Arrosez avec le reste du chocolat au beurre. Couvrez et placez pour 2 heures au réfrigérateur. Découpez des portions et servez.

CONSERVATION
Ce dessert se conserve jusqu'à 1 semaine, couvert, au réfrigérateur.

35 50' 10' 3h

12 | 20' | 30' | 180°

fudge au chocolat

250 g de chocolat noir coupé en morceaux
125 g de beurre coupé en cubes
150 g de sucre en poudre
100 g de farine avec levure incorporée
4 œufs légèrement battus

1 Préchauffez le four à 180 °C. Beurrez un moule peu profond de 19 × 29 cm et chemisez-le de papier sulfurisé, en le laissant dépasser de 5 cm de chaque côté.

2 Faites fondre le chocolat et le beurre au bain-marie, puis laissez refroidir.

3 Ajoutez les autres ingrédients et mélangez au robot, à vitesse faible. Passez à la vitesse intermédiaire et battez 3 minutes, jusqu'à ce que la préparation soit onctueuse et qu'elle change de couleur.

4 Versez la pâte dans le moule et faites cuire le gâteau 30 minutes. Laissez-le reposer 5 minutes avant de le démouler et de le laisser refroidir sur une grille. Vous pouvez le saupoudrer de cacao tamisé avant de le couper en carrés.

carrés au chocolat décorés de billes multicolores

35 | 20' | 25' | 160°

185 g de beurre ramolli
220 g de pâte à tartiner au chocolat et aux noisettes
75 g de cassonade
260 g de farine
200 g de billes de sucre multicolores pour pâtisserie

1 Préchauffez le four à 160 °C. Huilez un moule de 19 × 30 cm, puis chemisez-le de papier sulfurisé, en le laissant dépasser de 5 cm sur les côtés les plus longs.

2 Mélangez le beurre, la pâte à tartiner et la cassonade dans un saladier, à l'aide d'un batteur électrique. Incorporez la farine tamisée en 2 fois.

3 Versez la pâte dans le moule et égalisez la surface avec une spatule.

4 Faites cuire le gâteau 25 minutes. Sortez le moule du four et ajoutez les billes sur le dessus, en formant des rangs espacés de 1,5 cm. Pressez les billes pour les enfoncer dans le gâteau. Laissez refroidir dans le moule, puis découpez en 35 carrés.

œufs en chocolat au pralin

12 œufs en chocolat creux de 20 g chacun
200 g de chocolat au lait grossièrement haché
125 ml de crème fraîche

Pralin
45 g de noisettes grillées grossièrement hachées
55 g d'amandes grillées grossièrement hachées
2 c. à s. d'eau
110 g de sucre en poudre

1 Préparez le pralin. Placez les noisettes et les amandes sur une plaque chemisée de papier sulfurisé. Dans une petite casserole, faites chauffer l'eau et le sucre, en remuant, sans faire bouillir, jusqu'à ce que le sucre soit dissous. Portez à ébullition et faites dorer le caramel sans couvrir. Versez-le sur les noisettes et les amandes, et laissez figer à température ambiante. Cassez en morceaux et hachez finement dans un robot.

2 Coupez délicatement et écartez le sommet des œufs en chocolat.

3 Chauffez au bain-marie le chocolat et la crème fraîche, en remuant jusqu'à obtention d'un mélange lisse. Laissez refroidir. Incorporez le pralin. Laissez épaissir un moment au réfrigérateur.

4 Posez les œufs en chocolat dans des coquetiers, ouverture vers le haut. Avec une cuillère, répartissez le pralin au chocolat dans les œufs.

NOTE
Ici, nous avons utilisé des œufs en chocolat Kinder Surprise®, disponibles dans les supermarchés.

triangles chocolat-coco

50 g de farine avec levure incorporée
50 g de farine ordinaire
2 c. à s. de cacao en poudre
50 g de noix de coco râpée
165 g de sucre roux
90 g de beurre doux fondu
250 g de chocolat au lait fondu

Garniture à la noix de coco
240 g de sucre glace
120 g de noix de coco râpée
2 c. à s. de cacao en poudre
160 g de lait concentré sucré
75 g de beurre doux fondu
1 c. à c. d'extrait de vanille

1 Préchauffez le four à 180 °C. Beurrez un moule de 20 × 30 cm. Chemisez le fond et les 2 grands côtés de papier sulfurisé, en le laissant dépasser de 5 cm sur les côtés.

2 Mélangez les farines et le cacao tamisés, la noix de coco, le sucre et le beurre dans un récipient moyen. Tassez uniformément la préparation dans le fond du moule et faites cuire 20 minutes. Laissez refroidir 15 minutes.

3 Préparez la garniture à la noix de coco en mélangeant les ingrédients dans un bol.

4 Étalez la garniture sur la base encore chaude dans le moule. Recouvrez de chocolat fondu et laissez prendre 2 heures au réfrigérateur. Découpez en triangles.

CONSERVATION
Les triangles se conservent jusqu'à 1 semaine dans un récipient hermétique.

orangettes

2 grosses oranges à peau épaisse (600 g)
220 g de sucre en poudre
250 ml d'eau
200 g de chocolat noir fondu

1 Coupez les oranges en quatre. Détachez le zeste, en veillant à prélever également la peau blanche sous le zeste. Taillez l'écorce en languettes de 1 cm de large.

2 Plongez les languettes d'écorce dans une casserole d'eau bouillante. Portez de nouveau à ébullition, puis égouttez. Répétez cette opération 2 fois.

3 Mélangez le sucre et l'eau dans une casserole. Faites chauffer, en remuant, jusqu'à ce que le sucre soit dissous (le mélange ne doit pas bouillir). Plongez les languettes d'écorce d'orange dans ce mélange et portez à ébullition. Réduisez le feu et laissez frémir 5 minutes à découvert, jusqu'à ce que les languettes d'écorce deviennent translucides. Remuez de temps en temps.

4 Posez une grille sur une plaque chemisée de papier sulfurisé. Sortez les écorces du sirop avec une pince et posez-les sur la grille, en une seule couche. Laissez sécher jusqu'au lendemain, sans couvrir.

5 Chemisez une plaque de papier sulfurisé. À l'aide d'une fourchette à chocolat, trempez les languettes une à une dans le chocolat fondu, puis posez-les sur le papier. Laissez prendre à température ambiante.

cuillères chocolat-caramel

220 g de sucre en poudre
125 ml d'eau
100 g de chocolat au lait fondu

1 Chemisez de papier sulfurisé 2 plaques de cuisson.

2 Faites chauffer le sucre et l'eau dans une petite casserole, en remuant, sans faire bouillir. Quand le sucre est dissous, portez à ébullition. Réduisez le feu et laissez mijoter sans couvrir ni remuer jusqu'à ce que le caramel soit doré. Retirez du feu et laissez tiédir 2 minutes.

3 Avec une cuillère, déposez le caramel sur les plaques, en traçant 10 silhouettes en forme de cuillère de 14 cm de long. Laissez figer à température ambiante.

4 Trempez les cuillères en caramel une à une dans le chocolat fondu et déposez-les sur les plaques. Laissez figer à température ambiante.

5 Vous pouvez utiliser ces cuillères pour remuer une tasse de lait chaud et confectionner un chocolat chaud.

œufs chocolat-rhum-raisins

300 g de chocolat noir en pastilles fondu
160 g de raisins secs grossièrement hachés
80 ml de rhum vieux
100 g de chocolat au lait grossièrement haché
20 g de beurre doux
1 œuf, blanc et jaune séparés
160 ml de crème fraîche fouettée

1 Avec un pinceau, nappez de chocolat noir l'intérieur des alvéoles des moules. Laissez figer à température ambiante. Démoulez délicatement.

2 Mélangez les raisins secs et la moitié du rhum.

3 Faites chauffer au bain-marie le chocolat au lait, le beurre et le reste du rhum, en remuant sans cesse. Quand le mélange est lisse, incorporez le jaune d'œuf, puis laissez refroidir.

4 Montez le blanc d'œuf en neige souple avec un batteur électrique. Incorporez ce blanc et la crème fraîche à la préparation au chocolat, en 2 fois, pour obtenir une mousse.

5 Répartissez le mélange rhum-raisins dans les demi-œufs en chocolat. Ajoutez la mousse. Placez au réfrigérateur pour 3 heures ou toute une nuit.

NOTE

Ici, nous utilisons 6 moules à œufs en chocolat, comprenant chacun 6 alvéoles (contenance 20 ml, soit environ 1 cuillerée à soupe). On peut aussi utiliser un seul moule et confectionner les œufs en plusieurs fois.

carrés au chocolat et au lait malté

250 g de biscuits au chocolat
280 g de boules de chocolat au lait malté
100 g de beurre doux coupé en gros cubes
125 ml de lait concentré sucré
400 g de chocolat au lait coupé en gros morceaux
1 c. à s. d'huile végétale

1 Beurrez un moule de 20 × 30 cm. Chemisez le fond et les 2 grands côtés de papier sulfurisé, en le laissant dépasser de 5 cm sur les bords.

2 Mixez finement 200 g de biscuits au chocolat et hachez grossièrement le reste.

3 Réservez 40 boules de chocolat au lait malté et hachez le reste.

4 Faites chauffer à feu doux le beurre et le lait concentré dans une petite casserole, en remuant, jusqu'à obtention d'une consistance homogène.

5 Mélangez les biscuits mixés et hachés avec les boules de chocolat au lait malté hachées dans un récipient moyen. Incorporez le mélange au beurre. Tassez la préparation dans le moule et placez pour 30 minutes au réfrigérateur.

6 Faites chauffer le chocolat et l'huile au bain-marie, jusqu'à obtention d'une consistance homogène, puis étalez le mélange sur la base de biscuits. Recouvrez des 40 boules de chocolat au lait malté réservées. Laissez prendre 1 heure au réfrigérateur avant de découper en carrés.

CONSERVATION

Les carrés se conservent jusqu'à 4 jours dans un récipient hermétique, au réfrigérateur.

40
20'
1h30

palets au chocolat et à la guimauve

14 | 45' | 30' | 14' | 20' | 180°

125 g de beurre ramolli
165 g de sucre roux
1 œuf
225 g de farine ordinaire
35 g de farine avec levure incorporée
25 g de cacao en poudre
28 guimauves roses et blanches (1 paquet de 250 g)
375 g de chocolat noir haché grossièrement
1 c. à s. d'huile végétale
80 g de confiture de framboises

1 Fouettez le beurre, le sucre et l'œuf dans un saladier, à l'aide d'un batteur électrique, jusqu'à obtention d'un mélange homogène. Incorporez les farines et le cacao tamisés, en 2 fois.

2 Farinez le plan de travail et pétrissez la pâte jusqu'à ce qu'elle soit lisse. Étalez-la au rouleau sur 3 mm d'épaisseur, entre 2 feuilles de papier sulfurisé. Placez pour 30 minutes au réfrigérateur.

3 Préchauffez le four à 180 °C. Recouvrez plusieurs plaques de cuisson préalablement huilées de papier sulfurisé.

4 À l'aide d'un emporte-pièce cannelé, découpez 28 disques de 7 cm de diamètre dans la pâte. Disposez-les sur les plaques, espacés de 3 cm.

5 Faites cuire environ 12 minutes. Laissez refroidir sur une grille.

6 Retournez la moitié des palets et posez-les sur une plaque de cuisson. À l'aide de ciseaux, coupez les guimauves en deux, horizontalement. Pressez 4 moitiés de guimauve, côté coupé sur chaque palet retourné. Remettez dans le four pour 2 minutes.

7 Faites fondre le chocolat au bain-marie. Hors du feu, incorporez l'huile.

8 Retournez les palets restants et nappez-les de confiture. Assemblez deux par deux les palets à la confiture et ceux aux guimauves. Laissez reposer 20 minutes, jusqu'à ce que les guimauves soient fermes. Trempez les palets dans le chocolat fondu. Ôtez-en l'excédent à l'aide d'une spatule en métal. Laissez prendre sur un plateau recouvert de papier sulfurisé.

biscuits à la gelée d'orange

24 55' 1h 12' 180°

110 g de sucre en poudre
2 œufs
150 g de farine
2 c. à s. de sucre en poudre supplémentaire
400 g de chocolat noir fondu
3 tranches d'orange confite coupées en 24 parts

Gelée d'orange
250 ml de jus d'orange
2 c. à s. de confiture d'oranges
1 c. à s. de sucre glace
6 g de gélatine en poudre

1 Préparez la gelée d'orange. Portez le jus d'orange, la confiture d'oranges et le sucre glace à ébullition dans une petite casserole, puis retirez du feu. Ajoutez la gélatine et remuez pour la faire fondre. Laissez refroidir. Tapissez un moule carré de 23 cm de côté de papier sulfurisé, en le laissant dépasser de 5 cm. Versez la gelée dans le moule et placez au réfrigérateur pour la faire durcir.

2 Préchauffez le four à 180 °C. Huilez des plaques de cuisson et chemisez-les de papier sulfurisé.

3 Étalez le sucre de manière uniforme sur une plaque de cuisson à rebords. Faites chauffer le sucre au four jusqu'à ce qu'il soit chaud au toucher. Fouettez les œufs dans un saladier, à l'aide d'un batteur électrique à vitesse élevée, pendant 1 minute. Ajoutez le sucre chaud et battez 10 minutes, jusqu'à ce que la préparation épaississe.

4 Versez dans un grand saladier et incorporez la farine préalablement tamisée 3 fois. Versez la préparation dans une poche munie d'une douille lisse de 1 cm de diamètre. Formez des disques de 4 cm de diamètre sur les plaques de cuisson, en les espaçant de 3 cm. Parsemez chaque disque de sucre en poudre supplémentaire.

5 Faites cuire les biscuits, une plaque à la fois, 4 minutes environ. Laissez refroidir sur les plaques de cuisson.

6 Démoulez la gelée d'orange sur une planche et découpez 24 disques à l'aide d'un emporte-pièce rond de 4 cm de diamètre.

7 Recouvrez les biscuits avec les disques de gelée, puis placez-les sur une grille posée sur une plaque de cuisson. Recouvrez-les de chocolat fondu. Lorsque le chocolat a presque durci, ajoutez les morceaux d'orange confite sur le dessus.

biscuits complets au chocolat

35 20' 12' 180°

90 g de beurre
100 g de cassonade
1 œuf légèrement battu
20 g de noix de coco râpée
25 g de germes de blé
120 g de farine complète
75 g de farine avec levure incorporée
150 g de chocolat noir fondu

1 Préchauffez le four à 180 °C. Huilez des plaques de cuisson.

2 Battez le beurre et la cassonade dans un saladier, à l'aide d'un batteur électrique, jusqu'à ce que le mélange soit homogène, puis incorporez l'œuf tout en continuant à battre. Incorporez ensuite la noix de coco, les germes de blé et les farines.

3 Formez 35 boulettes et placez-les sur les plaques de cuisson, en les espaçant de 3 cm. Aplatissez-les légèrement avec une fourchette.

4 Faites cuire les biscuits 12 minutes environ, jusqu'à ce qu'ils soient dorés, puis laissez-les refroidir sur les plaques de cuisson. Trempez la moitié de chaque biscuit dans le chocolat fondu et laissez refroidir sur une grille.

gâteaux aux Mars® sans cuisson

12 15' 30'

5 barres Mars® de 60 g
50 g de beurre
120 g de céréales Rice Krispies®
200 g de chocolat au lait fondu

1 Garnissez de caissettes en papier les 12 alvéoles d'un moule à muffins.

2 Hachez grossièrement 4 barres Mars®. Coupez la barre restante en tranches.

3 Faites chauffer les Mars® hachés et le beurre à feu doux. Remuez jusqu'à obtention d'une pâte lisse. Ajoutez les céréales.

4 Répartissez la préparation dans les caissettes. Versez le chocolat fondu. Décorez avec les tranches de Mars®. Faites prendre 30 minutes au réfrigérateur.

sablés chocolat-menthe

24 20' 15' 180°

2 barres chocolatées Peppermint Crisp® de 35 g
ou
70 g de chocolat parfumé à la menthe
250 g de beurre ramolli
55 g de sucre roux
1 c. à c. d'extrait de vanille
225 g de farine tamisée
2 c. à s. de cacao en poudre
1 pincée de bicarbonate de soude

1 Hachez finement les barres chocolatées ou le chocolat à la menthe.

2 Préchauffez le four à 180 °C. Chemisez des plaques de cuisson de papier sulfurisé.

3 Préparez la pâte sablée. Avec un batteur électrique, battez le beurre, le sucre et l'extrait de vanille dans un petit récipient, jusqu'à obtention d'une consistance homogène. Transvasez la préparation dans un grand récipient et incorporez la farine tamisée, en 2 fois. Incorporez le cacao et le bicarbonate de soude, tamisés.

4 Formez des boules avec des cuillerées à soupe rases de pâte, puis disposez-les à environ 5 cm de distance sur les plaques ; aplatissez-les avec le dos d'une cuillère.

5 Faites cuire au four pendant 15 minutes environ. Parsemez immédiatement les biscuits chauds de chocolat haché. Laissez refroidir sur les plaques.

42 30' 30' 12' 180°

biscuits multicolores au chocolat

125 g de beurre ramolli
165 g de cassonade
1 œuf
225 g de farine ordinaire
35 g de farine avec levure incorporée
35 g de cacao amer en poudre
200 g de chocolat noir fondu
85 g de billes multicolores

1 Mélangez le beurre, la cassonade et l'œuf dans un saladier, à l'aide d'un batteur électrique. Incorporez les farines et le cacao en 2 fois.

2 Pétrissez la pâte sur un plan de travail fariné jusqu'à ce qu'elle soit souple. Étalez-la entre 2 feuilles de papier sulfurisé, sur 5 mm d'épaisseur. Placez pour 30 minutes au réfrigérateur.

3 Préchauffez le four à 180 °C. Huilez des plaques de cuisson et chemisez-les de papier sulfurisé.

4 À l'aide d'emporte-pièce ronds, découpez dans la pâte 14 disques de 3 cm de diamètre, 14 disques de 5 cm et 14 disques de 6,5 cm. Mettez les disques de 3 cm de diamètre sur une plaque de cuisson, et le reste sur les autres plaques.

5 Faites cuire les biscuits de 3 cm de diamètre 10 minutes environ, et les autres 12 minutes. Laissez-les refroidir sur des grilles.

6 Étalez le chocolat fondu sur le dessus des biscuits, puis parsemez de billes multicolores. Laissez durcir à température ambiante.

QUELQUES EXEMPLES DE TRUFFES

Utilisez du chocolat de bonne qualité et formez des boulettes en roulant des cuillerées à café pleines de pâte, pour réaliser des truffes de taille égale. Chaque recette est prévue pour environ 30 truffes.

CHOCOLAT BLANC ET PISTACHE

Faites fondre 300 g de chocolat blanc et 80 ml de crème liquide dans une casserole ; mélangez à feu doux jusqu'à obtention d'une consistance homogène. Placez au réfrigérateur pour la nuit. Formez des boulettes avec la préparation puis roulez-les dans 75 g de pistaches hachées.

CHOCOLAT BLANC ET AMANDES

Mélangez 250 g de chocolat blanc et 60 ml de crème liquide dans une casserole. Incorporez 55 g d'amandes effilées et 1 c. à s. de liqueur d'amande ; placez au réfrigérateur pour la nuit. Formez des boulettes avec la préparation puis roulez-les dans 250 g de chocolat blanc fondu.

CHOCOLAT NOIR ET GINGEMBRE

Faites fondre 200 g de chocolat noir et 60 ml de crème liquide dans une casserole. Incorporez 110 g de gingembre confit haché ; placez au réfrigérateur pour la nuit. Formez des boulettes avec la préparation puis roulez-les dans du cacao en poudre.

CANNEBERGES SÉCHÉES, PORTO ET CHOCOLAT

Faites fondre 200 g de chocolat noir et 60 ml de crème liquide dans une petite casserole. Incorporez 2 c. à s. de porto et 60 g de canneberges séchées hachées. Placez au réfrigérateur pour la nuit. Formez des boulettes avec la préparation puis roulez-les dans 300 g de chocolat noir fondu.

CHOCOLAT BLANC ET ANANAS

Faites fondre 250 g de chocolat blanc et 60 ml de crème liquide dans une petite casserole. Incorporez 75 g d'ananas confit haché et 1 c. à s. de Malibu® ; placez au réfrigérateur pour la nuit. Formez des boulettes avec la préparation et roulez-les dans 250 g de chocolat blanc fondu puis dans 90 g de noix de coco en poudre grillée.

CHOCOLAT BLANC, CITRON ET CITRON VERT

Faites fondre dans une petite casserole 360 g de chocolat blanc, 125 ml de crème de coco, 2 c. à c. de zeste de citron finement râpé et 2 c. à c. de zeste de citron vert finement râpé. Placez au réfrigérateur pour la nuit. Formez des boulettes avec la préparation puis roulez-les dans 75 g de noix de coco râpée.

RHUM ET RAISINS

Faites fondre 200 g de chocolat noir et 60 ml de crème liquide dans une casserole. Incorporez 1 c. à s. de rhum et 50 g de raisins secs hachés ; placez au réfrigérateur pour la nuit. Formez des boulettes avec la préparation puis roulez-les dans du chocolat noir fondu.

CHOCOLAT ET MENTHE POIVRÉE

Faites fondre 200 g de chocolat au lait et 60 ml de crème liquide dans une petite casserole. Incorporez 2 barres de chocolat croustillantes à la menthe poivrée hachées ; placez au réfrigérateur pour la nuit. Formez des boulettes avec la préparation puis roulez-les dans 300 g de chocolat noir fondu.

ABRICOT ET CHOCOLAT BLANC

Mélangez dans un récipient 180 g d'abricots secs hachés, 90 g de noix de coco déshydratée et 70 g de lait concentré. Placez au réfrigérateur pour 1 heure. Formez des boulettes avec la préparation puis arrosez-les de chocolat blanc fondu.

ORANGE ET AMANDES

Faites fondre 250 g de chocolat noir et 80 ml de crème liquide dans une petite casserole. Incorporez 2 c. à c. de zeste d'orange finement râpé et 1 c. à s. de liqueur d'orange ; placez au réfrigérateur pour la nuit. Formez des boulettes avec la préparation puis roulez-les dans 90 g d'amandes caramélisées hachées.

CAFÉ ET CHOCOLAT AU LAIT

Faites fondre 250 g de chocolat au lait et 80 ml de crème liquide dans une petite casserole ; mélangez à feu doux jusqu'à obtention d'une consistance homogène. Incorporez 2 c. à s. de liqueur de café et placez au réfrigérateur pour la nuit. Formez des boulettes avec la préparation puis roulez-les dans 25 g de cacao en poudre.

CACAHUÈTES ET CHOCOLAT AU LAIT

Faites fondre 200 g de chocolat au lait et 60 ml de crème liquide dans une petite casserole. Incorporez 60 g de beurre de cacahuète croquant. Placez au réfrigérateur pour la nuit. Formez des boulettes avec la préparation puis roulez-les dans 100 g de noisettes concassées.

truffes au caramel salé

25 | 30' | 12h | 30'

2 c. à s. d'eau
75 g de sucre en poudre
160 ml de crème fraîche
200 g de chocolat noir grossièrement haché
1 c. à c. de sel marin
200 g de chocolat au lait fondu

1 Dans une petite casserole, faites chauffer l'eau et le sucre, en remuant, sans faire bouillir, jusqu'à ce que le sucre soit dissous. Portez à ébullition et faites dorer le caramel sans remuer ni couvrir. Ajoutez la crème fraîche et remuez sur feu doux. Retirez du feu, puis incorporez le chocolat noir et la moitié du sel, en remuant, jusqu'à obtention d'un mélange lisse. Placez au réfrigérateur pour la nuit.

2 Travaillez ¼ du mélange à la fois (laissez le reste au réfrigérateur) : prélevez des portions avec une petite cuillère, roulez-les en boules puis disposez-les sur une plaque chemisée de papier d'aluminium. Faites prendre au congélateur.

3 En vous aidant de 2 fourchettes, trempez rapidement les truffes dans le chocolat au lait. Disposez-les sur la plaque. Saupoudrez avec le reste du sel. Faites raffermir au réfrigérateur.

truffes aux framboises

36 | 30' | 1h

150 g de framboises surgelées, décongelées
60 ml de crème fraîche
2 c. à s. de liqueur de framboise
200 g de chocolat au lait grossièrement haché
36 framboises surgelées supplémentaires
36 caissettes en aluminium

1 Pressez les framboises à travers un tamis au-dessus d'un bol résistant à la chaleur. Jetez les graines.

2 Ajoutez la crème fraîche, la liqueur et le chocolat. Faites chauffer au bain-marie, en remuant, jusqu'à ce que le mélange soit lisse.

3 Répartissez la moitié de la préparation dans les caissettes en aluminium. Garnissez avec les framboises supplémentaires et nappez avec le reste de la préparation au chocolat. Faites prendre les truffes au congélateur.

4 Sortez-les du congélateur 5 minutes avant de les servir, éventuellement décorées de paillettes d'or alimentaire.

bouchées chocolat-amande

30 | 40' | 5' | 12' | 180°

40 g d'amandes entières, mondées
200 g de pâte d'amandes
125 g de chocolat noir fondu

1 Préchauffez le four à 180 °C.
Faites griller les amandes pendant environ 5 minutes au four, étalées sur une seule couche, jusqu'à ce qu'elles soient bien dorées. Laissez refroidir.

2 Enveloppez chaque amande dans de la pâte d'amandes (l'équivalent de 1 cuillerée à café rase de pâte par amande). Posez les amandes enrobées sur une grille. Laissez reposer sans couvrir jusqu'au lendemain, de façon que la pâte soit sèche au toucher.

3 À l'aide d'une fourchette à chocolat, trempez chaque bouchée dans le chocolat fondu. Posez les amandes chocolatées sur une plaque chemisée de papier d'aluminium. Laissez prendre à température ambiante.

36 40' 4h

sucettes chocolat-fruits confits

800 g de cake aux fruits
180 g de chocolat noir fondu
125 ml de cognac
80 g de sucre glace
9 cerises confites (70 g) coupées en quartiers
36 bâtonnets à sucette ou à esquimau

Glaçage royal
240 g de sucre glace
1 blanc d'œuf
½ c. à c. de jus de citron

1 Avec les mains, émiettez le cake dans un grand récipient. Incorporez le chocolat, le cognac et le sucre glace tamisé. Mouillez vos mains et formez des boules avec des cuillerées à soupe bombées de la préparation. Disposez-les sur une plaque de cuisson chemisée de papier sulfurisé. Couvrez et placez au réfrigérateur pour 4 heures.

2 Préparez le glaçage royal. Passez le sucre glace à travers un tamis fin. Battez le blanc d'œuf dans un bol, avec un batteur électrique, puis, sans cesser de battre, ajoutez le sucre glace, 1 cuillerée à soupe à la fois. Incorporez le jus de citron avec une cuillère en bois.

3 Plongez des bâtonnets à sucette dans le glaçage royal, puis enfoncez-les dans les boules de gâteau, à peu près jusqu'au centre.

4 Enrobez les sucettes de glaçage royal, ajoutez 1 morceau de cerise confite sur chacune et laissez prendre à température ambiante. Saupoudrez d'un peu de sucre glace tamisé.

sucettes aux 2 chocolats

100 g de beurre doux coupé en gros cubes
100 g de chocolat blanc coupé en gros morceaux
110 g de sucre roux
80 ml de lait
1 c. à s. de golden syrup ou de mélasse
75 g de farine ordinaire
75 g de farine avec levure incorporée
1 œuf légèrement battu
180 g de chocolat blanc fondu
375 g de chocolat au lait fondu
1 c. à s. de vermicelles au chocolat
25 bâtonnets à sucette ou à esquimau

1 Préchauffez le four à 160 °C. Beurrez un moule de 20 × 30 cm et chemisez-le de papier sulfurisé, en le laissant dépasser de 5 cm sur les 2 côtés les plus longs.

2 Faites chauffer à feu doux le beurre, le chocolat blanc en morceaux, le sucre, le lait et le golden syrup dans une casserole moyenne, en remuant, jusqu'à obtention d'une consistance homogène. Transvasez la préparation dans un saladier et laissez refroidir 10 minutes. Incorporez avec un fouet les farines tamisées, puis l'œuf. Étalez la préparation dans le moule.

3 Faites cuire 30 minutes. Laissez le gâteau reposer 10 minutes avant de le démouler et de le laisser refroidir sur une grille.

4 Avec les mains, émiettez le gâteau dans un grand récipient, puis incorporez le chocolat blanc fondu. Formez des boules avec des cuillerées à soupe bombées de préparation, en pressant fermement. Disposez-les sur une plaque de cuisson chemisée de papier sulfurisé. Couvrez et placez au réfrigérateur pour 4 heures.

5 Enfoncez 1 bâtonnet dans chaque boule de gâteau, à peu près jusqu'au centre. En travaillant rapidement, plongez les boules dans le chocolat au lait fondu, puis saupoudrez de vermicelles au chocolat. Laissez prendre à température ambiante.

ASTUCES

Pour former les boules de gâteau, pressez la préparation avec les mains mais ne la roulez pas, sinon elle s'émietterait. Quand vous plongez les sucettes dans le chocolat fondu, inclinez le récipient de manière que le niveau de chocolat soit assez profond pour que vous puissiez enrober entièrement la sucette ainsi qu'une partie du bâtonnet ; de cette façon, les sucettes seront bien fixées sur les bâtonnets. Pour les faire sécher, enfoncez ces derniers dans une boîte d'œufs vide.

25 20' 30' 4h 160°

CAKES AUX FRUITS

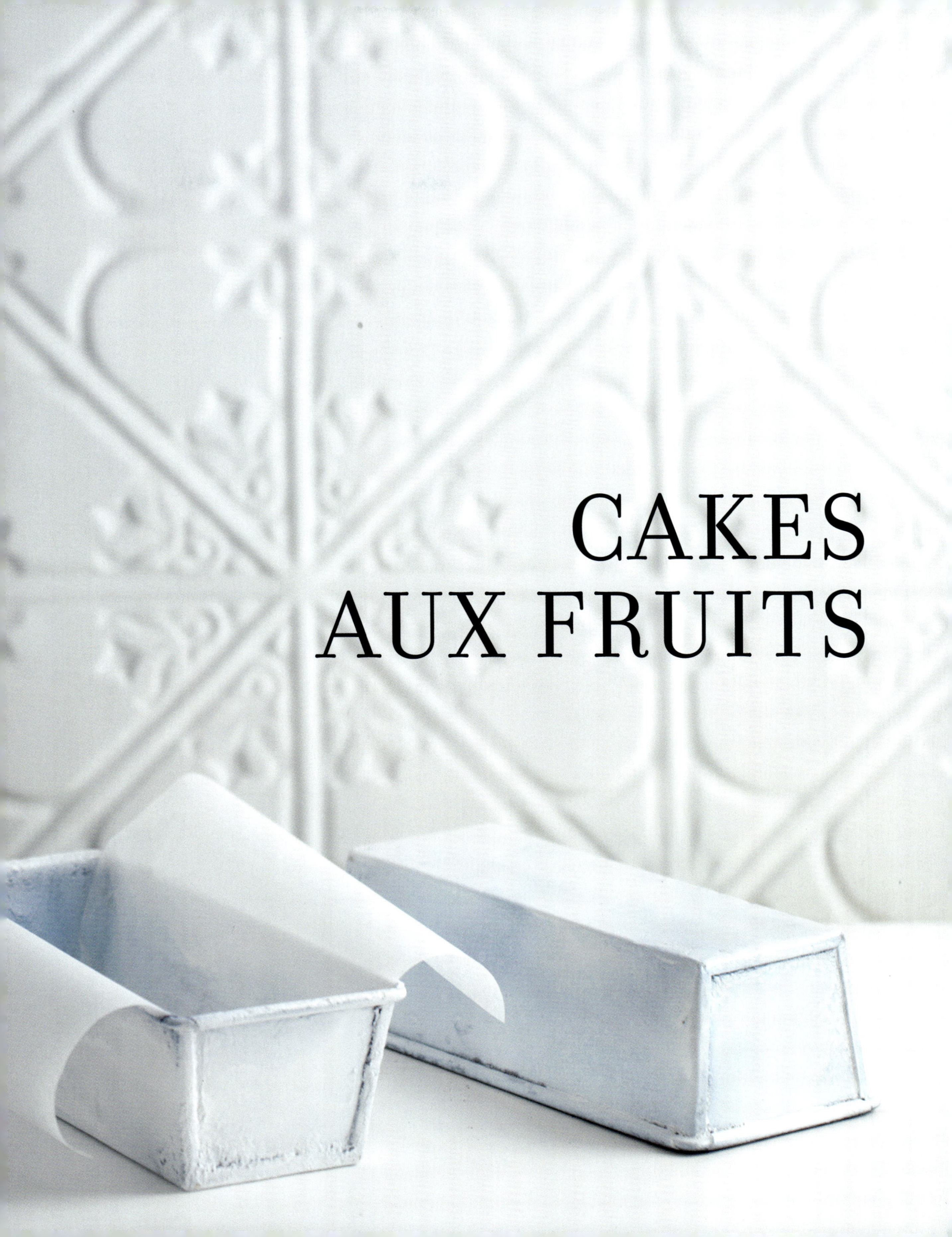

ROULEAUX ET CAKES AUX NOIX ET AUX FRUITS

Tout le monde aime les cakes et les rouleaux aux noix, surtout avec un peu de beurre. Voici quelques astuces supplémentaires pour les préparer.

MOULES TUBULAIRES

Ces moules sont toujours vendus par deux. Très populaires il y a quelques années, ils sont parfois difficiles à trouver aujourd'hui. Cherchez dans les dépôts-ventes. Retirez les couvercles des 2 extrémités du moule. Certains moules ont un couvercle percé : c'est celui du haut.

BEURRER LES MOULES TUBULAIRES

Placez le couvercle inférieur (sans les trous) sur le moule, puis beurrez minutieusement l'intérieur et le fond du moule avec du beurre fondu, au pinceau. Beurrez également l'intérieur du couvercle supérieur.

MOULES TUBULAIRES MAISON

Prenez 2 boîtes de 425 ml (8 × 17 cm) de conserve de fruits, de tomates pelées, etc. Vous devrez retirer le fond d'un seul côté des boîtes, à l'aide d'un ouvre-boîtes qui découpe juste en dessous du rebord. Lavez et séchez les boîtes avant de les beurrer.

REMPLIR LES MOULES TUBULAIRES

Ces moules étant très étroits, les gâteaux doublent de hauteur pendant la cuisson. Remplissez donc les moules ou les boîtes à mi-hauteur, tapez-les sur le plan de travail pour faire sortir les bulles d'air et mettez en place le couvercle supérieur.

AVANT LA CUISSON

Posez les boîtes bien droites sur une plaque, après avoir vérifié que votre four est suffisamment haut pour les accueillir. Si vous utilisez des boîtes de conserve, recouvrez l'ouverture avec une feuille d'aluminium épais (ou 2 feuilles superposées) que vous maintiendrez en place avec de la ficelle. Faites un trou sur le dessus pour que la vapeur s'échappe pendant la cuisson.

LAISSER REFROIDIR LES ROULEAUX

Les grands rouleaux nécessitent 1 heure de cuisson. Laissez-les reposer 5 minutes avant de les démouler en secouant délicatement la boîte ou le moule jusqu'à ce que vous sentiez que le rouleau est décollé des parois. Retirez l'aluminium et la ficelle (ou les couvercles) et faites glisser le rouleau sur une grille. Les rouleaux sont délicieux le jour même, tièdes ou froids, coupés en rondelles et légèrement beurrés.

AVANT LA CUISSON

Versez la pâte dans le moule beurré et chemisé de papier sulfurisé, puis lissez la surface à l'aide d'une spatule si nécessaire. Pour certaines pâtes particulièrement liquides et collantes, il peut être nécessaire de tapisser les 4 côtés du moule avec du papier sulfurisé.

CAKES CRAQUELÉS

La plupart des gâteaux en forme de cake se craquèlent au cours de la cuisson car ils gonflent sous l'effet de la chaleur alors que leur moule est étroit. Laissez-les reposer 5 minutes avant de les démouler pour qu'ils refroidissent.

CUIRE À LA VAPEUR AU FOUR

Si vous souhaitez éviter que la croûte de votre gâteau devienne trop épaisse au cours de la cuisson, recouvrez le moule avec une feuille d'aluminium. Celle-ci va retenir la vapeur lors de la cuisson et ramollir la croûte. Retirez l'aluminium pour les 10 dernières minutes de cuisson.

GÂTEAU AUX FRUITS

Il est primordial de bien chemiser le moule pour que le gâteau ait une belle forme. Le papier protège également le gâteau pendant la cuisson, très lente. Nous utilisons 1 ou 2 couches de papier kraft, puis 2 ou 3 couches de papier sulfurisé. Vous pouvez aussi employer un moule rond.

PÂTE À GÂTEAU AUX FRUITS

Laissez tomber de grosses cuillerées de pâte dans les coins du moule pour maintenir le papier, ce qui permet d'éviter les bulles d'air. Versez le reste de la pâte et lissez la surface à la main ou à l'aide d'une cuillère. Soulevez le moule à 20 cm du plan de travail et laissez-le tomber afin que la pâte se place bien au fond.

LISSER LA SURFACE DU GÂTEAU AUX FRUITS

Utilisez une spatule humide pour aplanir au maximum la surface du gâteau. Décorez avec des noix ou des cerises par exemple, avant de faire cuire.

10
15'
1h
170°
SABRE

rouleau aux dattes et aux noix de pécan

30 g de beurre
125 ml d'eau bouillante
90 g de dattes séchées dénoyautées et finement hachées
¼ de c. à c. de bicarbonate de soude
110 g de sucre roux
150 g de farine avec levure incorporée
30 g de noix de pécan grossièrement hachées
1 œuf

1 Disposez les grilles du four de manière à pouvoir y faire tenir le rouleau debout. Préchauffez le four à 170 °C. Beurrez les couvercles et la paroi d'un moule tubulaire de 8 cm de diamètre et de 20 cm de hauteur avec du beurre fondu. Positionnez le couvercle du bas et posez le moule debout sur une plaque.

2 Faites chauffer le beurre et l'eau dans une casserole, à feu doux, jusqu'à ce que le beurre soit fondu. Hors du feu, ajoutez les dattes et le bicarbonate de soude, puis les autres ingrédients. Remplissez le moule avec la pâte, tapez-le sur le plan de travail pour en faire sortir les bulles d'air et positionnez le couvercle supérieur.

3 Faites cuire le rouleau 1 heure. Laissez-le reposer 5 minutes, puis ôtez les couvercles (du dessus et du dessous). Secouez délicatement pour faire sortir le rouleau et laissez-le refroidir sur une grille. Servez-le tiède ou froid, coupé en rondelles, avec du beurre.

ASTUCE
Si vous n'avez pas de moule tubulaire, vous pouvez utiliser 2 boîtes de conserve de 7,5 cm de diamètre et de 10,5 cm de hauteur (425 ml). Prenez un ouvre-boîtes qui découpe juste sous le rebord des conserves et ouvrez un côté des boîtes. Lavez-les et séchez-les minutieusement avant de les beurrer. Fermez les boîtes avec une double couche de papier d'aluminium maintenu par une ficelle. Faites un trou au centre pour permettre à la vapeur de s'échapper pendant la cuisson. Réduisez le temps de cuisson de 15 minutes.

20 25' 50' 200°

rouleaux à la confiture de figues et aux raisins secs

125 g de beurre
100 g de sucre roux
2 œufs
225 g de farine avec levure incorporée
160 g de confiture de figues
170 g de raisins secs hachés
125 ml de lait

1 Disposez les grilles du four de manière à pouvoir y faire tenir les rouleaux debout. Préchauffez le four à 200 °C. Beurrez les couvercles et la paroi de 2 moules tubulaires de 8 cm de diamètre et de 20 cm de hauteur avec du beurre fondu, puis chemisez les fonds de papier sulfurisé. Posez les moules debout sur une plaque.

2 Battez le beurre et le sucre au robot jusqu'à obtention d'une préparation légère et mousseuse. Incorporez les œufs un à un. Versez la préparation dans un saladier, incorporez la farine, la confiture, les raisins secs et le lait, en 2 fois.

3 Garnissez les moules de pâte, tapez-les fermement sur le plan de travail pour en faire sortir les bulles d'air et positionnez les couvercles supérieurs. Faites cuire les rouleaux 50 minutes. Laissez-les reposer 5 minutes, puis ôtez les couvercles (du dessus et du dessous). Secouez délicatement pour faire sortir les rouleaux et laissez-les refroidir sur une grille.

ASTUCE
Si vous n'avez pas de moules tubulaires, vous pouvez utiliser 4 boîtes de conserve de 7,5 cm de diamètre et de 10,5 cm de hauteur (425 ml).

cake aux pruneaux et aux noix

10 30' 1h15 10' 180°

100 g de beurre ramolli
165 g de sucre en poudre
2 œufs
320 g de farine complète avec levure incorporée
280 g de yaourt
80 ml de jus d'orange
190 g de pruneaux dénoyautés finement hachés
80 g de noix grillées finement hachées

1 Préchauffez le four à 180 °C. Beurrez un moule à cake de 12 × 22 cm. Recouvrez la base et les côtés les plus longs de papier sulfurisé, en le laissant dépasser de 5 cm sur les côtés.

2 Battez le beurre, le sucre, les œufs, la farine tamisée, le yaourt et le jus d'orange dans un saladier, au robot à faible vitesse, pour mélanger tous les ingrédients. Ajoutez les pruneaux et les noix.

3 Versez la pâte dans le moule et faites cuire 1 h 15. Laissez reposer le gâteau 10 minutes avant de le démouler et de le laisser refroidir sur une grille.

cake aux fruits et à la bière stout

500 g d'un mélange de fruits secs (raisins de Smyrne, raisins de Corinthe, écorces d'agrumes confites, cerises…)
100 g de pommes séchées grossièrement hachées
100 g de pêches séchées grossièrement hachées
85 g de figues séchées grossièrement hachées
200 g de beurre coupé en cubes
165 g de sucre roux
375 ml de bière stout
4 œufs
225 g de farine ordinaire
75 g de farine avec levure incorporée
½ c. à c. de bicarbonate de soude
1 c. à c. de mélange d'épices pour pain d'épice
60 g de noix de pécan

1 Beurrez un moule profond de 23 cm de diamètre, puis chemisez-le avec 3 couches de papier sulfurisé, en le laissant dépasser de 5 cm.

2 Faites chauffer les fruits secs, le beurre, le sucre et la bière dans une casserole sur feu moyen, en remuant, jusqu'à ce que le sucre soit dissous. Portez à ébullition, puis versez dans un saladier. Laissez refroidir.

3 Préchauffez le four à 150 °C.

4 Ajoutez les œufs et les ingrédients secs tamisés (sauf les noix de pécan) à la préparation à base de fruits, puis mélangez. Versez la pâte dans le moule et décorez avec les noix de pécan.

5 Faites cuire le gâteau 2 h 30. Couvrez-le de papier d'aluminium et laissez-le refroidir toute une nuit dans son moule.

cake à l'avoine, au miel et aux raisins secs

260 g de farine avec levure incorporée
110 g de sucre brun
60 g de flocons d'avoine
180 g de raisins secs
2 œufs
125 ml de lait fermenté
125 ml d'huile végétale
90 g de miel

1 Préchauffez le four à 180 °C. Beurrez un moule à cake de 12 × 22 cm. Chemisez le fond et les côtés les plus longs de papier sulfurisé, en le laissant dépasser de 5 cm de chaque côté.

2 Tamisez la farine au-dessus d'un saladier, puis incorporez le sucre, les flocons d'avoine et les raisins secs. Ajoutez les œufs, le lait fermenté, l'huile et le miel, et mélangez.

3 Versez la préparation dans le moule et faites cuire 1 heure. Laissez reposer le cake 10 minutes avant de le démouler sur une grille pour qu'il refroidisse.

12 15' 1h40 170°

cake pommes-framboises

375 ml de compote de pommes en conserve
220 g de sucre brun
2 œufs
40 g de beurre fondu
125 ml de lait fermenté
90 g de miel
225 g de farine ordinaire
100 g de farine complète avec levure incorporée
½ c. à c. de bicarbonate de soude
250 g de framboises fraîches ou surgelées

1 Préchauffez le four à 170 °C. Beurrez un moule à cake de 12 × 22 cm, puis chemisez le fond et les côtés les plus longs de papier sulfurisé, en le laissant dépasser de 5 cm sur les côtés.

2 Mélangez la compote de pommes, le sucre, les œufs, le beurre, le lait fermenté et le miel dans un saladier. Incorporez les ingrédients secs tamisés, sans trop mélanger (la pâte doit rester grumeleuse). Ajoutez les framboises.

3 Versez la pâte dans le moule et faites cuire 1 h 40. Attendez 10 minutes avant de démouler le gâteau sur une grille. Laissez refroidir.

cake au yaourt et aux myrtilles

150 g de beurre ramolli
2 c. à c. de zeste de citron finement râpé
275 g de sucre roux
2 œufs
185 g de farine ordinaire
75 g de farine avec levure incorporée
190 g de yaourt à la grecque
150 g de myrtilles surgelées

1 Préchauffez le four à 170 °C. Beurrez un moule à cake de 12 × 22 cm et chemisez-le de papier sulfurisé, en le laissant dépasser de 5 cm sur les côtés.

2 Battez le beurre, le zeste de citron et le sucre au robot jusqu'à obtention d'une préparation légère et mousseuse. Incorporez les œufs un à un. Versez dans un saladier, puis incorporez les farines tamisées et le yaourt, en 2 fois. Ajoutez les myrtilles.

3 Versez la pâte dans le moule et faites cuire 1 h 30. Laissez reposer le gâteau 5 minutes avant de le démouler sur une grille. Laissez refroidir.

cake chocolat-betterave

250 g de beurre ramolli
220 g de sucre roux
4 œufs
250 g de pépites de chocolat
150 g de farine ordinaire
150 g de farine avec levure incorporée
3 petites betteraves épluchées (300 g) râpées

Ganache au chocolat
100 g de chocolat noir coupé en morceaux
80 ml de crème fraîche

1 Préchauffez le four à 170 °C. Beurrez un moule à cake de 12 × 22 cm. Chemisez-le de papier sulfurisé, en le laissant dépasser de 5 cm de chaque côté.

2 Battez le beurre et le sucre au robot jusqu'à ce que la préparation soit légère et mousseuse. Incorporez les œufs un à un (il se peut que des grumeaux se forment à ce stade, mais les ingrédients se mélangeront par la suite). Versez la pâte dans un saladier et ajoutez les pépites de chocolat, les farines tamisées, en 2 fois, puis les betteraves.

3 Versez la pâte dans le moule et faites cuire environ 1 h 30. Laissez le gâteau reposer 5 minutes avant de le démouler sur une grille. Laissez refroidir.

4 Préparez la ganache au chocolat. Faites chauffer les ingrédients à feu doux jusqu'à obtention d'une préparation lisse. Versez-la dans un bol. Couvrez et placez au réfrigérateur pour 40 minutes environ. Battez la ganache au robot jusqu'à ce qu'elle soit mousseuse. Nappez-en le gâteau.

cake aux fruits confits et sirop au gingembre

12 20' 2h30 150°

185 g de beurre ramolli
110 g de sucre en poudre
3 œufs
250 g d'abricots confits finement hachés
80 g d'orange confite finement hachée
90 g de gingembre confit finement haché
210 g de figues confites finement hachées
225 g de farine ordinaire
75 g de farine avec levure incorporée
125 ml de lait
60 ml de vin de gingembre

Sirop au gingembre
60 ml de vin de gingembre
60 ml d'eau
55 g de sucre en poudre
2 c. à c. de jus de citron

1 Préchauffez le four à 150 °C. Chemisez le fond et les côtés les plus longs d'un moule à cake de 14 × 21 cm de papier sulfurisé, en le laissant dépasser de 5 cm sur les bords.

2 Battez le beurre et le sucre au robot. Incorporez les œufs un à un. Versez dans un saladier et ajoutez les fruits, puis les farines tamisées et le lait mélangé avec le vin de gingembre, en 2 fois. Versez dans le moule et faites cuire 2 h 30.

3 Préparez le sirop au gingembre. Mélangez les ingrédients dans une casserole, à feu doux, jusqu'à ce que le sucre soit dissous. Portez ensuite à ébullition et laissez bouillir 2 minutes, sans couvrir ni remuer, pour que le sirop épaississe un peu.

4 Versez le sirop chaud sur le gâteau dès la sortie du four, couvrez-le avec de l'aluminium et laissez-le refroidir dans le moule.

cake aux fruits

8 | 20' | 1'30 | 180°

100 g de beurre ramolli
2 c. à c. de zeste d'orange râpé
165 g de sucre en poudre
2 œufs
320 g de farine complète avec levure incorporée
280 g de yaourt
80 ml de jus d'orange
200 g de figues séchées coupées en petits dés
150 g de raisins secs hachés

1 Préchauffez le four à 180 °C. Beurrez un moule à cake.

2 Dans un saladier, fouettez à vitesse moyenne le beurre, le zeste d'orange, le sucre, les œufs, la farine, le yaourt et le jus d'orange : mélangez les ingrédients sans battre trop longtemps. Incorporez enfin les fruits secs.

3 Versez la pâte dans le moule. Couvrez d'une feuille d'aluminium (faites un pli au centre pour que le cake puisse gonfler) et faites cuire 1 h 15 au four. Retirez la feuille d'aluminium et remettez au four pour 15 minutes.

4 Sortez le cake du four et laissez-le reposer 10 minutes avant de le démouler sur une grille. Servez froid, coupé en tranches fines que vous pourrez faire griller et tartiner de beurre.

cake à la banane et glaçage aux fruits de la Passion

125 g de beurre ramolli
165 g de sucre roux
2 œufs
225 g de farine avec levure incorporée
½ c. à c. de bicarbonate de soude
1 c. à c. de mélange d'épice pour pain d'épices
2 bananes (460 g) écrasées
120 ml de crème fraîche
60 ml de lait

Glaçage aux fruits de la Passion
240 g de sucre glace
1 c. à c. de beurre ramolli
2 c. à s. de pulpe de fruits de la Passion (2 gros fruits), environ

1 Préchauffez le four à 180 °C. Beurrez un moule à cake de 15 × 25 cm et chemisez le fond de papier sulfurisé.

2 Battez le beurre et le sucre au robot jusqu'à obtention d'un mélange léger et mousseux. Ajoutez les œufs un à un. Versez dans un saladier, incorporez les ingrédients secs tamisés, les bananes, la crème et le lait.

3 Versez la pâte dans le moule et faites cuire 50 minutes. Laissez reposer le cake 5 minutes avant de le démouler et de le laisser refroidir sur une grille.

4 Préparez le glaçage aux fruits de la Passion en mélangeant tous les ingrédients. Nappez-en le gâteau.

10
35'
50'
180°

petits cakes à la banane et au muesli

6 | 20' | 25' | 180°

75 g de beurre ramolli
75 g de sucre roux
1 œuf
110 g de farine avec levure incorporée
¼ de c. à c. de bicarbonate de soude
1 grosse banane très mûre (230 g) écrasée
60 ml de crème fraîche
1 c. à s. de lait
75 g de muesli non grillé
35 g de canneberges séchées

1 Préchauffez le four à 180 °C. Beurrez 6 petits moules à cakes.

2 Battez le beurre et le sucre au robot jusqu'à obtention d'une préparation légère et mousseuse. Incorporez l'œuf, puis les ingrédients secs tamisés, la banane, la crème et le lait.

3 Répartissez la préparation dans les moules et garnissez avec le muesli mélangé aux canneberges.

4 Faites cuire les cakes 25 minutes. Laissez-les reposer 5 minutes avant de les démouler et de les laisser refroidir sur une grille.

petits cakes à la banane et aux pépites de chocolat

8 | 20' | 20' | 180°

2 bananes bien mûres (460 g), écrasées
160 g de sucre roux
2 œufs
60 g de beurre fondu
60 ml de lait fermenté
100 g de farine avec levure incorporée
100 g de farine complète avec levure incorporée
95 g de pépites de chocolat au lait

1 Préchauffez le four à 180 °C. Beurrez 8 petits moules à cakes, puis chemisez leur fond et les côtés les plus courts de papier sulfurisé.

2 Mélangez les bananes et le sucre dans un saladier, ajoutez les œufs, le beurre, le lait fermenté, puis les farines tamisées et les pépites de chocolat.

3 Versez la pâte dans les moules et faites cuire 20 minutes. Laissez les cakes reposer 5 minutes avant de les démouler et de les laisser refroidir sur une grille. Servez-les tièdes, avec du beurre.

8 | 25' | 30' | 160°

petits cakes aux raisins de Smyrne

125 g de beurre fondu
375 g de raisins de Smyrne
150 g de sucre en poudre
2 œufs
80 ml de lait fermenté
75 g de farine ordinaire
110 g de farine avec levure incorporée

Glaçage au citron
240 g de sucre glace
20 g de beurre ramolli
2 c. à s. de jus de citron, environ

1 Préchauffez le four à 160 °C. Beurrez 8 petits moules à cakes.

2 Mélangez les ingrédients dans un saladier avec une cuillère en bois.

3 Répartissez la pâte dans les moules, lissez la surface et faites cuire 30 minutes. Laissez les cakes reposer 5 minutes, puis démoulez-les et laissez-les refroidir sur une grille.

4 Pendant ce temps, préparez le glaçage au citron. Tamisez le sucre glace au-dessus d'un petit bol, ajoutez le beurre et suffisamment de jus de citron pour obtenir une pâte ferme. Faites chauffer au bain-marie, en remuant, jusqu'à ce que le glaçage soit suffisamment liquide pour être versé sur les cakes.

5 Nappez les cakes de glaçage.

FRUITS SECS & FRUITS CONFITS

Les fruits secs et les fruits confits sont à l'honneur dans le cake aux fruits traditionnel, mais ils peuvent aussi être employés dans de nombreuses recettes de cuisine moderne.

FRUITS CONFITS

Confire des fruits est une méthode de conservation consistant à remplacer l'eau qu'ils contiennent par du sirop de sucre. Les fruits conservés de cette façon sont très sucrés et juteux, et peuvent se garder pendant des années.

FRUITS SECS

Le séchage est une méthode de conservation utilisée depuis environ 2000 avant J.-C. ; elle est toujours très employée. Les fruits secs sont consommés dans le monde entier, en particulier dans les cuisines anciennes, au Moyen-Orient et en Inde par exemple.

DATTES SÉCHÉES

Les dattes sont les fruits du palmier dattier, qui pousse dans des conditions désertiques. Elles sont charnues et ont une peau fine, un goût sucré de miel et une texture collante. Dénoyautez-les avant de les utiliser en cuisine.

ZESTES D'AGRUMES CONFITS

Les zestes confits parfument un *Christmas cake* (spécialité anglo-saxonne) d'une touche d'agrumes ; vous pouvez aussi les déguster en guise de friandises à la fin du repas, trempés dans du chocolat fondu.

MÉLANGE DE FRUITS SECS

Le mélange de fruits secs est un ingrédient essentiel du cake aux fruits. C'est un assortiment de raisins de Smyrne, de raisins secs, de raisins de Corinthe, d'un mélange de zestes et de cerises confites. Pour réaliser un gâteau aux fruits traditionnel, il faut laisser tremper les fruits secs pendant 1 mois ; prenez-vous-y donc bien à l'avance !

CERISES CONFITES

Pour obtenir ces belles cerises confites sucrées et colorées, les cerises doivent être bouillies dans un sirop de sucre épais, puis séchées. Vous pouvez les utiliser dans des gâteaux, des pains, des desserts, ou en décorer un banana split ou un cocktail.

PRUNEAUX

Les pruneaux sont des prunes qui ont été séchées au soleil ou industriellement. Ils sont très sucrés et collants, et peuvent apporter une touche acidulée à une compote de fruits, un tajine marocain ou des desserts.

FIGUES SÉCHÉES

Les figues séchées possèdent la même saveur sucrée de noisette que les figues fraîches, mais sont moins fragiles. On peut les ajouter dans des gâteaux, des muffins ou du pain. Les figues séchées se conservent au minimum 1 an dans un récipient hermétique placé au réfrigérateur.

CANNEBERGES SÉCHÉES

Elles sont utilisées en pâtisserie pour ajouter une note sucrée et acidulée. Vous pouvez en mettre dans des salades, des compotes de fruits, des tartes aux fruits secs et des mélanges de fruits secs, ou en farcir une dinde.

RAISINS SECS

Les raisins de Corinthe sont des petits raisins secs originaires de Corinthe, en Grèce. On s'en sert dans les pâtisseries, les confitures, les sauces, etc. Les raisins de Malaga sont des gros raisins à la saveur de muscat ; délicieux sur un plateau de fromages. Quant aux raisins sultanine, juteux et sucrés, ajoutez-les dans des plats salés cuits lentement.

ABRICOTS SECS

Les abricots secs d'Australie sont coupés en deux avant d'être séchés ; ils sont légèrement élastiques et ont une couleur et une saveur plus intenses que les abricots de Turquie, qui sont séchés entiers et ont une texture plus charnue, avec une saveur sucrée et délicatement acidulée.

AUTRES FRUITS SECS

Les pommes, les ananas, les poires et les bananes séchés ont des saveurs intenses et sont très riches en nutriments. Ajoutez-les sur un plateau de fromages, ou composez un assortiment de fruits épicés.

40 | 12' | 30' | 2h | 150°

carrés de cake aux fruits bicolore

340 g de dattes dénoyautées et grossièrement hachées
170 g de pruneaux dénoyautés et grossièrement hachés
150 g de raisins de Corinthe
80 ml de rhum vieux
40 g de beurre ramolli
100 g de sucre roux
2 œufs
50 g de noix de pécan finement hachées
40 g de chocolat noir finement râpé
75 g de farine
½ c. à c. de bicarbonate de soude
200 g de pâte d'amandes
2 c. à s. de sucre glace
60 ml de rhum vieux supplémentaire

Couche supérieure
90 g de beurre ramolli
150 g de sucre en poudre
2 œufs
150 g de farine
80 ml de rhum vieux
120 g de raisins sultanine
85 g d'écorces d'agrumes confites
55 g d'ananas confit finement haché
50 g de noix de pécan finement hachées

1 Placez les fruits et le rhum dans un récipient moyen. Couvrez et laissez reposer pendant la nuit.

2 Chemisez un moule peu profond de 20 × 30 cm de papier sulfurisé, en le laissant dépasser de 3 cm sur les 2 grands côtés.

3 Battez le beurre, le sucre et les œufs dans un récipient, jusqu'à ce que la préparation pâlisse (à ce stade, il y aura des grumeaux). Ajoutez dans le récipient avec les fruits. Incorporez les noix de pécan, le chocolat, la farine et le bicarbonate de soude tamisés. Étalez la préparation dans le moule.

4 Abaissez la pâte d'amandes sur une surface recouverte de sucre glace, de façon à obtenir un rectangle de 20 × 30 cm. Déposez celui-ci sur la préparation dans le moule.

5 Préchauffez le four à 150 °C. Préparez la couche supérieure. Battez le beurre, le sucre et les œufs dans un récipient, jusqu'à ce que le mélange pâlisse (la préparation formera des grumeaux). Incorporez la farine tamisée, le rhum, les fruits et les noix de pécan. Étalez le tout sur la pâte d'amandes.

6 Faites cuire au four 1 heure. Couvrez de papier d'aluminium et poursuivez la cuisson 1 heure. Badigeonnez la surface du cake du rhum supplémentaire. Couvrez de papier d'aluminium et laissez refroidir dans le moule. Découpez en carrés.

cake au citron et aux raisins secs

10 | 10' | 1h10 | 180°

125 g de beurre ramolli
220 g de sucre en poudre
2 c. à c. de zeste de citron finement râpé
3 œufs
150 g de farine avec levure incorporée
75 g de farine ordinaire
80 ml de crème fraîche
2 c. à s. de jus de citron
160 g de raisins de Corinthe

1 Préchauffez le four à 180 °C. Beurrez un moule à cake de 12 × 22 cm, chemisez le fond et les côtés les plus longs avec du papier sulfurisé, en le laissant dépasser de 5 cm sur les côtés.

2 Battez le beurre, le sucre et le zeste au robot jusqu'à obtention d'une préparation légère et mousseuse. Incorporez les œufs un à un. Ajoutez les farines tamisées, la crème et le jus de citron, en 2 fois. Incorporez les raisins secs.

3 Versez la pâte dans le moule et faites cuire le gâteau 1 h 10. Laissez-le reposer 10 minutes avant de le démouler sur une grille pour qu'il refroidisse.

CHEESECAKES

LA PRÉPARATION DU CHEESECAKE

La préparation du cheesecake nécessite de maîtriser plusieurs techniques, présentées ci-dessous.

MOULE À CHARNIÈRE

Il existe des moules à charnière de toutes les tailles et avec des finitions différentes. La taille que nous précisons dans nos recettes est celle indiquée sur le fond du moule.

PRÉPARER LE MOULE

Si le moule est neuf, détachez la charnière, puis nettoyez et séchez le fond ainsi que les parois. Dans la plupart de nos recettes, nous plaçons le fond du moule à l'envers pour faciliter le découpage et le service du gâteau. Si le cheesecake ne nécessite pas de cuisson, tapissez le moule de film alimentaire pour que les bords soient bien lisses.

ÉMIETTER LES BISCUITS

Hachez, mixez ou écrasez finement les biscuits pour faciliter le découpage du gâteau. Faites fondre le beurre sans le laisser trop chauffer et mélangez-le avec les miettes.

BASE BISCUITÉE

Versez la préparation dans le moule. Étalez-en un tiers sur le fond du moule, en appuyant, et le reste sur la paroi, en vous aidant d'un verre haut à bord droit.

BATTRE LE CREAM CHEESE

Le cream cheese doit être à température ambiante avant utilisation. Faites-le ramollir légèrement au micro-ondes ou en plaçant le saladier dans l'eau bouillante. La plupart des recettes indiquent de battre le cream cheese, de le parfumer et de le sucrer, au robot, dans un petit récipient. La préparation doit être bien lisse après cette étape.

MONTER LES BLANCS D'ŒUFS EN NEIGE

Certaines recettes nécessitent d'incorporer des blancs en neige à la préparation au cream cheese. Montez les blancs en neige au robot, dans un petit récipient pour qu'ils aient plus de volume.

INCORPORER LES BLANCS EN NEIGE

Pour incorporer les blancs en neige, vous aurez besoin d'un saladier à bords hauts. Les recettes indiquent souvent de les ajouter en 2 fois. Commencez par incorporer un peu moins de la moitié des blancs pour détendre la pâte, puis ajoutez le reste et mélangez délicatement.

COUPER LE CHEESECAKE

Détachez la charnière du moule pour retirer la paroi. Glissez une longue spatule ou une pelle à tarte sous le fond du gâteau pour le déplacer. Coupez-le à l'aide d'un grand couteau bien aiguisé et bien sec dont vous aurez réchauffé la lame.

cheesecake new-yorkais

250 g de biscuits secs
125 g de beurre fondu

Garniture
750 g de cream cheese ramolli
2 c. à c. de zeste d'orange finement râpé
1 c. à c. de zeste de citron finement râpé
220 g de sucre en poudre
3 œufs
180 ml de crème fraîche
60 ml de jus de citron

Glaçage
240 ml de crème fraîche
2 c. à s. de sucre en poudre
2 c. à c. de jus de citron

1 Mixez les biscuits pour obtenir une poudre fine. Ajoutez le beurre et mélangez bien. Foncez le fond et le bord d'un moule à charnière de 24 cm de diamètre, en appuyant bien. Placez le moule sur une plaque et mettez au réfrigérateur pour 30 minutes.

2 Préchauffez le four à 180 °C. Préparez la garniture en mélangeant au robot le cream cheese, les zestes d'agrumes et le sucre. Incorporez les œufs un à un, puis la crème fraîche et le jus de citron.

3 Versez dans le moule et faites cuire 1 h 15. Sortez du four et laissez refroidir 15 minutes.

4 Préparez le glaçage en mélangeant les ingrédients dans un bol. Étalez-le sur le gâteau.

5 Faites cuire le cheesecake 20 minutes de plus, puis laissez-le refroidir dans le four, porte entrouverte. Mettez-le ensuite au réfrigérateur pour 3 heures ou toute une nuit.

cheesecake classique au citron

250 g de biscuits de type petits-beurre
125 g de beurre fondu

Garniture
1 c. à s. d'eau
1 c. à c. de gélatine
250 g de cream cheese à température ambiante
2 c. à c. de zeste de citron finement râpé
395 g de lait concentré sucré en conserve
80 ml de jus de citron

Sirop au zeste de citron
75 g de sucre en poudre
80 ml d'eau
2 c. à s. de zeste de citron râpé

1 Émiettez finement les biscuits dans un robot. Ajoutez le beurre et mixez. Pressez le mélange sur le fond et la paroi d'un moule à fond amovible de 20 cm de diamètre. Placez pour 30 minutes au réfrigérateur.

2 Préparez la garniture. Versez l'eau dans un bol résistant à la chaleur, puis saupoudrez la gélatine. Faites chauffer au bain-marie, en remuant, jusqu'à ce que la gélatine soit dissoute. Laissez tiédir 5 minutes.

3 Battez le cream cheese et le zeste de citron avec un batteur électrique. Quand le mélange est lisse, incorporez le lait concentré et le jus de citron. Ajoutez la gélatine dissoute en dernier.

4 Versez la garniture dans le moule, puis placez au réfrigérateur jusqu'au lendemain.

5 Préparez le sirop. Dans une petite casserole, faites chauffer le sucre et l'eau à feu doux, en remuant, jusqu'à ce que le sucre soit dissous. Laissez frémir 2 minutes. Ajoutez le zeste et laissez mijoter jusqu'à ce que le sirop épaississe légèrement. Laissez refroidir.

6 Servez le cheesecake avec le sirop.

cheesecake carotte, épices et noix

12 20' 55' 15' 3h 160°

80 ml d'huile végétale
75 g de sucre roux
1 œuf
110 g de farine avec levure incorporée
½ c. à c. de quatre-épices
40 g de carottes grossièrement râpées
55 g de noix grossièrement hachées

Garniture
750 g de cream cheese à température ambiante
2 c. à c. de zeste d'orange finement râpé
165 g de sucre en poudre
3 œufs
2 c. à s. de farine ordinaire
½ c. à c. de quatre-épices
½ c. à c. de cardamome en poudre
40 g de carottes finement râpées

1 Préchauffez le four à 160 °C. Beurrez un moule carré de 23 cm de côté. Chemisez-le de papier sulfurisé, en le laissant dépasser de 5 cm.

2 Battez ensemble l'huile, le sucre et l'œuf, avec un batteur électrique, jusqu'à épaississement. Incorporez la farine et le quatre-épices tamisés, puis les carottes et les noix.

3 Étalez cette préparation dans le moule et faites cuire 15 minutes. Sortez le moule du four et laissez reposer 15 minutes.

4 Préparez la garniture en battant le cream cheese, le zeste d'orange et le sucre avec un batteur électrique. Quand le mélange est lisse, incorporez les œufs un à un. Ajoutez la farine tamisée et les épices, puis les carottes.

5 Versez cette préparation dans le moule et faites cuire 40 minutes. Laissez refroidir le gâteau dans le four entrouvert.

6 Placez au réfrigérateur pour 3 heures ou toute une nuit.

7 Servez ce cheesecake saupoudré de quatre-épices.

cheesecake aux épices et sirop au miel

9 | 20' | 3h30 | 50' | 160°

250 g de biscuits de type petits-beurre
125 g de beurre fondu

Garniture
500 g de cream cheese à température ambiante
110 g de sucre roux
2 c. à c. d'extrait de vanille
1 c. à c. de quatre-épices
125 ml de crème fraîche
3 jaunes d'œufs
2 blancs d'œufs

Sirop au miel
2 bâtons de cannelle
4 lanières de zeste de citron
120 g de miel
1 c. à s. d'eau
¾ de c. à c. de gélatine en poudre

1 Beurrez un moule carré à bords hauts de 19 cm de côté. Chemisez le fond et les parois de papier sulfurisé, en le laissant dépasser de 5 cm.

2 Émiettez finement les biscuits dans un robot. Ajoutez le beurre et mixez. Pressez le mélange sur le fond du moule, puis placez ce dernier pour 30 minutes au réfrigérateur.

3 Préchauffez le four à 160 °C. Préparez la garniture en battant le cream cheese, le sucre, la vanille et le quatre-épices avec un batteur électrique. Quand le mélange est lisse, incorporez la crème et les jaunes d'œufs.

4 Montez les blancs d'œufs en neige souple. Incorporez délicatement à la préparation précédente.

5 Versez la garniture dans le moule et faites cuire environ 50 minutes. Laissez refroidir le cheesecake dans le four entrouvert.

6 Placez au réfrigérateur pour 3 heures ou toute une nuit.

7 Préparez le sirop au miel en faisant chauffer les ingrédients dans une petite casserole. Portez à ébullition, puis retirez du feu.

8 Servez le cheesecake avec le sirop chaud.

12 35' 12h

cheesecakes au sucre de palme et au citron vert

250 g de biscuits sablés
50 g de beurre fondu

Garniture
2 c. à s. de jus de citron vert
1 c. à c. de gélatine
65 g de sucre de palme râpé
250 g de cream cheese à température ambiante
2 c. à c. de zeste de citron vert finement râpé
250 ml de crème fraîche

Sirop au sucre de palme
1 citron vert
125 ml d'eau
90 g de sucre de palme râpé

1 Beurrez 12 petits moules à fond amovible de 60 ml chacun.

2 Émiettez finement les biscuits dans un robot. Ajoutez le beurre et mixez. Pressez le mélange sur le fond des moules et placez pour 30 minutes au réfrigérateur.

3 Préparez la garniture. Versez le jus de citron vert dans un bol résistant à la chaleur, puis saupoudrez la gélatine. Faites chauffer au bain-marie, en remuant, jusqu'à ce que la gélatine soit dissoute. Laissez tiédir 5 minutes. Ajoutez le sucre de palme.

4 Battez le cream cheese et le zeste avec un batteur électrique. Quand le mélange est lisse, incorporez la crème fraîche, puis la gélatine dissoute. Répartissez cette préparation dans les moules et placez au réfrigérateur jusqu'au lendemain.

5 Préparez le sirop au sucre de palme. Prélevez le zeste du citron vert, puis taillez-le en fines languettes. Faites chauffer l'eau et le sucre de palme dans une petite casserole, à feu doux, en remuant, jusqu'à ce que le sucre soit dissous. Faites bouillir 5 minutes, sans couvrir ni remuer, jusqu'à ce que le sirop épaississe légèrement. Hors du feu, ajoutez le zeste. Laissez refroidir.

6 Servez les petits cheesecakes avec le sirop.

cheesecakes rhubarbe-agrumes

250 g de biscuits de type petits-beurre
125 g de beurre fondu
¼ de c. à c. de noix de muscade moulue

Garniture
4 œufs, blancs et jaunes séparés
220 g de sucre en poudre
2 c. à s. de zeste de citron finement râpé
125 ml de jus de citron
125 ml de jus d'orange
125 ml d'eau
1½ c. à s. de gélatine en poudre
500 g de cream cheese à température ambiante
300 ml de crème fraîche fouettée

Rhubarbe caramélisée
8 grosses tiges de rhubarbe (500 g) parées et coupées en tronçons de 5 cm
165 g de sucre en poudre
2 c. à c. de jus de citron

1 Mélangez la rhubarbe avec le sucre dans une passoire, puis posez cette dernière sur une assiette creuse. Laissez reposer au réfrigérateur jusqu'au lendemain.

2 Beurrez 8 petits moules à fond amovible de 10 cm de diamètre ou 1 grand moule de 28 cm de diamètre. Posez les moules sur une plaque.

3 Émiettez finement les biscuits dans un robot. Ajoutez le beurre et la noix de muscade, puis mixez. Pressez le mélange sur le fond des moules. Placez au réfrigérateur pour 30 minutes.

4 Préparez la garniture en mélangeant les jaunes d'œufs, le sucre, le zeste de citron ainsi que les jus de citron et d'orange dans un bol résistant à la chaleur. Faites chauffer au bain-marie, en fouettant, pendant 10 minutes, jusqu'à ce que le mélange devienne épais et mousseux. Retirez le bol du feu.

5 Versez l'eau dans un bol, puis saupoudrez la gélatine. Faites chauffer au bain-marie, en remuant, jusqu'à ce que la gélatine soit dissoute. Incorporez à la préparation aux agrumes et laissez refroidir.

6 Fouettez le cream cheese dans un saladier. Incorporez la préparation aux agrumes, en 4 fois.

7 Montez les blancs d'œufs en neige souple. Ajoutez la crème fouettée à la préparation aux agrumes, puis incorporez délicatement les blancs en neige, en 2 fois. Répartissez ce mélange dans les moules. Placez au réfrigérateur jusqu'au lendemain.

8 Mettez la rhubarbe ainsi que le jus recueilli dans l'assiette dans une grande poêle. Laissez mijoter 5 minutes, sans couvrir. Ajoutez le jus de citron et laissez refroidir.

9 Servez les cheesecakes surmontés de tronçons de rhubarbe.

cheesecake aux framboises

8 20' 3h30 1h30 150°

200 g de biscuits au chocolat
80 g de beurre ramolli
90 g de chocolat blanc râpé
125 ml de crème fraîche
200 g de chocolat blanc coupé en morceaux
250 g de mascarpone
250 g de cream cheese
3 œufs
110 g de sucre en poudre
2 blancs d'œufs
400 g de framboises fraîches

1 Broyez les biscuits au robot pour obtenir des fines miettes. Ajoutez le beurre et le chocolat râpé. Mélangez bien. Tassez cette pâte sur le fond et les côtés d'un moule à charnière. Réfrigérez 30 minutes.

2 Préchauffez le four à 150 °C. Dans une casserole, faites chauffer la crème jusqu'au point d'ébullition, puis ajoutez le chocolat. Mélangez hors du feu pour faire fondre le chocolat ; laissez tiédir. Dans un saladier, fouettez le mascarpone et le cream cheese. Incorporez les œufs un à un, puis le sucre et le mélange chocolaté. Montez les blancs d'œufs en neige ferme, puis incorporez-les au mélange précédent. Ajoutez la moitié des framboises.

3 Versez la préparation dans le moule et faites cuire 1 h 30 au four. Laissez refroidir dans le four entrouvert.

4 Quand le gâteau a complètement refroidi, mettez-le pour au moins 3 heures au frais. Au moment de servir, démoulez-le sur un plat, puis décorez-le avec les framboises restantes.

cheesecake à la vanille

10 20' 3h30 1h 160°

250 g de biscuits sablés
125 g de beurre ramolli
500 g de cream cheese à température ambiante
165 g de sucre en poudre
2 c. à s. d'extrait de vanille
½ c. à s. de zeste de citron
2 c. à s. de jus de citron
4 œufs, blancs et jaunes séparés
180 ml de crème fraîche

1 Broyez les biscuits au robot pour obtenir des fines miettes. Ajoutez le beurre et continuez de battre pour obtenir un mélange homogène. Tassez cette pâte sur le fond et les côtés d'un moule à charnière. Réfrigérez 30 minutes.

2 Préchauffez le four à 160 °C. Dans un grand saladier, fouettez le cream cheese, le sucre et l'extrait de vanille pour obtenir un mélange onctueux. Incorporez au fouet le zeste et le jus de citron, les jaunes d'œufs et la crème. Montez 2 blancs d'œufs en neige ferme avant de les ajouter à la préparation. Réservez les 2 autres blancs pour un autre usage.

3 Versez la préparation dans le moule et faites cuire 1 heure au four, jusqu'à ce que le mélange soit ferme. Laissez refroidir dans le four, porte entrouverte. Réfrigérez le cheesecake au moins 3 heures. Démoulez-le juste avant de servir et accompagnez-le de fruits pochés.

cheesecake à la ricotta et au citron

250 g de biscuits au gingembre
125 g de beurre fondu

Garniture
60 ml d'eau
3 c. à c. de gélatine en poudre
250 g de cream cheese
750 g de ricotta
1 c. à s. de zeste de citron finement râpé
110 g de sucre en poudre
80 ml de jus de citron
300 ml de crème fraîche fouettée

Garniture au fruit de la Passion
125 ml de jus d'orange
2 c. à s. de pulpe de fruit de la Passion
1 c. à s. de sucre en poudre
2 c. à c. de gélatine en poudre

1 Émiettez finement les biscuits dans un robot. Ajoutez le beurre et mixez. Pressez le mélange sur le fond d'un moule à fond amovible de 26 cm de diamètre. Placez pour 30 minutes au réfrigérateur.

2 Versez l'eau dans un bol résistant à la chaleur, puis saupoudrez la gélatine. Faites chauffer au bain-marie, en remuant, jusqu'à ce que la gélatine soit dissoute. Laissez refroidir 5 minutes.

3 Battez ensemble le cream cheese, la ricotta, le zeste de citron, le sucre et le jus de citron, avec un batteur électrique. Quand le mélange est lisse, incorporez la gélatine dissoute, puis la crème fouettée. Versez cette préparation dans le moule, puis placez au réfrigérateur jusqu'au lendemain.

4 Préparez la garniture au fruit de la Passion. Dans une petite casserole, faites chauffer à feu doux le jus d'orange, la pulpe de fruit de la Passion et le sucre, en remuant, jusqu'à ce que le sucre soit dissous. Hors du feu, incorporez la gélatine et remuez jusqu'à ce qu'elle soit dissoute. Laissez refroidir 15 minutes.

5 Versez la préparation au fruit de la Passion sur le cheesecake. Faites prendre au réfrigérateur.

carrés de cheesecake au chocolat blanc et aux fruits rouges

20 30' 3h

250 g de biscuits au choix
60 ml d'eau bouillante
2 c. à c. de gélatine
375 g de cream cheese à température ambiante
75 g de sucre en poudre
300 ml de crème liquide
185 g de chocolat blanc fondu
215 g d'un mélange de fruits rouges surgelés

1 Beurrez un moule à gâteau carré profond à fond amovible de 20 cm de côté. Disposez les biscuits dans le fond du moule.

2 Versez l'eau bouillante dans un petit récipient résistant à la chaleur et saupoudrez la gélatine. Placez le récipient dans une petite casserole d'eau frémissante et remuez, jusqu'à ce que la gélatine soit dissoute. Laissez refroidir 5 minutes.

3 Dans un récipient, battez le cream cheese et le sucre, avec un batteur électrique, jusqu'à obtention d'une consistance homogène. Tout en battant, ajoutez la crème liquide. Incorporez la gélatine, le chocolat blanc et 125 g de fruits rouges surgelés.

4 Versez la garniture dans le moule et parsemez avec le reste des fruits rouges. Placez au réfrigérateur pour 3 heures ou toute la nuit. Découpez en carrés.

8 20' 35' 12h 160°

cheesecake façon forêt-noire

425 g de cerises noires au sirop, dénoyautées
200 g de chocolat noir fondu
125 g de cream cheese à température ambiante
125 g de mascarpone
110 g de sucre en poudre
160 ml de crème fraîche
1 œuf, blanc et jaune séparés

Gelée à la cerise
6 g de gélatine en poudre
160 ml d'eau bouillante
2 c. à s. de sucre glace

1 Préchauffez le four à 160 °C. Beurrez un moule de 19 × 29 cm. Chemisez-le de papier sulfurisé.

2 Égouttez les cerises en réservant le jus et préparez la gelée à la cerise. Mélangez la gélatine et l'eau bouillante dans un bol. Remuez jusqu'à ce que la gélatine soit dissoute. Ajoutez 160 ml du jus des cerises, puis le sucre glace, et laissez refroidir. Placez la gelée au réfrigérateur jusqu'à ce qu'elle ait la consistance du blanc d'œuf.

3 Étalez le chocolat fondu sur le fond du moule. Faites prendre au réfrigérateur.

4 Battez le cream cheese, le mascarpone, le sucre, la crème et le jaune d'œuf dans un bol, avec un batteur électrique. Quand le mélange est lisse, ajoutez les cerises. Montez le blanc d'œuf en neige souple, puis incorporez-le au mélange précédent. Versez le tout dans le moule, sur le chocolat.

5 Faites cuire 35 minutes, puis laissez refroidir dans le four entrouvert.

6 Versez la gelée sur le cheesecake. Placez au réfrigérateur jusqu'au lendemain.

cheesecakes façon pavlova

6 | 25' | 1h | 2h | 150°

2 blancs d'œufs
80 ml d'eau bouillante
quelques gouttes de jus de citron
330 g de sucre en poudre
150 g d'un mélange de fruits rouges surgelés

Garniture
250 g de cream cheese à température ambiante
250 g de cottage cheese
160 g de sucre glace
1 c. à c. d'extrait de vanille
190 g de yaourt
150 g d'un mélange de fruits rouges surgelés

1 Préchauffez le four à 150 °C. Beurrez et chemisez de papier sulfurisé 2 plaques de cuisson. Dessinez 3 cercles de 8 cm de diamètre sur chacun des papiers.

2 Mélangez les blancs d'œufs, l'eau, quelques gouttes de jus de citron et le sucre dans un récipient résistant à la chaleur. Posez-le sur une casserole d'eau à peine frémissante (le fond du récipient ne doit pas toucher l'eau). Fouettez pendant 12 minutes avec un batteur électrique, jusqu'à obtention de blancs en neige fermes et satinés.

3 Répartissez les blancs en neige sur les cercles, en leur donnant la forme de nids. Faites cuire 1 heure, puis laissez refroidir dans le four entrouvert.

4 Préparez la garniture en battant le cream cheese, le cottage cheese, le sucre glace tamisé et la vanille avec un batteur électrique. Quand le mélange est lisse, ajoutez le yaourt et les fruits rouges. Placez pour 2 heures au réfrigérateur.

5 Pressez délicatement le centre de chaque petit nid de meringue pour créer une légère dépression. Répartissez la garniture dans les nids. Décorez avec les fruits rouges et servez, saupoudré d'un peu de sucre glace tamisé.

cheesecake trop bon chocolat-caramel

350 g de chocolat noir en tablettes
100 g de beurre coupé en cubes
150 g de sucre roux
4 œufs à température ambiante
150 g de farine ordinaire
500 g de cream cheese
à température ambiante
2 c. à c. d'extrait de vanille
165 g de sucre en poudre
300 ml de crème fraîche

Caramel
200 g de beurre coupé en cubes
220 g de sucre roux
300 ml de crème fraîche

1 Préparez le caramel. Faites chauffer le beurre, le sucre et la crème à feu doux, en remuant, jusqu'à ce que le mélange soit lisse. Laissez mijoter 3 minutes, sans couvrir. Réservez environ 350 ml de caramel pour servir. Versez le reste dans un bol résistant à la chaleur. Placez les 2 portions au réfrigérateur.

2 Préchauffez le four à 150 °C. Beurrez un moule à fond amovible de 22 cm de diamètre. Chemisez le fond de papier sulfurisé. Posez le moule sur une plaque de cuisson.

3 Raclez le dos d'une tablette de chocolat noir avec un grand couteau bien tranchant, pour faire de longs copeaux. Si le chocolat est trop dur et si les copeaux sont cassants, passez la tablette au micro-ondes 20 secondes à puissance moyenne. Réalisez 100 g de copeaux. Placez-les dans une boîte hermétique et maintenez-les à température ambiante jusqu'au moment de servir. Hachez grossièrement 100 g du chocolat restant.

4 Mélangez les 150 g de chocolat restants et le beurre dans une petite casserole. Faites chauffer à feu doux, en remuant, jusqu'à ce que le mélange soit lisse. Versez la préparation dans un bol et laissez refroidir 5 minutes. Incorporez le sucre roux et 1 œuf, puis la farine tamisée.

5 Étalez cette pâte dans le moule et faites cuire 15 minutes.

6 Fouettez le cream cheese, l'extrait de vanille et le sucre en poudre dans un bol, avec un batteur électrique, jusqu'à obtention d'un mélange homogène. Incorporez les œufs restants un à un, puis la crème fraîche. Versez la moitié de ce mélange dans le moule, sur la base chocolatée. Arrosez avec la moitié du caramel. Décrivez quelques volutes dans la préparation, avec une brochette en métal. Parsemez la surface avec la moitié du chocolat haché. Répétez les couches.

7 Faites cuire le cheesecake 45 minutes : le centre doit rester moelleux. Laissez refroidir le gâteau dans le four entrouvert. Couvrez et faites raffermir au réfrigérateur pendant 4 heures.

8 Sortez le cheesecake du réfrigérateur 1 heure avant de servir, pour l'amener à température ambiante. Décorez-le avec les copeaux de chocolat. Faites chauffer le reste du caramel dans une petite casserole et proposez-le à part, en accompagnement.

NOTES

Mesurez le moule à fond amovible lorsqu'il est fermé (la mesure indiquée sur le fond pourrait être celle du moule ouvert). Pendant la cuisson, le centre du cheesecake va s'affaisser légèrement.

CONSERVATION

Ce cheesecake se conserve 1 jour à température ambiante, dans un récipient hermétique, ou 1 semaine au réfrigérateur.

16
45'
1h
4h
150°

cheesecake aux dattes

12 25' 1h 3h 160°

280 g de dattes séchées dénoyautées
180 ml d'eau
½ c. à c. de bicarbonate de soude
750 g de cream cheese
à température ambiante
110 g de sucre roux
¼ de c. à c. de cannelle moulue
¼ de c. à c. de quatre-épices
2 œufs

Sauce caramel
25 g de beurre
75 g de sucre roux
80 ml de crème fraîche

1 Préchauffez le four à 160 °C. Beurrez un moule à fond amovible de 24 cm de diamètre. Chemisez le fond et les parois de papier sulfurisé. Posez le moule sur une plaque.

2 Mélangez les dattes, l'eau et le bicarbonate de soude dans une petite casserole. Portez à ébullition et laissez mijoter 5 minutes. Laissez tiédir le mélange 5 minutes avant de le hacher finement dans un robot.

3 Battez le cream cheese et le sucre avec un batteur électrique. Quand le mélange est lisse, incorporez les épices, les œufs et la purée de dattes.

4 Versez dans le moule et faites cuire 1 heure. Laissez refroidir le cheesecake dans le four entrouvert.

5 Placez au réfrigérateur pour 3 heures ou toute une nuit.

6 Préparez la sauce caramel. Mélangez les ingrédients dans une petite casserole et faites chauffer à feu doux. Quand le mélange est lisse, portez à ébullition, puis retirez du feu.

7 Servez le cheesecake nappé de sauce caramel chaude ou refroidie.

cheesecake à la noix de coco

90 g de macarons à la noix de coco
125 g de biscuits de type petits-beurre
125 g de beurre fondu

Garniture
250 g de cream cheese à température ambiante
110 g de sucre en poudre
300 ml de crème fraîche
2 c. à s. de Malibu®
280 ml de lait de coco en conserve
40 g de noix de coco séchée, grillée
35 g de fécule de maïs
3 œufs

Glaçage
100 g de chocolat noir grossièrement haché
60 g de beurre doux coupé en cubes

1 Préchauffez le four à 160 °C. Émiettez finement les macarons et les biscuits dans un robot. Ajoutez le beurre et mixez. Pressez le mélange sur le fond et la paroi d'un moule à fond amovible de 26 cm de diamètre. Posez le moule sur une plaque et placez au réfrigérateur pour 30 minutes.

2 Préparez la garniture en battant le cream cheese, le sucre, la crème, le Malibu®, le lait de coco, la noix de coco séchée et la fécule de maïs, avec un batteur électrique. Quand le mélange est lisse, incorporez les œufs un à un.

3 Versez la garniture dans le moule et faites cuire environ 1 heure. Laissez refroidir le cheesecake dans le four entrouvert.

4 Placez au réfrigérateur pour 3 heures ou toute une nuit.

5 Préparez le glaçage. Dans une petite casserole, faites chauffer les ingrédients à feu doux jusqu'à ce que la préparation soit lisse. Placez au réfrigérateur jusqu'à ce que le glaçage devienne onctueux.

6 Étalez le glaçage sur le cheesecake. Laissez reposer 20 minutes avant de servir.

cheesecake à la ricotta

90 g de beurre en pommade
55 g de sucre en poudre
1 œuf
185 g de farine ordinaire
35 g de farine avec levure incorporée

Garniture
1 kg de ricotta
1 c. à s. de zeste de citron finement râpé
60 ml de jus de citron
220 g de sucre en poudre
5 œufs
40 g de raisins sultanine secs
80 g de fruits confits finement hachés

1 Beurrez un moule à bord amovible de 28 cm de diamètre.

2 Battez ensemble le beurre, le sucre et l'œuf, avec un batteur électrique. Incorporez la moitié des farines tamisées en fouettant, puis ajoutez le reste de la farine en travaillant le mélange avec les doigts. Pétrissez légèrement la pâte sur un plan de travail fariné, jusqu'à ce qu'elle soit lisse. Emballez-la dans du film alimentaire et placez pour 30 minutes au réfrigérateur.

3 Pressez la pâte sur le fond du moule et piquez-la avec une fourchette. Posez le moule sur une plaque et placez pour 30 minutes au frais.

4 Préchauffez le four à 200 °C. Posez une feuille de papier sulfurisé sur la pâte, recouvrez de haricots secs ou de riz et faites cuire 10 minutes à blanc. Retirez les haricots et le papier, et faites cuire encore 15 minutes. Laissez refroidir.

5 Réduisez la température du four à 160 °C.

6 Préparez la garniture en mélangeant la ricotta, le zeste et le jus de citron, le sucre et les œufs dans un robot. Quand le mélange est lisse, ajoutez les raisins et les fruits confits.

7 Versez la garniture dans le moule et faites cuire environ 50 minutes. Laissez refroidir le cheesecake dans le four entrouvert.

8 Placez pour 3 heures ou toute une nuit au réfrigérateur.

9 Saupoudrez le cheesecake de sucre glace tamisé, si vous le souhaitez.

cheesecake aux épices, aux figues et à l'orange

12 25' 3h30 1h15 160°

80 g de noix du Brésil
125 g de biscuits secs peu sucrés
80 g de beurre fondu
250 ml de jus d'orange
250 g de figues séchées finement hachées
1 bâton de cannelle
1 pincée de clou de girofle moulu

Garniture
250 g de cream cheese, ramolli
1 c. à s. de zeste d'orange finement râpé
165 g de sucre en poudre
250 g de mascarpone
2 œufs, blancs et jaunes séparés

1 Beurrez un moule à charnière de 22 cm de diamètre.

2 Hachez les noix du Brésil et les biscuits, au robot, pour obtenir une poudre fine. Ajoutez le beurre et mixez. Foncez la base du moule avec cette préparation, en appuyant bien.
Posez le moule sur une plaque et placez pour 30 minutes au réfrigérateur.

3 Préchauffez le four à 160 °C. Mélangez le jus d'orange, les figues, la cannelle et le clou de girofle dans une casserole, puis laissez frémir 10 minutes, sans couvrir, pour que la majorité du jus soit absorbée. Jetez le bâton de cannelle. Étalez cette préparation sur la base biscuitée.

4 Préparez la garniture en mélangeant le cream cheese, le zeste et le sucre au robot. Ajoutez le mascarpone et les jaunes d'œufs, et continuez à battre. Montez les blancs d'œufs en neige, au robot, et incorporez-les au mélange précédent.

5 Versez la garniture sur les figues et faites cuire 1 h 15. Laissez le cheesecake refroidir dans le four, porte entrouverte, puis placez-le au réfrigérateur pour 3 heures ou toute une nuit. Servez-le saupoudré de sucre glace tamisé.

cheesecake pomme-cannelle

1 pâte brisée prête à l'emploi
2 pommes golden (300 g) non pelées, taillées en fines tranches
1 c. à s. de jus de citron
1 c. à s. de cassonade

Garniture
750 g de cream cheese à température ambiante
165 g de sucre en poudre
1 c. à c. de cannelle moulue
3 œufs, blancs et jaunes séparés
180 ml de crème fraîche

1 Préchauffez le four à 180 °C. Beurrez un moule à fond amovible de 24 cm de diamètre, puis posez-le sur une plaque.

2 Foncez le moule avec la pâte et piquez le fond avec une fourchette. Faites cuire environ 20 minutes, jusqu'à ce que la pâte soit légèrement dorée. Laissez refroidir 5 minutes.

3 Préparez la garniture en battant le cream cheese, le sucre, la cannelle et les jaunes d'œufs avec un batteur électrique. Quand le mélange est lisse, incorporez la crème fraîche. Montez les blancs d'œufs en neige souple, puis incorporez-les à la préparation précédente, en 2 fois. Versez la garniture dans le moule.

4 Tournez les lamelles de pomme dans le jus de citron, puis disposez-les sur la garniture, en les faisant se chevaucher légèrement. Saupoudrez de cassonade.

5 Faites cuire environ 50 minutes. Laissez refroidir le cheesecake dans le four entrouvert.

6 Placez au réfrigérateur pour 3 heures ou toute une nuit.

12
20'
1h10
3h
180°

cheesecake aux fruits

16	20'	55'	3h	10'	180°

500 g de cake aux fruits confits, coupé en tranches de 1 cm d'épaisseur
1 pamplemousse rose moyen (425 g) taillé en quartiers
2 grosses oranges (600 g) taillées en quartiers
250 g de fraises coupées en deux
120 g de framboises fraîches
150 g de myrtilles fraîches

Garniture
750 g de cream cheese à température ambiante
300 ml de crème fraîche
1 c. à c. d'extrait de vanille
220 g de sucre en poudre
60 ml de cognac
½ c. à c. de noix de muscade moulue
3 œufs

Caramel
220 g de sucre en poudre
250 ml d'eau

1 Préchauffez le four à 180 °C. Beurrez un moule à fond amovible de 26 cm de diamètre. Chemisez le fond de papier sulfurisé.

2 Posez les tranches de cake dans le fond du moule et faites cuire 10 minutes. Réduisez la température du four à 150 °C.

3 Préparez la garniture en battant le cream cheese, la crème fraîche, la vanille, le sucre, le cognac et la noix de muscade avec un batteur électrique. Quand le mélange est lisse, incorporez les œufs un à un.

4 Versez la garniture dans le moule et faites cuire 45 minutes. Laissez refroidir le cheesecake dans le four entrouvert.

5 Placez au réfrigérateur pour 3 heures ou toute une nuit.

6 Préparez le caramel. Faites chauffer le sucre et l'eau à feu vif, dans une casserole à fond épais, en remuant, jusqu'à ce que le sucre soit dissous. Laissez bouillir 10 minutes sans couvrir ni remuer, jusqu'à ce que le caramel soit doré. Retirez la casserole du feu et laissez reposer le temps que les bouillons s'apaisent.

7 Démoulez le cheesecake sur un plat de service. Décorez avec les fruits et nappez avec le caramel.

cheesecake au gingembre confit et à l'ananas

12 | 20' | 3'30 | 55' | 160°

150 g de biscuits sablés
75 g de beurre fondu
60 g de gingembre confit finement haché
115 g d'ananas confit finement haché

Garniture
500 g de cream cheese à température ambiante
110 g de sucre en poudre
120 ml de crème fraîche
2 c. à s. de farine ordinaire
3 œufs

1 Beurrez un moule à fond amovible de 24 cm de diamètre, puis chemisez-le de papier sulfurisé.

2 Émiettez finement les biscuits dans un robot. Ajoutez le beurre et mixez. Pressez le mélange sur le fond du moule. Posez le moule sur une plaque, puis placez au réfrigérateur pour 30 minutes.

3 Préchauffez le four à 160 °C.

4 Préparez la garniture en battant le cream cheese, le sucre, la crème fraîche et la farine, avec un batteur électrique. Quand le mélange est lisse, incorporez les œufs un à un.

5 Mélangez le gingembre et l'ananas. Répartissez ⅓ de ce mélange dans le moule. Versez la garniture sur les fruits et faites cuire 15 minutes. Répartissez le reste des fruits confits sur la garniture et faites cuire encore 35 minutes environ. Laissez refroidir le cheesecake dans le four entrouvert.

6 Placez au réfrigérateur pour 3 heures ou toute une nuit.

8 20' 3h30 45' 160°

cheesecake au caramel et aux noix de pécan

150 g de biscuits au chocolat
50 g de beurre fondu

Garniture
500 g de cream cheese à température ambiante
1 c. à c. d'extrait de vanille
165 g de sucre en poudre
2 œufs
1 c. à s. de farine ordinaire
60 g de noix de pécan grillées finement hachées

Nappage au caramel
75 g de sucre roux
40 g de beurre
1 c. à s. de crème fraîche

1 Préchauffez le four à 160 °C. Émiettez finement les biscuits dans un robot. Ajoutez le beurre et mixez. Pressez le mélange sur le fond d'un moule à fond amovible de 20 cm de diamètre. Posez le moule sur une plaque et placez pour 30 minutes au réfrigérateur.

2 Préparez la garniture en fouettant le cream cheese, l'extrait de vanille et le sucre, avec un batteur électrique, jusqu'à obtention d'un mélange lisse. Incorporez les œufs, puis la farine et les noix de pécan.

3 Versez la garniture dans le moule et faites cuire environ 45 minutes. Laissez refroidir le cheesecake dans le four entrouvert.

4 Préparez le nappage en faisant chauffer les ingrédients jusqu'à obtention d'un mélange lisse.

5 Étalez le caramel sur le cheesecake et placez au réfrigérateur pour 3 heures ou toute une nuit.

12 | 25' | 12h | 10' | 240°

cheesecake aux noix de pécan et au sirop d'érable

185 g de biscuits au gingembre
60 g de beurre fondu

Garniture
60 ml d'eau
3 c. à c. de gélatine
500 g de cream cheese à température ambiante
55 g de sucre roux
300 ml de crème fraîche
125 ml de sirop d'érable

Décoration
175 g de noix de pécan grossièrement hachées
2 c. à s. de sirop d'érable

1 Beurrez un moule carré à bords hauts de 19 cm de côté. Chemisez-le avec 2 épaisseurs de papier sulfurisé, en le laissant dépasser de 5 cm.

2 Émiettez finement les biscuits dans un robot. Ajoutez le beurre et mixez. Pressez le mélange sur le fond du moule et placez pour 30 minutes au réfrigérateur.

3 Préparez la garniture. Versez l'eau dans un bol résistant à la chaleur, puis saupoudrez la gélatine. Faites chauffer au bain-marie, en remuant, jusqu'à ce que la gélatine soit dissoute. Laissez refroidir 5 minutes.

4 Battez ensemble le cream cheese et le sucre, avec un batteur électrique. Quand le mélange est lisse, incorporez la crème fraîche et le sirop d'érable. Ajoutez la gélatine dissoute en dernier.

5 Versez la garniture dans le moule et placez au réfrigérateur jusqu'au lendemain.

6 Préchauffez le four à 240 °C. Mélangez les noix de pécan et le sirop d'érable dans un bol. Étalez les noix enrobées sur une plaque de cuisson huilée. Faites légèrement griller pendant 10 minutes. Laissez refroidir.

7 Décorez le cheesecake et servez.

cheesecake façon tiramisu

20 g de café pour expresso (mouture moyenne)
250 ml d'eau frémissante
2 c. à s. de sucre en poudre
80 ml de marsala
250 g de biscuits à la cuillère
150 g de grains de café enrobés de chocolat grossièrement hachés

Garniture
2 c. à s. d'eau
2 c. à c. de gélatine
125 g de cream cheese à température ambiante
40 g de sucre glace
250 g de mascarpone
2 c. à s. de marsala
300 ml de crème fraîche fouettée

1 Beurrez un moule à fond amovible de 24 cm de diamètre.

2 Mettez le café et l'eau dans une cafetière à piston. Laissez reposer 4 minutes avant d'enfoncer le plongeur. Mélangez le café, le sucre et le marsala dans un bol résistant à la chaleur. Laissez refroidir 10 minutes.

3 Versez 80 ml du mélange au café dans une petite casserole. Faites frémir, sans couvrir, jusqu'à ce que le liquide ait réduit et qu'il ne vous en reste environ que 1 cuillerée à soupe. Laissez refroidir.

4 Coupez les extrémités des biscuits de manière à obtenir des tronçons de 7 cm de long. Réservez les chutes. Trempez les biscuits (du côté plat) dans le reste du mélange au café, un à un, puis posez-les, côté bombé vers l'extérieur, le long des parois du moule. Trempez les chutes des biscuits dans le café et étalez-les sur le fond du moule.

5 Préparez la garniture. Versez l'eau dans un bol résistant à la chaleur, puis saupoudrez la gélatine. Faites chauffer au bain-marie, en remuant, jusqu'à ce que la gélatine soit dissoute. Laissez refroidir 5 minutes.

6 Battez le cream cheese et le sucre glace tamisé avec un batteur électrique. Quand le mélange est lisse, incorporez le mascarpone et le marsala, puis la gélatine dissoute et enfin la crème fouettée.

7 Versez la garniture dans le moule, puis arrosez-la avec le café réduit. Décrivez quelques sillons dans la crème, avec une brochette en métal par exemple, pour obtenir un effet marbré. Placez au réfrigérateur jusqu'au lendemain.

8 Servez ce cheesecake parsemé de grains de café enrobés de chocolat grossièrement hachés.

12
40'
12h

cheesecake au lemon curd

10 20' 3h30 1h 20' 160°

250 g de biscuits
de type petits-beurre
125 g de beurre fondu

Garniture
750 g de cream cheese
à température ambiante
2 c. à c. de zeste de citron
finement râpé
110 g de sucre en poudre
3 œufs

Lemon curd
45 g de beurre
110 g de sucre en poudre
1 œuf légèrement battu
passé au tamis
1 c. à c. de zeste de citron
finement râpé
2 c. à s. de jus de citron

1 Émiettez finement les biscuits dans un robot. Ajoutez le beurre et mixez. Pressez le mélange sur le fond et la paroi d'un moule à fond amovible de 22 cm de diamètre. Posez le moule sur une plaque et placez pour 30 minutes au réfrigérateur.

2 Préchauffez le four à 160 °C. Préparez la garniture en fouettant ensemble le cream cheese, le zeste de citron et le sucre, avec un batteur électrique, jusqu'à obtention d'un mélange lisse. Incorporez les œufs un à un.

3 Versez la garniture dans le moule et faites cuire 1 heure. Laissez refroidir le cheesecake dans le four entrouvert.

4 Mélangez tous les ingrédients du lemon curd dans un bol. Faites chauffer 20 minutes au bain-marie, en remuant, jusqu'à ce que le mélange nappe le dos d'une cuillère. Une fois la bonne consistance atteinte, retirez aussitôt le bol de la source de chaleur. Recouvrez avec du film alimentaire et laissez refroidir à température ambiante.

5 Étalez le lemon curd sur le cheesecake. Placez au réfrigérateur pour 3 heures ou toute une nuit.

cheesecake au chocolat blanc et aux fraises

10 55' 12h

185 g de petits-beurre
80 g de beurre ramolli
½ feuille de gélatine
2 c. à s. d'eau chaude
500 g de cream cheese à température ambiante
400 g de lait concentré sucré
300 ml de crème fraîche
150 g de chocolat blanc fondu
500 g de fraises coupées en deux ou en quatre
80 g de confiture de fraises
1 c. à s. de jus de citron

1 Beurrez un moule à charnière rond. Mixez les petits-beurre pour obtenir une chapelure fine, puis ajoutez le beurre. Travaillez le mélange à la main pour obtenir une pâte grumeleuse. Étalez-la au fond du moule en tassant bien, couvrez et laissez raffermir 30 minutes au réfrigérateur.

2 Mettez la gélatine dans l'eau chaude, dans un petit récipient, puis faites-la fondre au bain-marie, au-dessus d'une petite casserole d'eau frémissante. Laissez refroidir 5 minutes.

3 Fouettez le cream cheese et le lait concentré pour obtenir un mélange léger. Battez séparément la crème, jusqu'à ce que des petits pics se forment à la surface.

4 Incorporez la gélatine dissoute au cream cheese battu, avant d'ajouter la crème et le chocolat blanc fondu. Étalez ce mélange sur le fond de biscuits, couvrez et réfrigérez toute une nuit.

5 Au moment de servir, démoulez le cheesecake, puis garnissez le dessus de quartiers de fraise. Faites tiédir la confiture et le jus de citron à feu doux, puis nappez-en le gâteau. Servez aussitôt.

cheesecake à la vanille et aux coings pochés

125 g de petits-beurre
80 g de beurre fondu

Garniture
500 g de cream cheese à température ambiante
330 g de sucre en poudre
2 œufs
120 ml de crème fraîche
60 ml de jus de citron
1 gousse de vanille

Coings pochés
220 g de sucre en poudre
500 ml d'eau
2 coings (700 g) pelés, évidés et coupés en quatre
le zeste de **2** citrons

1 Préchauffez le four à 160 °C. Beurrez un moule à charnière de 20 cm de diamètre.

2 Mixez les biscuits en fine chapelure. Ajoutez le beurre et travaillez le mélange à la main pour obtenir une pâte sablée. Étalez-la dans le moule en tassant bien, puis laissez raffermir 30 minutes au réfrigérateur.

3 Mettez dans le bol du robot le cream cheese, le sucre, les œufs, la crème et le jus de citron. Fendez la gousse de vanille en deux, grattez l'intérieur avec la pointe d'un couteau pour décoller les graines (réservez la gousse pour les coings pochés) ; mettez les graines dans le bol du robot et mixez le mélange jusqu'à obtention d'une pâte lisse. Étalez la préparation au cream cheese sur le fond de tarte raffermi. Enfournez pour 35 minutes, puis laissez refroidir le cheesecake à l'intérieur du four, en laissant la porte entrouverte. Placez-le pour 1 nuit au réfrigérateur.

4 Mélangez le sucre et l'eau dans une casserole, puis faites dissoudre le sucre à feu doux avant de porter le sirop à ébullition. Ajoutez alors les coings, le zeste de citron et la gousse de vanille. Baissez le feu, couvrez et laissez mijoter 2 heures, jusqu'à ce que les coings soient tendres. Laissez-les refroidir dans le sirop, puis égouttez-les et coupez-les en tranches fines. Remettez-les dans la casserole et portez à nouveau à ébullition, puis laissez mijoter à feu doux 15 minutes. Quand le sirop a réduit de moitié, retirez la casserole du feu et laissez refroidir à température ambiante.

5 Servez le cheesecake décoré de coings au sirop.

12 | 20' | 35' | 2h15 | 12h | 160°

8 35' 12h 30' 200°

cheesecake aux poires rôties et aux amandes

250 g de biscuits sablés
50 g d'amandes effilées
125 g de beurre fondu

Garniture
2 c. à s. d'eau
2 c. à c. de gélatine en poudre
250 g de cream cheese à température ambiante
75 g de sucre en poudre
90 g de golden syrup
300 ml de crème fraîche fouettée

Poires rôties
5 poires (500 g) pelées et coupées en deux dans la longueur
115 g de golden syrup
30 g de beurre

1 Beurrez un moule à fond amovible de 11 × 34 cm ou de 22 cm de diamètre.

2 Émiettez finement les biscuits et les amandes dans un robot. Ajoutez le beurre et mixez. Pressez ce mélange sur le fond et les parois du moule. Placez pour 30 minutes au réfrigérateur.

3 Préparez la garniture. Versez l'eau dans un bol résistant à la chaleur, puis saupoudrez la gélatine. Faites chauffer au bain-marie, en remuant, jusqu'à ce que la gélatine soit dissoute. Laissez refroidir 5 minutes.

4 Battez le cream cheese, le sucre et le golden syrup avec un batteur électrique. Quand le mélange est lisse, incorporez la gélatine dissoute, puis la crème fouettée. Versez cette préparation dans le moule, puis placez au réfrigérateur jusqu'au lendemain.

5 Préparez les poires rôties. Préchauffez le four à 200 °C. Posez les poires dans un grand plat à four, en une seule couche. Arrosez avec le golden syrup et parsemez de dés de beurre. Faites rôtir environ 30 minutes, sans couvrir, en retournant de temps en temps. Laissez refroidir à température ambiante.

6 Servez ce cheesecake surmonté de poires rôties et arrosé de sirop.

8 | 30' | 4h | 1h30 | 200°

cheesecake aux prunes rôties

225 g de farine ordinaire
40 g de sucre glace
125 g de beurre froid coupé en cubes
2 jaunes d'œufs
1 c. à s. d'eau glacée
8 prunes (550 g) coupées en quartiers
2 c. à s. de jus d'orange
2 c. à s. de sucre roux

Garniture
500 g de cream cheese à température ambiante
1 c. à s. de zeste d'orange finement râpé
150 g de sucre en poudre
2 œufs
120 ml de crème fraîche
2 c. à s. de farine ordinaire
80 ml de jus d'orange

1 Beurrez un moule à fond amovible rectangulaire de 19 × 27 cm, ou rond, de 26 cm de diamètre.

2 Dans un robot, mixez la farine avec le sucre glace et le beurre jusqu'à obtention d'un mélange grumeleux. Ajoutez les jaunes d'œufs et l'eau, et continuez de travailler le mélange jusqu'à ce que les ingrédients s'agglomèrent. Pétrissez la pâte sur un plan de travail fariné jusqu'à ce qu'elle devienne lisse. Emballez-la dans du film alimentaire et placez pour 30 minutes au réfrigérateur.

3 Abaissez la pâte au rouleau, entre 2 feuilles de papier sulfurisé. Foncez-en le moule, égalisez le pourtour et placez pour 30 minutes au frais.

4 Préchauffez le four à 180 °C. Posez une feuille de papier sulfurisé sur la pâte et recouvrez-la de haricots secs ou de riz. Faites cuire 10 minutes à blanc. Retirez les haricots et le papier, et faites cuire encore 10 minutes. Laissez refroidir.

5 Réduisez la température du four à 160 °C. Préparez la garniture. Battez le cream cheese, le zeste d'orange et le sucre avec un batteur électrique. Quand le mélange est lisse, incorporez les œufs un à un. Ajoutez les ingrédients restants, en fouettant.

7 Versez la garniture dans le moule et faites cuire 50 minutes. Laissez refroidir et placez pour 3 heures au réfrigérateur.

8 Augmentez la température du four à 200 °C. Déposez les quartiers de prune sur une plaque de cuisson, en une seule couche. Arrosez avec 2 cuillerées à soupe de jus d'orange et saupoudrez de sucre roux. Faites rôtir 20 minutes. Laissez refroidir.

9 Disposez les prunes sur le cheesecake, puis servez.

10 25' 12h

cheesecake nougat-framboises

125 g de biscuits sablés
60 g de beurre fondu
100 g de nougat aux amandes finement haché
300 g de framboises surgelées

Garniture
2 c. à s. d'eau
2 c. à c. de gélatine
375 g de cream cheese à température ambiante
55 g de sucre en poudre
2 c. à c. de jus de citron
300 ml de crème fraîche

1 Chemisez de film alimentaire un moule à fond amovible de 22 cm de diamètre.

2 Émiettez finement les biscuits dans un robot. Ajoutez le beurre et mixez. Incorporez le nougat. Pressez le mélange sur le fond du moule et placez pour 30 minutes au réfrigérateur.

3 Préparez la garniture. Versez l'eau dans un bol résistant à la chaleur, puis saupoudrez la gélatine. Faites chauffer au bain-marie, en remuant, jusqu'à ce que la gélatine soit dissoute. Laissez tiédir 5 minutes.

4 Battez le cream cheese, le sucre et le jus de citron. Incorporez la crème, puis la gélatine dissoute.

5 Répartissez la moitié des framboises sur la base biscuitée. Versez la garniture sur les framboises et placez au réfrigérateur jusqu'au lendemain.

6 Réduisez en purée le reste des framboises, puis passez au tamis. Servez le cheesecake avec le coulis.

cheesecake bistro

10 20' 3h30 50' 160°

250 g de biscuits de type petits-beurre
125 g de beurre fondu
½ c. à c. de quatre-épices

Garniture
4 œufs
165 g de sucre en poudre
500 g de cream cheese
1 c. à s. de zeste de citron finement râpé

1 Émiettez finement les biscuits dans un robot. Ajoutez le beurre et mixez. Pressez ce mélange sur le fond et la paroi d'un moule à fond amovible de 20 cm de diamètre. Posez le moule sur une plaque, puis placez au réfrigérateur pour 30 minutes.

2 Préchauffez le four à 160 °C.

3 Préparez la garniture. Battez les œufs et le sucre dans un bol, avec un batteur électrique, jusqu'à épaississement. Dans un autre bol, fouettez le cream cheese et le zeste de citron jusqu'à obtention d'un mélange lisse. Mélangez les 2 préparations.

4 Versez la garniture dans le moule et faites cuire 50 minutes. Laissez refroidir le cheesecake dans le four entrouvert. Placez au réfrigérateur pour 3 heures ou toute une nuit.

5 Servez ce cheesecake saupoudré de quatre-épices.

cheesecake feuilleté aux fruits rouges

16 45' 55' 2h 220°

375 ml d'eau
125 g de beurre coupé en petits cubes
1 c. à s. de sucre en poudre
225 g de farine riche en gluten
6 œufs
40 g d'amandes effilées grillées
2 c. à c. de sucre glace

Garniture aux fruits rouges
1 kg de cream cheese à température ambiante
2 c. à c. d'extrait de vanille
220 g de sucre en poudre
750 ml de crème entière
250 g de myrtilles fraîches
125 g de framboises fraîches coupées en deux

1 Préchauffez le four à 220 °C. Beurrez 3 plaques de cuisson. Tracez un cercle de 20 cm de diamètre sur 3 feuilles de papier sulfurisé pour vous guider. Chemisez-en les plaques, côté dessiné vers le bas.

2 Pour préparer la pâte à choux, mettez l'eau, le beurre et le sucre dans une casserole, puis portez à ébullition. Ajoutez la farine et battez avec une cuillère en bois, sur le feu, jusqu'à ce que le mélange se détache de la paroi de la casserole. Placez la pâte dans un saladier et incorporez les œufs un à un, jusqu'à ce qu'elle devienne brillante.

3 À l'aide d'une cuillère, mettez la pâte dans une poche à douille munie d'un embout cannelé de 1,5 cm de diamètre. Appliquez-la en forme de spirale sur les plaques chemisées de papier sulfurisé, en vous aidant des cercles tracés.

4 Faites cuire 10 minutes au four. Baissez la température à 180 °C et poursuivez la cuisson pendant 45 minutes, ou jusqu'à ce que la pâte soit sèche. Laissez refroidir sur les plaques.

5 Préparez la garniture aux fruits rouges. Avec un batteur électrique, battez le cream cheese, l'extrait de vanille et le sucre dans un grand récipient, jusqu'à obtention d'une consistance homogène. Incorporez progressivement la crème. Mettez 500 g de garniture de côté, puis incorporez les fruits rouges dans le reste de la préparation.

6 Placez 1 disque de pâte sur un plat de service ; recouvrez-le de la moitié de la garniture. Ajoutez un autre disque de pâte, puis le reste de la garniture. Recouvrez avec le dernier disque de pâte. Nappez les côtés du gâteau de la garniture réservée et collez les amandes dessus. Couvrez et placez au réfrigérateur pour 2 heures. Garnissez le dessus du cheesecake de quelques fruits rouges et saupoudrez de sucre glace tamisé.

ASTUCE
Utilisez un couteau à dents pour découper le gâteau.

carrés de cheesecake au chocolat aromatisé à la cardamome

250 g de biscuits au chocolat
125 g de beurre fondu
60 ml d'eau
3 c. à c. de gélatine
1 œuf
500 g de cream cheese ramolli
110 g de sucre en poudre
430 ml de crème entière
100 g de chocolat noir fondu
¼ de c. à c. de cardamome moulue

1 Beurrez un moule de 20 × 30 cm. Chemisez le fond et les 2 grands côtés de papier sulfurisé, en le laissant dépasser de 5 cm sur les bords.

2 Mixez finement les biscuits, puis ajoutez le beurre et mixez jusqu'à ce qu'il soit incorporé. Tassez la préparation dans le fond du moule et placez au réfrigérateur pour 30 minutes.

3 Mettez l'eau dans un bol résistant à la chaleur et saupoudrez la gélatine. Placez le bol dans une petite casserole d'eau frémissante et remuez jusqu'à ce que la gélatine soit dissoute. Laissez refroidir 5 minutes.

4 Dans un saladier, battez l'œuf, le cream cheese et le sucre, avec un batteur électrique, jusqu'à obtention d'une consistance homogène. Ajoutez la crème et battez jusqu'à ce que la préparation soit homogène et épaississe légèrement. Incorporez la gélatine.

5 Répartissez la préparation dans 2 récipients. Incorporez le chocolat fondu refroidi dans l'un d'eux et mettez la préparation obtenue dans le moule. Placez au congélateur pour 15 minutes, jusqu'à ce qu'elle commence à prendre. Sortez du congélateur et raclez la surface avec une fourchette.

6 Incorporez la cardamome dans le deuxième récipient avec le mélange au cream cheese, et ajoutez la préparation obtenue dans le moule. Placez au réfrigérateur pour toute la nuit, jusqu'à ce que la deuxième couche ait pris, avant de découper en carrés.

CONSERVATION
Les carrés se conservent jusqu'à 1 semaine dans un récipient hermétique, au réfrigérateur.

carrés de cheesecake aux 3 chocolats

300 g de cookies aux pépites de chocolat
125 ml de crème fleurette entière
250 g de chocolat blanc grossièrement haché
500 g de cream cheese
165 g de sucre en poudre
2 œufs

Ganache au chocolat
200 g de chocolat noir grossièrement haché
80 ml de crème fraîche

1 Préchauffez le four à 150 °C. Huilez un moule de 19 × 30 cm, puis chemisez-le de papier sulfurisé, en le laissant dépasser de 5 cm sur les côtés les plus longs.

2 Placez les cookies côte à côte au fond du moule. Cassez-les en morceaux si nécessaire pour recouvrir tout le fond.

3 Mélangez la crème fleurette et le chocolat dans une casserole, puis faites fondre le chocolat à feu doux. Laissez refroidir.

4 Fouettez le cream cheese et le sucre dans un saladier, à l'aide d'un batteur électrique, jusqu'à ce que la préparation soit onctueuse. Incorporez les œufs un à un, tout en fouettant, puis le chocolat fondu. Versez la préparation dans le moule.

5 Faites cuire 35 minutes environ. Laissez refroidir dans le four en laissant la porte entrouverte. Placez ensuite pour 3 heures ou toute la nuit au réfrigérateur.

6 Préparez la ganache au chocolat. Faites fondre le chocolat et la crème dans une petite casserole, à feu doux. Laissez refroidir 15 minutes. Étalez la ganache sur le cheesecake et faites durcir au réfrigérateur.

7 Démoulez le cheesecake et retirez le papier sulfurisé avant de le couper en carrés.

carrés de cheesecake myrtille-fruit de la Passion

250 g de petits-beurre
100 g de beurre fondu
500 g de cream cheese à température ambiante
165 g de sucre en poudre
2 c. à c. de zeste de citron vert finement râpé
2 œufs
120 ml de crème fraîche
2 c. à s. de jus de citron vert
150 g de myrtilles surgelées
60 ml de pulpe de fruit de la Passion

1 Préchauffez le four à 150 °C. Beurrez un moule de 20 × 30 cm. Chemisez le fond et les 2 grands côtés de papier sulfurisé, en le laissant dépasser de 5 cm sur les bords.

2 Mixez finement les biscuits, puis incorporez le beurre. Tassez la préparation dans le fond du moule et placez au réfrigérateur pour 30 minutes.

3 Dans un récipient moyen, battez le cream cheese, le sucre et le zeste de citron vert. Incorporez les œufs un à un, puis la crème fraîche et le jus de citron.

4 Versez la préparation dans le moule. Parsemez de myrtilles et arrosez de pulpe de fruit de la Passion. Faites cuire 35 minutes. Laissez refroidir dans le four entrouvert. Placez au réfrigérateur pour 3 heures ou toute la nuit, avant de découper en carrés.

CONSERVATION
Les carrés se conservent jusqu'à 2 jours dans un récipient hermétique, au réfrigérateur.

petits cheesecakes au citron

100 g de petits gâteaux secs
50 g de beurre fondu
500 g de cream cheese
2 c. à c. de zeste de citron finement râpé
110 g de sucre en poudre
2 œufs

Glaçage
220 g de confiture d'abricots
2 c. à s. de cognac

1 Garnissez de caissettes en papier un moule à muffins de 12 alvéoles.

2 Dans un robot, réduisez les gâteaux secs en miettes. Ajoutez le beurre et mixez jusqu'à obtention d'un mélange homogène. Répartissez la préparation dans les caissettes. Pressez fermement. Faites prendre 30 minutes au réfrigérateur.

3 Préchauffez le four à 150 °C. Fouettez le cream cheese, le zeste et le sucre dans un saladier, à l'aide d'un batteur électrique, jusqu'à obtention d'un mélange lisse. Incorporez les œufs. Versez la préparation obtenue dans les caissettes.

4 Enfournez pour 25 minutes. Laissez refroidir.

5 Préparez le glaçage : versez la confiture d'abricots et le cognac dans une petite casserole. Faites chauffer à feu doux, puis filtrez.

6 Répartissez le glaçage sur les gâteaux. Faites prendre 2 heures au réfrigérateur.

15 15' 3h30 35' 150°

12 | 20' | 3h30 | 1h15 | 160°

cheesecake aux myrtilles

250 g de petits-beurre
125 g de beurre fondu
300 g de myrtilles fraîches

Garniture
250 g de cottage cheese
250 g de cream cheese
2 c. à c. de zeste de citron finement râpé
165 g de sucre en poudre
3 œufs
240 ml de crème fraîche
60 ml de jus de citron

1 Émiettez finement les biscuits dans un robot. Ajoutez le beurre et mixez. Pressez le mélange sur le fond et les parois d'un moule à fond amovible de 22 cm de diamètre. Posez le moule sur une plaque et placez pour 30 minutes au réfrigérateur.

2 Préchauffez le four à 160 °C.

3 Pour préparer la garniture, passez le cottage cheese au tamis au-dessus d'un récipient moyen. Ajoutez le cream cheese, le zeste de citron et le sucre, et battez avec un batteur électrique, jusqu'à ce que le mélange soit homogène. Sans cesser de battre, ajoutez les œufs un à un, puis la crème fraîche et le jus de citron.

4 Une fois les ingrédients incorporés, versez la garniture dans le moule. Faites cuire au four 1 h 15. Laissez refroidir dans le four entrouvert.

5 Placez le cheesecake au réfrigérateur pour 3 heures ou toute une nuit.

6 Garnissez-le de myrtilles et saupoudrez-le de sucre glace tamisé, si vous le souhaitez.

minicheesecakes aux noix de pécan caramélisées

24 · 45' · 1h

250 g de biscuits au gingembre
90 g de beurre doux fondu
250 g de cream cheese à température ambiante
1 c. à c. d'extrait de vanille
55 g de sucre roux
180 ml de crème entière

Noix de pécan caramélisées
330 g de sucre
125 ml d'eau
2 c. à c. de sirop de glucose
15 g de beurre
1 c. à s. de rhum vieux
120 g de cerneaux de noix de pécan

1 Beurrez 2 moules à tartelettes de 12 alvéoles peu profondes (30 ml).

2 Mixez finement les biscuits. Ajoutez le beurre et mixez jusqu'à ce qu'il soit incorporé. Répartissez la préparation dans les alvéoles des moules et tassez uniformément pour recouvrir le fond. Placez au réfrigérateur pour 1 heure.

3 Préparez les noix de pécan caramélisées. Dans une casserole moyenne, faites chauffer le sucre, l'eau et le sirop de glucose, en remuant et sans laisser bouillir, jusqu'à ce que le sucre soit dissous. Portez à ébullition et laissez bouillir sans couvrir ni remuer, jusqu'à ce qu'un thermomètre à sucre indique 112 °C. À défaut de thermomètre, versez une petite quantité de sirop dans de l'eau : vous devez pouvoir former une petite boule souple du bout des doigts. Ajoutez le beurre et le rhum, et faites bouillir 12 minutes sans couvrir, jusqu'à ce que la préparation soit légèrement dorée. Retirez du feu et déposez les noix de pécan dans la casserole, sans remuer. Remettez sur le feu pour 1 minute. En travaillant rapidement avec des pinces ou une fourchette, sortez avec précaution les noix de pécan de la casserole, une par une, et placez-les sur une plaque de cuisson beurrée. Laissez prendre à température ambiante.

4 Avec un batteur électrique, battez le cream cheese, l'extrait de vanille et le sucre dans un récipient. Incorporez progressivement la crème.

5 Répartissez la préparation au cream cheese sur la base de biscuits et recouvrez de noix de pécan caramélisées.

CUPCAKES

TECHNIQUES ET ASTUCES POUR DÉCORER LES CUPCAKES

Certes, cela demande un peu de patience… Mais grâce à ces techniques vous deviendrez un vrai pro de la décoration des cupcakes.

COLORER LE FONDANT

Après avoir malaxé du fondant blanc (voir glossaire) pour l'assouplir, déposez quelques gouttes de colorant alimentaire à l'aide d'un ustensile pointu (une brochette en bois par exemple). Travaillez le fondant pour faire pénétrer le colorant. La quantité de colorant nécessaire dépend de l'intensité recherchée.

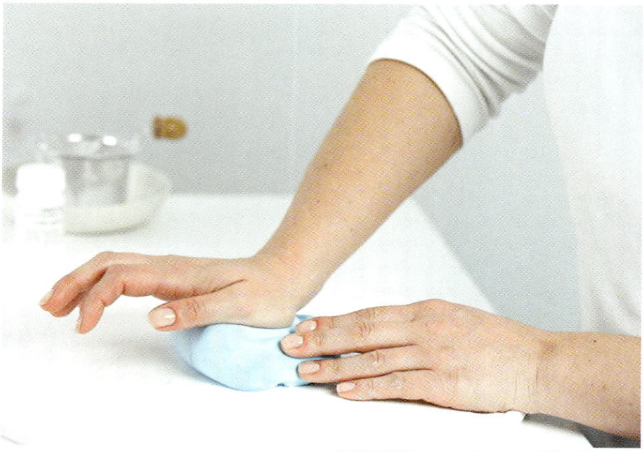

MODELER DES PETITES FLEURS

Découpez des fleurs dans le fondant à l'aide d'un emporte-pièce. Posez les fleurs sur un torchon propre et plié en plusieurs épaisseurs. Prenez un ébauchoir à bout rond et appuyez délicatement au centre des fleurs pour leur donner une forme incurvée. Laissez sécher.

RECOUVRIR UN CUPCAKE

Badigeonnez les cupcakes de confiture. La couche de confiture doit être fine et uniforme. Étalez le fondant (ou la pâte d'amandes) au rouleau. Posez le fondant sur le gâteau, si nécessaire en vous aidant du rouleau. Poudrez vos doigts de sucre glace et lissez le fondant en veillant à ce qu'il adhère bien à toute la surface du cupcake. Enlevez l'excédent à l'aide d'un couteau tranchant.

MOTIFS SUR LE FONDANT

Étalez du fondant au rouleau. Posez un tampon dessus et pressez pour laisser une empreinte. Soulevez le tampon. Vous pouvez aussi utiliser un pochoir en carton que vous enfoncerez délicatement dans le fondant. Colorez l'empreinte avec du colorant liquide ou remplissez-la de vermicelle ou de billes de sucre coloré. Vous pouvez aussi badigeonner le dessin en relief, sur le tampon, de colorant liquide, puis appliquer le tampon sur le fondant.

LA MERINGUE

Versez la meringue dans une poche munie d'une douille lisse de 1 cm de diamètre. Tenez la poche à la verticale du gâteau et faites sortir la meringue en décrivant une spirale depuis le bord vers le centre.

GLACER DES FRUITS

À l'aide d'un pinceau fin parfaitement propre, badigeonnez délicatement chaque fruit d'une mince couche de blanc d'œuf. Tournez les fruits dans le sucre et laissez sécher environ 1 heure sur un plateau recouvert de papier sulfurisé.

SUCRE GLACE AU POCHOIR

Vous obtiendrez les meilleurs résultats en utilisant plusieurs petits napperons en papier encore attachés, un napperon en dentelle doublé de plastique ou encore un morceau de dentelle en tissu, à soulever du gâteau une fois le sucre glace déposé.

MARBRURES EN CHOCOLAT

Versez de la sauce au chocolat dans un cône en papier sulfurisé. Dessinez une spirale puis, avec un ustensile pointu, tracez des rayons depuis le centre vers le bord.

9 20' 25' 160°

cupcakes au caramel et aux pépites de chocolat

90 g de chocolat blanc coupé en morceaux
90 g de beurre doux coupé en cubes
110 g de sucre roux
2 c. à s. de golden syrup ou de miel liquide
125 ml de lait
110 g de farine ordinaire
35 g de farine avec levure incorporée
1 œuf
2 c. à s. de pépites de chocolat
1 c. à s. de sucre glace

1 Préchauffez le four à 160 °C. Beurrez un moule à muffins de 9 alvéoles et chemisez les fonds de papier sulfurisé.

2 Faites chauffer le chocolat, le beurre, le sucre, le golden syrup ou le miel et le lait dans une casserole, à feu doux, jusqu'à obtention d'une préparation onctueuse. Laissez refroidir 15 minutes.

3 Ajoutez les farines tamisées et l'œuf, puis les pépites de chocolat. Répartissez la pâte dans les alvéoles.

4 Faites cuire les muffins 25 minutes. Laissez-les reposer 5 minutes avant de les démouler sur une grille. Laissez refroidir. Servez-les saupoudrés de sucre glace.

cupcakes aux framboises et à la pomme

12 15' 30' 180°

125 g de beurre ramolli
1 c. à c. d'extrait de vanille
165 g de sucre en poudre
2 œufs
225 g de farine avec levure incorporée
125 ml de lait
150 g de framboises fraîches ou surgelées
1 grosse pomme (200 g) épluchée et finement hachée
2 c. à c. de sucre glace

1 Préchauffez le four à 180 °C. Garnissez 12 moules à muffins de caissettes en papier.

2 Battez le beurre, l'extrait de vanille et le sucre, au robot, jusqu'à obtention d'une préparation légère et mousseuse. Incorporez les œufs un à un. Ajoutez la farine tamisée et le lait, en 2 fois, puis les framboises et la pomme.

3 Garnissez les moules de pâte et faites cuire 30 minutes. Laissez les cupcakes reposer 5 minutes, puis démoulez-les sur une grille et laissez-les refroidir. Saupoudrez-les de sucre glace avant de servir.

NOTE

Si vous utilisez des framboises surgelées, ne les décongelez pas avant utilisation, leur jus colorerait la pâte des cupcakes.

cupcakes sucre et dentelle

125 g de beurre coupé en cubes
100 g de chocolat blanc grossièrement haché
150 g de sucre roux
90 g de golden syrup ou de miel liquide
160 ml de lait
150 g de farine ordinaire
50 g de farine avec levure incorporée
1 œuf

Pour décorer
napperon, dentelle ou pochoir
80 g de sucre glace

1 Préchauffez le four à 170 °C. Garnissez de caissettes en papier un moule à muffins de 12 alvéoles.

2 Mélangez le beurre, le chocolat, le sucre, le golden syrup et le lait dans une petite casserole. Faites chauffer à feu doux et remuez jusqu'à obtention d'un mélange lisse. Versez la préparation dans un saladier et laissez refroidir 15 minutes.

3 Ajoutez les deux farines tamisées et l'œuf, puis fouettez. Répartissez la préparation obtenue dans les caissettes.

4 Enfournez pour 30 minutes. Démoulez et laissez refroidir sur une grille.

5 Déposez un napperon, de la dentelle ou un pochoir sur un cake. Saupoudrez de sucre glace tamisé. Retirez délicatement le napperon. Répétez l'opération pour décorer les autres cakes.

cupcakes à la banane et glaçage crémeux au sirop d'érable

12 10' 30' 180°

60 g de beurre ramolli
60 g de cream cheese
165 g de sucre roux
2 œufs
125 ml de lait
2 c. à s. de sirop d'érable
225 g de farine avec levure incorporée
½ c. à c. de bicarbonate de soude
2 bananes moyennes (400 g), coupées en deux dans la longueur puis tranchées en lamelles fines

Glaçage crémeux au sirop d'érable
30 g de beurre ramolli
80 g de cream cheese
2 c. à s. de sirop d'érable
240 g de sucre glace

1 Préchauffez le four à 180 °C. Garnissez 12 moules à muffins de caissettes en papier.

2 Battez le beurre, le cream cheese et le sucre, au robot, jusqu'à obtention d'une préparation légère et mousseuse. Incorporez les œufs un à un. Ajoutez le lait, le sirop d'érable et les ingrédients secs tamisés, puis les bananes.

3 Remplissez les moules aux trois quarts et faites cuire 30 minutes. Laissez les cupcakes reposer 5 minutes avant de les démouler sur une grille pour qu'ils refroidissent.

4 Préparez le glaçage. Battez le beurre, le cream cheese et le sirop d'érable, au robot, jusqu'à obtention d'une préparation légère et mousseuse. Incorporez le sucre glace tamisé, en 2 fois.

5 Décorez les cupcakes de glaçage.

cupcakes au glaçage blanc

12 | 20' | 25' | 180°

125 g de beurre ramolli
½ c. à c. d'extrait de vanille
165 g de sucre en poudre
3 œufs
300 g de farine avec levure incorporée
60 ml de lait

Glaçage blanc
320 g de sucre glace
20 g de beurre fondu
2 c. à s. d'eau chaude, environ

1 Préchauffez le four à 180 °C. Garnissez de caissettes en papier un moule à muffins de 12 alvéoles.

2 À l'aide d'un batteur électrique, fouettez tous les ingrédients de la pâte à vitesse lente, jusqu'à obtention d'un mélange lisse. Passez à la vitesse moyenne et fouettez 3 minutes, jusqu'à ce que le mélange pâlisse.

3 Répartissez cette pâte dans les caissettes et faites cuire 25 minutes au four. Laissez reposer 5 minutes avant de démouler sur une grille. Laissez refroidir.

4 Préparez le glaçage blanc : tamisez le sucre glace au-dessus d'un saladier. Incorporez le beurre et un peu d'eau, jusqu'à obtention d'une pâte ferme. Faites ramollir le mélange au bain-marie. Quand les cupcakes sont froids, nappez-les de glaçage.

VARIANTES

• *Pour des cupcakes fruits rouges et agrumes : à la fin de l'étape 2, incorporez 1 cuillerée à café de zeste d'orange finement râpé et 75 g de fruits rouges séchés.*

• *Pour un glaçage noix de coco et citron vert : incorporez ½ cuillerée à café d'essence de noix de coco et 1 cuillerée à café de zeste de citron vert finement râpé.*

12 30' 25' 180°

18 40' 20' 180°

cupcakes à la noix de coco

60 g de beurre ramolli
½ c. à c. d'essence de noix de coco
110 g de sucre en poudre
1 œuf
20 g de noix de coco râpée
110 g de farine avec levure incorporée
120 ml de crème fraîche
2 c. à s. de lait

Glaçage à la noix de coco
160 g de sucre glace
50 g de noix de coco râpée
1 blanc d'œuf légèrement battu
colorant alimentaire rose

1 Préchauffez le four à 180 °C. Chemisez de caissettes en papier 18 alvéoles de 2 moules à tartelettes de 12 alvéoles profondes (40 ml).

2 Battez le beurre, l'essence de noix de coco, le sucre et l'œuf dans un récipient, jusqu'à ce que le mélange soit léger et aéré. Incorporez la noix de coco râpée, la farine tamisée, la crème fraîche et le lait, en 2 fois. Répartissez la préparation dans les caissettes.

3 Faites cuire au four 20 minutes environ. Laissez reposer les cupcakes 5 minutes environ avant de les démouler sur une grille, pour les laisser refroidir.

4 Préparez le glaçage. Tamisez le sucre glace au-dessus d'un récipient. Incorporez la noix de coco et le blanc d'œuf. Placez la moitié du glaçage dans un petit récipient et colorez-la en rose.

5 Déposez sur chaque cupcake 1 cuillerée à café de glaçage rose et 1 cuillerée de glaçage blanc ; mélangez pour créer un effet marbré.

cupcakes aux fruits de la Passion et au chocolat blanc

125 g de beurre doux ramolli
½ c. à c. d'extrait de vanille
165 g de sucre en poudre
3 œufs
300 g de farine avec levure incorporée
60 ml de lait
60 ml de pulpe de fruit de la Passion
95 g de pépites de chocolat blanc

Glaçage au fruit de la Passion
320 g de sucre glace
1 c. à s. de pulpe de fruit de la Passion
1 c. à s. d'eau chaude, environ

1 Préchauffez le four à 180 °C. Garnissez de caissettes en papier les 12 alvéoles (contenance 80 ml) d'un moule à muffins.

2 Battez le beurre, l'extrait de vanille, le sucre, les œufs, la farine et le lait avec un batteur électrique à vitesse lente, jusqu'à obtention d'une consistance homogène. Augmentez la vitesse et fouettez jusqu'à ce que le mélange soit lisse et plus pâle. Incorporez la pulpe de fruit de la Passion préalablement passée au tamis et le chocolat, en remuant. Répartissez ce mélange dans les caissettes.

3 Faites cuire environ 25 minutes. Laissez reposer 5 minutes, puis démoulez et laissez refroidir les petits gâteaux sur une grille.

4 Préparez le glaçage. Tamisez le sucre glace au-dessus d'un bol. Incorporez la pulpe de fruit de la Passion préalablement passée au tamis et juste assez d'eau pour obtenir une pâte épaisse. Faites chauffer au bain-marie, en remuant, jusqu'à obtention de la consistance adéquate.

5 Nappez les petits gâteaux froids de glaçage.

froufrous framboise-coco

12 20' 40' 180°

125 g de beurre ramolli
220 g de sucre en poudre
3 œufs
75 g de farine ordinaire
35 g de farine avec levure incorporée
40 g de noix de coco séchée
80 ml de crème fraîche
150 g de framboises surgelées

Glaçage au cream cheese
60 g de beurre ramolli
160 g de cream cheese
2 c. à c. d'essence de noix de coco
480 g de sucre glace

Pour décorer
50 g de copeaux de noix de coco grillés
18 framboises fraîches coupées en deux

1 Préchauffez le four à 180 °C. Garnissez de caissettes en papier un moule à muffins de 12 alvéoles.

2 Fouettez le beurre, le sucre et les œufs dans un saladier, à l'aide d'un batteur électrique, jusqu'à obtention d'un mélange léger et mousseux.

3 Incorporez les farines tamisées, la noix de coco, la crème fraîche et les framboises surgelées. Répartissez la préparation dans les caissettes. Lissez la surface.

4 Faites cuire 40 minutes. Démoulez et laissez refroidir sur une grille.

5 Préparez le glaçage : fouettez le beurre, le cream cheese et l'essence de noix de coco dans un saladier, à l'aide d'un batteur électrique, jusqu'à obtention d'un mélange léger. Incorporez progressivement le sucre glace tamisé.

6 Ôtez les caissettes. Enduisez les cupcakes de glaçage au cream cheese. Décorez avec les copeaux de noix de coco et les framboises fraîches.

cupcakes aux fruits rouges

12 | 45' | 1h | 35' | 170°

125 g de beurre ramolli
½ c. à c. d'extrait de vanille
150 g de sucre en poudre
2 œufs
150 g de fruits rouges séchés
70 g d'amandes effilées
100 g de farine ordinaire
50 g de farine avec levure incorporée
60 ml de lait

Fruits glacés
150 g de myrtilles fraîches
120 g de framboises fraîches
1 blanc d'œuf légèrement battu
2 c. à s. de sucre vanillé

Glaçage au cream cheese
30 g de beurre ramolli
80 g de cream cheese
240 g de sucre glace

1 Préparez les fruits glacés : à l'aide d'un pinceau, enduisez délicatement chaque baie de blanc d'œuf. Tournez les fruits dans le sucre et disposez-les sur un plateau recouvert de papier sulfurisé. Laissez sécher environ 1 heure.

2 Préchauffez le four à 170 °C. Garnissez de caissettes en papier un moule à muffins de 12 alvéoles.

3 Fouettez le beurre, l'extrait de vanille, le sucre et les œufs, à l'aide d'un batteur électrique, jusqu'à obtention d'un mélange léger et mousseux.

4 Ajoutez les fruits rouges séchés et les amandes. Incorporez les farines tamisées, puis le lait. Répartissez la préparation dans les caissettes. Lissez la surface.

5 Faites cuire 35 minutes. Démoulez et laissez refroidir sur une grille.

6 Préparez le glaçage : fouettez le beurre et le cream cheese dans un saladier, à l'aide d'un batteur électrique, jusqu'à obtention d'un mélange léger. Incorporez progressivement le sucre glace tamisé.

7 Nappez les petits gâteaux de glaçage et décorez de fruits rouges glacés.

cupcakes aux Mars®

12 | 20' | 10' | 25' | 180°

3 barres Mars® de 60 g chacune
150 g de beurre coupé en cubes
150 g de chocolat noir coupé en morceaux
110 g de sucre roux
250 ml d'eau
75 g de farine ordinaire
35 g de farine avec levure incorporée
2 œufs

Glaçage chocolat
50 g de chocolat noir coupé en morceaux
25 g de beurre
160 g de sucre glace
1 c. à s. de cacao en poudre
2 c. à s. d'eau chaude, environ

1 Préchauffez le four à 180 °C. Garnissez 12 moules à muffins de caissettes en papier. Hachez finement 2 barres Mars® et coupez la troisième en 12 lamelles.

2 Faites chauffer le beurre, le chocolat, le sucre et l'eau dans une casserole, à feu moyen et en remuant. Versez dans un saladier et laissez refroidir 10 minutes. Incorporez les farines tamisées, au fouet, puis les œufs et les Mars® hachés.

3 Garnissez les moules de pâte et faites cuire 25 minutes. Laissez les cupcakes reposer 5 minutes, puis démoulez-les et laissez refroidir.

4 Préparez le glaçage. Faites fondre le chocolat et le beurre au bain-marie, en remuant. Incorporez le sucre glace tamisé et le cacao. Ajoutez suffisamment d'eau chaude pour que la consistance du glaçage permette de l'étaler. Décorez les cupcakes avec le glaçage et 1 lamelle de Mars®.

cupcakes marbrés aux 2 chocolats

12 30' 35' 30' 160°

Pâte au chocolat noir
85 g de beurre coupé en gros cubes
75 g de chocolat noir grossièrement haché
150 g de sucre en poudre
125 ml de lait
75 g de farine ordinaire
35 g de farine avec levure incorporée
1 c. à s. de cacao en poudre
1 œuf

Pâte au chocolat blanc
85 g de beurre coupé en gros cubes
75 g de chocolat blanc grossièrement haché
110 g de sucre en poudre
80 ml de lait
100 g de farine ordinaire
35 g de farine avec levure incorporée
1 œuf

Ganache au chocolat noir
80 ml de crème fraîche
200 g de chocolat noir grossièrement haché

Ganache au chocolat blanc
2 c. à s. de crème fraîche
100 g de chocolat blanc grossièrement haché

1 Préchauffez le four à 160 °C. Huilez 2 moules à muffins de 6 alvéoles.

2 Préparez la pâte au chocolat noir en mélangeant, dans une casserole, le beurre, le chocolat noir, le sucre et le lait. Faites chauffer à feu doux, en remuant, jusqu'à obtention d'un mélange lisse. Versez la préparation dans un saladier et laissez refroidir 10 minutes. Incorporez les farines tamisées, le cacao, puis l'œuf.

3 Préparez la pâte au chocolat blanc en mélangeant, dans une casserole, le beurre, le chocolat blanc, le sucre et le lait. Faites chauffer à feu doux, en remuant, jusqu'à obtention d'un mélange lisse. Versez la préparation dans un saladier et laissez refroidir 10 minutes. Incorporez les farines tamisées, puis l'œuf.

4 Déposez des cuillerées de pâte dans les caissettes, en alternant chocolat noir et chocolat blanc. Avec une brochette, remuez le mélange pour créer un effet marbré. Faites cuire 30 minutes au four.

5 Préparez les 2 ganaches. Pour chacune, faites chauffer la crème et le chocolat à feu doux, jusqu'à obtention d'un mélange lisse. Laissez refroidir 15 minutes.

6 Laissez reposer les cupcakes 5 minutes avant de les démouler sur une grille. Laissez refroidir.

7 Déposez des cuillerées de ganache au chocolat noir sur les cakes. Déposez ensuite des cuillerées de ganache au chocolat blanc. À l'aide d'une palette, mélangez légèrement les 2 ganaches pour créer un effet marbré.

cupcake banoffee au chocolat

225 g de farine
40 g de sucre glace
25 g de cacao en poudre
185 g de beurre doux froid coupé en gros cubes
1 jaune d'œuf
2 c. à c. d'eau glacée, environ
1 petite banane (130 g) coupée en fines rondelles
80 ml de crème épaisse
1 c. à c. de cacao en poudre supplémentaire

Garniture chocolat-caramel
60 g de beurre doux coupé en gros cubes
55 g de sucre roux
300 g de lait concentré sucré
30 g de chocolat noir coupé en gros morceaux
2 c. à c. de golden syrup ou de mélasse

1 Mixez la farine tamisée, le sucre glace, le cacao et le beurre jusqu'à obtention d'un mélange sableux. Tout en mixant, ajoutez le jaune d'œuf et suffisamment d'eau pour obtenir une pâte. Pétrissez-la doucement sur un plan de travail fariné, jusqu'à ce qu'elle soit lisse. Enveloppez-la dans du film alimentaire et placez-la au réfrigérateur pour 30 minutes.

2 Beurrez 2 moules à minimuffins de 12 alvéoles (20 ml). Abaissez la moitié de la pâte à 5 mm d'épaisseur, entre 2 feuilles de papier sulfurisé. Découpez-y 12 disques de 6 cm de diamètre, puis foncez-en les alvéoles d'un des moules. Piquez les fonds de tartelette avec une fourchette. Répétez l'opération avec le reste de la pâte, puis placez au réfrigérateur pour 30 minutes.

3 Préchauffez le four à 220 °C. Faites cuire les fonds de tartelette pendant 12 minutes. Laissez-les reposer 5 minutes avant de les mettre sur une grille. Laissez refroidir.

4 Préparez la garniture chocolat-caramel. Faites chauffer à feu doux le beurre et le sucre dans une petite casserole, en remuant, jusqu'à ce que le sucre soit dissous. Ajoutez le lait concentré et faites cuire 5 minutes, en remuant, jusqu'à ce que le mélange bouillonne et épaississe. Retirez du feu, puis ajoutez le chocolat et le golden syrup, en mélangeant jusqu'à obtention d'une consistance homogène.

5 Répartissez la garniture chaude sur les fonds de tartelette. Placez au réfrigérateur pour 1 heure.

6 Recouvrez la garniture de banane et de crème, puis saupoudrez d'un peu de cacao tamisé supplémentaire.

ASTUCE
Les fonds de tartelette peuvent être préparés jusqu'à 2 jours à l'avance. Conservez-les dans un récipient hermétique.

12 35' 15' 50' 180°

cupcakes chocolat-gingembre

165 g de beurre coupé en gros cubes
100 g de chocolat noir grossièrement haché
295 g de sucre en poudre
160 ml de vin de gingembre vert
60 ml d'eau
150 g de farine ordinaire
2 c. à s. de farine avec levure incorporée
2 c. à s. de cacao en poudre
1 œuf
75 g de gingembre confit finement haché

Décor en chocolat
100 g de pépites de chocolat noir fondues
100 g de pépites de chocolat au lait fondues
feuilles de rosier fraîches lavées

Ganache au chocolat noir
200 g de chocolat noir grossièrement haché
125 ml de crème épaisse

1 Préparez le décor en chocolat. Pour les fruits, versez le chocolat noir fondu sur un plan de travail froid. Quand il est dur, formez des fruits en le grattant avec une cuillère à melon. Pour les branches, remplissez une poche à douille avec la moitié du chocolat au lait fondu et formez les branches sur une plaque recouverte de papier sulfurisé. Laissez-les durcir avant de les décoller délicatement.
Pour les feuilles, avec un petit pinceau, badigeonnez le dessus des feuilles de rosier d'une couche épaisse du chocolat au lait restant, puis laissez durcir sur une plaque recouverte de papier sulfurisé. Décollez délicatement les feuilles de rosier et jetez-les.

2 Préchauffez le four à 180 °C. Garnissez de caissettes en papier 12 moules à muffins de 80 ml.

3 Faites chauffer le beurre, le chocolat, le sucre, le vin de gingembre et l'eau à feu doux, en mélangeant, jusqu'à obtention d'une préparation onctueuse. Versez dans un saladier et laissez refroidir 15 minutes. Incorporez les farines tamisées et le cacao, puis l'œuf et le gingembre.

4 Versez la pâte dans les moules et faites cuire 50 minutes. Démoulez les cupcakes sur une grille et laissez-les refroidir.

5 Préparez la ganache au chocolat noir. Mettez le chocolat dans un saladier. Faites bouillir la crème dans une casserole et versez-la sur le chocolat. Mélangez jusqu'à obtention d'une ganache lisse. Laissez prendre à température ambiante, pour qu'elle durcisse un peu.

6 Nappez les cupcakes de ganache. Laissez durcir à température ambiante.

7 Décorez les cupcakes avec le décor en chocolat.

cupcakes façon forêts-noires

12 | 25' | 15' | 45' | 160°

425 g de cerises noires dénoyautées au sirop
165 g de beurre coupé en gros cubes
100 g de chocolat noir coupé en morceaux
295 g de sucre en poudre
60 ml d'eau-de-vie à la cerise
150 g de farine ordinaire
2 c. à s. de farine avec levure incorporée
2 c. à s. de cacao en poudre
1 œuf
160 ml de crème épaisse, fouettée
2 c. à s. d'eau-de-vie à la cerise supplémentaire
100 g de chocolat noir supplémentaire

1 Préchauffez le four à 160 °C. Garnissez de caissettes en papier 12 moules à muffins.

2 Égouttez les cerises, réservez le sirop. Mixez 110 g de cerises avec 125 ml de sirop, au robot. Coupez les cerises restantes en deux et réservez-les pour décorer les cupcakes.

3 Faites fondre le beurre, le chocolat, le sucre, l'eau-de-vie et la purée de cerises dans une casserole, à feu doux. Versez dans un saladier et laissez refroidir 15 minutes. Incorporez les farines tamisées et le cacao, puis l'œuf, au fouet.

4 Versez la pâte dans les moules et lissez la surface. Faites cuire 45 minutes. Démoulez les cupcakes sur une grille et laissez-les refroidir.

5 Décorez les cupcakes avec les cerises coupées en deux et la crème mélangée avec l'eau-de-vie supplémentaire. Faites des copeaux de chocolat avec un couteau économe et parsemez-en les cupcakes.

cupcakes à la violette

12 | 20' | 25' | 180°

90 g de beurre ramolli
90 g de cream cheese
2 c. à c. de zeste de citron finement râpé
150 g de sucre en poudre
2 œufs
50 g de farine avec levure incorporée
75 g de farine ordinaire
bougies chauffe-plat
fleurs de violette fraîches

Glaçage au citron
30 g de beurre ramolli
80 g de cream cheese
1 c. à c. de zeste de citron finement râpé
240 g de sucre glace

1 Préchauffez le four à 180 °C. Garnissez de caissettes en papier 12 moules à muffins de 80 ml.

2 Battez le beurre, le cream cheese, le zeste de citron, le sucre et les œufs, au robot, jusqu'à obtention d'une préparation légère et mousseuse. Ajoutez les farines tamisées et mélangez au robot, à faible vitesse.

3 Garnissez les moules de pâte et lissez la surface. Faites cuire 25 minutes. Démoulez les cupcakes sur une grille et laissez-les refroidir.

4 Préparez le glaçage. Mélangez le beurre, le cream cheese et le zeste de citron, au robot, jusqu'à obtention d'une préparation légère et mousseuse. Incorporez progressivement le sucre glace tamisé.

5 Garnissez les cupcakes de glaçage, puis décorez-les avec 1 bougie et des violettes.

12 20' 20' 180°

cupcakes chocolat-cerise, cœurs en chocolat

125 g de beurre ramolli
½ c. à c. d'essence de noix de coco
150 g de sucre en poudre
2 œufs
80 ml de lait
40 g de noix de coco râpée
70 g de cerises confites rouges grossièrement hachées
50 g de chocolat noir coupé en morceaux
150 g de farine avec levure incorporée
35 g de farine ordinaire
150 g de pépites de chocolat blanc, fondues
colorant alimentaire rose

Ganache au chocolat au lait
100 g de chocolat au lait coupé en morceaux
60 ml de crème fraîche

1 Préchauffez le four à 180 °C. Garnissez de caissettes en papier 12 moules à muffins de 80 ml.

2 Battez le beurre, l'essence de noix de coco, le sucre et les œufs, au robot, pour les mélanger. Incorporez le lait, la noix de coco, les cerises et le chocolat, puis les farines tamisées. Remplissez les moules de pâte et lissez la surface. Faites cuire 20 minutes, démoulez les cupcakes sur une grille et laissez-les refroidir.

3 Préparez la ganache au chocolat au lait. Mettez le chocolat dans un petit saladier. Portez la crème à ébullition et versez-la sur le chocolat. Mélangez jusqu'à obtention d'une préparation onctueuse. Couvrez et laissez prendre à température ambiante.

4 Répartissez le chocolat blanc à parts égales dans 3 bols, puis colorez le contenu de 2 des bols en 2 teintes de rose différentes.

5 Garnissez 3 petites poches à douille respectivement avec le chocolat blanc et les chocolats colorés, puis dessinez des cœurs de tailles différentes sur une plaque recouverte de papier sulfurisé. Laissez durcir à température ambiante.

6 Garnissez les cupcakes avec la ganache, puis décorez-les avec les cœurs en chocolat.

12 45' 12h 25' 180°

12 20' 30' 180°

cupcakes carotte-orange

160 ml d'huile végétale
165 g de sucre roux
2 œufs
1 c. à c. de zeste d'orange finement râpé
2 carottes moyennes (240 g) grossièrement râpées
260 g de farine avec levure incorporée
¼ de c. à c. de bicarbonate de soude
1 c. à c. de mélange d'épices pour pain d'épice

Glaçage à l'orange
320 g de sucre glace
20 g de beurre fondu
2 c. à s. de jus d'orange, environ

1 Préchauffez le four à 180 °C. Garnissez 12 moules à muffins de caissettes en papier.

2 Battez l'huile, le sucre, les œufs et le zeste, au robot, jusqu'à obtention d'une préparation épaisse et crémeuse. Versez dans un saladier et ajoutez les carottes, puis les ingrédients secs tamisés.

3 Répartissez la pâte dans les moules et faites cuire 30 minutes. Laissez les cupcakes reposer 5 minutes, puis démoulez-les sur une grille et laissez refroidir.

4 Préparez le glaçage. Tamisez le sucre glace au-dessus d'un bol, ajoutez le beurre et suffisamment de jus d'orange pour obtenir une pâte épaisse. Faites chauffer au bain-marie jusqu'à obtenir une consistance lisse.

5 Décorez les cupcakes de glaçage.

cupcakes de Noël aux épices

110 g de sucre roux
75 g de farine ordinaire
75 g de farine avec levure incorporée
¼ de c. à c. de bicarbonate de soude
1 c. à c. de gingembre moulu
½ c. à c. de cannelle moulue
¼ de c. à c. de noix de muscade moulue
90 g de beurre en pommade
1 œuf
60 ml de lait fermenté
2 c. à s. de golden syrup ou de miel liquide

Décorations de Noël
80 g de sucre glace
100 g de fondant blanc prêt à l'emploi (voir note)
fil de fer

Garniture
180 g de mincemeat
1 c. à s. de sucre glace

1 Préparez les décorations de Noël la veille. Saupoudrez le plan de travail de sucre glace tamisé. Malaxez le fondant pour l'assouplir. Étalez-le au rouleau, sur une épaisseur de 1 cm. Découpez les décorations de Noël à l'aide d'emporte-pièce. Piquez un bout de fil de fer (5 cm de long) dans chaque décoration et laissez sécher jusqu'au lendemain, sur un plateau recouvert de papier sulfurisé.

2 Préchauffez le four à 180 °C. Garnissez de caissettes en papier un moule à muffins de 12 alvéoles.

3 Tamisez les ingrédients secs au-dessus d'un saladier. Ajoutez les ingrédients restants. Fouettez à l'aide d'un batteur électrique, à vitesse lente, jusqu'à obtention d'un mélange homogène. Augmentez la vitesse (vitesse moyenne) jusqu'à ce que la préparation devienne lisse et blanche. Répartissez la pâte dans les caissettes. Lissez la surface.

4 Enfournez pour 25 minutes. Démoulez et laissez refroidir 5 minutes sur une grille.

5 Faites chauffer le mincemeat au bain-marie (ou au micro-ondes, 30 secondes à puissance maximale) et incorporez-y le sucre glace.

6 Creusez un trou de 2 cm de profondeur au centre de chaque gâteau. Garnissez de mincemeat. Décorez avec les formes en pâte à sucre. Saupoudrez de sucre glace.

NOTE
Si vous ne trouvez pas de fondant tout fait, vous pouvez le préparer vous-même. Dans un saladier, mélangez 1 c.à s. de sirop de glucose, 1 blanc d'œuf et 1 c. à s. d'huile végétale. Incorporez environ 300 g de sucre glace, jusqu'à obtention d'une boule de la consistance de la pâte à modeler. Si le mélange est trop collant, ajoutez du sucre glace. S'il est trop cassant, ajoutez de l'huile. Conservez cette pâte au réfrigérateur.

QUELQUES EXEMPLES DE DÉCORATIONS DE CUPCAKES

Les cupcakes peuvent être parés de décors très simples ou ultrasophistiqués. Laissez-vous guider par votre imagination.

TOURBILLONS DE CHOCOLAT

Nappez le dessus des cupcakes de chocolat noir fondu. Avant qu'il ne durcisse, versez quelques filets de chocolat blanc fondu. Formez des tourbillons à l'aide d'une brochette en bois.

PÉPITES DE CHOCOLAT

On incorpore généralement les pépites de chocolat dans les pâtes à gâteau ou à cookies car elles ont l'avantage de conserver leur forme à la cuisson. Il en existe au chocolat blanc, au lait ou noir. Utilisez-les pour dessiner des formes telles que des cœurs, des chiffres, des lettres, des étoiles…

JOLIES ROSES

Vous trouverez des fleurs en sucre au rayon pâtisserie de votre supermarché. Il en existe de toutes les couleurs. Disposez-les sur les cupcakes quelques heures avant de les servir.

POP-CORN CARAMÉLISÉ

Achetez du pop-corn caramélisé au supermarché pour décorer vos cupcakes recouverts de glaçage. Attention, si le temps est humide, ils risquent d'être collants. Disposez-les sur les cupcakes quelques heures avant de servir.

BERLINGOTS

Vous trouverez ces bonbons en forme de berlingot dans les magasins de bonbons. Il en existe de différentes couleurs. Si le temps est humide, ils seront collants. Disposez-les sur les cupcakes au moins 1 heure avant de servir.

POIS COLORÉS

Utilisez des pastilles ou des billes de toutes les couleurs (dans les magasins de bonbons ou au rayon pâtisserie du supermarché). Après avoir recouvert les cupcakes de glaçage et jusqu'à 3 heures avant de les servir, garnissez-les de ces pois colorés. Attention, si le temps est humide, il se peut que leur couleur déteigne sur le glaçage.

BORDURE DE CŒURS

Réalisez ces cœurs en chocolat noir fondu directement sur les cupcakes recouverts de glaçage. Formez le premier cœur, en haut, puis enfoncez légèrement la pointe de l'embout dans le chocolat à la base du cœur et étirez-le vers le bas pour former une queue qui reliera le premier cœur au deuxième, etc.

LÉGER ET CITRONNÉ

Vous trouverez des bonbons en forme de segments de citron ou d'orange dans les supermarchés ou les magasins de bonbons. Ils sont très jolis sur des glaçages de la même couleur. Vous pouvez aussi les utiliser sur des glaçages au chocolat.

COPEAUX DE CHOCOLAT

Prélevez des petits copeaux de chocolat, en passant un couteau économe sur une tablette du chocolat de votre choix.

BANANE-CHOCO-CONFITURE DE LAIT

Nappez les cupcakes de confiture de lait, décorez de quelques fines rondelles de banane et parsemez de minuscules copeaux de chocolat.

PORC-ÉPIC

Nappez le dessus des cupcakes de chocolat noir, blanc ou au lait fondu (ou de glaçage au chocolat). Quand il a presque durci, décorez avec des bâtonnets de caramel dur. Si le temps est humide, les bâtonnets de caramel risquent de se briser. Préparez-les quelques heures avant de servir les cupcakes.

PAVLOVA

Nappez les cupcakes de crème épaisse fouettée et sucrée. Ajoutez quelques lamelles de fraise fraîche et décorez avec 1 petite meringue du commerce. Versez ensuite quelques gouttes de sirop de fruit de la Passion. Vous pouvez décorer les cupcakes 1 heure avant de les servir et les conserver au réfrigérateur.

12
45'
45'
170°

Saint-Valentin chocolatée

Cupcakes chocolat et framboises
60 g de chocolat noir grossièrement haché
125 ml d'eau
90 g de beurre ramolli
220 g de sucre roux
2 œufs
100 g de farine avec levure incorporée
2 c. à s. de cacao en poudre
40 g de poudre d'amandes
100 g de framboises surgelées

Décoration
2 c. à s. de cacao en poudre
900 g de fondant au chocolat prêt à l'emploi
110 g de confiture de framboises chauffée et filtrée
80 g de sucre glace
150 g de fondant blanc prêt à l'emploi
150 g de fondant rouge prêt à l'emploi
colorant alimentaire rose

1 Préchauffez le four à 170 °C. Garnissez de caissettes en papier les 12 alvéoles d'un moule à muffins.

2 Dans une petite casserole, faites chauffer à feu doux le chocolat et l'eau, en remuant, jusqu'à obtention d'un mélange lisse.

3 Dans un bol, battez le beurre, le sucre et les œufs, avec un batteur électrique.

4 Incorporez la farine et le cacao tamisés, la poudre d'amandes, puis le mélange tiède au chocolat. Ajoutez les framboises. Répartissez ce mélange dans les caissettes et lissez la surface.

5 Faites cuire 45 minutes. Laissez les cupcakes refroidir sur une grille.

6 Débarrassez les cupcakes de leur caissette. Saupoudrez un plan de travail de cacao et pétrissez-y le fondant au chocolat. Abaissez au rouleau sur une épaisseur de 5 mm. Découpez des disques de la taille des cupcakes.

7 Nappez les cupcakes de confiture. Couvrez avec les disques de fondant au chocolat.

8 Saupoudrez un plan de travail de sucre glace tamisé, puis pétrissez-y le fondant blanc et le fondant rouge, séparément. Colorez en rose 100 g de fondant blanc, et le reste en rose pâle.

9 Abaissez au rouleau les différents fondants sur une épaisseur de 5 mm. À l'aide d'emporte-pièce de dimensions appropriées, découpez des cœurs en vous inspirant de la photo.

10 Décorez les cupcakes avec les cœurs (faites-les adhérer les uns aux autres en les mouillant avec un peu d'eau).

12 | 15' | 20' | 180°

cupcakes aux bonbons

80 g de beurre ramolli
¼ de c. à c. d'extrait de vanille
75 g de sucre en poudre
2 œufs
150 g de farine avec levure incorporée
2 c. à s. de lait
80 g de petits bonbons durs (de type berlingots)

1 Préchauffez le four à 180 °C. Garnissez 12 moules à muffins de caissettes en papier.

2 Battez le beurre, l'extrait de vanille, le sucre, les œufs, la farine tamisée et le lait, au robot à faible vitesse, pour mélanger les ingrédients. Passez à la vitesse intermédiaire et continuez à battre 2 minutes, jusqu'à ce que la préparation soit lisse.

3 Remplissez les moules et faites cuire 15 minutes. Sortez les cupcakes du four et garnissez-les avec quelques bonbons. Poursuivez la cuisson 5 minutes environ, pour que les bonbons fondent. Laissez reposer les cupcakes 5 minutes, puis démoulez-les sur une grille et laissez-les refroidir.

cupcakes à la pomme et à la crème anglaise

12 | 15' | 30' | 180°

90 g de beurre
½ c. à c. d'extrait de vanille
110 g de sucre en poudre
2 œufs
110 g de farine avec levure incorporée
30 g de préparation en poudre pour crème anglaise
2 c. à s. de lait
1 grosse pomme (200 g) épépinée et coupée en fines tranches, avec la peau
30 g de beurre supplémentaire fondu
1 c. à s. de sucre en poudre supplémentaire
½ c. à c. de cannelle moulue

Crème anglaise
1 c. à s. de préparation en poudre pour crème anglaise
1 c. à s. de sucre en poudre
125 ml de lait
¼ de c. à c. d'extrait de vanille

1 Pour préparer la crème anglaise, faites chauffer dans une casserole la préparation en poudre avec le sucre, le lait et l'extrait de vanille, en remuant. Portez à ébullition pour que la crème épaississe, puis laissez-la refroidir après l'avoir couverte de film alimentaire.

2 Préchauffez le four à 180 °C. Garnissez de caissettes en papier 12 moules à muffins de 80 ml.

3 Battez le beurre, l'extrait de vanille, le sucre, les œufs, la farine, la préparation pour crème anglaise et le lait au robot à faible vitesse, pour mélanger les ingrédients. Passez à la vitesse intermédiaire et mélangez jusqu'à ce que la préparation s'éclaircisse.

4 Répartissez la moitié de la pâte dans les moules, puis versez de la crème anglaise par-dessus. Recouvrez avec le reste de la pâte. Décorez avec des lamelles de pomme, en appuyant pour les enfoncer légèrement dans la pâte.

5 Faites cuire 30 minutes. Badigeonnez les cupcakes de beurre fondu, puis saupoudrez-les avec le sucre supplémentaire et la cannelle. Démoulez-les sur une grille et servez-les tièdes ou froids.

cupcakes papillons

12 | 30' | 1"10 | 180°

1 poire moyenne (230 g) grossièrement râpée
60 g de beurre en pommade
35 g de farine avec levure incorporée
110 g de farine ordinaire
1 c. à c. de cannelle moulue
110 g de sucre roux
60 ml de sirop d'érable
2 œufs
40 g de noix de pécan grossièrement hachées
55 g de poire séchée, coupée en petits morceaux

Papillons en poire
1 c. à s. de sucre en poudre
1 c. à s. d'eau
1 poire moyenne (beurré bosc par exemple) coupée en lamelles

Glaçage en pâte à sucre
500 g de fondant blanc coupé en morceaux (voir note)
1 blanc d'œuf
colorants alimentaires bleu pâle, rose et jaune

1 Confectionnez les papillons en poire. Préchauffez le four à 120 °C. Mélangez le sucre et l'eau dans une petite casserole. Faites chauffer à feu moyen jusqu'à ce que le sucre soit dissous. Portez le mélange à ébullition, puis réduisez le feu. Laissez frémir 1 minute sans remuer. À l'aide d'un pinceau, badigeonnez les lamelles de poire des deux côtés avec ce sirop. Posez les lamelles sur une grille au-dessus d'une plaque de cuisson. Enfournez pour 40 minutes. Quand les lamelles sont encore chaudes, donnez-leur la forme d'ailes de papillon, puis laissez-les refroidir sur une grille.

2 Préchauffez le four à 180 °C. Garnissez de caissettes en papier un moule à muffins de 12 alvéoles.

3 Pressez la poire râpée de manière à en extraire un maximum de jus. Fouettez le beurre, les deux farines, la cannelle, le sucre roux, le sirop d'érable et les œufs dans un saladier, à l'aide d'un batteur électrique, à vitesse lente. Augmentez la vitesse (vitesse moyenne) et continuez de fouetter jusqu'à ce que la préparation blanchisse. Incorporez la poire râpée, les noix de pécan et la poire séchée. Répartissez la pâte dans les caissettes. Lissez la surface.

4 Enfournez pour 30 minutes. Démoulez et laissez refroidir sur une grille.

5 Préparez le glaçage. Faites ramollir le fondant au bain-marie. Remuez jusqu'à obtention d'une pâte lisse. Incorporez le blanc d'œuf. Laissez reposer 10 minutes à température ambiante, jusqu'à ce que la pâte épaississe légèrement. Répartissez le glaçage dans 3 bols. Colorez-en un tiers en bleu pâle, un tiers en rose et un tiers en jaune. Déposez des cuillerées de pâte colorée sur les gâteaux et lissez rapidement la surface. Laissez prendre.

6 Déposez 1 papillon en poire sur chaque gâteau.

NOTE
Si vous ne trouvez pas de fondant tout fait, vous pouvez le préparer vous-même. Dans un saladier, mélangez 1 cuillerée à soupe de sirop de glucose, 1 blanc d'œuf et 1 cuillerée à soupe d'huile végétale. Incorporez environ 300 g de sucre glace, jusqu'à obtention d'une boule de la consistance de la pâte à modeler. Si le mélange est trop collant, ajoutez du sucre glace. S'il est trop cassant, ajoutez de l'huile. Conservez cette pâte au réfrigérateur.

cupcakes aux fleurs d'ananas

125 ml d'huile végétale
3 œufs légèrement battus
225 g de farine avec levure incorporée
165 g de sucre en poudre
½ c. à c. de cannelle moulue
440 g de carottes râpées
160 g de purée d'ananas en conserve, égouttée

Fleurs d'ananas
1 c. à s. de sucre en poudre
1 c. à s. d'eau
12 très fines tranches d'ananas frais

Glaçage au cream cheese et au citron
30 g de beurre ramolli
80 g de cream cheese
1 c. à c. de zeste de citron finement râpé
240 g de sucre glace

1 Préparez les fleurs d'ananas. Préchauffez le four à 120 °C. Faites chauffer le sucre et l'eau dans une casserole, à feu doux et en remuant, jusqu'à ce que le sucre soit dissous, puis faites bouillir 1 minute. Badigeonnez de sirop les 2 faces des tranches d'ananas. Posez-les sur une grille placée sur une plaque et faites-les sécher au four pendant 1 heure. Formez les fleurs dès la sortie du four et laissez-les sécher dans une boîte à œufs.

2 Augmentez la température du four à 180 °C. Garnissez de caissettes en papier 12 moules à muffins de 80 ml.

3 Mélangez l'huile, les œufs, la farine, le sucre et la cannelle dans un saladier. Ajoutez les carottes et la purée d'ananas.

4 Garnissez les moules de pâte et faites cuire 30 minutes. Démoulez les cupcakes sur une grille et laissez refroidir.

5 Préparez le glaçage. Mélangez le beurre, le cream cheese et le zeste de citron au robot, jusqu'à obtention d'une préparation légère et mousseuse. Incorporez progressivement le sucre glace tamisé.

6 Garnissez les cupcakes de glaçage, puis décorez-les avec 1 fleur d'ananas.

Coupez les fruits en fines lamelles à l'aide d'une mandoline ou d'un couteau bien affûté. À l'aide d'un pinceau, badigeonnez les tranches de sirop de sucre sur les 2 faces. Posez les tranches sur une grille au-dessus d'une plaque de cuisson. Enfournez le temps indiqué.

Les lamelles de fruits doivent être détachées de la grille dès la sortie du four pour éviter qu'elles ne collent. Pincez les tranches d'ananas au centre et laissez sécher sur les pointes d'une boîte à œufs. Pour les poires, pincez l'extrémité la plus étroite entre les doigts et laissez sécher sur une grille.

12 20' 1h30 180°

cupcakes aux glaçages parfumés

125 g de beurre ramolli
½ c. à c. d'extrait de vanille
165 g de sucre en poudre
3 œufs
300 g de farine avec levure incorporée
60 ml de lait

Glaçage
320 g de sucre glace
20 g de beurre fondu
2 c. à s. d'eau chaude, environ

1 Préchauffez le four à 180 °C. Chemisez de caissettes en papier 24 minimoules ou 2 plaques à muffins de 12 alvéoles chacune.

2 Dans un saladier, fouettez tous les ingrédients de la pâte 3 à 4 minutes. Parfumez la pâte au choix.

3 Remplissez les moules et faites cuire 20 minutes. Laissez reposer 5 minutes avant de démouler les cakes, puis mettez-les à refroidir sur une grille (dans leurs caissettes en papier).

4 Préparez le glaçage. Tamisez le sucre glace au-dessus d'un saladier. Incorporez le beurre et suffisamment d'eau chaude pour obtenir une pâte ferme. Faites-la fondre au bain-marie.

5 Décorez les minicakes de glaçage.

cupcakes chocolat-orange

125 g de beurre ramolli
½ c. à c. d'extrait de vanille
165 g de sucre en poudre
3 œufs
300 g de farine avec levure incorporée
60 ml de lait
1 c. à c. de zeste d'orange râpé
95 g de pépites de chocolat noir

Glaçage
320 g de sucre glace
20 g de beurre fondu
2 c. à s. d'eau chaude, environ
1 c. à c. de cacao en poudre tamisé

Procédez comme ci-dessus, en ajoutant à la pâte 1 cuillerée à café de zeste d'orange râpé et 95 g de pépites de chocolat noir. Ajoutez au glaçage 1 cuillerée à café de cacao en poudre tamisé.

cupcakes Passion-citron vert

125 g de beurre ramolli
½ c. à c. d'extrait de vanille
165 g de sucre en poudre
3 œufs
300 g de farine avec levure incorporée
60 ml de lait
1 c. à c. de zeste de citron vert râpé
60 ml de pulpe de fruit de la Passion

Glaçage
320 g de sucre glace
20 g de beurre fondu
2 c. à s. d'eau chaude, environ
1 c. à c. de pulpe de fruit de la Passion

Procédez comme ci-dessus, en ajoutant à la pâte 1 cuillerée à café de zeste de citron vert râpé et 60 ml de pulpe de fruit de la Passion. Ajoutez au glaçage 1 cuillerée à café de pulpe de fruit de la Passion.

cupcakes banane-chocolat blanc

125 g de beurre ramolli
½ c. à c. d'extrait de vanille
165 g de sucre en poudre
3 œufs
300 g de farine avec levure incorporée
60 ml de lait
95 g de banane mûre écrasée
95 g de pépites de chocolat blanc

Glaçage
320 g de sucre glace
20 g de beurre fondu
2 c. à s. d'eau chaude, environ

Procédez comme ci-dessus, en ajoutant à la pâte 95 g de banane mûre écrasée et 95 g de pépites de chocolat blanc.

cupcakes moka

125 g de beurre ramolli
½ c. à c. d'extrait de vanille
165 g de sucre en poudre
3 œufs
300 g de farine avec levure incorporée
60 ml de lait
1 c. à c. de cacao en poudre tamisé
1 c. à c. de café noir bien corsé

Glaçage
320 g de sucre glace
20 g de beurre fondu
2 c. à s. d'eau chaude
1 c. à c. de café soluble

Procédez comme ci-dessus, en ajoutant à la pâte 1 cuillerée à café de cacao en poudre tamisé et 1 cuillerée à café de café noir préalablement mélangées. Pour le glaçage, faites dissoudre le café soluble dans l'eau avant de l'incorporer au sucre glace.

24 20' 20' 180°

cupcakes à la cannelle

12 | 30' | 25' | 10' | 180°

155 g de beurre doux ramolli
75 g de sucre roux
3 c. à c. de cannelle moulue
2 c. à c. de cacao en poudre
220 g de sucre en poudre
2 œufs
110 g de farine ordinaire
150 g de farine avec levure incorporée
125 ml de lait fermenté
2 c. à c. de sucre à la cannelle

Glaçage au cream cheese
60 g de beurre doux ramolli
160 g de cream cheese
à température ambiante
480 g de sucre glace

1 Faites fondre 30 g de beurre dans une petite casserole. Retirez du feu, puis et incorporez le sucre roux, la cannelle et le cacao. Laissez refroidir.

2 Préchauffez le four à 180 °C. Chemisez de caissettes en papier un moule à muffins de 12 alvéoles (80 ml).

3 Avec un batteur électrique à faible vitesse, battez le reste du beurre, le sucre en poudre, les œufs, les farines tamisées et le lait fermenté dans un récipient moyen, jusqu'à ce que le mélange soit homogène. Battez ensuite à vitesse moyenne jusqu'à ce que la préparation pâlisse. Incorporez le mélange au sucre roux, de façon à obtenir un effet marbré. Répartissez la préparation dans les caissettes.

4 Faites cuire pendant 25 minutes environ. Laissez les cupcakes reposer 10 minutes avant de les démouler et de les laisser refroidir sur une grille.

5 Préparez le glaçage au cream cheese. Battez le beurre et le cream cheese dans un récipient, avec un batteur électrique, jusqu'à ce que le mélange soit léger et mousseux. Incorporez progressivement le sucre glace tamisé.

6 Nappez les cupcakes de glaçage et saupoudrez-les de sucre à la cannelle.

cupcakes à la guimauve

12 40' 25' 180°

150 g de beurre doux ramolli
½ c. à c. d'extrait de vanille
150 g de sucre en poudre
2 œufs
50 g de farine avec levure incorporée
75 g de farine ordinaire
60 g de poudre d'amandes
110 g de confiture de fraises
1 c. à s. de noix de coco râpée

Glaçage à la guimauve
2 blancs d'œufs
220 g de sucre en poudre
60 ml d'eau froide
1 c. à s. de sirop de glucose
1 c. à c. d'eau de rose
colorant alimentaire rose

1 Préchauffez le four à 180 °C. Chemisez de caissettes en papier un moule à muffins de 12 alvéoles (80 ml).

2 Battez le beurre, l'extrait de vanille, le sucre et les œufs dans un récipient, avec un batteur électrique, jusqu'à obtention d'une consistance légère et aérée. Incorporez les farines tamisées et la poudre d'amandes, en 2 fois. Répartissez la préparation dans les caissettes en papier.

3 Faites cuire 25 minutes. Laissez reposer les cupcakes 5 minutes environ avant de les démouler et de les laisser refroidir sur une grille.

4 Préparez le glaçage à la guimauve. Mettez les blancs d'œufs, le sucre, l'eau et le sirop de glucose dans un récipient placé au-dessus d'une casserole d'eau frémissante. Battez avec un batteur électrique à faible vitesse pendant 3 minutes, puis 4 minutes à vitesse élevée, jusqu'à la formation de pics mous. Retirez du feu. Ajoutez l'eau de rose et un peu de colorant ; battez à vitesse élevée pendant 2 minutes, jusqu'à obtention d'un glaçage épais.

5 Découpez un chapeau de 2 cm d'épaisseur au centre de chaque cupcake. Fourrez de confiture et remettez le chapeau en place.

6 À l'aide d'une cuillère, mettez le glaçage à la guimauve dans une poche à douille munie d'un embout cannelé de 2 cm de diamètre. Garnissez-en les cupcakes et parsemez de noix de coco râpée.

CONSEIL
Ne préparez le glaçage à la guimauve qu'une fois que vous êtes prêt à l'appliquer sur les cupcakes, car il devient dur à travailler lorsqu'on le laisse reposer.

15 30' 25' 10' 180°

cupcakes au lait malté

185 g de beurre doux ramolli
165 g de sucre en poudre
3 œufs
150 g de farine avec levure incorporée
75 g de farine ordinaire
2 c. à s. de cacao en poudre
2 c. à s. de lait malté en poudre
125 ml de lait
125 g de boules de chocolat au lait malté grossièrement hachées

Glaçage au lait malté
125 g de beurre doux ramolli
40 g de lait malté en poudre
320 g de sucre glace
60 ml de crème liquide

1 Préchauffez le four à 180 °C. Chemisez de caissettes en papier 15 alvéoles de 2 moules à muffins de 12 alvéoles (80 ml).

2 Avec un batteur électrique, battez à faible vitesse le beurre, le sucre, les œufs, les farines tamisées, le cacao, le lait malté et le lait dans un récipient. Battez ensuite à vitesse moyenne jusqu'à ce que la préparation pâlisse. Répartissez-la dans les caissettes et lissez la surface.

3 Faites cuire 25 minutes environ. Laissez les cupcakes reposer 10 minutes avant de les démouler et de les laisser refroidir sur une grille.

4 Préparez le glaçage. Battez le beurre et le lait malté en poudre dans un récipient, avec un batteur électrique. Incorporez le sucre glace tamisé et la crème liquide, en 2 fois.

5 Recouvrez les cupcakes de glaçage et parsemez-les de morceaux de boule de chocolat au lait malté.

cupcakes à la carotte

80 ml d'huile végétale
110 g de sucre roux
1 œuf
120 g de carottes grossièrement râpées
40 g de noix finement hachées
110 g de farine avec levure incorporée
½ c. à c. de quatre-épices
1 c. à s. de graines de courge finement hachées
1 c. à s. d'abricots secs finement hachés
1 c. à s. de noix finement hachées supplémentaires

Glaçage au cream cheese et au citron
90 g de cream cheese à température ambiante
30 g de beurre doux ramolli
1 c. à c. de zeste de citron finement râpé
240 g de sucre glace

1 Préchauffez le four à 180 °C. Chemisez de caissettes en papier 18 alvéoles de 2 moules à tartelettes de 12 alvéoles profondes (40 ml).

2 Avec un batteur électrique, battez l'huile, le sucre et l'œuf dans un petit récipient, jusqu'à ce que le mélange soit épais et crémeux. Incorporez les carottes et les noix, puis la farine tamisée et le quatre-épices. Répartissez la préparation dans les caissettes.

3 Faites cuire 20 minutes. Laissez reposer les gâteaux dans les moules avant de les démouler sur une grille pour les laisser refroidir.

4 Préparez le glaçage au cream cheese et au citron. Avec un batteur électrique, battez le cream cheese, le beurre et le zeste de citron dans un petit récipient, jusqu'à ce que le mélange soit léger et aéré. Sans cesser de battre, ajoutez petit à petit le sucre glace tamisé.

5 Avec une cuillère, mettez le glaçage dans une poche à douille munie d'un embout cannelé de 2 cm de diamètre. Garnissez les cupcakes de glaçage. Mélangez les graines de courge, les abricots secs et les noix supplémentaires, puis parsemez-en les cupcakes.

18 25' 20' 180°

cupcakes napolitains meringués

12 40' 25' 32' 220°

125 g de beurre doux coupé en gros cubes
80 g de chocolat blanc coupé en gros morceaux
220 g de sucre en poudre
125 ml de lait
75 g de farine ordinaire
75 g de farine avec levure incorporée
1 œuf
250 ml de glace napolitaine (vanille-fraise-chocolat)

Meringue
3 blancs d'œufs
165 g de sucre en poudre

1 Préchauffez le four à 180 °C. Chemisez de caissettes en papier un moule à muffins de 12 alvéoles (80 ml).

2 Dans une petite casserole, faites chauffer à feu doux le beurre, le chocolat, le sucre et le lait, en remuant, jusqu'à obtention d'une consistance homogène. Transvasez la préparation dans un récipient moyen et laissez refroidir 15 minutes.

3 Incorporez les farines tamisées, puis l'œuf, avec un fouet. Répartissez la préparation dans les caissettes.

4 Faites cuire 30 minutes. Laissez les cupcakes reposer 10 minutes avant de les démouler et de les laisser refroidir sur une grille, à l'endroit.

5 Avec un couteau tranchant et pointu, découpez un chapeau au centre des cupcakes. Déposez 1 cuillerée à soupe rase de glace dans chaque cupcake, puis refermez avec le chapeau. Disposez les cupcakes sur une plaque de cuisson et placez-les au congélateur.

6 Préchauffez le four à 220 °C. Préparez la meringue. Battez les blancs d'œufs et le sucre dans un petit récipient, avec un batteur électrique, jusqu'à ce que le sucre soit dissous.

7 Recouvrez les cupcakes de meringue. Faites cuire au four pendant 2 minutes environ, jusqu'à ce que la meringue brunisse légèrement. Servez immédiatement.

cupcakes façon pavlova

12 | 25' | 1h05 | 180°

90 g de beurre en pommade
90 g de fromage frais
2 c. à c. de zeste de citron finement râpé
150 g de sucre en poudre
2 œufs
50 g de farine avec levure incorporée
75 g de farine ordinaire

Meringues
3 blancs d'œufs
165 g de sucre en poudre
1 c. à s. de fécule de maïs
1 c. à c. de vinaigre blanc
½ c. à c. d'extrait de vanille

Pour décorer
300 ml de crème fleurette fouettée
125 g de fraises coupées en quatre
1 c. à s. de pulpe de fruits de la Passion
75 g de myrtilles
1 banane moyenne
coupée en tranches épaisses

1 Préparez les petites meringues. Préchauffez le four à 120 °C. Graissez une plaque de cuisson. Posez une feuille de papier sulfurisé sur la plaque et tracez 12 cercles de 5,5 cm de diamètre. Fouettez les blancs d'œufs dans un saladier, à l'aide d'un batteur électrique, jusqu'à ce que des pointes souples se forment. Incorporez le sucre progressivement (1 cuillerée à soupe à la fois). Ajoutez la fécule de maïs, le vinaigre et l'extrait de vanille. Déposez 1 cuillerée de cette préparation au centre de chaque cercle. Aplatissez légèrement. Enfournez pour 45 minutes, jusqu'à ce que les meringues soient fermes. Laissez refroidir dans le four entrouvert.

2 Préchauffez le four à 180 °C. Garnissez de caissettes en papier un moule à muffins de 12 alvéoles.

3 Fouettez le beurre, le fromage frais, le zeste de citron, le sucre et les œufs dans un saladier, à l'aide d'un batteur électrique, jusqu'à obtention d'un mélange léger. Ajoutez les deux farines et continuez de fouetter à vitesse lente, jusqu'à obtention d'un mélange homogène. Répartissez la préparation dans les caissettes. Lissez la surface.

4 Enfournez pour 20 minutes. Démoulez et laissez refroidir sur une grille.

5 Déposez 1 cuillerée à café de crème fleurette sur chaque gâteau. Posez 1 petite meringue sur la crème. Surmontez le tout d'un soupçon de crème et de fruits.

12 30' 15' 50' 170°

mokaccinos

165 g de beurre coupé en cubes
100 g de chocolat noir haché
290 g de sucre en poudre
170 ml d'eau
60 ml de liqueur de café
2 c. à s. de café soluble
150 g de farine ordinaire
2 c. à s. de farine avec levure incorporée
2 c. à s. de cacao en poudre
1 œuf

Pour décorer
300 ml de crème fleurette fouettée
2 c. à s. de sauce au chocolat toute prête
1 c. à s. de cacao en poudre

1 Préchauffez le four à 170 °C. Garnissez de caissettes en papier un moule à muffins de 12 alvéoles.

2 Mélangez le beurre, le chocolat, le sucre, l'eau, la liqueur et le café soluble dans une petite casserole. Faites chauffer à feu doux.

3 Versez cette préparation dans un saladier et laissez refroidir 15 minutes. À l'aide d'un fouet, incorporez les farines et le cacao tamisés, puis l'œuf. Répartissez la pâte dans les caissettes. Enfournez pour 50 minutes. Démoulez et laissez refroidir sur une grille.

4 Ôtez les caissettes. Déposez les cakes dans des tasses. Recouvrez de crème fouettée. Versez la sauce au chocolat dans un cône en papier sulfurisé. Coupez la pointe et dessinez une spirale sur la crème fouettée. À l'aide d'un ustensile pointu, tracez des rayons dans la crème, depuis le centre vers les bords, ou saupoudrez de cacao.

cupcakes chocolat-menthe

1 boîte de 125 g d'After Eight®
60 g de chocolat noir haché
160 ml d'eau
90 g de beurre en pommade
½ c. à c. d'essence de menthe
220 g de sucre roux
2 œufs
100 g de farine avec levure incorporée
2 c. à s. de cacao en poudre
40 g de poudre d'amandes
1 c. à s. de cacao en poudre pour décorer

Mousse au chocolat
150 g de chocolat noir haché
½ c. à c. d'essence de menthe
180 ml de crème épaisse
2 œufs, blancs et jaunes séparés
2 c. à s. de sucre en poudre

1 Pour la mousse au chocolat, faites chauffer le chocolat, l'essence de menthe et la moitié de la crème au bain-marie. Remuez jusqu'à obtention d'un mélange lisse. Laissez refroidir 5 minutes, puis incorporez les jaunes d'œufs. Fouettez le reste de la crème dans un saladier, à l'aide d'un batteur électrique, jusqu'à ce que des pointes souples se forment. Dans un autre saladier, montez les blancs d'œufs en neige ferme. Ajoutez progressivement le sucre et continuez de fouetter jusqu'à ce qu'il soit dissous. Incorporez d'abord la crème fouettée à la préparation au chocolat, puis les blancs d'œufs. Versez la mousse dans un plat, couvrez et laissez prendre 4 heures au réfrigérateur.

2 Préchauffez le four à 170 °C. Garnissez de caissettes en papier un moule à muffins de 12 alvéoles.

3 Avec un emporte-pièce en forme de feuille de 1 cm de long, découpez 4 feuilles dans chaque carré d'After Eight®. Émiettez grossièrement les chutes d'After Eight®.

4 Faites chauffer le chocolat et l'eau dans une petite casserole sur feu doux, en remuant jusqu'à obtention d'un mélange lisse.

5 Fouettez le beurre, l'essence de menthe, le sucre et les œufs dans un saladier, à l'aide d'un batteur électrique. Incorporez ce mélange au chocolat.

6 Incorporez la farine et le cacao tamisés ainsi que la poudre d'amandes à la préparation au chocolat encore chaude et ajoutez les chutes d'After Eight®. Répartissez la pâte dans les caissettes. Lissez la surface.

7 Enfournez pour 30 minutes. Démoulez et laissez refroidir sur une grille.

8 Faites une collerette autour de chaque gâteau avec du papier d'aluminium légèrement huilé. Répartissez la mousse au chocolat sur les gâteaux et mettez pour 30 minutes au congélateur afin que la mousse prenne rapidement.

9 Saupoudrez de cacao tamisé. Décorez avec les feuilles d'After Eight® et retirez le papier d'aluminium. Trempez une spatule dans l'eau chaude et lissez le tour.

12 30' 4h 30' 15' 30' 170°

4 | 20' | 1h | 2' | 240°

cupcakes chocolat-orange meringués

4 gros muffins au chocolat (460 g)
115 g de marmelade d'oranges
250 ml de glace au chocolat
3 blancs d'œufs
165 g de sucre roux
1 c. à c. de zeste d'orange finement râpé

1 Coupez et écartez le sommet des muffins. Évidez le centre jusqu'à 1 cm de la paroi.

2 Avec une cuillère, répartissez la marmelade dans les muffins. Ajoutez la glace. Disposez les muffins sur une plaque et faites prendre environ 1 heure au congélateur.

3 Préchauffez le four à 240 °C.

4 Juste avant de servir, montez les blancs d'œufs en neige souple avec un batteur électrique. Incorporez le sucre progressivement, tout en fouettant jusqu'à ce qu'il soit dissous. Terminez par le zeste d'orange.

5 Garnissez les muffins de meringue et faites-les dorer au four pendant 2 minutes. Servez aussitôt.

cupcakes au citron meringués

125 g de beurre en pommade
2 c. à c. de zeste de citron finement râpé
150 g de sucre en poudre
2 œufs
80 ml de lait
60 g de noix de coco séchée
185 g de farine avec levure incorporée

Lemon curd
4 jaunes d'œufs
75 g de sucre en poudre
2 c. à c. de zeste de citron finement râpé
60 ml de jus de citron
40 g de beurre

Meringue à la noix de coco
4 blancs d'œufs
220 g de sucre en poudre
95 g de noix de coco râpée

1 Préparez le lemon curd. Faites chauffer les ingrédients au bain-marie, en remuant constamment, jusqu'à ce que la préparation épaississe légèrement et nappe le dos d'une cuillère. Retirez du feu. Couvrez hermétiquement et laissez au réfrigérateur jusqu'à refroidissement complet.

2 Préchauffez le four à 180 °C. Garnissez de caissettes en papier un moule à muffins de 12 alvéoles.

3 Fouettez le beurre, le zeste de citron, le sucre et les œufs dans un saladier, à l'aide d'un batteur électrique, jusqu'à obtention d'un mélange léger et mousseux. Incorporez le lait et la noix de coco, puis la farine tamisée. Répartissez la pâte dans les caissettes. Lissez la surface.

4 Enfournez pour 20 minutes. Démoulez et laissez refroidir sur une grille. Augmentez la température à 220 °C.

5 Creusez un trou de 2 cm de profondeur au centre de chaque gâteau. Remplissez le trou de lemon curd.

6 Préparez la meringue à la noix de coco. Dans un saladier, fouettez les blancs d'œufs, à l'aide d'un batteur électrique, jusqu'à ce que des pointes souples se forment. Ajoutez progressivement le sucre, sans cesser de fouetter, jusqu'à ce qu'il soit dissous. Incorporez la noix de coco.

7 Versez la meringue dans une poche munie d'une douille lisse de 1 cm de diamètre. Déposez des petits tas de meringue sur les cakes. Posez les gâteaux sur une plaque de cuisson.

8 Faites cuire 5 minutes à four chaud, jusqu'à ce que la meringue soit légèrement dorée.

12 30' 40' 25' 220°

cupcakes meringués à la fraise

12 | 35' | 20' | 180°

90 g de beurre en pommade
½ c. à c. d'extrait de vanille
110 g de sucre en poudre
2 œufs
150 g de farine avec levure incorporée
2 c. à s. de lait
2 c. à s. de confiture de fraises

Meringue italienne
220 g de sucre en poudre
80 ml d'eau
2 blancs d'œufs

Pour décorer
sucre rose (voir note)

1 Préchauffez le four à 180 °C. Garnissez de caissettes en papier un moule à muffins de 12 alvéoles.

2 Fouettez le beurre, l'extrait de vanille, le sucre, les œufs, la farine et le lait dans un saladier, à l'aide d'un batteur électrique à vitesse lente, jusqu'à obtention d'un mélange homogène. Augmentez la vitesse (vitesse moyenne) et continuez de fouetter jusqu'à ce que la préparation blanchisse.

3 Répartissez la pâte dans les caissettes. Lissez la surface. Nappez les gâteaux de confiture. À l'aide d'un ustensile pointu (une brochette par exemple), faites pénétrer la confiture en tournant dans la pâte.

4 Enfournez pour 20 minutes. Démoulez et laissez refroidir sur une grille.

5 Préparez la meringue italienne. Faites chauffer le sucre et l'eau dans une petite casserole sur feu moyen, jusqu'à ce que le sucre soit dissous. Portez à ébullition. Laissez bouillonner 5 minutes, sans remuer, jusqu'à ce que la température atteigne 116 °C sur un thermomètre. Le sirop doit avoir épaissi sans se colorer. Retirez la casserole du feu. Laissez reposer quelques minutes. Dans un saladier, fouettez les blancs d'œufs, à l'aide d'un batteur électrique, jusqu'à ce que des pointes souples se forment. Sans arrêter le batteur, versez le sirop en filet. Continuez de fouetter à vitesse rapide pendant environ 10 minutes, jusqu'à ce que la préparation soit bien ferme et complètement refroidie.

6 Nappez les gâteaux de meringue italienne. Saupoudrez de sucre rose.

NOTE
Pour préparer du sucre coloré, utilisez du sucre en poudre ou du sucre cristal. Versez la quantité de sucre requise dans un sachet en plastique. Ajoutez une pointe de colorant alimentaire. Faites pénétrer le colorant en « massant » le sachet. Le sucre ainsi coloré se conserve indéfiniment, dans un bocal à température ambiante.

cupcakes napolitains

12 40' 20' 180°

Cupcakes marbrés
125 g de beurre ramolli
½ c. à c. d'extrait de vanille
150 g de sucre en poudre
2 œufs
185 g de farine avec levure incorporée
80 ml de lait
colorant alimentaire rose
1 c. à s. de cacao en poudre
2 c. à c. de lait supplémentaire

Crème au beurre
125 g de beurre ramolli
240 g de sucre glace
2 c. à s. de lait
colorant alimentaire rose
1 c. à s. de cacao en poudre
2 c. à c. de lait supplémentaire

1 Préchauffez le four à 180 °C. Garnissez de caissettes en papier les 12 alvéoles d'un moule à muffins.

2 Battez le beurre, l'extrait de vanille, le sucre et les œufs avec un batteur électrique. Quand le mélange est souple et léger, incorporez la farine tamisée et le lait, en 2 fois.

3 Répartissez le mélange dans 3 bols. Colorez en rose la préparation dans le premier bol. Mélangez le cacao tamisé et 2 cuillerées à café de lait, puis incorporez dans le deuxième bol. La préparation du troisième bol reste nature.

4 Déposez des cuillerées des 3 préparations, alternativement, dans les caissettes. Décrivez quelques sillons dans les caissettes avec une brochette en métal pour obtenir un effet marbré, puis lissez la surface.

5 Faites cuire 20 minutes. Démoulez les cupcakes et laissez-les refroidir sur une grille.

6 Préparez la crème au beurre. Battez le beurre avec un batteur électrique. Quand il blanchit, incorporez le sucre glace tamisé et le lait, en 2 fois. Répartissez le mélange dans 3 bols. Colorez en rose la crème dans le premier bol. Mélangez le cacao tamisé et 2 cuillerées à café de lait, puis incorporez dans le deuxième bol. La crème du troisième bol reste nature.

7 Nappez les cupcakes de 3 couleurs de crème au beurre.

baby blue

12	40'	25'	170°

Cupcakes chocolat-orange-amande
60 g de chocolat noir grossièrement haché
1 c. à c. de zeste d'orange finement râpé
160 ml de jus d'orange
90 g de beurre ramolli
220 g de sucre roux
2 œufs
100 g de farine avec levure incorporée
2 c. à s. de cacao en poudre
40 g de poudre d'amandes

Décoration
80 g de sucre glace
400 g de fondant blanc prêt à l'emploi
colorant alimentaire bleu
110 g de marmelade d'oranges chauffée et filtrée
2 m de ruban, environ

1 Préchauffez le four à 170 °C. Garnissez de caissettes en papier les 12 alvéoles d'un moule à muffins.

2 Dans une petite casserole, faites chauffer à feu doux le chocolat, le zeste et le jus d'orange, en remuant, jusqu'à obtention d'un mélange lisse.

3 À part, battez le beurre, le sucre et les œufs, avec un batteur électrique, jusqu'à obtention d'un mélange souple et léger.

4 Incorporez-y la farine et le cacao tamisés, la poudre d'amandes et le mélange au chocolat tiède. Répartissez le tout dans les caissettes et lissez la surface.

5 Faites cuire 25 minutes. Démoulez les cupcakes et laissez-les refroidir sur une grille.

6 Saupoudrez un plan de travail de sucre glace tamisé et pétrissez-y le fondant blanc. Quand il est lisse, incorporez le colorant bleu, en malaxant.

7 Nappez les cupcakes de marmelade. Abaissez le fondant au rouleau, sur une épaisseur de 5 mm, et découpez-y des disques de la taille des cupcakes.

8 Couvrez chaque cupcake de 1 disque de fondant. Nouez un ruban autour.

30 ans sous les cocotiers

24 45' 25' 180°

Cupcakes noix de coco et citron vert
250 g de beurre ramolli
2 c. à c. d'essence de noix de coco
1 c. à s. de zeste de citron vert finement râpé
290 g de sucre en poudre
4 œufs
160 ml de lait
120 g de noix de coco séchée
375 g de farine avec levure incorporée

Glaçage coco et cream cheese
60 g de beurre ramolli
160 g de cream cheese à température ambiante
2 c. à c. d'essence de noix de coco
480 g de sucre glace

Décoration
vignettes-déco sur le thème de la plage
60 g de biscuits de type petits-beurre finement émiettés

1 Préchauffez le four à 180 °C. Garnissez de caissettes en papier les 24 alvéoles de 2 moules à muffins.

2 Battez le beurre, l'essence de coco, le zeste de citron vert, le sucre et les œufs avec un batteur électrique.

3 Quand le mélange est homogène, incorporez le lait, la noix de coco et la farine tamisée. Répartissez ce mélange dans les caissettes et lissez la surface.

4 Faites cuire 25 minutes. Démoulez et laissez refroidir sur une grille.

5 Préparez le glaçage à la noix de coco et au cream cheese : battez le beurre, le fromage frais et l'essence de coco avec un batteur électrique. Quand le mélange est souple et léger, incorporez progressivement le sucre glace tamisé.

6 Couvrez le verso des vignettes-déco de papier sulfurisé pour éviter qu'elles ne se tachent.

7 Nappez les cupcakes de glaçage, saupoudrez de biscuits émiettés et appliquez une vignette-déco sur chaque cupcake.

NOTES

Les décorations utilisées ici proviennent d'albums pour les tout-petits, en vente chez les marchands de journaux. Les cupcakes peuvent être assemblés sur une table ou sur un plateau d'environ 60 cm de côté.

12 50' 25' 180°

cupcakes fleuris à l'orange et aux amandes

125 g de beurre en pommade
2 c. à c. de zeste d'orange finement râpé
150 g de sucre en poudre
2 œufs
150 g de farine avec levure incorporée
50 g de farine ordinaire
40 g de poudre d'amandes
65 g de canneberges séchées
60 ml de jus d'orange
2 c. à s. de lait

Pâte à modeler au sucre
1 ½ c. à s. d'eau
2 c. à c. de gélatine en poudre
2 c. à c. de sirop de glucose
240 g de sucre glace tamisé
80 g de sucre glace tamisé supplémentaire
colorants alimentaires jaune, orange et rose

Crème au beurre
90 g de beurre en pommade
¼ de c. à c. d'essence d'orange
160 g de sucre glace
1 c. à s. de lait
colorant alimentaire jaune, orange ou rose

1 Préparez la pâte à modeler au sucre. Versez l'eau dans une tasse. Saupoudrez de gélatine. Faites chauffer au bain-marie, en remuant, jusqu'à ce que la gélatine soit dissoute. Ajoutez le sirop de glucose. Versez la moitié du sucre glace dans un saladier et incorporez-y la préparation à la gélatine. Ajoutez progressivement le sucre restant. Saupoudrez le plan de travail de sucre glace et pétrissez la pâte jusqu'à ce qu'elle soit bien lisse. Conservez-la emballée dans du film alimentaire. Mettez de côté une petite quantité de la taille d'une noix.

2 Saupoudrez le plan de travail de sucre glace. Étalez la pâte à modeler au rouleau sur une épaisseur d'environ 3 mm. Découpez 36 fleurs à l'aide d'un emporte-pièce de 2 cm.

3 Divisez la portion de pâte restante en 3 parts. Incorporez-leur les colorants jaune, orange et rose. Roulez entre les doigts de toutes petites boulettes de pâte qui formeront le cœur des fleurs. Collez-les en les badigeonnant d'eau.

4 Préchauffez le four à 180 °C. Garnissez de caissettes en papier un moule à muffins de 12 alvéoles.

5 Fouettez le beurre, le zeste d'orange, le sucre et les œufs dans un saladier, à l'aide d'un batteur électrique, jusqu'à obtention d'un mélange léger et mousseux. Incorporez les deux farines tamisées, la poudre d'amandes, les canneberges, le jus d'orange et le lait. Répartissez la pâte dans les caissettes. Lissez la surface.

6 Enfournez pour 25 minutes. Démoulez et laissez refroidir sur une grille.

7 Préparez la crème au beurre : fouettez le beurre et l'essence d'orange dans un saladier, à l'aide d'un batteur électrique, jusqu'à obtention d'un mélange léger. Incorporez le sucre glace tamisé et le lait, en 2 fois. Versez une petite quantité du colorant de votre choix.

8 Nappez les gâteaux de crème au beurre et décorez avec les fleurs.

cupcakes banane-caramel

12 30' 20' 180°

90 g de beurre en pommade
110 g de sucre roux
2 œufs
75 g de farine avec levure incorporée
75 g de farine ordinaire
½ c. à c. de bicarbonate de soude
½ c. à c. de quatre-épices
quelques tronçons de banane très mûre
80 g de crème fraîche
2 c. à s. de lait

Garniture et décoration
380 g de confiture de lait
125 ml de crème fleurette fouettée
2 bananes moyennes (400 g) coupées en tranches fines
100 g de chocolat noir

1 Préchauffez le four à 180 °C. Garnissez de caissettes en papier un moule à muffins de 12 alvéoles.

2 Fouettez le beurre, le sucre et les œufs dans un saladier, à l'aide d'un batteur électrique, jusqu'à obtention d'un mélange léger et mousseux. Incorporez les ingrédients secs tamisés, la banane, la crème fraîche et le lait. Répartissez la préparation dans les caissettes. Lissez la surface.

3 Enfournez pour 20 minutes. Démoulez et laissez refroidir sur une grille. Ôtez les caissettes.

4 Incorporez 2 cuillerées à soupe de confiture de lait à la crème fouettée. Réservez.

5 Coupez chaque gâteau en trois, horizontalement. Reconstituez les gâteaux en assemblant les tranches avec la confiture de lait restante et les lamelles de banane. Nappez de crème à la confiture de lait.

6 Faites des copeaux de chocolat à l'aide d'un épluche-légumes et parsemez-en les gâteaux.

cupcakes façon tiramisu

12 | 30' | 20' | 3h | 180°

90 g de beurre en pommade
½ c. à c. d'extrait de vanille
110 g de sucre en poudre
2 œufs
150 g de farine avec levure incorporée
2 c. à s. de lait

Crème au mascarpone
250 g de mascarpone
40 g de sucre glace
1 c. à s. de marsala
180 ml de crème fleurette fouettée

Mélange au café
1 c. à s. de café soluble
80 ml d'eau bouillante
2 c. à s. de marsala

Pour décorer
50 g de chocolat noir finement râpé

1 Préchauffez le four à 180 °C. Garnissez de caissettes en papier un moule à muffins de 12 alvéoles.

2 Fouettez le beurre, l'extrait de vanille, le sucre, les œufs, la farine et le lait dans un saladier, à l'aide d'un batteur électrique à vitesse lente, jusqu'à obtention d'un mélange homogène. Augmentez la vitesse (vitesse moyenne) et continuez de fouetter jusqu'à ce que la préparation blanchisse. Répartissez la pâte dans les caissettes et lissez la surface.

3 Enfournez pour 20 minutes. Démoulez et laissez refroidir sur une grille.

4 Préparez la crème au mascarpone : mélangez le mascarpone, le sucre glace tamisé et le marsala dans un saladier. Incorporez la crème fleurette fouettée.

5 Mélangez les ingrédients du mélange au café dans un saladier. Laissez refroidir.

6 Ôtez les caissettes. Coupez chaque gâteau en quatre, horizontalement. Badigeonnez les tranches de préparation au café, sur les deux faces. Reconstituez les petits gâteaux en assemblant les tranches avec de la crème au mascarpone.

7 Terminez par 1 cuillerée de crème au mascarpone. Saupoudrez de chocolat râpé. Placez pour 3 heures au réfrigérateur avant de servir.

tours à la pomme caramélisées

12 35' 25' 180°

Cupcakes érable-pécan-pomme
60 g de beurre ramolli
150 g de farine avec levure incorporée
1 c. à c. de cannelle moulue
110 g de sucre roux
60 ml de sirop d'érable
2 œufs
80 g de noix de pécan grossièrement hachées
85 g de pomme râpée

Glaçage au sirop d'érable
90 g de beurre ramolli
160 g de sucre glace
2 c. à c. de sirop d'érable

Caramel
220 g de sucre en poudre
125 ml d'eau

1 Préchauffez le four à 180 °C. Garnissez de caissettes en papier les 12 alvéoles d'un moule à muffins.

2 Battez le beurre, la farine, la cannelle, le sucre, le sirop d'érable et les œufs avec un batteur électrique, à vitesse lente. Quand le mélange est homogène, augmentez la vitesse et mixez jusqu'à ce qu'il s'éclaircisse.

3 Incorporez les noix et la pomme râpée. Répartissez ce mélange dans les caissettes et lissez la surface.

4 Faites cuire 25 minutes. Démoulez les cupcakes et laissez-les refroidir sur une grille.

5 Préparez le glaçage au sirop d'érable : mixez le beurre, le sucre glace et le sirop d'érable pour obtenir un mélange léger.

6 Préparez le caramel. Dans une petite casserole à fond épais, faites chauffer le sucre et l'eau, en remuant, sans porter à ébullition. Quand le sucre est dissous, faites bouillir, puis réduisez le feu et laissez mijoter, sans remuer ni couvrir, jusqu'à ce que le mélange soit doré. Laissez reposer hors du feu jusqu'à ce que les bouillons disparaissent. Confectionnez des éclats de caramel sur une plaque tapissée de papier sulfurisé (voir pages 418-419).

7 Nappez les cupcakes de glaçage et garnissez d'éclats de caramel.

cupcakes aux loukoums

12 | 20' | 20' | 180°

60 g de chocolat blanc grossièrement haché
2 c. à s. d'eau de rose
125 ml d'eau
45 g de pistaches
90 g de beurre ramolli
220 g de sucre roux
2 œufs
100 g de farine avec levure incorporée
2 c. à s. de farine ordinaire
90 g de pistaches supplémentaires grossièrement hachées
300 g de chocolat blanc supplémentaire fondu
900 g de loukoums coupés en dés

1 Préchauffez le four à 180 °C. Garnissez de caissettes en papier 12 moules à muffins de 80 ml.

2 Faites chauffer le chocolat blanc haché, l'eau de rose et l'eau à feu doux, en remuant, jusqu'à obtention d'une préparation onctueuse.

3 Hachez finement les pistaches au robot.

4 Battez le beurre, le sucre et les œufs, au robot, pour les mélanger. Incorporez les farines tamisées, la poudre de pistaches et le chocolat fondu avec l'eau de rose.

5 Remplissez les moules de pâte et faites cuire 20 minutes. Démoulez les cupcakes sur une grille et laissez-les refroidir.

6 Découpez un couvercle au centre de chaque cupcake et faites un trou de 3 cm de profondeur. Garnissez avec un peu de pistaches hachées et du chocolat blanc fondu, puis replacez les couvercles. Décorez les cupcakes avec des dés de loukoum et le reste des pistaches hachées, trempées dans le chocolat fondu.

cupcakes à la pêche et à la crème

90 g de beurre doux ramolli
90 g de cream cheese à température ambiante
150 g de sucre en poudre
2 œufs
75 g de farine ordinaire
50 g de farine avec levure incorporée
2 c. à c. d'eau de fleur d'oranger
120 g de pêches séchées finement hachées
160 ml d'eau
2 c. à s. de sucre en poudre supplémentaire
300 ml de crème entière
1 c. à s. de sucre glace

1 Préchauffez le four à 180 °C. Chemisez de caissettes en papier un moule à muffins de 12 alvéoles (80 ml).

2 Battez le beurre, le cream cheese, le sucre et les œufs dans un récipient, avec un batteur électrique, jusqu'à obtention d'une consistance légère et aérée. Ajoutez les farines tamisées et l'eau de fleur d'oranger. Battez à faible vitesse jusqu'à ce que la préparation soit homogène. Répartissez-la dans les caissettes en papier et lissez la surface.

3 Faites cuire 25 minutes environ. Laissez les cupcakes reposer 10 minutes, puis démoulez-les et laissez-les refroidir à l'endroit sur une grille.

4 Mélangez les pêches, l'eau et le sucre supplémentaire dans une petite casserole. Portez à ébullition. Faites bouillir 10 minutes sans couvrir, jusqu'à ce que les pêches soient tendres et que le liquide ait été presque entièrement absorbé. Laissez refroidir.

5 Découpez un chapeau de 2 cm d'épaisseur au centre de chaque cupcake et fourrez avec de la préparation à la pêche. Jetez le chapeau des cupcakes.

6 Battez la crème et le sucre glace dans un récipient, avec un batteur électrique, jusqu'à la formation de pics mous. Recouvrez les cupcakes de crème fouettée et nappez-les du reste de la préparation à la pêche.

12 45' 15' 30' 30' 170°

coconut kiss

Mud cakes au chocolat blanc
125 g de beurre
coupé en petits cubes
80 g de chocolat blanc
grossièrement haché
220 g de sucre en poudre
125 ml de lait
75 g de farine ordinaire
75 g de farine avec levure incorporée
½ c. à c. d'essence de noix de coco
1 œuf

Ganache au chocolat blanc
60 ml de crème fraîche
185 g de chocolat blanc
grossièrement haché
1 c. à s. de liqueur de noix de coco

Décoration
450 g de bouchées à la noix de coco
Raffaello® de Ferrero, environ

1 Préchauffez le four à 170 °C. Garnissez de caissettes en papier les 12 alvéoles d'un moule à muffins.

2 Dans une petite casserole, faites chauffer à feu doux le beurre, le chocolat blanc, le sucre et le lait, en remuant. Quand le mélange est lisse, versez-le dans un bol et laissez tiédir 15 minutes.

3 Avec un fouet, incorporez les farines tamisées, puis l'essence de noix de coco et l'œuf. Répartissez ce mélange dans les caissettes et lissez la surface.

4 Faites cuire 30 minutes. Démoulez les cupcakes et laissez-les refroidir sur une grille.

5 Préparez la ganache au chocolat blanc. Portez la crème fraîche à ébullition, puis versez-la sur le chocolat et la liqueur, dans le bol d'un robot. Mixez jusqu'à obtention d'un mélange lisse. Couvrez et placez pour 30 minutes au réfrigérateur. Battez avec un batteur électrique jusqu'à ce que la ganache soit légère.

6 Nappez les cupcakes de ganache. Garnissez avec des bouchées Raffaello® entières ou coupées en deux.

cupcakes florentins

12 | 30' | 25' | 170°

60 g de chocolat noir grossièrement haché
160 ml d'eau
90 g de beurre en pommade
220 g de sucre roux
2 œufs
100 g de farine avec levure incorporée
2 c. à s. de cacao en poudre
40 g de poudre d'amandes

Ganache au chocolat au lait
60 ml de crème fraîche
100 g de chocolat au lait grossièrement haché

Garniture florentine
80 g d'amandes effilées grillées
115 g de gingembre confit grossièrement haché
200 g de cerises rouges confites coupées en deux

Pour décorer
50 g de chocolat noir fondu

1 Préchauffez le four à 170 °C. Garnissez de caissettes en papier un moule à muffins de 12 alvéoles.

2 Faites chauffer le chocolat et l'eau dans une petite casserole sur feu doux, en remuant, jusqu'à obtention d'un mélange lisse.

3 Fouettez le beurre, le sucre et les œufs dans un saladier, à l'aide d'un batteur électrique, jusqu'à obtention d'un mélange léger et mousseux. Incorporez la farine et le cacao tamisés, la poudre d'amandes et la préparation au chocolat encore chaude. Répartissez la pâte dans les caissettes. Lissez la surface.

4 Enfournez pour 25 minutes. Démoulez et laissez refroidir sur une grille.

5 Préparez la ganache au chocolat. Portez la crème fraîche à ébullition et versez-la sur le chocolat au lait. Remuez jusqu'à obtention d'un mélange lisse. Laissez reposer à température ambiante jusqu'à ce que la consistance devienne épaisse (la ganache ne doit pas durcir).

6 Mélangez les ingrédients de la garniture florentine dans un saladier.

7 Nappez les cakes de ganache. Déposez des cuillerées de garniture florentine dessus et terminez avec un filet de chocolat fondu.

nids au chocolat et au gingembre

12 20' 30' 170°

Cupcakes chocolat-gingembre
110 g de sucre roux
75 g de farine ordinaire
75 g de farine avec levure incorporée
¼ de c. à c. de bicarbonate de soude
1 c. à c. de gingembre moulu
½ c. à c. de cannelle moulue
¼ de c. à c. de noix de muscade moulue
90 g de beurre ramolli
1 œuf
60 ml de lait fermenté
2 c. à s. de golden syrup
ou de miel liquide
50 g de chocolat noir
grossièrement haché

Décoration
300 ml de crème fraîche
3 barres chocolatées
de votre choix (150 g en tout)
grossièrement hachées

1 Préchauffez le four à 170 °C. Garnissez de caissettes en papier les 12 alvéoles d'un moule à muffins.

2 Tamisez les ingrédients secs au-dessus d'un bol, puis ajoutez le beurre, l'œuf, le lait fermenté et le golden syrup ou le miel, et mixez avec un batteur électrique à vitesse lente. Quand le mélange est homogène, augmentez la vitesse et mixez jusqu'à ce qu'il s'éclaircisse. Incorporez le chocolat. Répartissez ce mélange dans les caissettes et lissez la surface.

3 Faites cuire 30 minutes. Démoulez les cupcakes et laissez-les refroidir sur une grille.

4 Nappez de crème fraîche fouettée et garnissez de fragments de barre chocolatée.

24 30' 20' 180°

gâteaux papillons

125 g de beurre ramolli
1 c. à c. d'extrait de vanille
150 g de sucre en poudre
3 œufs
225 g de farine avec levure incorporée
60 ml de lait
160 g de la confiture de votre choix
300 ml de crème fraîche épaisse, fouettée

1 Préchauffez le four à 180 °C. Garnissez 12 petits moules hauts à fond plat de caissettes en papier.

2 Battez le beurre, l'extrait de vanille, le sucre, les œufs, la farine tamisée et le lait dans un saladier, au robot, à faible vitesse. Passez à la vitesse moyenne et battez encore 3 minutes, jusqu'à ce que la préparation soit onctueuse.

3 Garnissez chaque caissette de 1 cuillerée à soupe bombée de pâte, puis faites cuire pendant 20 minutes. Laissez les gâteaux reposer 5 minutes avant de les démouler et de les laisser refroidir sur une grille.

4 Avec un petit couteau d'office pointu, découpez un disque sur le dessus de chaque gâteau. Coupez le disque obtenu en deux pour former 2 « ailes ». Remplissez les creux ainsi formés de confiture et de crème fouettée. Disposez les 2 ailes sur le dessus de chaque gâteau et saupoudrez de sucre glace avant de servir.

minicupcakes papillons

45 g de beurre ramolli
¼ de c. à c. d'extrait de vanille
55 g de sucre glace
1 œuf
75 g de farine avec levure incorporée
1 ½ c. à s. de lait
25 g de noix de coco râpée
80 ml de crème épaisse, fouettée

Glaçage au chocolat
80 g de sucre glace
1 c. à s. de cacao en poudre
5 g de beurre ramolli
1 c. à s. de lait, environ

1 Préchauffez le four à 200 °C. Garnissez 18 moules à minimuffins de caissettes en papier.

2 Battez le beurre, l'extrait de vanille, le sucre, l'œuf, la farine tamisée et le lait, au robot à faible vitesse. Passez à la vitesse intermédiaire et continuez à battre 2 minutes, jusqu'à ce que la préparation soit lisse.

3 Remplissez les moules de pâte et faites cuire 10 minutes. Laissez les cupcakes reposer 5 minutes avant de les démouler sur une grille pour qu'ils refroidissent.

4 Préparez le glaçage au chocolat. Tamisez le sucre glace et le cacao au-dessus d'un bol. Ajoutez le beurre et suffisamment de lait pour obtenir une pâte ferme. Faites chauffer au bain-marie jusqu'à obtention de la consistance souhaitée.

5 Plongez le dessus des cupcakes dans le glaçage, ôtez l'excédent, puis passez-les dans la noix de coco. Découpez le dessus des cupcakes, puis coupez-le en deux pour former 2 « ailes ». Garnissez chaque cupcake avec un peu de crème et décorez avec les ailes.

petites gourmandises aux fruits confits

12 30' 1h 150°

55 g d'ananas confit
85 g d'abricots confits
140 g de dattes séchées dénoyautées
140 g de cerises confites rouges et vertes
80 g d'amandes entières émondées
160 g de noix du Brésil
2 œufs
75 g de sucre roux
1 c. à s. de rhum vieux
60 g de beurre ramolli
35 g de farine ordinaire
2 c. à s. de farine avec levure incorporée

Garniture
80 g d'ananas confit
100 g de cerises confites rouges et vertes coupées en deux
80 g de noix du Brésil
80 g d'amandes entières émondées
110 g de confiture d'abricots chauffée et filtrée

1 Préchauffez le four à 150 °C. Garnissez de caissettes en papier les 12 alvéoles d'un moule à muffins.

2 Hachez finement l'ananas et les abricots confits. Coupez les dattes, les cerises, les amandes et les noix en petits morceaux.

3 Mélangez les fruits, les amandes et les noix dans un saladier.

4 Fouettez les œufs dans un bol, avec un batteur électrique, jusqu'à ce qu'ils deviennent épais et crémeux. Ajoutez le sucre, le rhum et le beurre.

5 Mélangez la préparation aux œufs avec les fruits, puis incorporez les farines tamisées. Répartissez cette pâte dans les alvéoles du moule, en pressant fermement.

6 Préparez la garniture. Hachez finement l'ananas confit, puis mélangez-le avec les cerises, les noix du Brésil et les amandes. Répartissez sur les cupcakes.

7 Faites cuire 1 heure. En milieu de cuisson, posez un morceau de papier d'aluminium sur le moule. Laissez refroidir les cupcakes dans le moule.

8 Démoulez les cupcakes et badigeonnez-les avec la confiture d'abricots.

cupcakes rocky road

12 25' 20' 180°

125 g de beurre ramolli
½ c. à c. d'extrait de vanille
150 g de sucre en poudre
2 œufs
185 g de farine avec levure incorporée
80 ml de lait
colorant alimentaire rose
1 c. à s. de cacao en poudre
2 c. à c. de lait supplémentaire

Garniture rocky road
70 g de cacahuètes grillées non salées
200 g de cerises confites rouges coupées en deux
100 g de guimauves roses et blanches coupées en morceaux
25 g de noix de coco râpée grillée
200 g de chocolat au lait fondu

1 Préchauffez le four à 180 °C. Garnissez de caissettes en papier 12 moules à muffins de 80 ml.

2 Battez le beurre, l'extrait de vanille, le sucre et les œufs, au robot, jusqu'à obtention d'une préparation légère et mousseuse. Incorporez la farine tamisée et le lait, en 2 fois.

3 Répartissez la pâte à parts égales dans 3 bols. Colorez le premier tiers de la pâte en rose. Mélangez le cacao et le lait supplémentaire dans une tasse, puis colorez le deuxième tiers de pâte avec cette préparation. Laissez le troisième tiers tel quel.

4 Remplissez les moules de pâte, en alternant des cuillerées de chaque couleur. Passez une brochette d'avant en arrière dans chaque moule pour créer des marbrures. Lissez la surface.

5 Faites cuire 20 minutes. Démoulez les cupcakes sur une grille et laissez-les refroidir.

6 Mélangez tous les ingrédients de la garniture dans un bol (sauf le chocolat au lait). Décorez-en les cupcakes et nappez-les de chocolat au lait fondu.

cupcakes de noces comme une pièce montée

Une coutume anglo-saxonne veut que les invités de la noce emportent chez eux une part de gâteau. Voici une idée de présentation originale : une pyramide de petites boîtes-cadeaux contenant chacune un cupcake, dressée sur une table ou sur un grand plateau. Choisissez d'abord les boîtes : leur format, leur couleur, leur nombre. Prévoyez suffisamment de ruban, en fonction de la taille des boîtes. Pour décorer la pièce montée, prévoyez quelques fleurs s'harmonisant avec celles qui ornent les tables, ou osez un décor floral audacieux. Au sommet de la pyramide trône la part que les jeunes mariés, selon la tradition, devront découper ensemble.

Pour commencer, nous expliquons comment nous avons réalisé la structure, avec 54 cupcakes et le gâteau des mariés. Vous pouvez toutefois confectionner une pièce montée plus petite et faire une pile à part de petites boîtes « à emporter ». Vous trouverez dans ce livre des recettes de cupcakes qui conviendront parfaitement pour cette composition : il vous suffira d'adapter les quantités en fonction du nombre de convives.

1 gâteau carré de 9 cm de côté
1 socle carré de 10 cm de côté
400 g de fondant blanc prêt à l'emploi
100 g de confiture d'abricots chauffée et filtrée
400 g de pâte d'amandes
80 g de sucre glace
20 m de ruban
54 boîtes-cadeaux de 8 cm de côté (pour y glisser les 54 cupcakes)

1 Faites cuire les cupcakes et le gâteau carré de 9 cm de côté de votre choix.

2 Fixez le gâteau carré sur son socle à l'aide d'un peu de fondant légèrement délayé avec de l'eau. Avec un pinceau, badigeonnez toute la surface du gâteau avec de la confiture.

3 Pétrissez la pâte d'amandes sur une surface saupoudrée de sucre glace tamisé et couvrez-en le gâteau. Laissez reposer toute une nuit.

4 Le lendemain, badigeonnez la pâte d'amandes de confiture. Recouvrez de fondant et laissez reposer jusqu'au lendemain.

5 Collez un morceau de ruban autour de chaque boîte, avec de la colle ou du ruban adhésif.

6 Glissez les cupcakes dans leur boîte, empilez les boîtes et posez le gâteau des mariés au sommet. Décorez de fleurs.

NOTE

Pour le gâteau au sommet de la pièce montée, vous pouvez choisir parmi les recettes ci-dessous. Pour la cuisson, utilisez un moule carré à bords hauts, de 9 cm de côté, beurré et chemisé de papier sulfurisé. Une assiette à relief filigrané peut servir à graver un motif dans le fondant.

---

gâteau aux fruits
60 g de beurre ramolli
75 g de sucre roux
1 œuf
2 c. à c. de marmelade d'oranges
375 g d'un mélange de fruits secs, finement hachés
50 g de farine ordinaire
35 g de farine avec levure incorporée
½ c. à c. de quatre-épices
2 c. à s. de xérès doux
2 c. à s. de xérès doux supplémentaire

Préchauffez le four à 150 °C. Préparez le gâteau en suivant la recette des flocons de neige, page 312. Faites cuire environ 2 heures.

---

mud cake au chocolat blanc
60 g de beurre coupé en petits cubes
40 g de chocolat blanc grossièrement haché
110 g de sucre en poudre
60 ml de lait
50 g de farine ordinaire
2 c. à s. de farine avec levure incorporée
½ c. à c. d'extrait de vanille
1 œuf légèrement battu

Préchauffez le four à 170 °C. Préparez le gâteau en suivant la recette du coconut kiss, page 201. Faites cuire environ 1 heure.

---

mud cake au chocolat noir
80 g de beurre coupé en petits cubes
50 g de chocolat noir grossièrement haché
150 g de sucre en poudre
80 ml d'eau chaude
2 c. à s. de liqueur de café
1 c. à s. de café soluble
75 g de farine ordinaire
1 c. à s. de farine avec levure incorporée
1 c. à s. de cacao en poudre
1 œuf légèrement battu

Préchauffez le four à 170 °C. Préparez le gâteau en suivant la recette des cupcakes florentins, page 202.Faites cuire 1 h 45 environ.

54 40' 36h 2h 170°

BISCUITS & PETITS GÂTEAUX

petites billes chocolat-cerise

280 40' 15' 10' 180°

200 g de chocolat noir
200 g de chocolat au lait
60 g de beurre
60 ml d'huile végétale
75 g de sucre en poudre
2 œufs
150 g de farine avec levure incorporée
150 g de farine ordinaire
150 g de chocolat fourré à la cerise finement haché
20 g de noix de coco séchée

1 Mélangez le chocolat, le beurre, l'huile et le sucre dans une casserole. Faites chauffer à feu doux, en remuant, jusqu'à obtention d'une pâte lisse. Laissez refroidir 15 minutes.

2 Préchauffez le four à 180 °C. Recouvrez plusieurs plaques de cuisson préalablement huilées de papier sulfurisé.

3 Incorporez les œufs et les deux farines à la préparation au chocolat. Ajoutez le chocolat fourré à la cerise.

4 Façonnez des petites billes de pâte de la taille de ½ cuillerée à café. Roulez la moitié des boules dans la noix de coco et laissez l'autre moitié telle quelle. Disposez-les sur les plaques, espacées d'environ 2 cm.

5 Enfournez et faites cuire environ 10 minutes. Laissez refroidir sur les plaques.

6 Présentez les billes dans des cônes en papier.

chocolate kisses

26 25' 1h 8' 180°

80 g de beurre ramolli
½ c. à c. d'extrait de vanille
55 g de sucre en poudre
1 œuf
50 g de poudre de noisettes
110 g de farine
25 g de cacao en poudre
1 c. à s. de cacao en poudre supplémentaire

Crème chocolat-noisette
110 g de pâte à tartiner au chocolat et aux noisettes
25 g de poudre de noisettes

1 Fouettez le beurre, l'extrait de vanille, le sucre et l'œuf dans un saladier, à l'aide d'un batteur électrique, jusqu'à obtention d'un mélange homogène. Incorporez la poudre de noisettes, puis la farine et le cacao tamisés.

2 Étalez la pâte au rouleau, sur 3 cm d'épaisseur, entre 2 feuilles de papier sulfurisé. Placez pour 1 heure au réfrigérateur.

3 Préchauffez le four à 180 °C et chemisez plusieurs plaques de cuisson huilées de papier sulfurisé.

4 À l'aide d'un emporte-pièce cannelé de 4 cm de diamètre, découpez 52 disques, puis disposez-les sur les plaques.

5 Faites cuire 8 minutes. Laissez reposer 5 minutes, puis faites refroidir sur une grille.

6 Préparez la crème chocolat-noisette en mélangeant les ingrédients, puis versez-la dans une poche munie d'une douille cannelée de gros calibre. Assemblez les biscuits deux par deux avec la crème. Saupoudrez de cacao tamisé.

florentins

25 20' 5' 180°

120 g de raisins sultanine
80 g de pétales de maïs
60 g d'amandes effilées grillées
100 g de cerises confites rouges coupées en quatre
160 ml de lait concentré sucré
60 g de chocolat blanc fondu
60 g de chocolat noir fondu

1 Préchauffez le four à 180 °C. Chemisez des plaques de cuisson de papier sulfurisé.

2 Mélangez les raisins, les pétales de maïs, les amandes, les cerises confites et le lait concentré dans un saladier.

3 Déposez des cuillerées à soupe de préparation à environ 5 cm de distance sur les plaques. Faites cuire environ 5 minutes au four, puis laissez refroidir sur les plaques.

4 Étalez le chocolat blanc sur la base de la moitié des florentins, et le chocolat noir sur la base de l'autre moitié. Tracez des sillons sur le chocolat avec une fourchette. Laissez prendre à température ambiante.

CONSERVATION

Les florentins se conservent dans un récipient hermétique au réfrigérateur jusqu'à 1 semaine.

galettes complètes au chocolat

90 g de beurre ramolli
110 g de cassonade
1 œuf
20 g de noix de coco râpée
35 g de germes de blé
100 g de farine complète
50 g de farine blanche à levure incorporée
185 g de chocolat noir fondu

1 Battez le beurre et la cassonade dans un petit saladier, avec un batteur électrique, jusqu'à ce que le mélange soit homogène. Ajoutez l'œuf et battez bien. Incorporez la noix de coco, les germes de blé et les deux farines tamisées.

2 Abaissez la pâte entre 2 feuilles de papier sulfurisé, à 5 mm d'épaisseur. Disposez-la sur un plateau, puis réfrigérez-la 30 minutes.

3 Préchauffez le four à 180 °C. Chemisez des plaques de cuisson de papier sulfurisé.

4 Découpez des disques de 7,5 cm de diamètre dans la pâte. Disposez-les à environ 2,5 cm de distance sur les plaques. Enfournez pour 20 minutes environ, puis laissez refroidir sur les plaques.

5 Nappez un côté des biscuits de chocolat et tracez des sillons avec une fourchette. Laissez prendre à température ambiante.

CONSERVATION

Par temps frais, conservez les biscuits dans un récipient hermétique à température ambiante ; s'il fait chaud, conservez-les au réfrigérateur.

biscuits Garibaldi

24 20' 30' 30' 180°

240 g de raisins de Corinthe
155 g de raisins sultanine
125 ml d'eau
2 c. à s. de xérès sec
1 œuf légèrement battu
2 c. à s. de sucre en poudre

Pâte
300 g de farine
75 g de sucre en poudre
185 g de beurre froid coupé en gros cubes
2 jaunes d'œufs
1 c. à s. d'eau glacée, environ

1 Préparez la pâte. Tamisez la farine et le sucre au-dessus d'un saladier. Incorporez le beurre du bout des doigts. Incorporez les jaunes d'œufs et un peu d'eau, pour obtenir une pâte ferme. Pétrissez-la sur un plan de travail fariné jusqu'à ce qu'elle soit lisse. Divisez-la en deux, couvrez et placez pour 30 minutes au réfrigérateur.

2 Préchauffez le four à 180 °C. Beurrez un moule de 24 × 32 cm.

3 Dans une petite casserole, faites chauffer 5 minutes à feu doux les raisins secs, l'eau et le xérès, en remuant, jusqu'à ce que le liquide ait été absorbé et que les raisins soient tendres. Mixez le mélange. Laissez refroidir.

4 Abaissez un pâton entre 2 feuilles de papier sulfurisé, jusqu'à obtenir un rectangle assez grand pour tapisser le fond du moule. Déposez la pâte dans le moule et coupez l'excédent. Étalez dessus la préparation aux fruits. Abaissez le reste de la pâte de façon à obtenir un rectangle assez grand pour recouvrir la préparation aux fruits. Disposez-le dessus, en coupant l'excédent. Pressez fermement. Découpez la couche de pâte supérieure en 24 rectangles et piquez chacun sur toute sa surface avec une fourchette. Badigeonnez d'œuf battu et saupoudrez de sucre.

5 Faites cuire au four 30 minutes. Laissez refroidir dans le moule avant de découper en 24 rectangles.

CONSERVATION
Les biscuits se conservent jusqu'à 3 jours dans un récipient hermétique.

shortbreads (sablés traditionnels écossais)

24 | 20' | 40' | 160°

250 g de beurre ramolli
75 g de sucre en poudre
1 c. à s. d'eau
300 g de farine ordinaire
90 g de farine de riz
2 c. à s. de sucre cristallisé

1 Préchauffez le four à 160 °C. Graissez 2 plaques de cuisson.

2 Battez le beurre et le sucre en poudre dans un saladier, avec un batteur électrique, jusqu'à ce que le mélange soit clair et mousseux. Incorporez l'eau et les deux farines tamisées, en 2 fois. Pétrissez le mélange sur un plan de travail fariné jusqu'à obtention d'une pâte lisse.

3 Divisez la pâte en 2 pâtons. Façonnez chaque pâton en un disque de 20 cm de diamètre et mettez-en un sur chaque plaque. Tracez 12 parts sur chaque disque, puis piquez-les avec une fourchette. Pincez les bords avec les doigts et saupoudrez de sucre cristallisé.

4 Enfournez pour 40 minutes, puis laissez reposer 5 minutes. Découpez les parts avec un couteau aiguisé, en suivant les lignes tracées. Laissez refroidir sur les plaques.

NOTE
Vous pouvez utiliser du riz blanc moulu à la place de la farine de riz, bien que sa texture soit légèrement moins fine.

CONSERVATION
Ces sablés se conservent dans un récipient hermétique jusqu'à 1 semaine.

biscuits au praliné fourrés à la crème

150 g de farine
90 g de poudre d'amandes
90 g de beurre froid coupé en cubes
1 jaune d'œuf
1 c. à c. d'extrait de vanille
2 c. à s. de sucre glace

Praliné aux amandes
40 g d'amandes effilées
110 g de sucre en poudre
2 c. à s. d'eau

Crème à la vanille
75 g de sucre en poudre
35 g de farine
2 jaunes d'œufs
250 ml de lait
125 g de beurre ramolli
1 c. à c. d'extrait de vanille
80 g de sucre glace

1 Préparez le praliné aux amandes. Étalez les amandes sur une plaque de cuisson chemisée de papier sulfurisé. Faites fondre le sucre avec l'eau dans une petite poêle, sans laisser bouillir. Portez à ébullition et faites caraméliser sans remuer. Versez le caramel sur les amandes et laissez durcir à température ambiante. Mixez finement le praliné dans un robot.

2 Préparez la crème à la vanille. Mélangez le sucre et la farine dans une petite casserole, puis versez petit à petit les jaunes d'œufs et le lait préalablement mélangés. Faites cuire, en remuant, jusqu'à ce que la préparation épaississe. Faites frémir à feu doux 1 minute, en remuant, puis retirez du feu. Couvrez la surface de la crème avec du film alimentaire et placez au réfrigérateur. Fouettez le beurre et l'extrait de vanille, puis incorporez le sucre glace tout en fouettant. Ajoutez la crème froide en 4 fois et fouettez jusqu'à ce que le mélange soit bien lisse.

3 Préchauffez le four à 160 °C. Huilez des plaques de cuisson et chemisez-les de papier sulfurisé.

4 Mixez grossièrement la farine, la poudre d'amandes et le beurre dans un robot. Ajoutez le jaune d'œuf et l'extrait de vanille, puis mixez.

5 Pétrissez la pâte sur un plan de travail fariné jusqu'à ce qu'elle soit souple. Étalez-la entre 2 feuilles de papier sulfurisé, sur 3 mm d'épaisseur. À l'aide d'un emporte-pièce rond de 3,5 cm de diamètre, découpez 72 disques de pâte et placez-les sur les plaques de cuisson en les espaçant de 2 cm.

6 Faites cuire les biscuits 12 minutes, puis laissez-les refroidir sur les plaques.

7 Étalez la crème à la vanille entre 2 biscuits, et un peu sur les côtés. Roulez les biscuits dans le praliné, puis saupoudrez-les de sucre glace.

36 55' 30' 12' 160°

étoiles au beurre de cacahuète

60 20' 10' 180°

250 g de beurre ramolli
55 g de sucre en poudre
1 c. à c. de golden syrup ou de miel liquide
225 g de farine tamisée
70 g de beurre de cacahuète sans morceaux

1 Préchauffez le four à 180 °C. Chemisez des plaques de cuisson de papier sulfurisé.

2 Préparez la pâte sablée : battez le beurre ramolli, le sucre en poudre et le golden syrup ou le miel dans un petit saladier, avec un batteur électrique, jusqu'à obtention d'une pâte lisse. Transvasez-la dans un grand saladier puis incorporez la farine tamisée, en 2 fois. Ajoutez le beurre de cacahuète.

3 Garnissez de préparation une poche à douille munie d'un embout cannelé de 2 cm de diamètre. Formez des étoiles de 5 cm sur les plaques, à environ 2,5 cm de distance. Faites cuire environ 10 minutes au four, puis laissez refroidir sur les plaques.

30 25' 25' 160°

sablés au gingembre, au citron vert et aux noix de cajou

250 g de beurre ramolli
55 g de sucre en poudre
1 c. à c. d'extrait de vanille
225 g de farine tamisée
2 c. à c. de zeste de citron vert finement râpé
2 c. à s. de gingembre confit finement haché
2 c. à c. de gingembre moulu
90 g de poudre d'amandes
35 g de noix de cajou grillées non salées, finement hachées
30 noix de cajou grillées non salées, entières

1 Préchauffez le four à 160 °C. Chemisez des plaques de cuisson de papier sulfurisé.

2 Préparez la pâte sablée : battez le beurre ramolli, le sucre en poudre et l'extrait de vanille dans un petit saladier, avec un batteur électrique, jusqu'à obtention d'une pâte lisse. Transvasez-la dans un grand saladier.

3 Mélangez la farine tamisée, le zeste de citron vert, le gingembre confit, la poudre d'amandes, le gingembre moulu et les noix de cajou hachées. Incorporez ce mélange à la pâte, en 2 fois.

4 Façonnez des petits tas avec des cuillerées à soupe de pâte sur les plaques, à environ 2,5 cm de distance. Décorez chacun de 1 noix de cajou grillée non salée, entière. Enfournez pour environ 25 minutes. Laissez refroidir sur les plaques.

sablés au chocolat blanc et aux canneberges

26 30' 15' 180°

250 g de beurre ramolli
55 g de sucre en poudre
1 c. à c. d'extrait de vanille
225 g de farine tamisée
35 g de canneberges séchées finement hachées
90 g de chocolat blanc grossièrement râpé
90 g de chocolat blanc supplémentaire
colorant alimentaire rose

1 Préchauffez le four à 180 °C. Chemisez des plaques de cuisson de papier sulfurisé.

2 Préparez la pâte sablée : battez le beurre ramolli, le sucre en poudre et l'extrait de vanille dans un petit saladier, avec un batteur électrique, jusqu'à obtention d'une pâte lisse. Transvasez-la dans un grand saladier puis incorporez la farine tamisée, en 2 fois. Ajoutez les canneberges séchées et le chocolat blanc râpé dans la pâte. Déposez des cuillerées à soupe de pâte sur les plaques, à environ 5 cm de distance. Enfournez pour 15 minutes et laissez refroidir sur les plaques.

3 Faites fondre le chocolat blanc supplémentaire, puis colorez-le en rose. Décorez les biscuits d'un filet de chocolat fondu, puis laissez prendre à température ambiante.

40 35' 12h 5' 200°

biscuits aux amandes glacés

120 g de poudre d'amandes
160 g de sucre glace
1 blanc d'œuf

Glaçage
2 c. à c. de gélatine
2 c. à c. de sucre en poudre
60 ml d'eau chaude

1 Huilez des plaques de cuisson et chemisez-les de papier sulfurisé.

2 Mélangez les ingrédients des biscuits dans un saladier. Versez la préparation dans une poche munie d'une douille cannelée de 1 cm de diamètre et déposez la pâte sur les plaques, en dessinant des formes variées. Laissez reposer toute la nuit sans couvrir, pour faire sécher la pâte.

3 Préchauffez le four à 200 °C. Faites cuire les biscuits 5 minutes environ, jusqu'à ce qu'ils soient légèrement dorés.

4 Pendant ce temps, préparez le glaçage. Mélangez les ingrédients dans un récipient hermétique et secouez jusqu'à ce que le sucre et la gélatine soient dissous.

5 Laissez reposer les biscuits 1 minute sur les plaques de cuisson, puis faites-les refroidir sur des grilles. Badigeonnez-les avec le glaçage chaud et laissez refroidir.

28 35' 2h

fleurs en chocolat au beurre de cacahuète

180 g de chocolat blanc grossièrement haché
1 c. à s. de beurre de cacahuète lisse
200 g de chocolat noir grossièrement haché

1 Beurrez un moule à roulé de 25 × 30 cm. Posez un morceau de papier sulfurisé sur le fond du moule, en le faisant dépasser des longs côtés sur 5 cm.

2 Faites fondre le chocolat blanc dans un bol résistant à la chaleur. Incorporez le beurre de cacahuète.

3 Faites chauffer le chocolat noir dans un autre bol. Lorsqu'il est fondu, laissez-le tiédir 5 minutes.

4 Déposez des cuillerées de chocolat fondu dans le moule, en alternant le blanc et le noir.

5 Tapotez le moule pour uniformiser la couche de chocolat. Décrivez des volutes dans le chocolat, avec une brochette en métal, pour obtenir un effet marbré. Laissez prendre environ 2 heures à température ambiante.

6 Découpez des fleurs dans le chocolat figé avec un emporte-pièce de 5 cm. Placez-les au réfrigérateur, sur une seule couche.

palets au sucre et aux épices

225 g de farine
165 g de sucre muscovado
2 c. à c. de gingembre moulu
1 c. à c. de mélange d'épices pour pain d'épice
¼ de c. à c. de clous de girofle moulus
150 g de beurre coupé en cubes
1 jaune d'œuf
55 g de sucre cristal

1 Mixez la farine, le sucre muscovado, les épices et le beurre dans un robot pour obtenir un mélange sablé. Ajoutez le jaune d'œuf et mixez jusqu'à ce qu'une boule de pâte se forme. Pétrissez la pâte sur un plan de travail fariné jusqu'à ce qu'elle soit souple. Couvrez et placez pour 30 minutes au réfrigérateur.

2 Divisez la pâte en deux et étalez chaque moitié entre 2 feuilles de papier sulfurisé, sur 3 mm d'épaisseur. Placez pour 30 minutes au réfrigérateur.

3 Préchauffez le four à 180 °C. Chemisez 3 plaques de cuisson de papier sulfurisé.

4 Découpez 30 disques de pâte de 7 cm de diamètre. Placez-les sur les plaques de cuisson et saupoudrez-les de sucre cristal.

5 Faites cuire les biscuits 10 minutes environ, puis laissez-les refroidir sur les plaques de cuisson.

biscuits de Linz

24 20' 30' 15' 160°

100 g de farine ordinaire
150 g de sucre en poudre
180 g de noix finement hachées
1 jaune d'œuf dur
90 g de beurre coupé en gros cubes
1 jaune d'œuf
220 g de confiture de figues au gingembre ou d'une autre confiture de votre choix
1 c. à s. de sucre glace

1 Mélangez la farine tamisée, le sucre, les noix et le jaune d'œuf dur dans un récipient moyen. Incorporez le beurre du bout des doigts. Ajoutez le jaune d'œuf et mélangez jusqu'à la formation d'une pâte.

2 Pétrissez la pâte sur un plan de travail fariné jusqu'à ce qu'elle soit lisse. Divisez-la en deux. Abaissez chaque pâton sur 3 mm d'épaisseur entre 2 feuilles de papier sulfurisé. Placez au réfrigérateur pour 30 minutes.

3 Préchauffez le four à 160 °C. Beurrez des plaques de cuisson et chemisez-les de papier sulfurisé.

4 Découpez 24 disques cannelés de 5 cm de diamètre dans chaque portion de pâte. Disposez-les sur les plaques, en les espaçant d'environ 2,5 cm. Découpez un disque cannelé de 2,5 cm de diamètre au centre de la moitié des disques.

5 Faites cuire 15 minutes. Laissez les biscuits refroidir sur les plaques.

6 Assemblez les biscuits deux par deux en les fourrant de confiture. Saupoudrez de sucre glace tamisé avant de servir.

ASTUCE

Vous pouvez confectionner des minibiscuits avec les centres ronds cannelés de 2,5 cm de diamètre : faites-les cuire au four 10 minutes, puis assemblez-les deux par deux avec de la confiture.

CONSERVATION

Les biscuits non fourrés se conservent jusqu'à 1 semaine dans un récipient hermétique.

cœurs au caramel et aux cacahuètes

125 g de beurre ramolli
110 g de sucre en poudre
1 c. à s. de golden syrup ou de miel liquide
95 g de beurre de cacahuète avec morceaux
225 g de farine ordinaire
80 ml de confiture de lait
1 c. à s. de sucre glace

1 Battez le beurre, le sucre, le golden syrup et le beurre de cacahuète dans un petit saladier, avec un batteur électrique, jusqu'à ce que le mélange soit homogène. Incorporez la farine tamisée, en 2 fois. Couvrez la pâte et réfrigérez 30 minutes.

2 Préchauffez le four à 180 °C. Chemisez des plaques de cuisson de papier sulfurisé.

3 Abaissez la pâte entre 2 feuilles de papier sulfurisé, à 5 mm d'épaisseur. Découpez 32 cœurs de 7,5 cm dans la pâte. Disposez-les sur les plaques, à 2,5 cm de distance. Découpez des cœurs de 2,5 cm au centre de 16 grands cœurs.

4 Faites cuire les cœurs entiers au four 10 minutes environ, et le reste des cœurs, 8 minutes. Laissez refroidir sur les plaques.

5 Tartinez les cœurs entiers de confiture de lait, et recouvrez-les des autres cœurs. Saupoudrez de sucre glace tamisé.

CONSERVATION

Les biscuits non fourrés se conservent dans un récipient hermétique jusqu'à 1 semaine. Les biscuits fourrés se gardent quelques jours dans un récipient hermétique au réfrigérateur.

pommes fourrées à la crème vanillée

1 pomme (150 g) pelée, épépinée et coupée en dés
2 c. à c. d'eau
125 g de beurre ramolli
75 g de cassonade
2 c. à s. de jus de pomme
150 g de farine avec levure incorporée
110 g de farine ordinaire
30 g de flocons d'avoine
20 g de noix de coco râpée
1 c. à c. de cannelle moulue
1 c. à s. de sucre glace

Crème vanillée
1 c. à s. de préparation en poudre pour crème anglaise
1 c. à s. de sucre en poudre
125 ml de lait
¼ de c. à c. d'extrait de vanille
125 g de cream cheese

1 Mettez la pomme et l'eau dans une petite casserole, couvrez et faites cuire à feu moyen jusqu'à ce que la pomme soit tendre. Écrasez-la avec une fourchette et laissez refroidir.

2 Mélangez le beurre, la cassonade et le jus de pomme dans un saladier, à l'aide d'un batteur électrique. Versez le mélange dans un saladier moyen, puis incorporez les farines tamisées, les flocons d'avoine, la compote de pommes, la noix de coco et la cannelle en 2 fois.

3 Pétrissez la pâte sur un plan de travail fariné jusqu'à ce qu'elle soit souple. Étalez-la entre 2 feuilles de papier sulfurisé, sur 3 mm d'épaisseur. Placez pour 30 minutes au réfrigérateur.

4 Préchauffez le four à 180 °C. Huilez des plaques de cuisson et chemisez-les de papier sulfurisé.

5 Découpez 40 biscuits à l'aide d'un emporte-pièce en forme de pomme de 6,5 cm de diamètre. Déposez-les sur les plaques de cuisson, en les espaçant de 3 cm.

6 Faites cuire les biscuits 12 minutes environ, puis laissez-les refroidir sur des grilles.

7 Pendant ce temps, préparez la crème vanillée. Mélangez la préparation en poudre pour crème anglaise, le sucre, le lait et l'extrait de vanille dans une petite casserole. Faites chauffer à feu doux jusqu'à ce que la préparation épaississe. Retirez du feu et couvrez la surface de film alimentaire. Laissez refroidir. Battez le cream cheese dans un saladier, à l'aide d'un batteur électrique, puis incorporez-le à la crème vanillée.

8 Assemblez les biscuits deux par deux avec la crème vanillée et saupoudrez-les de sucre glace.

20
45'
30'
12'
180°

biscuits aux noix et glaçage au café

18 · 40' · 1h · 12' · 180°

250 g de farine
125 g de beurre froid coupé en cubes
55 g de sucre en poudre
½ c. à c. d'extrait de vanille
1 œuf légèrement battu
18 cerneaux de noix

Crème aux noix
185 g de beurre doux ramolli
120 g de sucre glace
1 c. à s. de cacao amer en poudre
1 c. à s. de café soluble
1 c. à s. d'eau chaude
125 g de noix finement hachées

Glaçage au café
160 g de sucre glace
2 c. à c. de café soluble
1 c. à s. d'eau chaude
1 c. à c. de beurre

1 Tamisez la farine au-dessus d'un saladier, ajoutez le beurre et sablez la pâte du bout des doigts. Incorporez le sucre, l'extrait de vanille et l'œuf.

2 Pétrissez la pâte sur un plan de travail fariné jusqu'à ce qu'elle soit souple. Divisez-la en deux et étalez chaque pâton entre 2 feuilles de papier sulfurisé, sur 3 mm d'épaisseur. Placez pour 30 minutes au réfrigérateur.

3 Préchauffez le four à 180 °C. Huilez des plaques de cuisson et chemisez-les de papier sulfurisé.

4 À l'aide d'un emporte-pièce rond de 5,5 cm de diamètre, découpez 36 disques, puis placez-les sur les plaques de cuisson. Faites cuire 12 minutes environ, puis laissez refroidir les biscuits sur des grilles.

5 Préparez la crème aux noix. Battez le beurre et le sucre glace tamisé dans un saladier, à l'aide d'un batteur électrique, jusqu'à ce que le mélange blanchisse et soit mousseux. Incorporez le cacao, le café et l'eau préalablement mélangés, tout en battant, puis les noix.

6 Étalez la crème aux noix entre 2 biscuits et placez pour 30 minutes au réfrigérateur.

7 Préparez le glaçage au café. Tamisez le sucre glace au-dessus d'un petit saladier, puis incorporez le café et l'eau préalablement mélangés. Ajoutez le beurre et faites chauffer au bain-marie jusqu'à ce que le glaçage soit assez épais pour être étalé.

8 Étalez le glaçage sur les biscuits et ajoutez 1 cerneau de noix sur chacun.

biscuits fourrés au café et au chocolat

25 40' 30' 12' 18C°

1 c. à c. de café soluble en granulés
2 c. à c. d'eau bouillante
125 g de beurre ramolli
165 g de sucre roux
1 œuf
225 g de farine ordinaire
35 g de farine avec levure incorporée
25 g de cacao en poudre
75 g de grains de café torréfiés

Crème au chocolat et au café
2 c. à s. de préparation en poudre pour crème anglaise
2 c. à s. de sucre en poudre
60 g de chocolat noir coupé en gros morceaux
250 ml de lait
1 c. à s. de liqueur de café (Kahlúa® ou Tia Maria®)

1 Mélangez le café et l'eau bouillante. Dans un petit récipient, battez le beurre, le sucre et l'œuf avec un batteur électrique, jusqu'à ce que la préparation soit homogène. Incorporez le mélange au café, les farines tamisées et le cacao, en 2 fois.

2 Pétrissez la pâte sur un plan de travail fariné jusqu'à ce qu'elle soit lisse. Abaissez-la à 4 mm d'épaisseur entre 2 feuilles de papier sulfurisé. Couvrez et placez au réfrigérateur pour 30 minutes.

3 Préchauffez le four à 180 °C. Beurrez des plaques de cuisson et chemisez-les de papier sulfurisé.

4 Préparez la crème au chocolat et au café. Dans une petite casserole, mélangez la préparation pour crème anglaise, le sucre, le chocolat et le lait. Remuez sur le feu jusqu'à ce que la préparation bouillonne et épaississe. Retirez du feu et incorporez la liqueur. Couvrez la surface de film alimentaire et faites refroidir au réfrigérateur.

5 À l'aide d'un emporte-pièce carré de 8,5 cm de côté, découpez 25 carrés dans la pâte. Coupez chaque carré en deux afin d'obtenir 50 rectangles. Disposez-les sur les plaques de cuisson. Mettez 3 grains de café sur la moitié des rectangles, en appuyant.

6 Faites cuire les rectangles au four 12 minutes. Laissez refroidir sur des grilles. Étalez la crème au chocolat et au café sur la moitié des biscuits et recouvrez chacun d'eux d'un biscuit aux grains de café.

CONSEIL
Abaissez la pâte aussi uniformément que possible, puis découpez des rectangles avec une règle et un couteau tranchant. Pour des biscuits parfaitement réguliers, utilisez un emporte-pièce carré.

meringues à l'eau de rose

20 · 25' · 1h · 20' · 120°

2 blancs d'œufs
110 g de sucre en poudre
1 c. à c. d'eau de rose
colorant alimentaire rose
2 c. à s. de crème liquide
90 g de chocolat blanc coupé en petits morceaux
2 c. à c. de framboises égouttées et écrasées

1 Préchauffez le four à 120 °C. Beurrez des plaques de cuisson, puis chemisez-les de papier sulfurisé.

2 Battez les blancs d'œufs, le sucre, l'eau de rose et quelques gouttes de colorant rose dans un petit saladier, avec un batteur électrique, pendant 15 minutes, jusqu'à ce que le sucre soit dissous. Garnissez de préparation une poche à douille munie d'un embout cannelé de 2 cm de diamètre. Formez des étoiles de 4 cm sur les plaques, en les espaçant de 2 cm. Faites cuire au four 1 heure environ.

3 Pendant ce temps, portez 2 cuillerées à soupe de crème liquide à ébullition dans une petite casserole. Retirez du feu, ajoutez les morceaux de chocolat blanc et remuez jusqu'à homogénéité. Incorporez les framboises égouttées et écrasées, et quelques gouttes de colorant rose. Réfrigérez 20 minutes, jusqu'à ce que la ganache puisse être étalée. Assemblez les meringues deux par deux avec la ganache.

meringues au moka et aux noisettes

50 · 25' · 45' · 120°

3 blancs d'œufs
165 g de sucre en poudre
2 c. à c. de café soluble
2 c. à c. de cacao en poudre
2 c. à c. d'eau chaude
2 c. à c. de liqueur de noisette
50 noisettes entières grillées
180 g de chocolat noir fondu

1 Préchauffez le four à 120 °C. Beurrez des plaques de cuisson, puis chemisez-les de papier sulfurisé.

2 Battez les blancs d'œufs dans un petit récipient, avec un batteur électrique, jusqu'à la formation de pics souples. Ajoutez progressivement le sucre, en battant après chaque addition, jusqu'à ce qu'il soit incorporé. Faites dissoudre le café soluble et le cacao dans l'eau chaude, dans un petit verre résistant à la chaleur ; incorporez la liqueur de noisette. Mélangez la préparation obtenue avec la préparation à la meringue.

3 Versez le tout dans une poche à douille munie d'un embout lisse de 1 cm de diamètre. Formez 50 petits tas de 1 cm sur les plaques, puis garnissez chacun de 1 noisette. Recouvrez les noisettes du reste de la meringue. Enfournez pour 45 minutes environ, puis laissez refroidir sur les plaques. Plongez un côté des meringues dans le chocolat fondu. Laissez prendre à température ambiante.

22 35' 22' 180°

cœurs au chocolat garnis de macaron à la cerise

100 g de beurre ramolli
150 g de sucre en poudre
1 œuf
300 g de farine
1 c. à s. de cacao amer en poudre
100 g de chocolat noir fondu

Garniture de macaron à la cerise
1 blanc d'œuf
55 g de sucre en poudre
½ c. à c. d'extrait de vanille
60 g de noix de coco râpée
1 c. à c. de farine
2 c. à s. de cerises confites rouges finement hachées

1 Préparez la garniture de macaron à la cerise. Montez le blanc d'œuf en neige souple dans un saladier, à l'aide d'un batteur électrique. Ajoutez le sucre en poudre, 1 cuillerée à soupe à la fois, tout en battant pour le dissoudre. Incorporez l'extrait de vanille, la noix de coco, la farine et les cerises.

2 Battez le beurre, le sucre et l'œuf dans un saladier, à l'aide d'un batteur électrique, jusqu'à ce que le mélange blanchisse et soit mousseux. Incorporez la farine tamisée et le cacao en 2 fois. Ajoutez le chocolat et mélangez.

3 Pétrissez la pâte sur un plan de travail fariné jusqu'à ce qu'elle soit souple. Étalez-la entre 2 feuilles de papier sulfurisé, sur 7 mm d'épaisseur.

4 Préchauffez le four à 180 °C. Huilez des plaques de cuisson et chemisez-les de papier sulfurisé.

5 À l'aide d'un emporte-pièce en forme de cœur de 8 cm de diamètre, découpez des cœurs dans la pâte. Placez-les sur les plaques de cuisson, en les espaçant de 2 cm. À l'aide d'un emporte-pièce en forme de cœur de 4 cm de diamètre, découpez le centre des grands cœurs.

6 Faites cuire les biscuits 7 minutes environ, puis sortez-les du four. Baissez la température à 150 °C.

7 Répartissez la garniture au centre des biscuits et égalisez la surface. Couvrez de papier d'aluminium, en le disposant à la façon d'une tente pour qu'il ne touche pas le dessus des biscuits. Faites cuire 15 minutes, jusqu'à ce que la garniture soit ferme. Laissez reposer les biscuits 5 minutes sur les plaques de cuisson, puis faites-les refroidir sur des grilles.

pain aux amandes

3 blancs d'œufs
110 g de sucre en poudre
150 g de farine ordinaire
120 g d'amandes décortiquées

1 Préchauffez le four à 180 °C. Graissez un moule à pain de 10 × 20 cm.

2 Battez les blancs d'œufs dans un petit saladier, avec un batteur électrique, jusqu'à la formation de pics souples. Ajoutez progressivement le sucre, en battant jusqu'à ce qu'il soit dissous après chaque addition.

3 Incorporez la farine tamisée et les amandes dans la préparation aux blancs d'œufs, puis répartissez-la dans le moule. Faites cuire environ 30 minutes. Laissez refroidir le pain dans le moule, puis sortez-le et enveloppez-le dans du papier d'aluminium. Laissez reposer toute la nuit.

4 Préchauffez le four à 150 °C.

5 Coupez le pain en tranches très fines avec un couteau à dents. Disposez-les sans les superposer sur des plaques de cuisson non graissées. Faites cuire environ 45 minutes, jusqu'à ce qu'elles soient sèches et croustillantes.

NOTE

Le pain aux amandes accompagne parfaitement des desserts comme des mousses, des sorbets ou des glaces. Il se conserve quelques mois dans un récipient hermétique.

60 15' 1h 10' 180°

biscottis à l'orange

220 g de sucre en poudre
2 œufs
200 g de farine ordinaire
50 g de farine avec levure incorporée
25 g de cacao en poudre
165 g d'orange confite finement hachée

1 Préchauffez le four à 180 °C. Graissez une plaque de cuisson.

2 Fouettez le sucre et les œufs dans un saladier jusqu'à ce que le mélange soit homogène. Incorporez les deux farines et le cacao, tamisés, puis l'orange confite.

3 Pétrissez la pâte sur un plan de travail fariné jusqu'à ce qu'elle soit lisse. Divisez-la en 2 pâtons et façonnez une bûche de 30 cm avec chacun. Disposez les bûches sur la plaque. Faites cuire environ 30 minutes, puis laissez refroidir 10 minutes sur la plaque.

4 Baissez la température du four à 150 °C.

5 Découpez les bûches en tranches de 5 mm d'épaisseur, en biais, avec un couteau à dents. Disposez-les, sans les superposer, sur des plaques de cuisson non graissées. Faites cuire les biscottis environ 30 minutes, jusqu'à ce qu'ils soient secs et croustillants, en les retournant à mi-cuisson. Laissez refroidir sur des grilles.

NOTES

Il vous faudra environ 8 tranches d'orange confite pour cette recette.
Les biscottis se conservent dans un récipient hermétique pendant au moins 1 mois.

40 | 15' | 1h | 10' | 180°

biscottis aux abricots, aux pistaches et à l'eau de rose

220 g de sucre en poudre
2 œufs
200 g de farine ordinaire
50 g de farine avec levure incorporée
55 g d'abricots secs finement hachés
45 g de pistaches grillées non salées
4 c. à c. d'eau de rose

1 Préchauffez le four à 180 °C. Graissez une plaque de cuisson.

2 Fouettez le sucre et les œufs dans un saladier jusqu'à ce que le mélange soit homogène. Incorporez les deux farines tamisées, puis les abricots, les pistaches et l'eau de rose.

3 Pétrissez la pâte sur un plan de travail fariné jusqu'à ce qu'elle soit lisse. Divisez-la en 2 pâtons et façonnez une bûche de 20 cm avec chacun. Disposez les bûches sur la plaque. Faites cuire environ 30 minutes, puis laissez refroidir 10 minutes sur la plaque.

4 Baissez la température du four à 150 °C. Découpez les bûches en tranches de 5 mm d'épaisseur, en biais, avec un couteau à dents. Disposez-les, sans les superposer, sur des plaques de cuisson non graissées. Faites cuire les biscottis environ 30 minutes, jusqu'à ce qu'ils soient secs et croustillants, en les retournant à mi-cuisson. Laissez refroidir sur des grilles.

biscottis aux cerises confites

60 | 15' | 1h | 10' | 180°

165 g de sucre en poudre
2 œufs
200 g de farine ordinaire
50 g de farine avec levure incorporée
300 g de cerises confites de différentes couleurs, coupées en deux
80 g d'amandes mondées

1 Préchauffez le four à 180 °C. Graissez une plaque de cuisson.

2 Fouettez le sucre et les œufs dans un saladier jusqu'à ce que le mélange soit homogène. Incorporez les farines tamisées, puis les cerises et les amandes.

3 Pétrissez la pâte sur un plan de travail fariné jusqu'à ce qu'elle soit lisse. Divisez-la en 2 pâtons et façonnez une bûche de 30 cm avec chacun. Disposez les bûches sur une plaque. Faites cuire environ 30 minutes, puis laissez refroidir 10 minutes sur les plaques.

4 Baissez la température du four à 150 °C.

5 Découpez les bûches en tranches de 5 mm d'épaisseur, en biais, avec un couteau à dents. Disposez-les, sans les superposer, sur des plaques de cuisson non graissées. Faites cuire les biscottis environ 30 minutes, jusqu'à ce qu'ils soient secs et croustillants, en les retournant à mi-cuisson. Laissez refroidir sur des grilles.

CONSERVATION

Les biscottis se conservent dans un récipient hermétique pendant au moins 1 mois.

biscottis aux agrumes et à la noix de coco

60 15' 1h 10' 180°

220 g de sucre en poudre
2 œufs
200 g de farine ordinaire
50 g de farine avec levure incorporée
80 g de noix de coco râpée
2 c. à c. de zeste de citron finement râpé
2 c. à c. de zeste de citron vert finement râpé
2 c. à c. de zeste d'orange finement râpé

1 Préchauffez le four à 180 °C. Graissez une plaque de cuisson.

2 Fouettez le sucre et les œufs dans un saladier jusqu'à ce que le mélange soit homogène. Incorporez les deux farines tamisées, puis la noix de coco et les zestes.

3 Pétrissez la pâte sur un plan de travail fariné jusqu'à ce qu'elle soit lisse. Divisez-la en 2 pâtons et façonnez une bûche de 30 cm avec chacun. Disposez les bûches sur la plaque. Faites cuire environ 30 minutes, puis laissez refroidir 10 minutes sur la plaque.

4 Baissez la température du four à 150 °C.

5 Découpez les bûches en tranches de 5 mm d'épaisseur, en biais, avec un couteau à dents. Disposez-les, sans les superposer, sur des plaques de cuisson non graissées. Faites cuire les biscottis environ 30 minutes, jusqu'à ce qu'ils soient secs et croustillants, en les retournant à mi-cuisson. Laissez refroidir sur des grilles.

CONSERVATION

Les biscottis se conservent dans un récipient hermétique pendant au moins 1 mois.

biscottis aux 3 chocolats et aux noisettes

30 15' 1h 55' 10' 180°

30 g de beurre ramolli
110 g de cassonade
1 c. à c. d'extrait de vanille
3 œufs
110 g de farine ordinaire
35 g de farine avec levure incorporée
35 g de cacao en poudre
140 g de noisettes grillées grossièrement hachées
60 g de chocolat noir cassé en petits morceaux
30 g de chocolat au lait cassé en petits morceaux
60 g de chocolat blanc cassé en petits morceaux

1 Battez le beurre, la cassonade et l'extrait de vanille dans un petit saladier, avec un batteur électrique, jusqu'à ce que le mélange soit homogène. Ajoutez les œufs et battez jusqu'à ce qu'ils soient incorporés (la préparation va coaguler à ce stade, mais s'homogénéisera ensuite). Incorporez les ingrédients secs tamisés, puis les noisettes et les 3 chocolats. Couvrez la préparation et réfrigérez-la 1 heure.

2 Préchauffez le four à 180 °C. Graissez des plaques de cuisson.

3 Divisez la pâte en 2 pâtons et façonnez une bûche de 15 cm avec chacun. Disposez les bûches sur les plaques. Faites cuire environ 25 minutes, puis laissez refroidir 10 minutes sur les plaques.

4 Baissez la température du four à 150 °C.

5 Coupez les bûches en tranches de 1 cm d'épaisseur, en biais, avec un couteau à dents. Disposez-les, sans les superposer, sur des plaques de cuisson non graissées. Faites cuire les biscottis environ 30 minutes, jusqu'à ce qu'ils soient secs et croustillants, en les retournant à mi-cuisson. Laissez refroidir sur des grilles.

CONSERVATION

Les biscottis se conservent dans un récipient hermétique pendant au moins 1 mois.

biscottis au café et aux noix

20 | 15' | 1h | 10' | 180°

110 g de sucre en poudre
1 œuf
75 g de farine ordinaire
35 g de farine avec levure incorporée
4 c. à c. de café soluble
100 g de noix grossièrement hachées
90 g de chocolat noir fondu

1 Préchauffez le four à 180 °C. Graissez une plaque de cuisson.

2 Fouettez le sucre et l'œuf dans un saladier jusqu'à ce que le mélange soit homogène. Incorporez les deux farines tamisées, puis le café et les noix. Façonnez une bûche de 20 cm avec la pâte et disposez-la sur la plaque. Faites cuire environ 30 minutes, puis laissez refroidir 10 minutes sur la plaque.

3 Baissez la température du four à 150 °C.

4 Découpez la bûche en tranches de 1 cm d'épaisseur, en biais, avec un couteau à dents. Disposez-les, sans les superposer, sur des plaques de cuisson non graissées. Faites cuire les biscottis environ 30 minutes, jusqu'à ce qu'ils soient secs et croustillants, en les retournant à mi-cuisson. Laissez refroidir sur des grilles.

5 Nappez un côté des biscottis de chocolat fondu ; laissez prendre à température ambiante.

CONSERVATION
Les biscottis se conservent dans un récipient hermétique pendant au moins 1 mois.

biscottis au citron, au miel et aux pistaches

40 15' 50' 10' 180°

110 g de sucre en poudre
1 œuf
75 g de farine ordinaire
35 g de farine avec levure incorporée
2 c. à c. de zeste de citron finement râpé
70 g de pistaches grillées non salées
50 g de graines de courge décortiquées
35 g de graines de tournesol décortiquées
1 c. à s. de miel
2 c. à c. de sucre en poudre supplémentaire

1 Préchauffez le four à 180 °C. Graissez une plaque de cuisson.

2 Fouettez le sucre et l'œuf dans un saladier. Incorporez les deux farines tamisées et le zeste de citron, puis les pistaches, les graines et le miel. Façonnez une bûche de 20 cm avec la pâte et disposez-la sur la plaque. Saupoudrez du sucre supplémentaire. Faites cuire environ 30 minutes, puis laissez refroidir 10 minutes sur la plaque.

3 Baissez la température du four à 150 °C.

4 Découpez la bûche en tranches de 5 mm d'épaisseur, en biais, avec un couteau à dents. Disposez-les, sans les superposer, sur des plaques de cuisson non graissées. Faites cuire les biscottis environ 20 minutes, jusqu'à ce qu'ils soient secs et croustillants, en les retournant à mi-cuisson. Laissez refroidir sur des grilles.

CONSERVATION

Les biscottis se conservent dans un récipient hermétique pendant au moins 1 mois.

biscottis façon pain d'épice

110 g de cassonade
1 œuf
75 g de farine ordinaire
35 g de farine avec levure incorporée
4 c. à c. de gingembre moulu
1 c. à c. de cannelle moulue
¼ de c. à c. de clous de girofle moulus
115 g de gingembre confit grossièrement haché

Glaçage au zeste de citron
160 g de sucre glace
½ c. à c. de zeste de citron finement râpé
60 ml de jus de citron

1 Préchauffez le four à 180 °C. Graissez une plaque de cuisson.

2 Fouettez la cassonade et l'œuf dans un saladier jusqu'à ce que le mélange soit homogène. Incorporez les ingrédients secs tamisés, puis le gingembre confit. Façonnez une bûche de 20 cm avec la pâte et disposez-la sur la plaque. Faites cuire environ 30 minutes, puis laissez refroidir 10 minutes sur la plaque.

3 Baissez la température du four à 150 °C.

4 Découpez la bûche en tranches de 5 mm d'épaisseur, en biais, avec un couteau à dents. Disposez-les, sans les superposer, sur des plaques de cuisson non graissées. Faites cuire les biscottis environ 30 minutes, en les retournant à mi-cuisson. Laissez refroidir sur des grilles.

5 Pendant ce temps, préparez le glaçage. Mélangez le sucre glace tamisé, le zeste et le jus de citron dans un petit récipient, jusqu'à ce que le mélange soit homogène.

6 Plongez une extrémité de chaque biscotti dans le glaçage, puis disposez sur un plateau chemisé de papier d'aluminium. Laissez prendre à température ambiante.

CONSERVATION
Les biscottis se conservent dans un récipient hermétique pendant au moins 1 mois.

CONSEILS POUR RÉUSSIR LES BISCUITS

Voici quelques techniques qui serviront à des cuisiniers débutants.

1. BISCUITS

Espacez toujours les biscuits pour qu'ils puissent s'étaler pendant la cuisson. Ils s'étalent plus ou moins, en fonction de la quantité de levure qu'ils contiennent et de la consistance de la pâte. Faites cuire les biscuits sur une plaque beurrée ou chemisée de papier sulfurisé. Nous beurrons sous le papier pour qu'il ne bouge pas, mais ce n'est pas obligatoire.

2. APLATIR LES BISCUITS

De nombreuses recettes conseillent d'aplatir légèrement les biscuits avant la cuisson. Vous pouvez le faire à la main ou avec une fourchette légèrement farinée.

3. TESTER LA CUISSON DES BISCUITS

Les cuisiniers peu expérimentés ont tendance à faire trop cuire leurs biscuits. La manière la plus simple et la plus efficace de savoir s'ils sont prêts et de vérifier le temps de cuisson puis de regarder les biscuits. S'ils sont dorés et fermes, poussez doucement un biscuit avec votre doigt. S'il bouge, les biscuits sont cuits, même s'ils sont encore mous. Ils durciront en refroidissant.

BISCUITS MOELLEUX FOURRÉS AU CHOCOLAT (PAGE 255)

Préparez un pochoir en forme de cœur avec du carton fin. Il doit être assez grand pour recouvrir le dessus des biscuits. Mettez le cacao dans un tamis fin et secouez-le délicatement au-dessus du cœur. Retirez doucement le pochoir et répétez l'opération sur les autres biscuits.

FAÇONNER DES PALMIERS ET DES TORSADES

1. PLIER LA PÂTE POUR DES PALMIERS

Étalez la pâte feuilletée décongelée sur un plan de travail saupoudré de sucre, pour former un rectangle de 20 × 40 cm. Coupez les bords bien droit au couteau. Saupoudrez de sucre et de noix de muscade. Enroulez la pâte sur la longueur jusqu'au milieu du rectangle et répétez l'opération de l'autre côté pour que les 2 rouleaux se touchent.

2. CONTINUER LE PLIAGE

Repliez chaque rouleau vers le centre une dernière fois et posez la pâte sur un côté, pour que les deux rouleaux soient l'un sur l'autre.

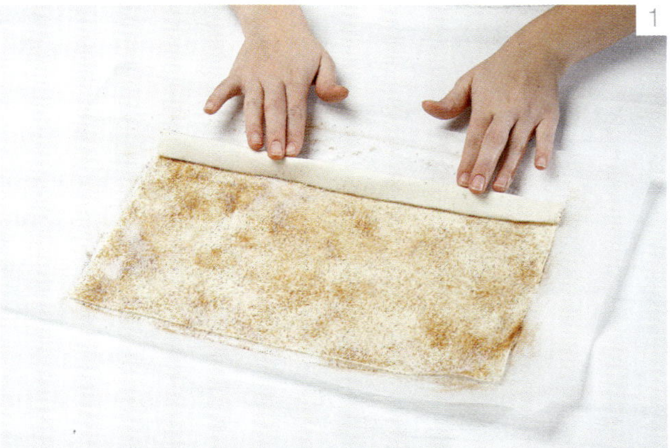

3. PRÉPARER LES PALMIERS AVANT LA CUISSON

Découpez des palmiers de 1 cm d'épaisseur à l'aide d'un couteau aiguisé. Posez-les sur une plaque chemisée de papier sulfurisé, en les espaçant de 5 cm. Décollez légèrement les 2 rouleaux et formez un V, pour que les palmiers prennent une belle forme lors de la cuisson.

FAÇONNER DES TORSADES À LA CANNELLE (PAGE 242)

Torsadez délicatement les bandes de pâte en tenant chaque extrémité dans une main et en tournant les mains chacune dans un sens. Posez les torsades sur des plaques chemisées de papier sulfurisé, en les espaçant de 5 cm.

torsades à la cannelle

25 | 10' | 10' | 200°

1 pâte feuilletée rectangulaire de 250 g
20 g de beurre fondu
2 c. à s. de cassonade
½ c. à c. de cannelle moulue

1 Préchauffez le four à 200 °C. Huilez 2 plaques de cuisson.

2 Badigeonnez la pâte feuilletée de beurre fondu, puis saupoudrez-la de cassonade et de cannelle. Coupez la pâte en deux. Retournez une des moitiés pour que le sucre se trouve dessous. Superposez l'autre moitié de pâte en plaçant le sucre vers le haut. Pressez légèrement pour souder les deux moitiés.

3 Découpez la pâte en bandes de 1 cm de large, puis torsadez-les. Posez-les sur les plaques de cuisson.

4 Faites cuire les torsades 10 minutes, jusqu'à ce qu'ils soient légèrement dorés et croustillants. Laissez refroidir sur une grille.

48 | 25' | 30' | 10' | 200°

palmiers à la cassonade

120 g de noix de pécan
75 g de cassonade
50 g de beurre
1 c. à c. de zeste d'orange finement râpé
2 pâtes feuilletées rectangulaires de 250 g chacune
1 œuf légèrement battu

1 Préchauffez le four à 200 °C. Mixez finement les noix de pécan, la cassonade, le beurre et le zeste d'orange.

2 Parsemez 1 pâte feuilletée avec la moitié du mélange mixé, puis repliez 2 bords opposés vers le centre, en veillant à ce qu'ils se touchent. Aplatissez légèrement. Badigeonnez d'œuf battu. Repliez de nouveau les bords vers le centre, aplatissez-les légèrement et badigeonnez-les d'œuf battu. Repliez les deux bords une dernière fois vers le centre.

3 Recommencez avec l'autre pâte feuilletée et le reste du mélange mixé. Enveloppez chaque rouleau obtenu dans du film alimentaire et placez pour 30 minutes au réfrigérateur.

4 Découpez la pâte en tranches de 1 cm d'épaisseur. Placez-les sur des plaques de cuisson chemisées de papier sulfurisé.

5 Faites cuire les palmiers 10 minutes environ, puis laissez-les refroidir sur les plaques de cuisson.

palmiers à l'orange et aux amandes

150 g d'amandes caramélisées
15 g de beurre
2 c. à s. de liqueur d'orange
2 c. à c. de zeste d'orange finement râpé
2 c. à s. de sucre demerara
2 pâtes feuilletées rectangulaires pur beurre
1 œuf légèrement battu

Glaçage à l'orange
160 g de sucre glace
15 g de beurre
½ c. à c. de zeste d'orange finement râpé
2 c. à c. de jus d'orange
2 c. à c. d'eau chaude, environ

1 Mixez les amandes, le beurre, la liqueur et le zeste d'orange jusqu'à obtenir une pâte épaisse.

2 Parsemez le plan de travail avec la moitié du sucre et posez dessus un rouleau de pâte. Appuyez légèrement pour faire adhérer le sucre. Parsemez la pâte avec la moitié du mélange mixé, puis repliez 2 bords opposés vers le centre, en veillant à ce qu'ils se touchent. Aplatissez légèrement. Badigeonnez d'œuf battu. Repliez de nouveau les bords vers le centre, aplatissez-les légèrement et badigeonnez-les d'œuf battu. Repliez les deux bords une dernière fois vers le centre.

3 Recommencez avec l'autre pâte feuilletée et le reste du mélange mixé. Enveloppez chaque rouleau obtenu dans du film alimentaire et placez-les pour 30 minutes au réfrigérateur.

4 Préchauffez le four à 200 °C. Beurrez 2 plaques de cuisson.

5 Découpez les rouleaux en tranches de 1 cm d'épaisseur. Placez-les sur des plaques de cuisson en les espaçant de 2,5 cm.

6 Faites cuire les palmiers 12 minutes, puis laissez-les refroidir sur les grilles.

7 Préparez le glaçage à l'orange. Tamisez le sucre glace au-dessus d'un bol résistant à la chaleur. Ajoutez le beurre, le zeste et le jus d'orange, et assez d'eau pour obtenir un glaçage lisse. Faites chauffer au bain-marie jusqu'à ce que le glaçage puisse être étalé.

8 Étalez le glaçage sur les palmiers et laissez durcir à température ambiante.

32 30' 30' 12' 200°

madeleines

2 œufs
2 c. à s. de sucre en poudre
2 c. à s. de sucre glace
35 g de farine avec levure incorporée
35 g de farine ordinaire
75 g de beurre doux fondu
1 c. à s. d'eau
2 c. à s. de sucre glace supplémentaire

1 Préchauffez le four à 200 °C. Huilez 2 moules à madeleines de 12 alvéoles chacun (contenance 30 ml).

2 Dans un saladier, battez les œufs, le sucre en poudre et le sucre glace tamisé jusqu'à obtention d'un mélange épais et crémeux.

3 Tamisez les deux farines, puis incorporez-les à la préparation aux œufs. Dans un saladier, mélangez le beurre et l'eau. Ajoutez-les à la pâte.

4 Déposez des cuillerées à soupe bombées de pâte dans les alvéoles. Faites cuire 10 minutes au four. Tapez le moule encore chaud contre le plan de travail pour détacher les madeleines. Démoulez sur une grille et laissez refroidir. Au moment de servir, saupoudrez de sucre glace tamisé.

langues-de-chat à la vanille

24 20' 5' 200°

30 g de beurre ramolli
55 g de sucre en poudre
1 gousse de vanille
1 blanc d'œuf légèrement battu
35 g de farine

1 Préchauffez le four à 200 °C. Beurrez 2 plaques de cuisson et chemisez-les de papier sulfurisé.

2 Mettez le beurre et le sucre dans un saladier ; fendez la gousse de vanille en deux dans la longueur et grattez l'intérieur pour récupérer les graines, que vous verserez dans le saladier. Battez le mélange en crème avant d'incorporer le blanc d'œuf et la farine. Versez la pâte dans une poche à douille munie d'un embout simple de 5 mm de diamètre.

3 Formez des langues-de-chat de 6 cm de long environ, en veillant à les espacer de 5 cm. Faites cuire 5 minutes au four. Laissez refroidir sur les plaques.

biscuits au chocolat blanc et à la guimauve Passion

60 g de beurre doux ramolli
55 g de sucre en poudre
1 œuf
½ c. à c. d'extrait de vanille
150 g de farine
2 c. à s. de préparation en poudre pour crème anglaise
180 g de chocolat blanc fondu

Guimauve au fruit de la Passion
60 ml de pulpe de fruit de la Passion
165 g de sucre en poudre
80 ml d'eau chaude
3 c. à c. de gélatine
2 c. à s. d'eau froide
colorant alimentaire jaune

1 Préparez la guimauve au fruit de la Passion. Beurrez 2 moules à tartelettes de 12 alvéoles rondes (30 ml). Dans une petite casserole, faites chauffer à feu doux la pulpe de fruit de la Passion, le sucre et l'eau chaude, en remuant, jusqu'à ce que le sucre soit dissous. Mettez la gélatine et l'eau froide dans un petit récipient, puis versez le mélange dans le sirop de sucre chaud ; faites cuire en remuant jusqu'à ce que la gélatine soit dissoute. Versez la préparation dans un récipient résistant à la chaleur et laissez refroidir à température ambiante. Avec un batteur électrique, battez à vitesse rapide la préparation additionnée d'un peu de colorant, pendant 8 minutes, jusqu'à ce qu'elle soit épaisse. En travaillant rapidement, répartissez-la dans les moules à l'aide d'une cuillère, puis lissez la surface. Laissez raffermir à température ambiante pendant 1 heure. Sortez délicatement les guimauves des moules.

2 Battez le beurre, le sucre, l'œuf et l'extrait de vanille dans un bol, avec un batteur électrique, jusqu'à obtention d'une consistance homogène. Incorporez la farine tamisée et la préparation pour crème anglaise. Abaissez la pâte à 5 mm d'épaisseur entre 2 feuilles de papier sulfurisé. Mettez-la sur une plaque et placez-la au réfrigérateur pour 30 minutes.

3 Préchauffez le four à 180 °C. Chemisez des plaques de cuisson de papier sulfurisé.

4 Découpez 24 disques de 5,5 cm de diamètre dans la pâte. Disposez-les sur les plaques, en les espaçant de 2,5 cm environ.

5 Faites cuire 12 minutes. Laissez les biscuits refroidir sur les plaques.

6 En travaillant rapidement, étalez ½ cuillerée à café de chocolat fondu au centre de chaque biscuit ; recouvrez immédiatement d'une guimauve, côté plat vers le bas. Disposez les biscuits sur une grille placée sur une plaque chemisée de papier sulfurisé. Arrosez avec le reste du chocolat blanc fondu et laissez prendre à température ambiante.

Étalez un peu de chocolat blanc fondu sur 3 biscuits. Décollez 3 guimauves du moule et collez-les sur les biscuits. Répétez l'opération avec les autres biscuits, trois par trois.

Remplissez à mi-hauteur une poche à douille avec le reste du chocolat blanc fondu. Décorez le dessus des guimauves et laissez durcir à température ambiante.

24
40'
1h
30'
12'
180°

meringues chocolat-menthe

18 | 25' | 1h | 120°

2 blancs d'œufs
110 g de sucre en poudre
2 c. à s. de cacao en poudre
60 g de beurre
80 g de sucre glace
2 c. à c. de lait
½ c. à c. d'essence de menthe poivrée

1 Préchauffez le four à 120 °C. Beurrez des plaques de cuisson, puis chemisez-les de papier sulfurisé.

2 Battez les blancs d'œufs et le sucre dans un petit saladier, avec un batteur électrique, pendant environ 15 minutes, jusqu'à ce que le sucre soit dissous. Incorporez le cacao tamisé. Garnissez de préparation une poche à douille munie d'un embout cannelé de 2 cm de diamètre. Formez des étoiles de 4 cm sur les plaques, en les espaçant de 2 cm. Faites cuire environ 1 heure, puis laissez refroidir sur les plaques.

3 Battez le beurre dans un petit saladier, au batteur électrique, avec le sucre glace, le lait et l'essence de menthe poivrée. Assemblez les meringues deux par deux avec la garniture. Saupoudrez de cacao tamisé avant de servir, si vous le souhaitez.

meringues chocolat-orange

50 · 25' · 1h · 120°

3 blancs d'œufs
165 g de sucre en poudre
1 c. à s. de cacao en poudre
2 c. à c. de zeste d'orange finement râpé
2 c. à c. de liqueur d'orange
90 g de chocolat noir fondu

1 Préchauffez le four à 120 °C. Beurrez des plaques de cuisson, puis chemisez-les de papier sulfurisé.

2 Battez les blancs d'œufs dans un petit saladier, avec un batteur électrique, jusqu'à la formation de pics souples. Ajoutez progressivement le sucre, en battant après chaque addition, jusqu'à ce qu'il soit dissous. Incorporez le cacao tamisé, le zeste d'orange et la liqueur d'orange dans les blancs d'œufs sucrés.

3 Déposez des cuillerées à soupe de préparation sur les plaques, en les espaçant de 2 cm. Enfournez pour 1 heure environ, puis laissez refroidir sur les plaques. Versez le chocolat noir fondu en filet sur les meringues. Laissez prendre à température ambiante.

FRIANDISES À OFFRIR

Transformez vos friandises maison en petits cadeaux spéciaux, qui vont surprendre et ravir.

BOCAUX EN VERRE

Les bocaux en verre font d'excellents emballages cadeaux, que l'on peut garder longtemps après que les biscuits ont été mangés. Achetez-les à bas prix et stérilisez-les avec de l'eau bouillante avant de les remplir.

EMBALLAGE RUSTIQUE

Faites deux cadeaux en un. Enveloppez un gâteau lourd, comme par exemple un cake aux fruits, dans un torchon 100 % lin, en le posant sur un carton à gâteau. Fermez avec un élastique et décorez avec des pinces à linge en bois qui traînent chez vous.

ENVELOPPES SURPRISE

Prenez une enveloppe en guise de patron et découpez-en la forme dans un napperon en papier ; glissez-y un morceau de carton pour plus de stabilité et collez-la. Introduisez-y quelques friandises : voilà un cadeau idéal pour une petite fille.

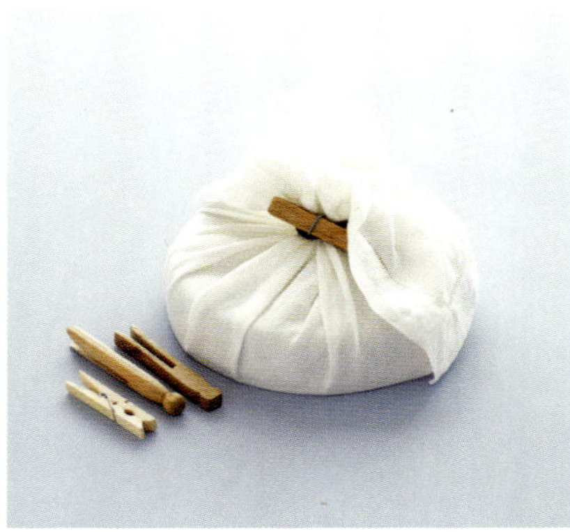

SOYEZ CRÉATIF

Laissez tomber les rubans. Assemblez des simples mouchoirs en papier ou du papier d'emballage avec des matériaux réservés à d'autres usages. Essayez aussi le fil 100 % mohair, la laine de couleur ou la ficelle de cuisine.

BOÎTE EN FER BLANC

Recyclez de vieilles boîtes de chocolats ou à thé, ou achetez des boîtes en fer blanc dans les magasins de loisirs créatifs. Customisez-les en les enveloppant de papier transparent à motifs et en les ornant de rubans. Ces boîtes sont idéales pour conserver des biscuits au frais, et peuvent être réutilisées.

CADEAUX PERSONNALISÉS

Découpez des rectangles dans des sacs en cellophane, que vous trouverez dans les magasins de loisirs créatifs. Placez un biscuit, ici décoré d'une lettre, au centre et enveloppez-le en tournant les extrémités du rectangle pour que le sachet ait la forme d'un bonbon ; fermez avec du bolduc.

BOÎTE CADEAU

Remplissez une boîte cadeau tapissée de papier de soie avec des biscuits faits maison, et une autre avec des feuilles de thé enveloppées dans un « sachet » en mousseline. Les magasins de loisirs créatifs ont des stocks de boîtes et de mousselines.

PANIER CADEAU

Une barquette de framboises comme celle-ci peut faire office de récipient rustique et plein de charme pour accueillir des biscuits fraîchement sortis du four. Tapissez l'intérieur et protégez les biscuits avec du papier sulfurisé.

SACS À BONBONS

Fabriquez d'élégants sacs à bonbons pour les grands enfants avec des sacs en papier fermés par des autocollants. Pour une touche personnelle, ajoutez une initiale ou un autocollant sur le sac, à dénicher dans les magasins de loisirs créatifs.

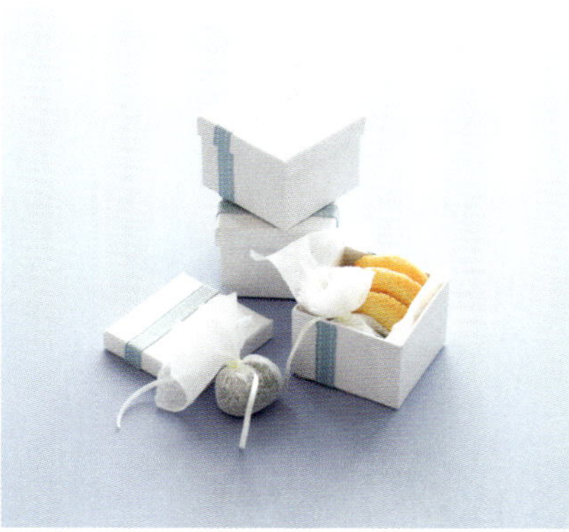

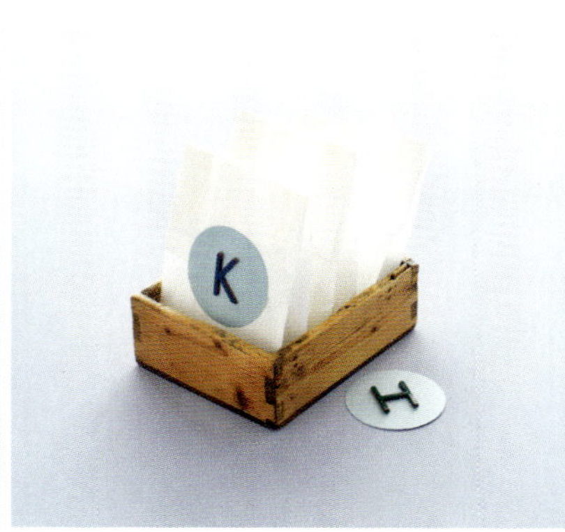

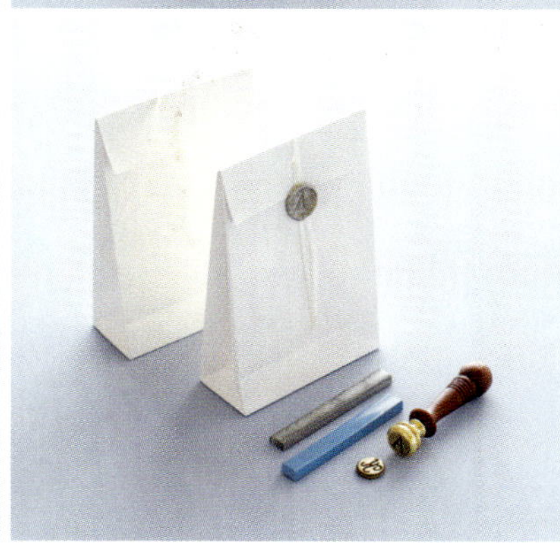

ASSORTIMENT DE COULEURS

Un schéma simple de couleurs peut avoir beaucoup d'allure : travaillez par ton avec une ou deux couleurs seulement et faites un emballage soigné, en nouant le ruban avec originalité.

FRIANDISES VEDETTE

Achetez des boîtes transparentes dans des magasins de loisirs créatifs puis décorez-les avec simplicité ; les friandises seront ainsi vraiment mises en valeur. Mettez-les dans des caissettes blanches et superposez-les dans la boîte en les séparant avec un morceau de papier sulfurisé. Sur la photo, le ruban a été plié 2 fois et fixé avec une épingle à tête perlée, pour changer.

TRADITIONNEL

Un cachet de cire permet de sceller un sac en papier rempli de friandises d'une façon personnelle et un brin *old school*. Ajoutez ainsi une touche de cérémonie et d'importance à des friandises simples. Idéal pour une bonbonnière de mariage.

24
40'
30'
37'
180°

biscuits moelleux fourrés au chocolat

250 g de beurre ramolli
330 g de cassonade
2 œufs
450 g de farine
75 g de farine avec levure incorporée
50 g de cacao amer en poudre
2 c. à s. de cacao amer en poudre supplémentaire

Gâteau au chocolat
100 g de chocolat noir grossièrement haché
150 g de beurre coupé en cubes
220 g de sucre en poudre
125 ml d'eau
2 c. à s. de liqueur de café
150 g de farine
2 c. à s. de cacao amer en poudre
2 jaunes d'œufs

Ganache au chocolat
80 ml de crème
200 g de chocolat noir grossièrement haché

1 Préchauffez le four à 160 °C. Huilez 2 moules rectangulaires de 20 × 30 cm. Chemisez-les de papier sulfurisé, en le laissant dépasser de 2 cm.

2 Préparez le gâteau au chocolat. Faites fondre le chocolat, le beurre, le sucre, l'eau et la liqueur dans une petite casserole sur feu doux. Versez le mélange dans un saladier moyen. Laissez refroidir 10 minutes. Incorporez la farine tamisée et le cacao à l'aide d'un fouet, puis les jaunes d'œufs. Répartissez la pâte dans les moules. Faites cuire 25 minutes environ. Laissez refroidir dans les moules.

3 À l'aide d'un emporte-pièce rond de 6,5 cm de diamètre, découpez 12 disques dans chaque gâteau.

4 Préparez la ganache au chocolat. Portez la crème à ébullition dans une petite casserole, puis retirez du feu. Ajoutez le chocolat et mélangez pour le faire fondre. Laissez la ganache au réfrigérateur.

5 Battez le beurre, la cassonade et les œufs dans un saladier. Incorporez les farines tamisées et le cacao en 2 fois. Pétrissez la pâte sur un plan de travail fariné. Divisez-la en deux et étalez chaque pâton entre 2 feuilles de papier sulfurisé, sur 5 mm d'épaisseur. Placez pour 30 minutes au réfrigérateur.

6 Préchauffez le four à 180 °C. Huilez des plaques de cuisson et chemisez-les de papier sulfurisé.

7 À l'aide d'un emporte-pièce rond de 6,5 cm de diamètre, découpez 48 disques dans la pâte, puis placez-les sur les plaques de cuisson, en les espaçant de 3 cm. Faites cuire les biscuits 12 minutes environ, puis laissez-les refroidir sur des grilles.

8 Étalez la ganache sur l'envers des biscuits et ajoutez 1 disque de gâteau au chocolat entre 2 biscuits. Placez un pochoir en forme de cœur sur le dessus des biscuits et saupoudrez de cacao.

20 30' 30' 8' 180°

biscuits aux After Eight®

125 g de beurre ramolli
165 g de cassonade
1 œuf
225 g de farine
35 g de farine avec levure incorporée
2 c. à s. de noix de coco râpée
½ c. à c. d'extrait de noix de coco
2 c. à s. de cacao amer en poudre
40 After Eight® (125 g)

1 Mélangez le beurre, la cassonade et l'œuf dans un saladier, à l'aide d'un batteur électrique. Incorporez les farines tamisées en 2 fois. Mettez la moitié de la pâte dans un autre saladier, puis incorporez la noix de coco râpée et l'extrait de noix de coco. Incorporez le cacao tamisé dans l'autre moitié de pâte.

2 Pétrissez chaque moitié de pâte sur un plan de travail fariné jusqu'à ce qu'elle soit souple. Étalez chacune entre 2 feuilles de papier sulfurisé, sur 3 mm d'épaisseur. Placez pour 30 minutes au réfrigérateur.

3 Préchauffez le four à 180 °C. Huilez des plaques de cuisson et chemisez-les de papier sulfurisé.

4 À l'aide d'un emporte-pièce carré de 6 cm de côté, découpez 30 carrés dans chaque moitié de pâte, puis placez-les sur les plaques de cuisson, en les espaçant de 3 cm.

5 Faites cuire les biscuits 8 minutes environ. Lorsqu'ils sont encore chauds, superposez 3 biscuits en alternant les parfums en glissant les After Eight® entre les biscuits. Pressez délicatement et laissez refroidir sur les plaques de cuisson.

30 25' 30' 15' 180°

biscuits de polenta à la mandarine

125 g de beurre ramolli
2 c. à c. de zeste de mandarine finement râpé
110 g de sucre glace
55 g de polenta
225 g de farine
60 ml de jus de mandarine

1 Préchauffez le four à 180 °C. Beurrez 2 plaques de cuisson et chemisez-les de papier sulfurisé.

2 Dans un petit saladier, battez à l'aide d'un mixeur le beurre, le zeste et le sucre glace tamisé. Incorporez la polenta et la farine tamisées, puis le jus de mandarine en 2 fois.

3 Façonnez la pâte en bûche rectangulaire de 30 cm de long. Enveloppez-la dans du film alimentaire et placez-la pour 30 minutes au réfrigérateur.

4 Retirez le film, puis détaillez la pâte en tranches de 1 cm d'épaisseur. Déposez les tranches sur les plaques, à 2,5 cm de distance. Faites cuire au four 15 minutes environ.

5 Laissez reposer les biscuits 5 minutes avant de les mettre à refroidir sur des grilles.

palets au beurre

250 g de beurre ramolli
160 g de sucre glace
375 g de farine ordinaire

1 Battez le beurre et le sucre glace tamisé dans un petit saladier, avec un batteur électrique, jusqu'à ce que le mélange soit clair et mousseux. Transvasez dans un grand saladier puis incorporez la farine tamisée, en 2 fois.

2 Pétrissez légèrement la pâte sur un plan de travail fariné jusqu'à ce qu'elle soit lisse. Divisez-la en deux et façonnez une bûche de 25 cm avec chaque pâton. Enveloppez les bûches de film alimentaire et placez-les pour environ 1 heure au réfrigérateur, ou jusqu'à ce que la pâte soit ferme.

3 Préchauffez le four à 180 °C. Graissez des plaques de cuisson.

4 Coupez les bûches en tranches de 1 cm d'épaisseur. Disposez-les à 2,5 cm de distance sur les plaques et enfournez-les pour environ 10 minutes. Laissez refroidir sur les plaques.

VARIANTES

Ces palets simples peuvent être recouverts de noix, de noisettes, etc., avant d'être cuits au four, ou bien de glaçage une fois cuits, puis plongés dans différentes garnitures. On peut aussi simplement les saupoudrer légèrement de sucre glace tamisé. Si vous voulez aromatiser la pâte, ajoutez une essence ou un extrait de votre choix en battant le beurre et le sucre, ou bien incorporez 1 ou 2 cuillerées à soupe de zeste d'agrume finement râpé. Ces biscuits se conservent dans un récipient hermétique pendant au moins 1 semaine.

galettes aux cacahuètes

30 | 25' | 30' | 10' | 180°

110 g de farine avec levure incorporée
¼ de c. à c. de bicarbonate de soude
½ c. à c. de cannelle moulue
45 g de flocons d'avoine
25 g de noix de coco râpée
1 c. à c. de zeste de citron finement râpé
140 g de beurre de cacahuète avec morceaux
165 g de sucre en poudre
1 c. à s. de golden syrup ou de miel liquide
2 c. à s. d'eau froide, environ

1 Mixez la farine, le bicarbonate de soude, la cannelle, les flocons d'avoine, la noix de coco, le zeste de citron et le beurre de cacahuète jusqu'à obtention d'une consistance sableuse. Ajoutez le sucre, le golden syrup et un peu d'eau, pour obtenir une pâte ferme. Pétrissez-la légèrement sur un plan de travail fariné jusqu'à ce qu'elle soit lisse. Couvrez et réfrigérez 30 minutes.

2 Préchauffez le four à 180 °C. Graissez des plaques de cuisson.

3 Divisez la pâte en 2 pâtons. Abaissez chaque pâton à 5 mm d'épaisseur, entre 2 feuilles de papier sulfurisé. Découpez des disques de 6 cm de diamètre dans la pâte. Disposez-les sur les plaques, à 2,5 cm de distance, et faites-les cuire au four 10 minutes environ. Laissez reposer sur les plaques 5 minutes avant de mettre à refroidir sur une grille.

CONSERVATION
Ces galettes se conservent dans un récipient hermétique jusqu'à 1 semaine.

rochers à la noix de coco

18 | 15' | 45' | 150°

1 œuf, blanc et jaune séparés
1 jaune d'œuf
55 g de sucre en poudre
120 g de noix de coco râpée

1 Préchauffez le four à 150 °C. Battez les jaunes d'œufs et le sucre dans un saladier pour obtenir un mélange aéré.

2 Incorporez alors la noix de coco. Montez le blanc d'œuf en neige ferme, puis mélangez-le avec la pâte.

3 Formez de petits tas de pâte sur des plaques légèrement beurrées, puis faites-les cuire 15 minutes au four. Réglez le thermostat sur 120 °C et poursuivez la cuisson 30 minutes. Quand les rochers sont bien dorés, décollez-les avec une spatule et laissez-les refroidir sur la plaque.

CONSERVATION
Ces rochers se gardent 3 semaines dans un récipient hermétique ou 3 mois au congélateur.

sablés à la lavande

32 · 20' · 20' · 160°

250 g de beurre doux ramolli
75 g de sucre en poudre
1 c. à s. d'eau
300 g de farine ordinaire
100 g de farine de riz
2 c. à s. de lavande séchée alimentaire grossièrement hachée
2 c. à s. de sucre demerara

1 Préchauffez le four à 160 °C. Beurrez des plaques de cuisson.

2 Dans un bol, battez le beurre et le sucre, avec un batteur électrique, jusqu'à ce que le mélange soit léger et aéré. Placez la préparation dans un grand saladier, puis incorporez l'eau, les farines tamisées et la moitié de la lavande, en 2 fois.

3 Pétrissez la pâte sur un plan de travail fariné jusqu'à ce qu'elle soit lisse. Façonnez-la en 2 bûches de 6 × 20 cm, puis découpez-les en tranches de 1 cm d'épaisseur. Disposez-les sur les plaques de cuisson, en les espaçant de 2,5 cm. Saupoudrez de sucre demerara et du reste de la lavande.

4 Faites cuire 20 minutes au four. Laissez reposer 5 minutes, puis laissez refroidir les sablés sur une grille.

44 · 15' · 45' · 180°

minitulipes à la crème noisette

1 c. à s. de golden syrup ou de miel liquide
30 g de beurre
1 ½ c. à s. de cassonade
1 ½ c. à s. de farine
1 c. à c. de gingembre moulu
45 g de noisettes grillées

Crème noisette
180 ml de crème épaisse
1 c. à s. de liqueur de noisette

1 Préchauffez le four à 180 °C. Huilez 2 plaques de cuisson.

2 Faites fondre le golden syrup, le beurre et la cassonade dans une casserole sur feu doux. Retirez la casserole du feu, puis incorporez la farine tamisée et le gingembre.

3 Déposez sur les plaques 4 petits tas de pâte d'une valeur de 1/4 de cuillerée à café, en les espaçant de 5 cm (pour plus de facilité, faites cuire seulement 4 minitulipes à la fois).

4 Faites cuire les biscuits 4 minutes environ. Retirez-les du four et laissez-les refroidir 30 secondes sur les plaques. À l'aide d'une spatule en métal, retirez-les rapidement des plaques. Donnez aux biscuits la forme d'une tulipe en les posant sur un moule à petits fours en forme de tulipe retourné. Recommencez avec le reste de la pâte.

5 Préparez la crème de noisette en fouettant les ingrédients dans un saladier, à l'aide d'un batteur électrique.

6 Au moment de servir, remplissez les tulipes de crème noisette et décorez avec 1 noisette grillée.

cookies sucrés à la cannelle

24 | 20' | 12' | 180°

125 g de beurre doux en pommade
75 g de cassonade
½ c. à c. d'extrait de vanille
1 œuf
2 c. à s. de germes de blé
150 g de farine complète
2 c. à s. de farine complète avec levure incorporée
55 g de cassonade supplémentaire
1 c. à c. de cannelle moulue

1 Préchauffez le four à 180 °C. Beurrez des plaques de cuisson et chemisez-les de papier sulfurisé.

2 Battez le beurre, la cassonade, l'extrait de vanille et l'œuf avec un batteur électrique. Quand le mélange est léger, incorporez les germes de blé et les farines tamisées.

3 Dans un bol, mélangez la cassonade supplémentaire et la cannelle. Prélevez des cuillerées à soupe rases de pâte et façonnez des boulettes. Faites tourner les boulettes dans le mélange cassonade-cannelle pour bien les enrober. Placez-les sur les plaques en les espaçant de 5 cm.

4 Faites cuire 12 minutes. Laissez refroidir sur les plaques.

sablés aux pistaches

35 30' 25' 150°

70 g de pistaches décortiquées, grillées
250 g de beurre ramolli
160 g de sucre glace
225 g de farine ordinaire
2 c. à s. de farine de riz
2 c. à s. de fécule de maïs
90 g de poudre d'amandes
55 g de sucre glace supplémentaire

1 Préchauffez le four à 150 °C. Chemisez de papier sulfurisé plusieurs plaques de cuisson huilées.

2 Hachez grossièrement la moitié des pistaches.

3 Fouettez le beurre et le sucre glace tamisé dans un saladier, à l'aide d'un batteur électrique, jusqu'à obtention d'un mélange léger. Transvasez dans un autre saladier. Incorporez la farine tamisée, la farine de riz, la fécule de maïs, la poudre d'amandes et les pistaches hachées.

4 Façonnez des cuillerées à café rases de pâte en petits monticules que vous disposerez sur les plaques, espacés d'environ 3 cm. Enfoncez 1 pistache entière au sommet de chaque monticule. Faites cuire environ 25 minutes. Laissez reposer 5 minutes, puis faites refroidir sur une grille. Saupoudrez de sucre glace.

biscuits de polenta à l'orange

30 15' 15' 180°

125 g de beurre ramolli
2 c. à c. de zeste d'orange râpé
110 g de sucre glace
55 g de polenta
150 g de farine ordinaire

1 Préchauffez le four à 180 °C. Beurrez 2 plaques de cuisson et chemisez-les de papier sulfurisé.

2 Malaxez dans un petit saladier le beurre, le zeste d'orange et le sucre glace tamisé. Incorporez la polenta et la farine tamisées. Façonnez la pâte en une bûche rectangulaire de 30 cm de long, puis détaillez-la en tranches de 1 cm d'épaisseur.

3 Déposez les tranches de polenta sur les plaques, à 2 cm de distance. Faites cuire 15 minutes au four. Laissez reposer les biscuits 5 minutes, puis faites-les refroidir sur des grilles.

24 15' 15' 180°

amandins au café

1 c. à s. de café soluble
3 c. à c. d'eau chaude
360 g de poudre d'amandes
220 g de sucre en poudre
2 c. à s. de liqueur de café
3 blancs d'œufs légèrement battus
24 grains de café enrobés de chocolat

1 Préchauffez le four à 180 °C. Beurrez 2 plaques de cuisson et chemisez-les de papier sulfurisé.

2 Faites dissoudre le café dans l'eau chaude et versez-le dans un saladier. Ajoutez la poudre d'amandes, le sucre, la liqueur et les blancs d'œufs. Mélangez afin d'obtenir une pâte ferme.

3 Façonnez en boules des cuillerées à soupe rases de pâte. Disposez-les sur les plaques, à 3 cm de distance. Aplatissez-les à la main. Enfoncez un grain de café au centre et faites cuire 15 minutes au four. Laissez refroidir sur les plaques.

biscuits à la poire et au gingembre

30 20' 15' 170°

200 g de beurre ramolli
½ c. à c. d'extrait de vanille
160 g de sucre glace
1 œuf
35 g de poires séchées détaillées en petits dés
55 g de gingembre confit détaillé en cubes
45 g de flocons d'avoine
260 g de farine ordinaire
½ c. à c. de bicarbonate de soude

1 Préchauffez le four à 170 °C. Beurrez et chemisez 2 plaques de cuisson de papier sulfurisé.

2 Battez le beurre, l'extrait de vanille, le sucre glace tamisé et l'œuf jusqu'à obtenir un mélange léger et mousseux. Ajoutez les poires séchées, le gingembre confit et les flocons d'avoine. Incorporez en 2 fois la farine et le bicarbonate de soude tamisés.

3 Roulez en boules des cuillerées de pâte et disposez-les sur les plaques, à 3 cm de distance. Faites-les cuire 15 minutes au four. Laissez les biscuits refroidir sur les plaques.

9 25' 4h

sablés au chocolat et au caramel

18 sablés ronds
185 g de chocolat noir cassé en morceaux
2 c. à c. d'huile végétale

Garniture au caramel
110 g de cassonade
60 g de beurre coupé en morceaux
2 c. à c. d'eau
1 ½ c. à s. de fécule de maïs
125 ml de lait
1 jaune d'œuf
1 c. à c. d'extrait de vanille

1 Préparez la garniture au caramel. Mettez la cassonade, le beurre et l'eau dans une petite casserole. Remuez sur le feu jusqu'à ce que le sucre soit dissous. Incorporez la fécule de maïs et le lait préalablement mélangés. Remuez sur le feu jusqu'à ce que le mélange bouillonne et épaississe. Retirez du feu ; ajoutez le jaune d'œuf et l'extrait de vanille tout en fouettant. Recouvrez avec précaution la surface du caramel de film alimentaire et réfrigérez 3 heures ou toute la nuit.

2 Étalez la garniture au caramel sur la moitié des sablés. Recouvrez de l'autre moitié des sablés. Couvrez et placez pour 1 heure au réfrigérateur.

3 Faites fondre le chocolat dans un petit récipient résistant à la chaleur placé au-dessus d'une casserole d'eau frémissante (la base du récipient ne doit pas toucher l'eau). Retirez du feu et incorporez l'huile.

4 Plongez une moitié des biscuits dans le chocolat fondu. Laissez prendre à température ambiante.

CONSERVATION
Conservez les biscuits fourrés et nappés de chocolat dans un récipient hermétique au réfrigérateur jusqu'à 1 semaine.

cookies au chocolat et au piment

48 | 15' | 12' | 180°

250 g de beurre ramolli
1 c. à c. d'extrait de vanille
165 g de sucre en poudre
165 g de cassonade
1 œuf
300 g de farine
25 g de cacao amer en poudre
1 c. à c. de bicarbonate de soude
400 g de chocolat noir grossièrement haché

Piment confit
55 g de sucre en poudre
60 ml d'eau
3 piments thaïs rouges frais, finement hachés

1 Préchauffez le four à 180 °C. Huilez des plaques de cuisson et chemisez-les de papier sulfurisé.

2 Préparez le piment confit. Mélangez le sucre et l'eau dans une petite casserole, puis faites fondre le sucre à feu moyen. Ajoutez le piment et faites bouillir 2 minutes. Laissez refroidir, puis filtrez le sirop pour récupérer le piment.

3 Battez le beurre, l'extrait de vanille, les sucres et l'œuf dans un saladier, à l'aide d'un batteur électrique, jusqu'à ce que le mélange blanchisse et soit mousseux. Versez dans un grand saladier et incorporez la farine tamisée, le cacao et le bicarbonate de soude en 2 fois. Incorporez ensuite le piment confit et le chocolat.

4 Formez 48 boulettes et placez-les sur les plaques de cuisson, en les espaçant de 5 cm.

5 Faites cuire les biscuits 12 minutes, puis laissez-les refroidir sur les plaques de cuisson.

biscuits à la noix de coco et au citron vert

36 | 25' | 15' | 180°

250 g de beurre ramolli
90 g de cream cheese
1 c. à s. de zeste de citron vert finement râpé
220 g de cassonade
2 œufs
185 g de farine
150 g de farine avec levure incorporée
40 g de noix de coco râpée

1 Préchauffez le four à 180 °C. Huilez des plaques de cuisson et chemisez-les de papier sulfurisé.

2 Battez le beurre, le cream cheese, le zeste de citron vert et la cassonade dans un saladier, à l'aide d'un batteur électrique, jusqu'à ce que le mélange blanchisse et soit mousseux. Incorporez les œufs un à un, tout en battant. Versez la pâte dans un saladier plus grand, puis incorporez les farines tamisées et la noix de coco en 2 fois.

3 Formez 36 boulettes et placez-les sur les plaques de cuisson, en les espaçant de 3 cm. Aplatissez-les légèrement.

4 Faites cuire les biscuits 15 minutes environ, puis laissez-les refroidir sur les plaques de cuisson.

36 | 15' | 15' | 180°

cookies aux pépites de chocolat

250 g de beurre ramolli
1 c. à c. d'extrait de vanille
165 g de sucre en poudre
165 g de cassonade
1 œuf
335 g de farine ordinaire
1 c. à c. de bicarbonate de soude
375 g de chocolat noir cassé en petits morceaux

1 Préchauffez le four à 180 °C. Graissez des plaques de cuisson.

2 Battez le beurre, l'extrait de vanille, le sucre, la cassonade et l'œuf dans un petit saladier, avec un batteur électrique, jusqu'à ce que le mélange soit clair et mousseux. Transvasez la préparation dans un grand saladier. Incorporez la farine et le bicarbonate de soude tamisés, en 2 fois. Incorporez le chocolat.

3 Façonnez en boules des cuillerées à soupe de pâte et disposez-les à environ 5 cm de distance sur les plaques. Enfournez pour environ 15 minutes, puis laissez refroidir les cookies sur les plaques.

VARIANTES

Le chocolat noir peut être remplacé par du chocolat au lait ou du chocolat blanc. Pour varier, remplacez un tiers du chocolat par des noisettes, des noix, des noix de pécan ou de macadamia, grillées et hachées. Les cookies se conservent dans un récipient hermétique pendant 1 semaine.

cookies aux flocons d'avoine et aux carottes

44 20' 15' 180°

125 g de beurre ramolli
220 g de cassonade
1 jaune d'œuf
70 g de carottes grossièrement râpées
225 g de farine ordinaire
½ c. à c. de bicarbonate de soude
1 c. à c. de cannelle moulue
90 g de flocons d'avoine
1 c. à s. de lait, environ

1 Préchauffez le four à 180 °C. Chemisez des plaques de cuisson de papier sulfurisé.

2 Battez le beurre, la cassonade et le jaune d'œuf dans un petit saladier, avec un batteur électrique, jusqu'à ce que le mélange soit homogène. Incorporez les carottes, puis la farine et le bicarbonate de soude tamisés, et la cannelle. Incorporez les flocons d'avoine et un peu de lait, pour obtenir une pâte ferme.

3 Façonnez en boules des cuillerées à café bombées de pâte. Disposez-les à environ 5 cm de distance sur les plaques et aplatissez-les légèrement. Faites cuire 15 minutes environ, puis laissez refroidir sur les plaques.

CONSERVATION

Ces cookies se conservent dans un récipient hermétique jusqu'à 1 semaine.

biscuits à la cassonade et aux noix de pécan

30 · 20' · 15' · 170°

200 g de beurre ramolli
½ c. à c. d'extrait de vanille
220 g de cassonade
1 œuf
60 g de noix de pécan grossièrement broyées
260 g de farine ordinaire
½ c. à c. de levure chimique

1 Préchauffez le four à 170 °C. Beurrez et chemisez de papier sulfurisé 2 plaques de cuisson.

2 Fouettez en crème légère le beurre, l'extrait de vanille, la cassonade et l'œuf. Incorporez les noix de pécan puis, en 2 fois, la farine et la levure tamisées.

3 Roulez en boules des cuillerées de pâte et disposez-les sur les plaques, à 3 cm de distance. Faites-les cuire 15 minutes au four. Laissez les biscuits refroidir sur les plaques.

palets au chocolat blanc

24 · 15' · 15' · 180°

125 g de beurre ramolli
½ c. à c. d'extrait de vanille
75 g de sucre en poudre
75 g de cassonade
1 œuf
150 g de farine ordinaire
½ c. à c. de levure chimique
150 g de chocolat blanc coupé en gros morceaux
50 g de noix grossièrement broyées

1 Préchauffez le four à 180 °C. Beurrez 2 plaques de cuisson et chemisez-les de papier sulfurisé. Lissez en pommade le beurre, l'extrait de vanille, les sucres et l'œuf, sans fouetter trop. Incorporez la farine et la levure tamisées, puis le chocolat et les noix.

2 Faites tomber des cuillerées de pâte sur les plaques, en les espaçant de 5 cm. Passez les palets 15 minutes au four. Laissez-les refroidir sur les plaques.

CONSEILS

Les noix constituent une source appréciable d'oméga 3. Pour les broyer, servez-vous d'un couteau à lame épaisse ou utilisez la touche « pulse » de votre robot ménager. Les noix de pécan, qui ont tendance à rancir, se gardent de préférence au réfrigérateur : laissez-les 1 heure à température ambiante avant de les broyer pour éviter qu'elles ne forment une pâte compacte. Travaillez toujours par brèves impulsions pour obtenir une poudre fine et légère.

biscuits complets

30 | 20' | 30' | 15' | 180°

150 g de farine ordinaire
60 g de flocons d'avoine
60 g de son complet
½ c. à c. de levure chimique
60 g de beurre coupé en cubes
110 g de sucre en poudre
1 œuf
2 c. à s. d'eau

1 Travaillez en chapelure la farine, les flocons d'avoine, le son, la levure et le beurre. Ajoutez le sucre, l'œuf et un peu d'eau, pour obtenir une pâte ferme. Pétrissez-la sur un plan de travail fariné pour qu'elle soit lisse. Couvrez-la et réfrigérez-la 30 minutes.

2 Préchauffez le four à 180 °C. Beurrez des plaques de cuisson et chemisez-les de papier sulfurisé.

3 Divisez la pâte en deux. Abaissez chaque moitié entre 2 feuilles de papier sulfurisé, sur une épaisseur de 5 mm environ. Découpez dedans des disques de 7 cm de diamètre et placez-les sur les plaques, à 2 cm de distance.

4 Faites cuire 15 minutes au four. Laissez les biscuits reposer 5 minutes sur les plaques avant de les mettre à refroidir sur une grille.

CONSEILS

Ces biscuits sont parfaits pour votre santé puisqu'ils sont préparés avec du son de blé, dont les vertus ne sont plus à démontrer. Procurez-vous, pour cette recette, des flocons d'avoine et non pas une préparation instantanée.

cookies aux cacahuètes pralinées

28 25' 20' 160°

125 g de beurre ramolli
70 g de beurre de cacahuète avec des morceaux
110 g de cassonade
1 œuf
225 g de farine ordinaire
½ c. à c. de bicarbonate de soude

Cacahuètes pralinées
100 g de cacahuètes grillées, non salées
110 g de sucre en poudre
2 c. à s. d'eau

1 Préparez les cacahuètes pralinées. Répartissez les cacahuètes sur une plaque de cuisson chemisée de papier sulfurisé. Mélangez le sucre et l'eau dans une petite poêle puis remuez sur le feu, sans laisser bouillir, jusqu'à ce que le sucre soit dissous. Portez à ébullition, puis laissez bouillir sans couvrir et sans remuer jusqu'à ce que le mélange brunisse. Versez sur les cacahuètes et laissez prendre à température ambiante. Concassez grossièrement.

2 Préchauffez le four à 160 °C. Chemisez des plaques de cuisson de papier sulfurisé.

3 Battez le beurre, le beurre de cacahuète, la cassonade et l'œuf dans un petit saladier, avec un batteur électrique, jusqu'à ce que le mélange soit homogène. Incorporez les ingrédients secs tamisés et la moitié des cacahuètes pralinées concassées.

4 Façonnez la préparation en boules. Disposez-les sur les plaques de cuisson, à environ 5 cm de distance, et aplatissez-les légèrement. Parsemez du reste des cacahuètes pralinées. Faites cuire 20 minutes environ, puis laissez refroidir sur les plaques.

CONSERVATION
Ces cookies se conservent dans un récipient hermétique jusqu'à 1 semaine.

biscuits croquants chocolat-noix de coco

40 30' 12' 180°

125 g de beurre ramolli
165 g de cassonade
1 c. à s. de golden syrup ou de miel liquide
2 œufs
300 g de farine avec levure incorporée
80 g de noix de coco râpée
45 g de flocons d'avoine à cuisson rapide

Ganache au chocolat au lait
185 g de chocolat au lait cassé en morceaux
30 g de beurre

1 Préchauffez le four à 180 °C. Chemisez des plaques de cuisson de papier sulfurisé.

2 Battez le beurre, la cassonade et le golden syrup dans un petit saladier, avec un batteur électrique, jusqu'à ce que le mélange soit homogène. Ajoutez les œufs un par un, tout en battant. Incorporez la farine tamisée, la noix de coco et les flocons d'avoine.

3 Façonnez en boules des cuillerées à café bombées de pâte. Disposez-les sur les plaques, à environ 5 cm de distance. Aplatissez-les avec une fourchette. Enfournez pour environ 12 minutes, puis laissez refroidir sur les plaques.

4 Pendant ce temps, préparez la ganache. Mettez le chocolat et le beurre dans un petit récipient résistant à la chaleur et remuez au-dessus d'une petite casserole d'eau frémissante jusqu'à ce que le mélange soit homogène. Laissez refroidir.

5 Assemblez les biscuits deux par deux avec la ganache, puis réfrigérez jusqu'à ce que la ganache soit ferme.

CONSERVATION
Les biscuits non fourrés se conservent dans un récipient hermétique jusqu'à 1 semaine. Les biscuits fourrés se conservent quelques jours dans un récipient hermétique au réfrigérateur.

cookies à tous les goûts

250 g de beurre ramolli
200 g de sucre glace
1 c. à c. d'extrait de vanille
300 g de farine ordinaire
75 g de farine de riz
50 g de fécule de maïs
2 c. à s. de lait

1 Fouettez le beurre, le sucre glace tamisé et l'extrait de vanille dans un saladier, avec un batteur électrique, jusqu'à obtention d'un mélange léger. Incorporez les farines tamisées et la fécule, en 2 fois, et enfin le lait.

2 Divisez la pâte en deux. Pétrissez les deux pâtons sur un plan de travail fariné jusqu'à ce qu'ils soient lisses. Façonnez ensuite les pâtons en bûchettes de 25 cm de long. Emballez chaque bûchette dans du papier sulfurisé. Placez pour 1 heure au réfrigérateur, jusqu'à ce que la pâte soit ferme.

3 Préchauffez le four à 160 °C. Chemisez de papier sulfurisé plusieurs plaques de cuisson huilées.

4 Coupez les bûchettes en tranches de 1 cm d'épaisseur que vous disposerez sur les plaques, espacées de 3 cm. Faites cuire 20 minutes, puis laissez refroidir sur une grille.

orange et graines de pavot

250 g de beurre ramolli
200 g de sucre glace
1 c. à s. de zeste d'orange finement râpé
300 g de farine ordinaire
75 g de farine de riz
50 g de fécule de maïs
2 c. à s. de graines de pavot
2 c. à s. de lait

Procédez comme ci-dessus, en remplaçant l'extrait de vanille par 1 cuillerée à soupe de zeste d'orange finement râpé. Ajoutez 2 cuillerées à soupe de graines de pavot en même temps que les farines tamisées.

citron et canneberges

250 g de beurre ramolli
200 g de sucre glace
1 c. à s. de zeste de citron finement râpé
300 g de farine ordinaire
75 g de farine de riz
50 g de fécule de maïs
100 g de canneberges séchées grossièrement hachées
2 c. à s. de lait

Procédez comme ci-dessus, en remplaçant l'extrait de vanille par 1 cuillerée à soupe de zeste de citron finement râpé. Ajoutez 100 g de canneberges séchées grossièrement hachées en même temps que les farines tamisées.

noix de pécan et cannelle

250 g de beurre ramolli
200 g de sucre glace
1 c. à c. d'extrait de vanille
300 g de farine ordinaire
75 g de farine de riz
50 g de fécule de maïs
1 c. à c. de cannelle moulue
120 g de noix de pécan grossièrement hachées
2 c. à s. de lait
sucre parfumé à la cannelle

Procédez comme ci-dessus, en ajoutant 1 cuillerée à café de cannelle moulue aux farines tamisées, puis incorporez 120 g de noix de pécan grossièrement hachées. Saupoudrez de sucre parfumé à la cannelle avant d'enfourner.

M&M's Minis®

250 g de beurre ramolli
200 g de sucre glace
1 c. à c. d'extrait de vanille
300 g de farine ordinaire
75 g de farine de riz
50 g de fécule de maïs
70 g de M&M's Minis®
2 c. à s. de lait

Procédez comme ci-dessus, en ajoutant 70 g de M&M's Minis® en même temps que les farines tamisées.

48 30' 1h 20' 160°

biscuits moelleux au caramel et au chocolat

125 g de beurre ramolli
110 g de sucre
1 œuf
150 g de farine
2 c. à s. de cacao amer en poudre
120 g de barres chocolatées Lion® finement hachées

1 Préchauffez le four à 180 °C. Huilez des plaques de cuisson et chemisez-les de papier sulfurisé.

2 Battez le beurre, le sucre et l'œuf dans un saladier, à l'aide d'un batteur électrique, jusqu'à ce que le mélange soit homogène, mais sans trop insister. Versez le mélange dans un saladier moyen, puis incorporez la farine tamisée, le cacao en poudre et les barres chocolatées hachées.

3 Déposez 24 petits tas de pâte sur les plaques, en les espaçant de 5 cm.

4 Faites cuire les biscuits 15 minutes environ, puis laissez-les refroidir sur les plaques de cuisson.

NOTE
Les barres chocolatées Lion® sont constituées de gaufrette, de caramel et de céréales enrobés de chocolat. Vous les trouverez dans les supermarchés et les confiseries.

24 20' 12' 180°

cookies au chocolat et aux framboises

125 g de beurre ramolli
165 g de cassonade
1 œuf
1 c. à c. d'extrait de vanille
150 g de farine ordinaire
35 g de farine avec levure incorporée
35 g de cacao en poudre
½ c. à c. de bicarbonate de soude
90 g de chocolat noir cassé en morceaux
125 g de framboises surgelées

1 Préchauffez le four à 180 °C. Chemisez des plaques de cuisson de papier sulfurisé.

2 Battez le beurre, la cassonade, l'œuf et l'extrait de vanille dans un petit saladier, avec un batteur électrique, jusqu'à ce que le mélange soit homogène. Incorporez les deux farines, le cacao et le bicarbonate de soude tamisés, en 2 fois, puis le chocolat et les framboises.

3 Déposez des cuillerées à soupe de pâte à environ 5 cm de distance sur les plaques. Aplatissez légèrement. Faites cuire environ 12 minutes. Laissez reposer les cookies 5 minutes sur les plaques avant de les mettre à refroidir sur une grille.

VARIANTE

Associez des chocolats de différentes couleurs avec des fruits rouges variés selon vos goûts. Conservez les cookies dans un récipient hermétique au réfrigérateur jusqu'à 1 semaine.

cookies à la banane, au caramel et aux dattes

36 25' 20' 180°

125 g de beurre ramolli
220 g de cassonade
1 jaune d'œuf
100 g de banane écrasée
300 g de farine ordinaire
½ c. à c. de bicarbonate de soude
75 g de dattes séchées dénoyautées, finement hachées
18 caramels mous coupés en deux

1 Préchauffez le four à 180 °C. Chemisez des plaques de cuisson de papier sulfurisé.

2 Battez le beurre, la cassonade et le jaune d'œuf dans un petit saladier, avec un batteur électrique, jusqu'à ce que le mélange soit homogène, puis transvasez-le dans un grand saladier. Incorporez la banane, puis la farine et le bicarbonate de soude tamisés, et pour finir les dattes.

3 Façonnez en boules des cuillerées à soupe de pâte. Enfoncez 1 morceau de caramel au centre de chaque boule et recouvrez-le de pâte. Disposez les boules sur les plaques, à environ 5 cm de distance. Passez pour 20 minutes au four. Laissez refroidir sur les plaques.

CONSERVATION

Ces cookies se conservent dans un récipient hermétique jusqu'à 1 semaine.

cookies aux noix de pécan et aux pépites de chocolat

28 15' 15' 180°

125 g de beurre ramolli
55 g de sucre blanc
55 g de cassonade
1 œuf
150 g de farine
90 g de noix de pécan moulues
150 g de chocolat au lait grossièrement haché
60 g de noix de pécan grossièrement hachées

1 Préchauffez le four à 180 °C. Huilez des plaques de cuisson et chemisez-les de papier sulfurisé.

2 Mélangez le beurre, les sucres et l'œuf dans un saladier, à l'aide d'un batteur électrique. Incorporez la farine tamisée, puis les noix de pécan moulues, le chocolat et les noix de pécan hachées.

3 Déposez 28 petits tas de pâte sur les plaques de cuisson, en les espaçant de 5 cm. Aplatissez-les légèrement.

4 Faites cuire les biscuits 15 minutes environ, puis laissez-les refroidir sur les plaques de cuisson.

NOTE

Vous aurez besoin de 120 g de noix de pécan pour obtenir la quantité de noix de pécan moulues nécessaire pour cette recette.

cookies romarin-raisins-noix

28 20' 15' 180°

125 g de beurre en pommade
2 c. à c. de zeste d'orange finement râpé
220 g de sucre roux
200 g de farine complète avec levure incorporée
100 g de cerneaux de noix grossièrement hachés
100 g de raisins secs coupés en deux
2 c. à c. de romarin séché
80 ml de jus d'orange
50 g de noix de coco séchée
60 g de flocons d'avoine

1 Préchauffez le four à 180 °C. Chemisez plusieurs plaques de cuisson préalablement huilées de papier sulfurisé.

2 Fouettez le beurre, le zeste et le sucre dans un saladier, à l'aide d'un batteur électrique, jusqu'à obtention d'un mélange homogène. Transvasez la préparation dans un saladier. Incorporez la farine tamisée, puis les autres ingrédients.

3 Prélevez des cuillerées à soupe bombées de pâte et façonnez des boulettes que vous disposerez sur les plaques, espacées d'environ 5 cm. Aplatissez-les légèrement. Faites cuire environ 15 minutes. Laissez refroidir sur les plaques.

32 15' 15' 180°

biscuits aux noix de macadamia

125 g de beurre coupé en cubes
2 c. à s. de golden syrup ou de miel liquide
½ c. à c. de bicarbonate de soude
2 c. à s. d'eau chaude
90 g de flocons d'avoine
150 g de farine
220 g de cassonade
60 g de noix de coco râpée
65 g de noix de macadamia finement hachées
45 g de gingembre confit finement haché

1 Préchauffez le four à 180 °C. Huilez des plaques de cuisson et chemisez-les de papier sulfurisé.

2 Mélangez le beurre et le golden syrup ou le miel dans une casserole moyenne, puis faites chauffer à feu doux. Incorporez le bicarbonate de soude et l'eau, puis le reste des ingrédients.

3 Formez 32 boulettes et placez-les sur les plaques de cuisson, en les espaçant de 5 cm. Aplatissez-les légèrement.

4 Faites cuire les biscuits 15 minutes environ, puis laissez-les refroidir sur les plaques.

biscuits Anzac

25 15' 20' 160°

90 g de flocons d'avoine
150 g de farine
220 g de cassonade
40 g de noix de coco râpée
125 g de beurre
2 c. à s. de golden syrup ou de miel liquide
1 c. à s. d'eau
½ c. à c. de bicarbonate de soude

1 Préchauffez le four à 160 °C. Huilez des plaques de cuisson et chemisez-les de papier sulfurisé.

2 Mélangez les flocons d'avoine, la farine tamisée, la cassonade et la noix de coco dans un grand saladier.

3 Faites chauffer le beurre, le golden syrup et l'eau dans une petite casserole sur feu doux. Incorporez le bicarbonate de soude. Versez dans le saladier et mélangez.

4 Formez 25 boulettes et placez-les sur les plaques de cuisson, en les espaçant de 5 cm. Aplatissez-les légèrement.

5 Faites cuire les biscuits 20 minutes environ, puis laissez-les refroidir sur les plaques de cuisson.

biscuits à la confiture de framboises

24 | 25' | 2h | 10' | 180°

30 g de beurre
115 g de golden syrup
150 g de farine
½ c. à c. de bicarbonate de soude
¼ de c. à c. de gingembre moulu
¼ de c. à c. de cardamome moulue
¼ de c. à c. de cannelle moulue
¼ de c. à c. de clous de girofle moulus
½ c. à c. de cacao amer en poudre
1 c. à s. de lait
2 c. à s. de fruits confits finement hachés
80 g de confiture de framboises
60 g de chocolat noir fondu

1 Faites fondre le beurre dans une petite casserole. Ajoutez le golden syrup et portez à ébullition. Retirez la casserole du feu et laissez reposer 10 minutes. Incorporez le reste des ingrédients (sauf la confiture de framboises et le chocolat fondu). Couvrez et placez pour 2 heures au réfrigérateur.

2 Préchauffez le four à 180 °C. Huilez 2 plaques de cuisson.

3 Pétrissez la pâte sur un plan de travail fariné jusqu'à ce qu'elle soit souple.

4 Étalez la pâte entre 2 feuilles de papier sulfurisé, sur 8 mm d'épaisseur. Découpez-y 24 disques à l'aide d'un emporte-pièce cannelé de 4 cm de diamètre. Placez les disques sur les plaques de cuisson, en les espaçant de 3 cm. À l'aide de l'extrémité d'une cuillère en bois, creusez un trou au centre de chaque disque de pâte et remplissez-le avec 1/2 cuillerée à café de confiture.

5 Faites cuire les biscuits 10 minutes environ, puis laissez-les refroidir sur les plaques de cuisson. Étalez le chocolat fondu sur le côté opposé à celui contenant la confiture, puis faites-le durcir à température ambiante en posant les biscuits sur des plaques recouvertes de papier d'aluminium.

rock cakes

18 15' 15' 200°

300 g de farine avec levure incorporée
¼ de c. à c. de cannelle moulue
75 g de sucre en poudre
90 g de beurre coupé en cubes
160 g de raisins de Smyrne
1 œuf légèrement battu
125 ml de lait
1 c. à s. de sucre en poudre supplémentaire

1 Préchauffez le four à 200 °C. Beurrez 2 plaques de cuisson.

2 Tamisez la farine, la cannelle et le sucre au-dessus d'un saladier. Incorporez le beurre, à la main. Ajoutez les raisins secs, l'œuf et le lait, sans mélanger plus que nécessaire.

3 Disposez de belles cuillerées à soupe de pâte sur les plaques, en les espaçant de 5 cm. Saupoudrez-les avec le sucre supplémentaire.

4 Faites cuire les gâteaux 15 minutes et laissez-les refroidir sur les plaques.

18 20' 30' 160°

biscuits moelleux aux canneberges

60 g d'amandes effilées
3 blancs d'œufs
110 g de sucre en poudre
1 c. à s. de fécule de maïs
1 c. à c. de zeste d'orange finement râpé
100 g de canneberges séchées
1 c. à s. de sucre glace

1 Préchauffez le four à 160 °C. Huilez des plaques de cuisson et chemisez-les de papier sulfurisé.

2 Faites griller les amandes à sec dans une poêle, jusqu'à ce qu'elles soient légèrement dorées. Retirez-les de la poêle et laissez-les refroidir.

3 Montez les blancs d'œufs en neige souple dans un saladier, à l'aide d'un batteur électrique. Ajoutez le sucre en poudre petit à petit, tout en battant pour le dissoudre. Versez dans un grand saladier puis incorporez la fécule de maïs, le zeste d'orange, les canneberges et les amandes en 2 fois.

4 Déposez 18 tas de pâte sur les plaques de cuisson, en les espaçant de 4 cm.

5 Faites cuire les biscuits 30 minutes environ. Laissez-les reposer 5 minutes sur les plaques de cuisson, puis faites-les refroidir sur des grilles. Saupoudrez-les de sucre glace.

biscuits à la confiture

125 g de beurre ramolli
½ c. à c. d'extrait de vanille
110 g de sucre en poudre
120 g de poudre d'amandes
1 œuf
150 g de farine
1 c. à c. de zeste de citron finement râpé
110 g de confiture de framboises
2 c. à s. de confiture d'abricots

1 Préchauffez le four à 180 °C. Huilez des plaques de cuisson et chemisez-les de papier sulfurisé.

2 Battez le beurre, l'extrait de vanille, le sucre et la poudre d'amandes dans un saladier, à l'aide d'un batteur électrique, jusqu'à ce que le mélange blanchisse et soit mousseux. Ajoutez l'œuf tout en battant, puis incorporez la farine tamisée.

3 Mélangez la moitié du zeste de citron avec la confiture de framboises, et l'autre moitié avec la confiture d'abricots.

4 Formez 26 boulettes de pâte et placez-les sur les plaques de cuisson, en les espaçant de 5 cm. Aplatissez-les légèrement. Formez des trous en forme de fleur en enfonçant l'extrémité d'une cuillère en bois dans la pâte, sur 1 cm de profondeur. Remplissez chaque trou de confiture, en mettant celle d'abricots au centre.

5 Faites cuire les biscuits 15 minutes environ, puis laissez-les refroidir sur les plaques de cuisson.

biscuits roulés aux noisettes

30 | 20' | 1h30 | 20' | 180°

185 g de farine
100 g de beurre coupé en cubes
110 g de sucre en poudre
1 jaune d'œuf
1 c. à s. de lait, environ
110 g de pâte à tartiner au chocolat et aux noisettes
2 c. à s. de poudre de noisettes

1 Mixez grossièrement la farine, le beurre et le sucre dans un robot. Ajoutez le jaune d'œuf, mixez, puis ajoutez suffisamment de lait pour obtenir une boule de pâte. Pétrissez la pâte sur un plan de travail fariné jusqu'à ce qu'elle soit souple. Couvrez et placez pour 1 heure au réfrigérateur.

2 Étalez la pâte entre 2 feuilles de papier sulfurisé pour obtenir un rectangle de 20 × 30 cm. Retirez la feuille de papier sulfurisé du dessus et étalez la pâte à tartiner uniformément sur la pâte. Parsemez de poudre de noisettes. Enroulez la pâte en partant du côté le plus long et en vous aidant de la feuille de papier sulfurisé du dessous. Enveloppez-la dans du film alimentaire et placez pour 30 minutes au réfrigérateur.

3 Préchauffez le four à 180 °C. Huilez des plaques de cuisson et chemisez-les de papier sulfurisé.

4 Retirez le film alimentaire de la pâte et coupez des tranches de 1 cm d'épaisseur. Placez-les sur les plaques de cuisson, en les espaçant de 2 cm.

5 Faites cuire 20 minutes. Laissez-les reposer 5 minutes sur les plaques, puis faites-les refroidir sur des grilles.

bûchettes aux amandes

28 | 30' | 8' | 180°

1 blanc d'œuf
150 g de sucre en poudre
¼ de c. à c. d'essence d'amande amère
125 g de poudre d'amandes
70 g d'amandes effilées légèrement grillées et concassées
50 g de chocolat noir coupé en morceaux

1 Préchauffez le four à 180 °C. Graissez légèrement 2 plaques allant au four.

2 Montez le blanc d'œuf en neige au batteur électrique, en incorporant le sucre cuillerée par cuillerée. Ajoutez l'essence d'amande, la poudre d'amandes et les amandes concassées.

3 Avec cette préparation, formez sur les plaques de cuisson 28 bûchettes de 6 cm de long. Faites-les cuire 8 minutes au four, puis laissez-les refroidir.

4 Faites fondre le chocolat noir dans une casserole. Décorez les bûchettes de chocolat fondu, en vous aidant d'une poche à douille.

brandy snaps à la cannelle fourrés à la crème d'orange

18 25' 7' 180°

60 g de beurre
75 g de cassonade
2 c. à s. de golden syrup ou de miel liquide
50 g de farine
2 c. à c. de cannelle moulue
1 c. à c. de gingembre moulu
300 ml de crème épaisse
1 c. à s. de sucre glace
2 c. à c. de liqueur d'orange

1 Préchauffez le four à 180 °C. Huilez des plaques de cuisson et chemisez-les de papier sulfurisé.

2 Faites fondre le beurre, la cassonade et le golden syrup ou le miel dans une petite casserole sur feu doux. Retirez du feu, puis incorporez la farine tamisée et les épices.

3 Déposez 18 petits tas de pâte sur les plaques de cuisson, en les espaçant de 5 cm.

4 Faites cuire les biscuits 7 minutes environ, jusqu'à ce que des bulles se forment. Glissez une spatule sous un biscuit pour le détacher. En travaillant rapidement, enroulez le biscuit autour du manche d'une cuillère en bois, retirez le manche et laissez refroidir le biscuit roulé sur une grille. Recommencez avec le reste des biscuits.

5 Battez la crème, le sucre glace tamisé et la liqueur dans un saladier, à l'aide d'un batteur électrique, jusqu'à ce que des pointes fermes se forment. Au moment de servir, remplissez les biscuits de crème à l'aide d'une poche munie d'une douille cannelée.

ASTUCE
Si les biscuits refroidissent sur les plaques de cuisson, ils durcissent et deviennent difficiles à rouler. Si cela se produit, il suffit de les replacer au four pour 1 minute afin de les ramollir.

baklavas à l'eau de rose

16 | 15' | 45' | 200°

60 g d'amandes mondées
140 g de pistaches décortiquées
2 c. à c. de cannelle moulue
1 c. à c. de clous de girofle moulus
1 c. à c. de noix de muscade râpée
9 feuilles de brick
80 g de beurre fondu

Sirop à l'eau de rose
250 ml d'eau
220 g de sucre en poudre
90 g de miel
1 c. à c. d'eau de rose

1 Préchauffez le four à 180 °C. Beurrez un moule carré de 23 cm de côté.

2 Réduisez en poudre fine les fruits secs et les épices. Étalez ce mélange sur une plaque de cuisson et faites-le dorer 10 minutes sans couvrir. Augmentez le thermostat à 200 °C.

3 Découpez les feuilles de brick pour qu'elles s'ajustent au fond du moule. Déposez-en 3 dans le moule et badigeonnez-les de beurre fondu. Répartissez dessus 1/3 des fruits secs en poudre. Répétez l'opération 2 fois et terminez par une couche de feuilles de brick. Avec la pointe d'un couteau, découpez le baklava en 16 triangles. Faites cuire 25 minutes à 200 °C, puis encore 10 minutes à 150 °C.

4 Préparez le sirop de rose en laissant bouillir tous les ingrédients pendant 5 minutes au moins, sans couvrir ni remuer, pour que le sirop épaississe. Sortez le baklava du four et arrosez-le aussitôt de sirop chaud. Laissez refroidir dans le moule à température ambiante.

baklavas aux figues

16 | 20' | 35' | 200°

160 g d'amandes mondées grillées
140 g de pistaches grillées
170 g de figues séchées grossièrement hachées
2 c. à c. de cannelle moulue
1 c. à c. de clous de girofle moulus
9 feuilles de pâte filo
80 g de beurre fondu

Sirop au miel
250 ml d'eau
165 g de sucre en poudre
115 g de miel
1 c. à c. de zeste de citron finement râpé

1 Préchauffez le four à 200 °C. Huilez un moule à manqué carré de 22 cm de côté. Mixez finement les amandes, les pistaches, les figues et les épices.

2 Découpez les feuilles de pâte filo en carrés de la taille du moule. Superposez 3 feuilles badigeonnées de beurre dans le moule. Parsemez 8 cuillerées à soupe du mélange mixé. Recommencez avec le reste des ingrédients, en terminant par la pâte filo.

3 Coupez le baklava en quatre, puis découpez chaque carré obtenu en 4 triangles. Faites cuire 25 minutes. Baissez la température à 150 °C et faites cuire 10 minutes de plus.

4 Mélangez les ingrédients du sirop au miel dans une casserole et faites chauffer à feu doux pour faire fondre le sucre. Portez à ébullition, baissez le feu et faites cuire 10 minutes sans remuer.

5 Versez le sirop chaud sur les baklavas chauds, puis laissez refroidir dans le moule.

biscuits façon baklava

42 35' 10' 180°

90 g de pistaches grillées non salées, finement hachées
2 c. à s. de miel
3 c. à c. d'eau de rose
250 g de beurre ramolli
55 g de sucre en poudre
1 c. à c. d'extrait de vanille
225 g de farine tamisée
2 c. à c. d'eau de rose supplémentaire

1 Mélangez les pistaches, le miel et l'eau de rose dans un petit saladier.

2 Préchauffez le four à 180 °C. Chemisez des plaques de cuisson de papier sulfurisé.

3 Avec un batteur électrique, battez le beurre, le sucre et l'extrait de vanille dans un petit récipient, jusqu'à obtention d'une consistance homogène. Transvasez la préparation dans un grand récipient et incorporez la farine tamisée, en 2 fois. Incorporez l'eau de rose supplémentaire.

4 Façonnez en boules des cuillerées à café bombées de pâte, puis faites-en des boudins de 12 cm. Formez une boucle avec chacun, en faisant se chevaucher les extrémités. Disposez les biscuits sur les plaques, à environ 2,5 cm de distance.

5 Garnissez-les d'à peu près ½ cuillerée à café de pistaches au miel. Enfournez pour 10 minutes, puis laissez refroidir sur les plaques.

biscuits grecs aux amandes

25 | 30' | 15' | 180°

375 g de poudre d'amandes
220 g de sucre
3 gouttes d'essence d'amande amère
3 blancs d'œufs légèrement battus
80 g d'amandes effilées

1 Préchauffez le four à 180 °C. Huilez des plaques de cuisson et chemisez-les de papier sulfurisé.

2 Mélangez la poudre d'amandes, le sucre et l'essence d'amande dans un grand saladier. Incorporez les blancs d'œufs et mélangez pour obtenir une pâte ferme.

3 Prélevez un peu de pâte et roulez-la dans les amandes effilées. Formez un boudin de 8 cm de long, puis roulez-le dans les amandes effilées. Donnez-lui la forme d'un croissant et posez-le sur une plaque. Recommencez avec le reste de la pâte.

4 Faites cuire les biscuits 15 minutes environ, jusqu'à ce qu'ils soient légèrement dorés, puis laissez-les refroidir sur les plaques de cuisson.

cornes de gazelle

50 | 35' | 15' | 180°

250 g de beurre ramolli
1 c. à c. d'extrait de vanille
220 g de sucre en poudre
1 œuf
60 ml de cognac
120 g d'amandes grillées et mondées finement hachées
375 g de farine ordinaire
225 g de farine avec levure incorporée
½ c. à c. de noix de muscade moulue
60 ml d'eau de rose
125 ml d'eau
480 g de sucre glace

1 Préchauffez le four à 180 °C. Graissez des plaques de cuisson.

2 Battez le beurre, l'extrait de vanille et le sucre dans un petit saladier, avec un batteur électrique, jusqu'à ce que le mélange soit clair et mousseux. Incorporez l'œuf et le cognac tout en battant. Transvasez la préparation dans un grand saladier. Incorporez les amandes, les deux farines tamisées et la muscade, en 2 fois.

3 Pétrissez légèrement la pâte sur un plan de travail fariné jusqu'à ce qu'elle soit lisse. Formez des croissants avec des cuillerées à soupe de pâte. Disposez-les à environ 2,5 cm de distance sur les plaques. Enfournez pour environ 15 minutes, ou jusqu'à ce qu'ils soient légèrement brunis.

4 Transférez les croissants sur des grilles, badigeonnez-les d'un mélange d'eau de rose et d'eau. Enrobez-les d'une couche épaisse de sucre glace tamisé et laissez refroidir.

CONSERVATION

Les croissants se gardent dans un récipient hermétique jusqu'à 1 semaine.

croissants aux amandes et aux pruneaux

16 25' 30' 25' 180°

225 g de farine
60 g de poudre d'amandes
55 g de sucre en poudre
2 c. à c. de zeste de citron finement râpé
90 g de cream cheese coupé en cubes
90 g de beurre coupé en cubes
2 c. à s. de lait fermenté
1 blanc d'œuf légèrement battu
20 g d'amandes effilées légèrement écrasées

Garniture
60 g de pruneaux dénoyautés finement hachés
80 g de confiture de pruneaux
55 g de sucre en poudre
½ c. à c. de cannelle moulue

1 Mélangez la farine, la poudre d'amandes, le sucre et le zeste dans un robot. Ajoutez le cream cheese et le beurre, puis mixez pour sabler la pâte. Ajoutez le lait fermenté et mixez jusqu'à ce qu'une boule se forme.

2 Pétrissez la pâte sur un plan de travail fariné jusqu'à ce qu'elle soit souple. Divisez-la en deux et étalez chaque pâton entre 2 feuilles de papier sulfurisé. Découpez un disque de 22 cm de diamètre dans chaque moitié de pâte, en vous aidant d'un moule à manqué de même diamètre. Couvrez les disques de pâte et placez-les pour 30 minutes au réfrigérateur.

3 Préchauffez le four à 180 °C. Huilez des plaques de cuisson et chemisez-les de papier sulfurisé.

4 Préparez la garniture en mélangeant les ingrédients dans un saladier.

5 Coupez chaque disque de pâte en 8 triangles. Étalez un peu de garniture sur les triangles et roulez-les en forme de croissants, en partant de la base et en finissant par la pointe. Placez les croissants sur les plaques de cuisson, badigeonnez-les de blanc d'œuf et parsemez-les d'amandes effilées.

6 Faites cuire les croissants 25 minutes environ, puis laissez-les refroidir sur les plaques.

biscuits aux dattes épicées

90 g de beurre ramolli
55 g de sucre glace
1 œuf
185 g de farine ordinaire
35 g de farine avec levure incorporée
2 c. à s. de lait
2 c. à c. de sucre en poudre

Garniture aux dattes
375 g de dattes séchées dénoyautées, grossièrement hachées
180 ml d'eau
2 c. à c. de poivre de la Jamaïque moulu
¼ de c. à c. de clous de girofle moulus
1 pincée de bicarbonate de soude

1 Battez le beurre et le sucre glace tamisé dans un petit saladier, avec un batteur électrique, jusqu'à ce que le mélange soit homogène. Ajoutez l'œuf tout en battant. Incorporez les deux farines tamisées, en 2 fois, puis couvrez la pâte et placez-la pour 30 minutes au réfrigérateur.

2 Pendant ce temps, préparez la garniture aux dattes. Mettez les dattes et l'eau dans une casserole moyenne. Faites cuire en remuant environ 10 minutes, ou jusqu'à obtention d'une consistance épaisse et homogène. Incorporez les épices et le bicarbonate de soude. Laissez refroidir.

3 Préchauffez le four à 180 °C. Chemisez des plaques de cuisson de papier sulfurisé.

4 Abaissez la pâte entre 2 feuilles de papier sulfurisé pour obtenir un rectangle de 30 × 40 cm. Découpez 4 bandes de 7,5 × 40 cm. Mettez la garniture dans une poche à douille munie d'un grand embout lisse de 1,5 cm de diamètre. Répartissez-la au centre de chaque bande. Repliez les bords jusqu'à ce qu'ils se touchent pour recouvrir la garniture. Placez les rouleaux sur une planche à découper, côté soudure vers le bas, et détaillez-les chacun en 10 petits rectangles. Disposez-les sur les plaques, soudure en dessous. Badigeonnez de lait et saupoudrez de sucre.

5 Faites cuire environ 20 minutes, puis laissez refroidir sur les plaques.

CONSERVATION
Ces biscuits se conservent dans un récipient hermétique à température ambiante jusqu'à 1 semaine.

40 30' 30' 20' 180°

QUELQUES EXEMPLES DE BISCUITS DÉCORÉS

Nous avons utilisé des biscuits secs de forme ovale,
que nous avons recouverts de glaçage royal et garnis de décors colorés.

ANIMAUX

Vous pourrez trouver ces petits animaux en sucre au supermarché, dans les magasins de bonbons ou d'ustensiles de cuisine. Disposez-les sur le glaçage avant que celui-ci ne durcisse.

CŒURS

Vous trouverez ces petits bonbons en forme de cœur dans les magasins de bonbons. Disposez-les sur le glaçage avant que celui-ci ne durcisse. Vous pouvez les utiliser pour représenter des formes (diamants, étoiles...), des chiffres ou des lettres (les initiales de vos invités par exemple).

PAPILLONS

Vous trouverez des papillons en sucre au supermarché ou dans les magasins de bonbons. Mettez-les en place avant que le glaçage ne durcisse. Vous pouvez les accompagner d'une fleur en glaçage royal, formée à l'aide d'une poche à douille avec embout étoilé.

FANTÔMES

Ces biscuits sont parfaits pour Halloween. Utilisez des bonbons fourrés en forme de tube coupés en rondelles pour les yeux, et un Jelly Bean® pour la bouche. Disposez-les sur le glaçage avant que celui-ci ne durcisse.

FLEURS

Avant de garnir les biscuits de glaçage, préparez les feuilles et les tiges en découpant de fins bâtonnets dans des bonbons de couleur verte. Glacez les biscuits et mettez en place les tiges et les feuilles sans attendre, puis ajoutez les fleurs (vous en trouverez au rayon pâtisserie de votre supermarché).

ABC

Vous trouverez des bonbons en forme de lettres dans les magasins de bonbons ou au rayon pâtisserie de votre supermarché. Vous pouvez aussi les créer vous-même, avec du glaçage, du fondant ou de la pâte d'amandes. Mettez en place les lettres avant que le glaçage ne durcisse.

BONSHOMMES

Utilisez des Smarties® ou des M&M's® pour les yeux et le nez, et des petites pépites ou billes de sucre pour la bouche. Mettez-les en place avant que le glaçage ne durcisse.

FUSÉES

Formez les parties de la fusée avec des bonbons carrés Haribat® dont vous aurez séparé les différentes couches. Utilisez un M&M's® pour faire le hublot.

POIS

Ces petits bonbons en forme de billes existent en de nombreuses couleurs. Enfoncez-les légèrement dans le glaçage juste après l'avoir étalé.

VERMICELLES

Vous trouverez des vermicelles de toutes les tailles et couleurs au rayon pâtisserie de votre supermarché. Parsemez-en les biscuits juste après avoir étalé le glaçage pour qu'ils y adhèrent, car celui-ci durcit très rapidement.

NŒUDS ET RUBANS

Nous avons confectionné ces nœuds et ces rubans en découpant de fines bandelettes dans des bonbons acidulés rouges en forme de rubans. Mettez en place les bandelettes avant que le glaçage ne durcisse et attachez les nœuds avec un petit disque de glaçage.

RAYURES COLORÉES

Découpez de fines bandelettes dans des bonbons acidulés en forme de rubans de toutes les couleurs. Disposez-les délicatement sur le glaçage avant qu'il ne durcisse.

24 | 45' | 15' | 180°

puzzle de petits bonshommes

125 g de beurre ramolli
110 g de sucre roux
1 jaune d'œuf
375 g de farine ordinaire
1 c. à c. de bicarbonate de soude
3 c. à c. de gingembre moulu
175 g de golden syrup

Glaçage au citron
1 blanc d'œuf légèrement battu
240 g de sucre glace
2 c. à c. de farine ordinaire
2 c. à c. de jus de citron, environ
colorant alimentaire jaune

1 Préchauffez le four à 180 °C. Beurrez et chemisez de papier sulfurisé 2 plaques de cuisson.

2 Fouettez le beurre, le sucre et le jaune d'œuf, avec un batteur électrique, jusqu'à obtention d'un mélange lisse. Incorporez la farine, le bicarbonate de soude et le gingembre tamisés, ainsi que le golden syrup, en 2 fois. Pétrissez la pâte sur un plan de travail fariné, jusqu'à ce qu'elle soit lisse.

3 Divisez la pâte en deux. Abaissez les deux pâtons au rouleau, entre 2 feuilles de papier sulfurisé, sur une épaisseur de 5 mm.

4 Sur une plaque de cuisson, découpez des petits bonshommes dans la pâte, à l'aide d'un emporte-pièce ou d'un gabarit. Retirez la pâte en excès, étalez-la à nouveau sur une épaisseur de 5 mm et posez le disque obtenu sur une plaque de cuisson. Découpez-y des cœurs avec un emporte-pièce, en retirant la pâte en excès. Faites cuire les formes environ 15 minutes, puis laissez-les refroidir sur les plaques.

5 Préparez le glaçage au citron. Mélangez le blanc d'œuf et la moitié du sucre glace tamisé. Incorporez le reste du sucre glace, la farine et juste assez de jus de citron pour obtenir un glaçage onctueux. Colorez le mélange avec quelques gouttes de colorant alimentaire jaune. Nappez les biscuits de glaçage et laissez prendre à température ambiante.

Découpez des formes en papier à partir du modèle. Mettez la moitié de la pâte abaissée, toujours sur le papier sulfurisé, sur une plaque. Mettez en place les formes en papier sur la pâte et découpez tout autour, à l'aide d'un petit couteau d'office pointu.

Retirez délicatement l'excédent de pâte entre les formes. Pétrissez-le sur un plan de travail fariné, étalez-le entre 2 feuilles de papier sulfurisé et préparez d'autres pièces du puzzle.

boutons sablés

26 30' 30' 150°

250 g de beurre ramolli
75 g de sucre en poudre
35 g de farine de riz
335 g de farine ordinaire
1 c. à s. de sucre en poudre supplémentaire

1 Préchauffez le four à 150 °C. Chemisez de papier sulfurisé plusieurs plaques de cuisson huilées.

2 Fouettez le beurre et le sucre, avec un batteur électrique, jusqu'à obtention d'un mélange lisse. Incorporez les farines tamisées. Pétrissez la pâte sur un plan de travail fariné jusqu'à ce qu'elle soit lisse.

3 Posez un emporte-pièce fariné rond de 5 cm de diamètre sur une des plaques de cuisson. Prélevez 1 cuillerée à soupe rase de pâte, puis pressez-la uniformément à l'intérieur de l'emporte-pièce. Retirez l'emporte-pièce. Répétez l'opération avec le reste de la pâte.

4 Utilisez le bouchon d'une bouteille en plastique pour marquer la dépression au centre des boutons. Avec une pointe (une brochette métallique par exemple), faites les trous des boutons. Enfin, dentelez le tour avec les dents d'une fourchette.

5 Saupoudrez les boutons de sucre et faites-les cuire 30 minutes au four, jusqu'à ce qu'ils soient fermes. Laissez-les refroidir sur les plaques de cuisson.

Pour préparer de jolis boutons, posez un emporte-pièce rond de 5 cm de diamètre fariné sur une plaque recouverte de papier sulfurisé. Garnissez l'emporte-pièce de 1 cuillerée à soupe rase de pâte, en l'enfonçant bien à l'aide d'une cuillère à café. Retirez l'emporte-pièce, essuyez-le, farinez-le et répétez l'opération jusqu'à épuisement de la pâte.

Pour marquer le disque au centre des boutons, nous utilisons un bouchon de bouteille d'eau fariné. Formez les trous avec une brochette en bambou ou une aiguille à tricoter. Décorez le bord des boutons avec une fourchette.

gingerbread

125 g de beurre doux ramolli
110 g de cassonade
1 jaune d'œuf
375 g de farine ordinaire
1 c. à c. de bicarbonate de soude
3 c. à c. de gingembre moulu
175 g de golden syrup
1 c. à s. de billes de sucre roses

Glaçage royal
1 blanc d'œuf
240 g de sucre glace
4 gouttes de jus de citron
colorants alimentaires jaune et rose

1 Préchauffez le four à 180 °C. Chemisez des plaques de cuisson de papier sulfurisé.

2 Battez le beurre, la cassonade et le jaune d'œuf dans un petit saladier avec un batteur électrique jusqu'à ce que le mélange soit homogène. Transvasez dans un grand saladier. Incorporez les ingrédients secs tamisés et le golden syrup, en 2 fois.

3 Pétrissez la pâte sur un plan de travail fariné jusqu'à ce qu'elle soit lisse. Divisez-la en deux. Abaissez chaque pâton à 5 mm d'épaisseur entre 2 feuilles de papier sulfurisé. Découpez 6 formes de fille et 6 de garçon, de 12 cm, et 12 fleurs de 6 cm. Disposez-les sur les plaques à 2,5 cm de distance. Faites cuire au four 10 minutes. Laissez refroidir sur les plaques.

4 Préparez le glaçage royal. Battez le blanc d'œuf dans un petit saladier avec un batteur électrique. Ajoutez progressivement le sucre glace tamisé, tout en battant. Quand le mélange a atteint la bonne consistance, incorporez le jus de citron en battant. Répartissez le glaçage dans 3 récipients ; colorez-en une partie en jaune, une autre en rose, et laissez la dernière telle quelle.

5 À l'aide des photos de cette page, décorez les biscuits avec le glaçage en utilisant les 3 couleurs. Parsemez le centre des fleurs de billes de sucre roses. Laissez prendre à température ambiante.

CONSEIL

Vous pouvez découper les formes que vous souhaitez dans la pâte. Faites attention à ne pas trop cuire les biscuits ; ils doivent être encore mous au toucher après la cuisson, et vont devenir croustillants en refroidissant.

CONSERVATION

Ces biscuits peuvent être conservés dans un récipient hermétique pendant au moins 1 semaine.

24 40' 10' 180°

30 25' 30' 15' 180°

jeux de morpion chocolat-vanille

125 g de beurre ramolli
110 g de sucre en poudre
1 œuf
1 c. à c. d'extrait de vanille
250 g de farine ordinaire
2 c. à s. de cacao en poudre
2 c. à c. de lait
50 g de pépites de chocolat blanc
50 g de pépites de chocolat noir

1 Préchauffez le four à 180 °C. Chemisez des plaques de cuisson de papier sulfurisé.

2 Battez le beurre, le sucre, l'œuf et l'extrait de vanille dans un petit saladier, avec un batteur électrique, jusqu'à ce que le mélange soit homogène. Incorporez la farine tamisée, en 2 fois.

3 Divisez la pâte en deux. Mélangez le cacao tamisé et le lait avec la moitié de la pâte. Couvrez et placez au réfrigérateur pour 30 minutes.

4 Abaissez les pâtons à 5 mm d'épaisseur, entre 2 feuilles de papier sulfurisé. Découpez 15 disques de 6 cm de diamètre dans chaque abaisse. Répartissez-les sur les plaques, à 2,5 cm de distance environ.

5 Disposez les pépites de chocolat blanc sur les disques au chocolat en formant une croix, et les pépites de chocolat noir sur les disques à la vanille de façon à former des zéros. Enfournez pour 15 minutes environ, puis laissez refroidir sur les plaques.

PRATIQUE

Il vous faudra 120 pépites de chocolat blanc et 120 de chocolat noir pour former les croix et les zéros.

CONSERVATION

Ces biscuits se conservent dans un récipient hermétique jusqu'à 1 semaine.

dominos

28 | 35' | 30' | 12' | 180°

90 g de beurre ramolli
110 g de sucre roux
1 œuf
20 g de noix de coco séchée
25 g de germes de blé
120 g de farine ordinaire complète
50 g de farine avec levure incorporée
45 g de pépites de chocolat noir, environ
150 g de chocolat noir fondu

1 Fouettez le beurre et le sucre dans un saladier, à l'aide d'un batteur électrique, jusqu'à obtention d'une pâte lisse. Ajoutez l'œuf et continuez de fouetter jusqu'à ce que le mélange soit homogène. Incorporez la noix de coco, les germes de blé et les deux farines tamisées.

2 Étalez la pâte au rouleau sur 5 mm d'épaisseur, entre 2 feuilles de papier sulfurisé. Couvrez et placez pour 30 minutes au réfrigérateur.

3 Préchauffez le four à 180 °C. Chemisez de papier sulfurisé plusieurs plaques de cuisson huilées.

4 À l'aide d'un emporte-pièce de 9 cm de côté, découpez 14 carrés. Coupez chaque carré en deux pour former 28 rectangles que vous poserez sur les plaques, espacés d'environ 3 cm. À l'aide d'un couteau, marquez un trait au milieu des rectangles, sans les couper en deux. Enfoncez les pépites de chocolat dans la pâte de façon à représenter les points d'un jeu de dominos.

5 Faites cuire environ 12 minutes, puis laissez les dominos refroidir sur les plaques.

6 Nappez le dessous des dominos de chocolat fondu. Laissez prendre à température ambiante sur une plaque chemisée de papier sulfurisé.

BONBONS POUR DÉCORER LES PÂTISSERIES

Les bonbons sont la solution idéale pour décorer des gâteaux de fête et animer vos créations sans vous casser la tête. Fixez-les sur le gâteau avec de la crème au beurre.

SMARTIES®

Les Smarties font des yeux parfaits sur un gâteau ; ils peuvent aussi être triés par couleur, pour un effet saisissant. Fixez-les avec de la crème au beurre peu de temps avant de présenter le gâteau, pour éviter que les couleurs ne déteignent.

CHAMALLOWS®

Leur couleur pastel et leur malléabilité en font un très bon outil de décoration. Coupez-les dans le sens de la longueur et pincez le bout pour former des pétales parfaits. Fixez-les au gâteau et terminez avec des vermicelles multicolores.

BOULES ARGENTÉES

Elles font briller de mille feux un gâteau de fête. Épelez élégamment des lettres ou représentez des bijoux. Utilisez-les généreusement pour un look tape à l'œil, ou parcimonieusement sur un cupcake simple.

PÉPITES DE CHOCOLAT MULTICOLORES

Choisissez des bonbons de toutes les couleurs, comme ces pépites de chocolat multicolores, et utilisez-les comme bon vous semble. Disposez-en une couche sur un gâteau, pour un aspect spectaculaire. Si vous n'en trouvez pas, les M&M's Minis® feront aussi très bien l'affaire.

ASSORTIMENTS DE COULEURS

Triez différents bonbons par couleur ; par exemple, des Tagada®, des Dragibus® et d'autres bonbons gélifiés. En les rassemblant sur un gâteau à thème, vous obtiendrez un effet très réussi.

VERMICELLES ET MINIBILLES MULTICOLORES

Les minibilles et les vermicelles multicolores sont des ingrédients indispensables pour une fête. Parsemez-en un gâteau au chocolat ou une tranche de pain de mie beurrée sans croûte, pour faire du *fairy bread*. Sur un gâteau de fête, ils deviennent de la poussière de fée.

BANDES DE RÉGLISSE

Les gâteaux de fête ne seraient pas les mêmes sans la réglisse. Coupez-les en différentes longueurs et formes, roulez-les, étendez-les ou aplatissez-les, pour définir des bords ou pour faire des traits d'un visage, comme des cils ou une moustache.

FLAKE BARS

Cassez les *flake bars* (Cadbury's®) en petits morceaux et éparpillez-les sur un gâteau au chocolat, pour une touche chocolatée supplémentaire. Vous en trouverez dans les épiceries britanniques.

maison en pain d'épice

675 g de farine avec levure incorporée
3 c. à c. de gingembre moulu
2 c. à c. de cannelle moulue
1 ½ c. à c. de clous de girofle moulus
1 c. à c. de noix de muscade moulue
185 g de beurre coupé en gros cubes
220 g de sucre roux
180 g de mélasse
2 œufs légèrement battus
1 morceau de carton rond ou carré de 35 cm de côté
un assortiment de sucettes

Glaçage royal
2 blancs d'œufs
480 g de sucre glace

1 Mixez la farine, les épices et le beurre jusqu'à obtention d'un mélange sableux (en 2 fois si nécessaire). Ajoutez le sucre, la mélasse et suffisamment d'œuf battu pour obtenir une pâte. Pétrissez-la sur un plan de travail fariné jusqu'à ce qu'elle soit lisse. Enveloppez-la dans du film alimentaire et placez au réfrigérateur pour 1 heure.

2 Découpez le gabarit de la maison en pain d'épice dans du papier : 2 rectangles de 12 × 19 cm pour le toit, 2 rectangles de 10,5 × 16 cm pour les murs latéraux et 2 rectangles de 16 × 18 cm pour les murs avant et arrière. Coupez les murs avant et arrière pour obtenir 2 pignons de 11 cm de haut.

3 Préchauffez le four à 180 °C. Abaissez la pâte à 5 mm d'épaisseur, entre 2 feuilles de papier sulfurisé, puis décollez la couche supérieure de papier. Découpez les différentes parties de la maison dans la pâte, à l'aide du gabarit. Réservez les chutes de pâte. Glissez le papier sulfurisé, avec les parties de la maison dessus, sur une plaque de cuisson, puis faites cuire au four 12 minutes. Abaissez les chutes de pâte à 5 mm d'épaisseur ; découpez des sapins et la cheminée.

4 Avec la pointe d'un couteau tranchant, découpez sur le pain d'épice encore chaud des petites fenêtres dans les murs latéraux, et une porte dans le mur avant (réservez-la). Coupez les morceaux de pain d'épice pour que les bords soient bien droits, puis laissez-les refroidir sur des grilles.

5 Préparez le glaçage royal. Avec un batteur électrique, battez les blancs d'œufs dans un récipient, jusqu'à ce qu'ils moussent. Ajoutez progressivement le sucre glace tamisé, sans cesser de battre. Quand il ne sert pas, couvrez le glaçage avec un torchon humide. Couvrez le carton rond ou carré de papier d'aluminium.

6 Avec du glaçage, collez 2 brochettes en bambou croisées sur l'envers de chaque partie du toit. Laissez sécher avant de monter la maison.

7 Assemblez les parties de la maison, en fixant le toit aux murs avec du glaçage. Si possible, laissez reposer la maison montée pendant toute la nuit avant de la décorer, pour que le glaçage soit bien sec, en soutenant les côtés avec 4 boîtes de conserve. Avec le reste du glaçage, représentez de la neige sur le carton autour de la maison.

8 Avec du glaçage, fixez la porte sur le mur, puis les sapins sur le carton et la cheminée sur le toit. Décorez la maison avec des sucettes.

Préparez la recette, puis découpez les formes du toit et des murs de la maison en suivant les schémas. Préparez le glaçage royal, qui fait un excellent mortier et sèche très bien. Renforcez les 2 parties du toit avec des brochettes en bois. Tracez les 2 diagonales de chaque partie avec du glaçage, à la poche à douille ou à la main. Disposez 1 brochette sur une diagonale et 2 morceaux de brochette sur l'autre, pour qu'elles se touchent au croisement. Laissez le glaçage sécher complètement.

Mettez du glaçage sur les côtés et le bas des murs, avec une poche à douille ou à la main, et assemblez-les sur un carton. Placez des boîtes de conserve à l'intérieur et à l'extérieur pour maintenir les murs. Laissez sécher. Mettez du glaçage sur les parties supérieures des murs et positionnez le toit. Laissez sécher avant de décorer avec du glaçage et des bonbons.

1 2h30 12' 12h 1h 180°

biscuits glacés aux épices

40 25' 10' 30' 15' 180°

160 g de beurre
110 g de cassonade
270 g de golden syrup
ou de miel liquide
1 œuf
375 g de farine ordinaire
75 g de farine avec levure incorporée
½ c. à c. de bicarbonate de soude
1 c. à c. de cannelle moulue
1 c. à c. d'un mélange de cannelle, de noix de muscade et de poivre de la Jamaïque moulus
½ c. à c. de clous de girofle moulus
2 c. à c. de gingembre moulu

Glaçage au citron
1 blanc d'œuf
240 g de sucre glace
2 c. à c. de farine ordinaire
1 c. à s. de jus de citron, environ
colorant alimentaire rose

1 Préchauffez le four à 180 °C. Graissez des plaques de cuisson.

2 Mélangez le beurre, la cassonade et le golden syrup dans une casserole moyenne, sur feu doux, jusqu'à homogénéité.

3 Transvasez la préparation dans un grand saladier et laissez refroidir 10 minutes. Incorporez l'œuf puis les ingrédients secs tamisés, en 2 fois. Pétrissez la pâte sur un plan de travail fariné jusqu'à ce qu'elle ne colle plus, puis couvrez. Placez pour 30 minutes au réfrigérateur.

4 Divisez la pâte en 8 pâtons. Façonnez des boudins de 2 cm de diamètre, puis coupez chacun d'eux en 5 tronçons de 6 cm. Disposez-les à environ 2,5 cm de distance sur les plaques. Arrondissez les extrémités avec des doigts légèrement farinés et aplatissez-les un peu. Faites cuire 15 minutes environ, puis laissez refroidir sur les plaques.

5 Préparez le glaçage. Battez légèrement le blanc d'œuf dans un petit récipient. Incorporez peu à peu le sucre glace et la farine tamisés, puis assez de jus de citron pour que le glaçage puisse être étalé. Versez-en la moitié dans un autre petit récipient et colorez-la en rose. Recouvrez les glaçages d'un torchon humide pendant que vous les utilisez, pour qu'ils ne sèchent pas.

6 Nappez les biscuits de glaçage rose ou du glaçage blanc. Laissez prendre à température ambiante.

CONSERVATION
Ces biscuits se conservent dans un récipient hermétique jusqu'à 1 semaine.

fleurs au lait malté

36 25' 30' 18' 150°

125 g de beurre ramolli
110 g de sucre en poudre
1 œuf
2 c. à s. de golden syrup ou de miel liquide
40 g de lait malté en poudre
375 g de farine ordinaire
½ c. à c. de bicarbonate de soude
1 ½ c. à c. de crème de tartre

Glaçage au lait malté
240 g de sucre glace
2 c. à s. de lait malté en poudre
2 c. à s. de lait, environ

Décoration
36 pastilles de chocolat noir
minibilles de sucre multicolores

1 Battez le beurre, le sucre et l'œuf dans un petit saladier, avec un batteur électrique, jusqu'à ce que le mélange soit homogène, puis transvasez dans un grand saladier. Incorporez le golden syrup et les ingrédients secs tamisés, en 2 fois. Pétrissez légèrement la pâte sur un plan de travail fariné jusqu'à ce qu'elle soit lisse. Couvrez et réfrigérez 30 minutes.

2 Préchauffez le four à 150 °C. Chemisez des plaques de cuisson de papier sulfurisé.

3 Abaissez la pâte à 5 mm d'épaisseur entre 2 feuilles de papier sulfurisé. Découpez des fleurs de 7,5 cm, puis disposez-les à environ 2,5 cm de distance sur les plaques. Enfournez pour 18 minutes environ. Laissez refroidir sur les plaques.

4 Pendant ce temps, préparez le glaçage au lait malté. Tamisez le sucre glace et le lait malté en poudre au-dessus d'un petit récipient résistant à la chaleur ; incorporez assez de lait pour former une pâte épaisse. Remuez au-dessus d'une petite casserole d'eau frémissante jusqu'à ce que le glaçage puisse être étalé.

5 Appliquez le glaçage sur les biscuits. Décorez la moitié des biscuits de pastilles de chocolat noir et l'autre moitié de pastilles enrobées de minibilles de sucre.

CONSERVATION
Ces biscuits se conservent dans un récipient hermétique jusqu'à 1 semaine.

TRUCS & ASTUCES

SUCETTES (PAGE 310)

Découpez 12 disques de pâte avec un emporte-pièce de 10,5 cm de diamètre. Posez-les sur une plaque chemisée de papier sulfurisé, en les espaçant de 5 cm. Avec des emporte-pièce de taille croissante, coupez l'intérieur des disques pour former les sucettes, en commençant par le centre. Retirez les morceaux de pâte en trop.

Badigeonnez la pâte uniformément avec un peu de blanc d'œuf battu, au pinceau, puis parsemez avec des minibilles multicolores. Glissez 1 bâtonnet de sucette sous les disques de pâte, au centre. Poursuivez la recette.

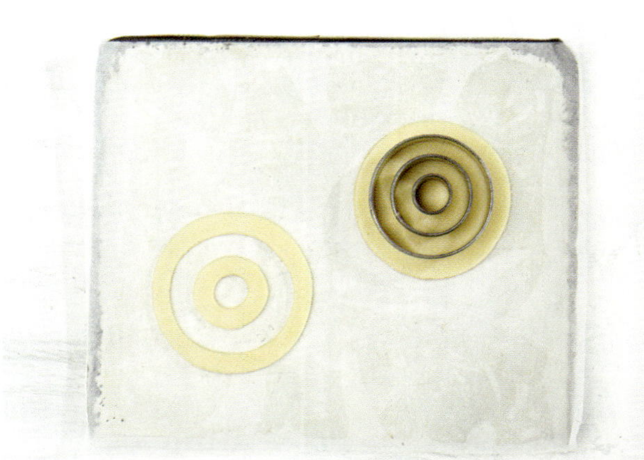

1

2

1

2

FORTUNE COOKIES À LA NOIX DE COCO (PAGE 307)

Préparez vos petits messages. Dès que les biscuits sont cuits, sortez-les du four et décollez-les rapidement, en glissant un couteau ou une spatule en dessous. Enfermez ensuite un message dans chaque biscuit.

Posez rapidement chaque biscuit fermé encore chaud sur le bord d'un verre pendant 30 secondes, pour qu'il prenne sa forme. Laissez refroidir sur une grille.

BISCUITS DAMIER AU CHOCOLAT ET AUX CANNEBERGES (PAGE 308)

Cette préparation est plus facile qu'elle en a l'air. Préparez la recette, puis démoulez les 2 rectangles de pâte sur une planche à découper.

COUPER LES RECTANGLES

À l'aide d'un couteau à longue lame, coupez chaque rectangle en 3 tranches, puis empilez-les et recoupez chaque tranche en 3 bandes. Vous obtenez 9 bandes par rectangle.

1

2

3

4

ASSEMBLER

Empilez les bandes de pâte en alternant les couleurs (badigeonnez-les avec un peu de blanc d'œuf) pour former le damier et placez pour 30 minutes au réfrigérateur.

COUPER LES BISCUITS

Coupez les rectangles en tranches de 1 cm d'épaisseur et posez-les sur les plaques. Faites cuire en suivant les indications de la recette.

28
30'
1h
15'
180°

fortune cookies à la noix de coco

44 15' 1"50 180°

2 blancs d'œufs
55 g de sucre glace
1 c. à c. d'extrait de noix de coco
30 g de beurre fondu
50 g de farine
20 g de noix de coco râpée grillée

1 Préparez des messages de « bonne aventure » sur des petits papiers à glisser dans les biscuits.

2 Préchauffez le four à 180 °C. Huilez et farinez des plaques de cuisson. Tracez 2 cercles de 8 cm de diamètre sur chaque plaque.

3 Fouettez les blancs d'œufs dans un saladier, à l'aide d'un batteur électrique, jusqu'à ce qu'ils commencent à mousser. Ajoutez peu à peu le sucre glace, l'extrait de noix de coco et le beurre, tout en fouettant. Incorporez la farine tamisée et mélangez jusqu'à ce que la pâte soit souple.

4 Déposez 1 cuillerée à café de pâte au centre de chaque cercle dessiné et étalez la pâte pour recouvrir le cercle. Saupoudrez de noix de coco.

5 Faites cuire 5 minutes environ, une plaque à la fois, jusqu'à ce que le bord des biscuits soit légèrement doré. Retirez la plaque du four. En procédant rapidement, posez un message sur papier au centre de chaque biscuit, retirez le biscuit de la plaque à l'aide d'une spatule, pliez-le en deux, puis posez-le sur le bord d'un verre. Laissez-le refroidir 30 secondes. Placez les biscuits sur une grille pour les laisser refroidir complètement. Recommencez avec le reste de la pâte et de la noix de coco.

sablés roulés au chocolat et à la vanille

200 g de beurre ramolli
150 g de sucre
1 c. à c. d'extrait de vanille
1 œuf
375 g de farine
1 c. à s. de cacao amer en poudre

1 Battez le beurre, le sucre, l'extrait de vanille et l'œuf dans un saladier, à l'aide d'un batteur électrique, jusqu'à ce que le mélange blanchisse et soit mousseux. Répartissez la pâte dans 2 saladiers. Ajoutez la moitié de la farine tamisée dans l'un des saladiers et mélangez pour obtenir une pâte ferme. Ajoutez le reste de la farine tamisée et le cacao dans le deuxième saladier, et mélangez pour obtenir une pâte ferme. Pétrissez chaque pâte séparément sur un plan de travail fariné. Couvrez et placez au réfrigérateur pour 30 minutes.

2 Étalez la pâte à la vanille entre 2 feuilles de papier sulfurisé pour former un rectangle de 25 × 35 cm. Procédez de la même façon avec la pâte au chocolat. Retirez la feuille de papier sulfurisé sur le dessus de chaque pâte. Placez la pâte à la vanille sur celle au chocolat et retirez la feuille de papier sulfurisé sur le dessus. Égalisez les extrémités. Formez un rouleau (du côté le plus long) en vous aidant de la feuille de papier sulfurisé du dessous. Enveloppez le rouleau dans du film alimentaire et placez pour 30 minutes au réfrigérateur.

3 Préchauffez le four à 180 °C. Huilez des plaques de cuisson et chemisez-les de papier sulfurisé.

4 Retirez le film alimentaire et découpez des rondelles de 1 cm d'épaisseur. Placez les rondelles sur les plaques de cuisson, en les espaçant de 2 cm.

5 Faites cuire les biscuits 15 minutes environ. Laissez-les reposer 5 minutes sur les plaques de cuisson, puis faites-les refroidir sur des grilles.

biscuits damier au chocolat et aux canneberges

200 g de beurre ramolli
165 g de sucre en poudre
½ c. à c. d'extrait de vanille
1 œuf
300 g de farine
1 c. à s. de cacao amer en poudre
1 c. à c. de zeste d'orange finement râpé
40 g de canneberges séchées finement hachées
1 blanc d'œuf

1 Battez le beurre, le sucre, l'extrait de vanille et l'œuf dans un saladier, à l'aide d'un batteur électrique, jusqu'à ce que le mélange blanchisse et soit mousseux. Incorporez la farine tamisée en 2 fois.

2 Divisez la pâte en deux et mettez-la dans 2 saladiers. Ajoutez le cacao en poudre dans l'un des saladiers et pétrissez la pâte. Incorporez le zeste d'orange et les canneberges dans l'autre saladier et pétrissez. Étalez chaque pâte en un rectangle de 4,5 × 4,5 × 15 cm. Enveloppez chaque rectangle de pâte dans du papier sulfurisé et placez pour 30 minutes au réfrigérateur.

3 Découpez chaque rectangle en 3 bandes égales dans le sens de la longueur, puis chaque bande en trois dans le sens de la longueur afin d'obtenir 9 rectangles de 1,5 × 1,5 × 15 cm .

4 Badigeonnez chaque bande de blanc d'œuf et superposez 3 bandes de pâte, en alternant les couleurs. Collez 3 piles ainsi obtenues pour former un rectangle. Placez pour 30 minutes au réfrigérateur.

5 Préchauffez le four à 180 °C. Huilez des plaques de cuisson et chemisez-les de papier sulfurisé.

6 À l'aide d'un couteau pointu, découpez les rectangles en tranches de 1 cm d'épaisseur. Posez-les sur les plaques, en les espaçant de 3 cm.

7 Faites cuire les biscuits 15 minutes environ. Laissez-les reposer 5 minutes à la sortie du four, puis faites-les refroidir sur des grilles.

30
35'
1h
15'
180°

sucettes

125 g de beurre ramolli
2 c. à c. de zeste de citron finement râpé
½ c. à c. d'essence d'amande amère
110 g de sucre en poudre
1 œuf
250 g de farine ordinaire
180 g de bonbons aux fruits, sans sucre, emballés individuellement
1 blanc d'œuf
minibilles en sucre multicolores
12 bâtonnets pour sucettes

1 Fouettez le beurre, le zeste de citron, l'essence d'amande, le sucre et l'œuf avec un batteur électrique. Incorporez la farine tamisée, en 2 fois.

2 Pétrissez la pâte sur un plan de travail fariné jusqu'à ce qu'elle soit lisse. Abaissez-la au rouleau, entre 2 feuilles de papier sulfurisé, sur une épaisseur de 5 mm. Couvrez et placez pour 30 minutes au réfrigérateur.

3 Pendant ce temps, écrasez légèrement les bonbons, sans les déballer, avec un rouleau à pâtisserie. Déballez et mettez les brisures de bonbon dans plusieurs petits bols, en les associant par couleur.

4 Préchauffez le four à 180 °C. Beurrez et chemisez de papier sulfurisé plusieurs plaques de cuisson.

5 Découpez 12 disques dans la pâte, en utilisant un emporte-pièce de 10,5 cm de diamètre. Posez les disques sur les plaques, en les espaçant de 5 cm.

6 Enfoncez 3 emporte-pièce (2,5 cm, 5 cm et 7,5 cm de diamètre) dans chacun des disques de pâte. Retirez l'anneau de pâte entre les emporte-pièce de 5 et de 7,5 cm, ainsi que le petit disque de pâte au centre. Badigeonnez de blanc d'œuf la moitié des disques. Parsemez ces derniers de minibilles en sucre. Glissez 1 bâtonnet de sucette sous chaque cookie.

7 Faites cuire environ 10 minutes. Sortez les plaques du four, remplissez les espaces vides avec les brisures de bonbon, et faites cuire encore 5 minutes. Laissez refroidir les cookies-sucettes sur les plaques.

12 | 30' | 30' | 15' | 180°

flocons de neige

90 g de beurre ramolli
110 g de sucre roux
2 œufs
1 c. à s. de marmelade d'oranges
500 g d'un mélange de fruits secs, finement hachés
100 g de farine ordinaire
2 c. à s. de farine avec levure incorporée
1 c. à c. de quatre-épices
2 c. à s. de xérès doux
2 c. à s. de xérès doux supplémentaire

Décoration
80 g de sucre glace
300 g de fondant blanc prêt à l'emploi
110 g de confiture d'abricots chauffée et filtrée
½ c. à c. de paillettes alimentaires argentées
½ c. à c. de vodka
perles en sucre argentées

1 Préchauffez le four à 150 °C. Garnissez de caissettes en papier les 12 alvéoles d'un moule à muffins.

2 Mélangez le beurre, le sucre et les œufs avec un batteur électrique. Ajoutez la marmelade et les fruits secs, et mélangez soigneusement.

3 Tamisez les farines et le quatre-épices au-dessus de la préparation. Versez le xérès et remuez. Répartissez cette pâte dans les alvéoles du moule. Lissez la surface.

4 Faites cuire 50 minutes. Sortez les petits gâteaux du four et badigeonnez-les avec le xérès supplémentaire. Recouvrez hermétiquement le moule avec du papier d'aluminium et laissez refroidir.

5 Saupoudrez un plan de travail de sucre glace tamisé, puis pétrissez-y le fondant jusqu'à ce qu'il soit lisse. Abaissez-le au rouleau sur une épaisseur de 5 mm. Avec un emporte-pièce cannelé, découpez des disques suffisamment grands pour recouvrir la surface des cupcakes.

6 À l'aide d'un gabarit en forme de flocon, faites une légère empreinte au centre de chaque disque de fondant.

7 Badigeonnez les cupcakes avec la confiture d'abricots. Posez les disques de fondant sur les cupcakes. Mélangez les paillettes argentées et la vodka. Peignez l'intérieur des flocons avec les paillettes. Décorez avec les perles argentées.

couronnes de Noël citronnées

30 30' 15' 180°

450 g de farine avec levure incorporée
125 g de beurre
60 ml de lait
110 g de sucre en poudre
1 c. à c. d'extrait de vanille
2 œufs
paillettes argentées comestibles pour décorer

Glaçage au citron
480 g de sucre glace
2 c. à s. de jus de citron, environ

1 Préchauffez le four à 180 °C. Huilez des plaques de cuisson et chemisez-les de papier sulfurisé.

2 Sablez la farine et le beurre du bout des doigts. Faites chauffer le lait et le sucre dans une petite casserole sur feu doux, jusqu'à ce que le sucre soit fondu. Ajoutez l'extrait de vanille, laissez refroidir 5 minutes, puis ajoutez les œufs. Versez le lait chaud dans la farine et mélangez.

3 Pétrissez la pâte sur un plan de travail fariné jusqu'à ce qu'elle soit souple. Formez 60 petits rouleaux de pâte de 13 cm de long. Tressez 2 rouleaux ensemble, formez un cercle et pincez les extrémités. Recommencez avec le reste de la pâte. Placez les biscuits sur les plaques de cuisson, en les espaçant de 3 cm.

4 Faites cuire 15 minutes environ, puis laissez refroidir les biscuits sur des grilles.

5 Préparez le glaçage au citron. Tamisez le sucre glace au-dessus d'un récipient et ajoutez suffisamment de jus de citron pour former une pâte épaisse. Faites chauffer au bain-marie pour fluidifier le mélange.

6 Badigeonnez les biscuits de glaçage et laissez durcir à température ambiante. Saupoudrez-les de paillettes.

8 55' 30' 12h 1h10 160°

biscuits petits anges

125 g de beurre ramolli
165 g de sucre en poudre
1 œuf
255 g de farine
50 g de farine avec levure incorporée
2 c. à s. de sucre cristal
ruban rouge

Glaçage royal au citron
320 g de sucre glace
1 blanc d'œuf
2 c. à c. de jus de citron

1 Battez le beurre, le sucre en poudre et l'œuf dans un saladier. Incorporez les farines tamisées en 2 fois. Pétrissez la pâte sur un plan de travail fariné. Couvrez et placez pour 30 minutes au réfrigérateur.

2 Préchauffez le four à 180 °C. Chemisez 2 plaques de cuisson de papier sulfurisé.

3 Étalez la pâte entre 2 feuilles de papier sulfurisé, sur 5 mm d'épaisseur. Découpez 20 anges de 8 × 11 cm. Découpez un trou en forme de lune sur chaque épaule des anges. Placez-les sur les plaques de cuisson.

4 Faites cuire les biscuits 12 minutes, puis laissez-les refroidir sur les plaques.

5 Préparez le glaçage royal au citron. Tamisez le sucre glace à travers une fine passoire. Battez le blanc d'œuf dans un petit saladier. Ajoutez progressivement le sucre glace. Incorporez le jus de citron.

6 Étalez le glaçage sur les anges et parsemez de sucre cristal. Laissez durcir à température ambiante. Passez le ruban dans les trous.

petits gâteaux blancs de Noël

125 g de beurre coupé en cubes
125 g de chocolat blanc coupé en morceaux
150 g de sucre en poudre
160 ml de lait
105 g de farine ordinaire
35 g de farine avec levure incorporée
2 œufs
2 c. à s. de Cointreau ou d'une autre liqueur à l'orange
60 g de chocolat blanc fondu
1 c. à s. de sucre glace

Garniture au chocolat blanc
120 g de chocolat blanc coupé en morceaux
2 c. à c. d'huile végétale
30 g de riz soufflé
100 g de Chamallows® enrobés de noix de coco grillée, finement hachés
35 g de pistaches non salées grossièrement hachées
35 g de canneberges séchées grossièrement hachées
60 g de pêches confites finement hachées

1 Préchauffez le four à 160 °C. Beurrez 8 moules à puddings de 180 ml chacun.

2 Faites chauffer le beurre, le chocolat en morceaux, le sucre et le lait dans une casserole, à feu doux, jusqu'à obtention d'une préparation onctueuse. Versez dans un saladier et laissez refroidir 10 minutes. Incorporez au fouet les farines tamisées, puis les œufs.

3 Répartissez la préparation dans les moules et placez-les sur une plaque. Faites cuire 30 minutes, puis nappez les gâteaux de liqueur. Retournez-les sur une plaque recouverte de papier sulfurisé, sans les démouler, et laissez-les reposer 1 nuit.

4 Découpez 4 disques de 20 cm de diamètre dans du papier sulfurisé, puis recoupez-les en deux. Enroulez les demi-disques pour former des cônes serrés. Agrafez-les ou scotchez-les pour qu'ils ne se déforment pas.

5 Préparez la garniture. Faites chauffer le chocolat et l'huile dans une casserole, à feu doux, jusqu'à obtention d'une préparation onctueuse. Mélangez le riz soufflé, les Chamallows®, les pistaches et les fruits dans un bol, puis ajoutez-les au chocolat. Remplissez les cônes de garniture. Posez-les bien droits dans des verres étroits et laissez-les durcir 1 heure au réfrigérateur.

6 Démoulez les gâteaux. Coupez le dessus si nécessaire pour qu'ils soient bien plats, retournez-les et placez-les sur une plaque. Retirez le papier entourant les cônes et collez-les sur les gâteaux avec un peu de chocolat blanc fondu. Placez au réfrigérateur pour 10 minutes et saupoudrez de sucre glace avant de servir.

15	30'	30'	15'	160°

étoiles sablées au citron

125 g de beurre doux ramolli
2 c. à c. de zeste de citron finement râpé
2 c. à s. de sucre en poudre
150 g de farine
2 c. à s. de farine de riz
1 c. à s. de sucre demerara

1 Préchauffez le four à 160 °C. Huilez 2 plaques de cuisson et chemisez-les de papier sulfurisé.

2 Battez le beurre, le zeste de citron et le sucre dans un saladier, à l'aide d'un batteur électrique, jusqu'à ce que le mélange blanchisse et soit mousseux. Incorporez les farines tamisées en 2 fois. Pétrissez la pâte sur un plan de travail fariné jusqu'à ce qu'elle soit souple. Étalez-la entre 2 feuilles de papier sulfurisé, sur 5 mm d'épaisseur. Placez pour 30 minutes au réfrigérateur.

3 Découpez 15 étoiles de 5 cm de diamètre et placez-les sur les plaques de cuisson en les espaçant de 4 cm. Saupoudrez-les de sucre demerara.

4 Faites cuire les biscuits 15 minutes environ, puis laissez-les refroidir sur les plaques de cuisson.

étoiles sablées au chocolat

25	25'	30'	20'	160°

250 g de beurre doux ramolli
160 g de sucre glace
185 g de farine
100 g de farine de riz
25 g de cacao amer en poudre
60 g de pépites de chocolat noir
2 c. à s. de sucre glace supplémentaire

1 Battez le beurre et le sucre glace dans un saladier, à l'aide d'un batteur électrique, jusqu'à ce que le mélange blanchisse et soit mousseux. Incorporez les farines tamisées et le cacao, en 2 fois. Pétrissez sur un plan de travail fariné jusqu'à ce que la pâte soit souple. Étalez-la entre 2 feuilles de papier sulfurisé, sur 1 cm d'épaisseur. Placez pour 30 minutes au réfrigérateur.

2 Préchauffez le four à 160 °C. Huilez des plaques de cuisson et chemisez-les de papier sulfurisé.

3 Sortez la pâte du réfrigérateur et découpez 25 étoiles de 6,5 cm de diamètre. Placez les étoiles sur les plaques de cuisson, en les espaçant de 4 cm, et décorez-les avec les pépites de chocolat.

4 Faites cuire les biscuits 20 minutes environ, puis laissez-les refroidir sur les plaques de cuisson. Saupoudrez-les avec le sucre glace supplémentaire.

12 45' 30' 15' 180°

étoiles sablées aux noisettes

250 g de beurre ramolli
2 c. à c. de zeste d'orange finement râpé
80 g de sucre glace
2 c. à s. de farine de riz
300 g de farine ordinaire
2 c. à c. de quatre-épices
75 g de poudre de noisettes
perles en sucre argentées
1 c. à s. de sucre glace supplémentaire

Crème au cognac
60 g de beurre ramolli
½ c. à c. de zeste d'orange finement râpé
120 g de sucre glace
2 c. à c. de cognac

1 Fouettez le beurre, le zeste d'orange et le sucre glace tamisé dans un saladier, avec un batteur électrique, jusqu'à obtention d'un mélange léger. Incorporez les farines tamisées, le quatre-épices et les noisettes, en 2 fois.

2 Pétrissez la pâte sur un plan de travail fariné, jusqu'à ce qu'elle soit lisse. Étalez-la au rouleau, entre 2 feuilles de papier sulfurisé, sur une épaisseur de 5 mm. Placez pour 30 minutes au réfrigérateur.

3 Préchauffez le four à 180 °C. Chemisez de papier sulfurisé plusieurs plaques de cuisson huilées.

4 À l'aide d'emporte-pièce en forme d'étoiles de 3, 5 et 7 cm, découpez 24 étoiles de chaque taille. Disposez les petites étoiles sur une des plaques, espacées de 1 cm. Espacez les étoiles plus grandes de 2 cm.

5 Faites cuire les petites étoiles 10 minutes. Faites cuire les étoiles plus grandes 15 minutes. Laissez reposer 5 minutes, puis faites refroidir sur une grille.

6 Préparez la crème au cognac. Fouettez le beurre, le zeste d'orange, le sucre glace tamisé et le cognac, avec un batteur électrique, jusqu'à obtention d'un mélange léger.

7 Assemblez les étoiles de la même taille deux par deux avec la crème au cognac. Superposez ensuite 3 étoiles, de la plus grande à la plus petite, toujours avec de la crème.

8 Décorez en collant les perles en sucre avec une pointe de crème. Saupoudrez de sucre glace tamisé.

12 20' 20' 200°

muffins de Noël

450 g de farine avec levure incorporée
100 g de beurre coupé en cubes
220 g de sucre en poudre
310 g de lait fermenté
1 œuf légèrement battu
250 g d'un mélange de fruits confits grossièrement hachés
250 g de glaçage blanc prêt à l'emploi
2 c. à s. de confiture d'abricots réchauffée et filtrée

1 Préchauffez le four à 200 °C. Beurrez 12 moules à muffins de 80 ml.

2 Tamisez la farine au-dessus d'un saladier. Incorporez le beurre à la main. Ajoutez le sucre, le lait fermenté et l'œuf. Mélangez bien, puis incorporez délicatement les fruits confits.

3 Garnissez les moules de pâte et faites cuire 20 minutes. Attendez 5 minutes, puis démoulez les muffins sur une grille et laissez-les refroidir.

4 Étalez le glaçage au rouleau, sur une épaisseur de 5 mm, et découpez 12 étoiles de 4,5 cm. Badigeonnez le dessus des muffins de confiture, au pinceau, et collez 1 étoile sur chacun. Saupoudrez d'un peu de sucre glace tamisé avant de servir.

biscuits vitraux

1 gousse de vanille
250 g de beurre ramolli
165 g de sucre en poudre
1 œuf
1 c. à s. d'eau
335 g de farine
90 g de bonbons aux fruits translucides durs de différentes couleurs, emballés individuellement

1 Fendez la gousse de vanille en deux et prélevez les graines. Mettez-les dans un saladier avec le beurre, le sucre, l'œuf et l'eau. Battez le mélange avec un batteur électrique. Incorporez la farine tamisée en 2 fois.

2 Pétrissez la pâte sur un plan de travail fariné jusqu'à ce qu'elle soit souple. Couvrez-la et placez-la pour 30 minutes au réfrigérateur.

3 Préchauffez le four à 180 °C. Chemisez 2 plaques de cuisson de papier sulfurisé.

4 Cassez les bonbons en morceaux à l'aide d'un rouleau à pâtisserie. Retirez l'emballage des bonbons et triez-les par couleur dans des bols différents.

5 Étalez la pâte entre 2 feuilles de papier sulfurisé, sur 4 mm d'épaisseur. Découpez-la à l'aide d'un emporte-pièce en forme de sapin de 8 cm de long. Placez les sapins sur les plaques et découpez leur centre à l'aide d'un emporte-pièce en forme de sapin de 4 cm de long, ou d'un emporte-pièce en forme d'étoile de 1,5 cm de diamètre. Percez un trou au sommet des sapins avec une brochette afin de pouvoir passer un fil.

6 Faites cuire les biscuits 7 minutes, puis sortez les plaques du four. Ajoutez les bonbons dans les trous en forme de sapin ou d'étoile, sans mélanger les couleurs. Faites cuire 5 minutes de plus, jusqu'à ce que les biscuits soient légèrement dorés et les bonbons fondus. Laissez refroidir sur les plaques de cuisson.

32 45' 30' 12' 180°

gâteaux de Noël

30 | 35' | 30' | 15' | 180°

250 g de farine
40 g de poudre d'amandes
75 g de sucre en poudre
1 c. à c. de mélange d'épices pour pain d'épice
1 c. à c. d'extrait de vanille
125 g de beurre froid coupé en cubes
2 c. à s. d'eau
700 g de cake aux fruits confits
80 ml de cognac
1 blanc d'œuf
400 g de chocolat noir fondu
75 g de chocolat blanc fondu
30 cerises confites

1 Mixez grossièrement la farine, la poudre d'amandes, le sucre, les épices, l'extrait de vanille et le beurre. Ajoutez l'eau et mixez jusqu'à ce qu'une boule de pâte se forme.

2 Pétrissez la pâte sur un plan de travail fariné jusqu'à ce qu'elle soit souple. Étalez-la entre 2 feuilles de papier sulfurisé, sur 5 mm d'épaisseur. Placez pour 30 minutes au réfrigérateur.

3 Préchauffez le four à 180 °C. Huilez des plaques de cuisson et chemisez-les de papier sulfurisé.

4 À l'aide d'un emporte-pièce rond de 5,5 cm de diamètre, découpez 30 disques de pâte. Placez-les sur les plaques de cuisson, en les espaçant de 3 cm.

5 Faites cuire les biscuits 10 minutes environ.

6 Émiettez le cake aux fruits dans un saladier. Ajoutez le cognac. Prélevez le mélange avec une petite cuillère à glace ronde et pressez bien. Sortez les biscuits du four et badigeonnez le centre d'un peu de blanc d'œuf. Ajoutez le cake aux fruits en forme de dôme au centre et faites cuire 5 minutes de plus. Laissez refroidir sur des grilles.

7 Posez les grilles sur une plaque et nappez les biscuits de chocolat noir. Laissez durcir à température ambiante. Versez le chocolat blanc sur les biscuits et ajoutez une cerise confite sur le dessus.

cupcakes de Noël

1,1 kg de mincemeat en bocal
185 g de beurre coupé en gros cubes
165 g de sucre roux
80 ml de bourbon
80 ml d'eau
2 c. à c. de zeste d'orange finement râpé
1 c. à c. de zeste de citron finement râpé
1 c. à s. de mélasse
3 œufs
185 g de farine ordinaire
35 g de farine avec levure incorporée
½ c. à c. de bicarbonate de soude
500 g de fondant blanc prêt à l'emploi
100 g de pâte d'amandes
160 g de sucre glace
1 blanc d'œuf

1 Faites chauffer le mincemeat, le beurre, le sucre roux, le bourbon et l'eau dans une grande casserole, jusqu'à ce que le beurre soit fondu et le sucre dissous, puis portez à ébullition. Versez dans un saladier et laissez refroidir.

2 Préchauffez le four à 150 °C. Garnissez de caissettes en papier 22 moules à muffins.

3 Ajoutez les zestes d'agrumes, la mélasse et les œufs à la préparation au mincemeat, puis les farines tamisées et le bicarbonate.

4 Versez la pâte dans les moules et faites cuire 40 minutes. Couvrez les cupcakes et laissez-les reposer toute une nuit dans leur moule.

5 Coupez le dessus de chaque cupcake pour qu'il soit plat. Pétrissez le fondant blanc et la pâte d'amandes ensemble sur un plan de travail saupoudré d'un peu de sucre glace. Étalez les ¾ du glaçage obtenu sur une épaisseur de 5 mm, au rouleau. Découpez 22 disques de 6,5 cm de diamètre, puis découpez un disque de 2 cm au centre de chaque disque.

6 Badigeonnez le dessus des cupcakes avec du blanc d'œuf, puis garnissez-les avec les grands disques de glaçage. Étalez le reste du fondant au rouleau sur une épaisseur de 3 mm, sur le plan de travail saupoudré de sucre glace. Découpez 22 étoiles de 4 mm et 44 étoiles de 1,5 cm. Décorez les cupcakes avec les étoiles, en les collant avec du blanc d'œuf.

petits sapins de Noël tropicaux

12 30' 35' 170°

125 g de beurre ramolli
1 c. à c. d'essence de noix de coco
150 g de sucre en poudre
2 œufs
180 g d'un mélange de fruits tropicaux séchés finement hachés
75 g de noix de macadamia grossièrement hachées
100 g de farine ordinaire
50 g de farine avec levure incorporée
25 g de noix de coco séchée
60 ml de lait

Glaçage à la noix de coco
2 blancs d'œufs
1 c. à c. d'essence de noix de coco
240 g de sucre glace
90 g de noix de coco séchée

Décoration
10 caramboles, environ
12 piques en bois
paillettes alimentaires vertes

1 Préchauffez le four à 170 °C. Garnissez de caissettes en papier les 12 alvéoles d'un moule à muffins.

2 Fouettez le beurre, l'essence de noix de coco, le sucre et les œufs, avec un batteur électrique, jusqu'à obtention d'un mélange léger.

3 Ajoutez les fruits tropicaux et les noix de macadamia, puis les farines tamisées, la noix de coco et le lait. Répartissez cette pâte dans les alvéoles du moule. Lissez la surface.

4 Faites cuire 35 minutes. Démoulez les cupcakes et laissez-les refroidir sur une grille.

5 Préparez le glaçage à la noix de coco. Fouettez les blancs d'œufs et l'essence de noix de coco, avec un batteur électrique, jusqu'à obtention d'un mélange mousseux. Incorporez le sucre glace tamisé, en 4 fois. Ajoutez la noix de coco séchée en dernier. Nappez les cupcakes de glaçage.

6 Taillez les caramboles en tranches de 5 mm d'épaisseur. Superposez les tranches de carambole sur les cupcakes de manière à figurer des sapins de Noël. Piquez 1 bâtonnet en bois au cœur des sapins pour les maintenir en place. Saupoudrez de paillettes vertes.

sapins de Noël épicés

6 50' 1h30 12' 180°

450 g de farine
avec levure incorporée
165 g de cassonade
1 c. à s. de gingembre moulu
1 c. à c. de cannelle moulue
1 c. à c. de noix de muscade moulue
½ c. à c. de clous de girofle moulus
185 g de beurre coupé en gros cubes
270 g de golden syrup
1 œuf
billes argentées pour décorer
1 c. à s. de sucre glace

Glaçage
240 g de sucre glace
1 blanc d'œuf

1 Mélangez la farine, la cassonade, les épices et le beurre dans un robot pour obtenir un mélange sablé. Ajoutez le golden syrup et l'œuf. Mixez jusqu'à ce qu'une boule de pâte se forme. Pétrissez la pâte sur un plan de travail fariné jusqu'à ce qu'elle soit souple. Couvrez et placez pour 1 heure au réfrigérateur.

2 Divisez la pâte en deux et étalez chaque moitié entre 2 feuilles de papier sulfurisé, sur 5 mm d'épaisseur. Placez pour 30 minutes au réfrigérateur.

3 Préchauffez le four à 180 °C. Chemisez des plaques de cuisson de papier sulfurisé.

4 Découpez 12 étoiles de 3 cm de diamètre, 12 étoiles de 5 cm, 12 étoiles de 6 cm, 12 étoiles de 7 cm, 12 étoiles de 8 cm et 12 étoiles de 9 cm. Posez-les sur les plaques de cuisson. Vous devrez rassembler les chutes de pâte et les étaler plusieurs fois pour obtenir le nombre souhaité d'étoiles.

5 Faites cuire les étoiles de 3 cm, 5 cm et 6 cm environ 10 minutes, et les autres étoiles, 12 minutes.

6 Préparez le glaçage. Tamisez le sucre glace à travers une fine passoire. Fouettez le blanc d'œuf dans un petit saladier, à l'aide d'un batteur électrique, jusqu'à ce qu'il soit mousseux. Ajoutez le sucre glace, 1 cuillerée à soupe à la fois, tout en continuant de battre.

7 Pour former les sapins de Noël, collez 2 étoiles de 9 cm, 2 étoiles de 8 cm, 2 étoiles de 7 cm, 2 étoiles de 6 cm, 2 étoiles de 5 cm et 2 étoiles de 3 cm en appliquant un peu de glaçage entre elles. Collez les billes argentées avec un peu de glaçage pour décorer les sapins. Saupoudrez de sucre glace.

16 30'

galettes fourrées à la guimauve et à la confiture

75 g de sucre en poudre
80 ml d'eau
2 c. à c. de gélatine
110 g de confiture de fraises, chauffée et passée au tamis
32 biscuits nappés de chocolat au lait
½ c. à c. d'extrait de vanille
colorant alimentaire rose

1 Mettez le sucre et la moitié de l'eau dans une petite casserole. Remuez sur feu doux jusqu'à ce que le sucre soit dissous.

2 Mettez la gélatine et le reste de l'eau dans un petit verre. Versez le mélange sur le sirop de sucre chaud. Remuez sur feu moyen pendant 3 minutes, jusqu'à ce que la gélatine soit dissoute. Versez la préparation dans un petit récipient résistant à la chaleur. Laissez refroidir.

3 Étalez la confiture de fraises sur le côté nature de la moitié des biscuits.

4 Pour préparer la guimauve, battez le mélange à la gélatine dans un petit saladier avec un batteur électrique, à vitesse élevée, pendant environ 8 minutes, jusqu'à obtention d'une consistance très épaisse. Incorporez l'extrait de vanille et quelques gouttes de colorant, tout en battant.

5 Mettez la guimauve dans une poche à douille munie d'un embout lisse de 2 cm de diamètre. Nappez-en la confiture de fraises, et recouvrez du reste des biscuits.

ASTUCE

Si la guimauve prend trop vite, remettez-la dans un récipient, avec 1 cuillerée à soupe d'eau bouillante, et battez encore 1 minute environ.

CONSERVATION

Les biscuits non fourrés se conservent dans un récipient hermétique jusqu'à 1 semaine. Les biscuits fourrés se conservent quelques jours dans un récipient hermétique au réfrigérateur.

biscuits fourrés vanille-framboise

25 45' 12' 180°

185 g de beurre ramolli
1 c. à c. d'extrait de vanille
110 g de cassonade
1 œuf
185 g de farine avec levure incorporée
110 g de farine ordinaire
40 g de noix de coco râpée
80 g de confiture de framboises

Garniture à la crème
60 g de beurre
½ c. à c. d'extrait de vanille
120 g de sucre glace
2 c. à c. de lait

1 Préchauffez le four à 180 °C. Beurrez des plaques de cuisson.

2 Battez le beurre, l'extrait de vanille, la cassonade et l'œuf dans un petit saladier, avec un batteur électrique, jusqu'à ce que le mélange soit homogène. Transvasez la préparation dans un grand saladier, puis incorporez les deux farines tamisées et la noix de coco, en 2 fois. Façonnez en ovales des cuillerées à café bombées de la préparation, et disposez-les à environ 2,5 cm de distance sur les plaques. Aplatissez légèrement les biscuits et donnez-leur un aspect rugueux avec une fourchette. Enfournez pour environ 12 minutes, puis laissez refroidir sur des grilles.

3 Préparez la garniture à la crème. Battez le beurre, l'extrait de vanille et le sucre glace tamisé dans un petit saladier, avec un batteur électrique, jusqu'à ce que le mélange soit clair et mousseux. Incorporez le lait tout en battant.

4 Assemblez les biscuits deux par deux, avec une couche de crème et une couche de confiture.

CONSERVATION
Les biscuits non fourrés se gardent dans un récipient hermétique jusqu'à 1 semaine. Les biscuits fourrés se conservent quelques jours dans un récipient hermétique au réfrigérateur.

biscuits à la crème au beurre

25 | 30' | 15' | 180°

250 g de beurre ramolli
1 c. à c. d'extrait de vanille
80 g de sucre glace
225 g de farine
75 g de fécule de maïs
1 c. à s. de sucre glace supplémentaire

Crème au beurre
80 g de beurre
110 g de sucre glace
1 c. à c. de zeste de citron râpé
1 c. à c. de jus de citron

1 Préchauffez le four à 180 °C. Huilez des plaques de cuisson et chemisez-les de papier sulfurisé.

2 Battez le beurre, l'extrait de vanille et le sucre glace dans un saladier, à l'aide d'un batteur électrique, jusqu'à ce que le mélange blanchisse et soit mousseux. Incorporez la farine et la fécule tamisées en 2 fois.

3 Formez 25 boulettes avec les mains farinées, en prélevant 2 cuillerées à café rases de pâte par boulette, et placez-les sur les plaques de cuisson en les espaçant de 3 cm. Aplatissez-les légèrement avec une fourchette farinée.

4 Faites cuire les biscuits 15 minutes environ : ils doivent rester pâles. Laissez-les reposer 5 minutes sur les plaques de cuisson, puis faites-les refroidir sur des grilles.

5 Préparez la crème au beurre. Battez le beurre, le sucre glace tamisé et le zeste de citron dans un saladier, à l'aide d'un batteur électrique, jusqu'à ce que le mélange blanchisse et soit mousseux. Incorporez le jus de citron.

6 Garnissez les biscuits de 1 cuillerée à café de crème au beurre et saupoudrez-les de sucre glace.

biscuits à la menthe et au chocolat

48 35' 30' 10' 180°

60 g de beurre ramolli
55 g de sucre en poudre
1 œuf
½ c. à c. d'extrait de vanille
150 g de farine ordinaire
2 c. à s. de cacao en poudre
2 c. à c. de lait, environ
48 chocolats fourrés à la menthe
185 g de chocolat noir fondu

1 Battez le beurre, le sucre, l'œuf et l'extrait de vanille dans un petit saladier, avec un batteur électrique, jusqu'à ce que le mélange soit homogène. Incorporez la farine et le cacao tamisés, et assez de lait pour obtenir une pâte ferme. Couvrez la pâte et placez-la pour 30 minutes au réfrigérateur.

2 Préchauffez le four à 180 °C. Chemisez des plaques de cuisson de papier sulfurisé.

3 Abaissez la pâte entre 2 feuilles de papier sulfurisé, à 5 mm d'épaisseur. Découpez-y des disques de 3,5 cm de diamètre. Disposez-les sur les plaques, à environ 2,5 cm de distance.

4 Faites cuire environ 10 minutes. Placez immédiatement un chocolat fourré à la menthe sur chaque biscuit et appuyez légèrement. Laissez refroidir les biscuits sur les plaques.

5 Placez les biscuits sur une grille au-dessus d'une plaque de cuisson chemisée de papier sulfurisé. Arrosez de chocolat, puis laissez prendre à température ambiante.

CONSERVATION

Les biscuits non fourrés se conservent dans un récipient hermétique jusqu'à 1 semaine. Les biscuits fourrés se conservent quelques jours dans un récipient hermétique au réfrigérateur.

whoopies au chocolat et à la menthe

125 g de beurre doux ramolli
110 g de sucre roux
1 œuf
110 g de farine ordinaire
35 g de farine avec levure incorporée
1 c. à c. de bicarbonate de soude
35 g de cacao en poudre
160 ml de lait fermenté

Crème au beurre et à la menthe
125 g de beurre doux ramolli
240 g de sucre glace
1 c. à s. de lait
1 c. à c. d'essence de menthe poivrée
colorant alimentaire vert

Ganache au chocolat
60 ml de crème liquide
100 g de chocolat noir coupé en petits morceaux

1 Préchauffez le four à 200 °C. Beurrez des plaques de cuisson et chemisez-les de papier sulfurisé.

2 Battez le beurre, le sucre et l'œuf dans un petit récipient, avec un batteur électrique, jusqu'à obtention d'une consistance légère et aérée. Ajoutez les ingrédients secs tamisés et le lait fermenté en 2 fois, en battant à faible vitesse jusqu'à ce que la préparation soit homogène.

3 Déposez des cuillerées à soupe rases de pâte sur les plaques, en leur donnant une forme de disque et en les espaçant d'environ 4 cm.

4 Faites cuire 8 minutes environ, puis laissez refroidir sur les plaques.

5 Préparez la crème au beurre et à la menthe. Avec un batteur électrique, battez le beurre dans un petit récipient jusqu'à ce qu'il devienne aussi blanc que possible. Sans cesser de battre, incorporez le sucre glace tamisé, le lait, puis l'essence de menthe ; colorez la préparation en vert.

6 Pour la ganache au chocolat, portez la crème à ébullition dans une petite casserole. Retirez du feu, ajoutez le chocolat et remuez jusqu'à obtention d'une consistance homogène.

7 Assemblez les disques deux par deux avec la crème au beurre et la ganache.

ASTUCE
Essayez de former des disques le plus réguliers possible avec la pâte sur les plaques, car la forme restera la même après cuisson.

16 45' 8' 200°

whoopies au cream cheese

125 g de beurre doux ramolli
110 g de sucre en poudre
1 œuf
110 g de farine ordinaire
50 g de farine avec levure incorporée
1 c. à c. de bicarbonate de soude
25 g de cacao en poudre
160 ml de lait fermenté
2 c. à c. de colorant alimentaire rose
1 c. à s. de miniperles en sucre argentées

Garniture au cream cheese
250 g de cream cheese ramolli
80 g de sucre glace
½ c. à c. d'extrait de vanille
160 ml de crème entière

1 Préchauffez le four à 200 °C. Beurrez des plaques de cuisson et chemisez-les de papier sulfurisé.

2 Avec un batteur électrique, battez le beurre, le sucre et l'œuf dans un récipient, jusqu'à ce que le mélange soit léger et aéré. Ajoutez les ingrédients secs tamisés, le lait fermenté et le colorant, en 2 fois, tout en battant à faible vitesse jusqu'à obtention d'une préparation homogène.

3 Déposez des cuillerées à soupe rases de pâte sur les plaques, en leur donnant une forme de disque et en les espaçant d'environ 4 cm.

4 Faites cuire 8 minutes environ, puis laissez refroidir sur les plaques.

5 Préparez la garniture. Battez le cream cheese, le sucre glace tamisé et l'extrait de vanille dans un bol, avec un batteur électrique, jusqu'à obtention d'une consistance homogène. Incorporez la crème en battant.

6 Avec une cuillère, mettez la garniture dans une poche à douille munie d'un embout cannelé de 2 cm de diamètre. Recouvrez la moitié des disques de garniture, sur le côté plat, puis couvrez avec l'autre moitié. Parsemez les bords de la garniture de petites billes argentées, puis saupoudrez d'un peu de sucre glace tamisé.

whoopies au citron vert et au gingembre

18 25' 10' 180°

125 g de beurre ramolli
110 g de cassonade
1 œuf
35 g de farine ordinaire
35 g de farine avec levure incorporée
110 g de fécule de maïs
2 c. à c. de gingembre moulu
½ c. à c. de cannelle moulue
¼ de c. à c. de clous de girofle moulus

Crème au beurre et au citron vert
60 g de beurre ramolli
2 c. à c. de zeste de citron vert finement râpé
120 g de sucre glace
2 c. à c. de lait

1 Préchauffez le four à 180 °C. Chemisez des plaques de cuisson de papier sulfurisé.

2 Battez le beurre, la cassonade et l'œuf dans un petit saladier, avec un batteur électrique, jusqu'à ce que le mélange soit homogène. Incorporez les ingrédients secs tamisés.

3 Façonnez en boules des cuillerées à café bombées de pâte. Disposez-les sur les plaques, à environ 5 cm de distance. Faites cuire environ 10 minutes, puis laissez refroidir sur les plaques.

4 Préparez la crème au beurre et au citron vert. Battez le beurre et le zeste de citron dans un petit saladier, avec un batteur électrique, jusqu'à ce que le mélange soit aussi blanc que possible. Incorporez le sucre glace tamisé et le lait sans cesser de battre, en 2 fois.

5 Assemblez les biscuits deux par deux avec la crème et saupoudrez-les de sucre glace.

CONSERVATION
Les biscuits non fourrés se conservent dans un récipient hermétique jusqu'à 1 semaine. Les biscuits fourrés se conservent quelques jours dans un récipient hermétique au réfrigérateur.

kisses

40 30' 10' 180°

125 g de beurre ramolli
110 g de sucre en poudre
1 œuf
50 g de farine ordinaire
35 g de farine avec levure incorporée
100 g de fécule de maïs
30 g de préparation pour crème anglaise en poudre

Crème Vienna
60 g de beurre
120 g de sucre glace
2 c. à c. de lait

1 Préchauffez le four à 180 °C. Beurrez 2 plaques de cuisson.

2 Battez le beurre et le sucre dans un petit bol, au robot, jusqu'à obtention d'une préparation onctueuse et crémeuse. Incorporez l'œuf. Ajoutez les ingrédients secs tamisés, en 2 fois.

3 Remplissez une poche à douille avec un embout de 1 cm de diamètre avec la préparation. Formez de petits disques de pâte de 3 cm de diamètre sur les plaques, en les espaçant de 3 cm.

4 Faites cuire 10 minutes, jusqu'à ce que les biscuits soient légèrement dorés. Décollez-les et laissez-les refroidir sur une grille.

5 Préparez la crème Vienna. Battez le beurre pour qu'il blanchisse le plus possible. Incorporez progressivement la moitié du sucre glace, puis le lait. Ajoutez le reste du sucre glace.

6 Garnissez la moitié des biscuits de crème et recouvrez-les avec l'autre moitié des biscuits pour former de petits sandwichs. Saupoudrez-les de sucre glace.

12 20' 8' 180°

petits gâteaux au gingembre

2 œufs
75 g de sucre en poudre
2 c. à s. de fécule de maïs
1 c. à s. de farine ordinaire
2 c. à s. de farine avec levure incorporée
1 c. à c. de cacao en poudre
1 ½ c. à c. de gingembre moulu
¼ de c. à c. de cannelle moulue

Crème à l'orange
160 ml de crème épaisse
2 c. à s. de sucre glace
1 c. à c. de zeste d'orange finement râpé

1 Préchauffez le four à 180 °C. Beurrez et farinez 12 moules peu profonds à fond creux.

2 Battez les œufs et le sucre au robot jusqu'à obtention d'un mélange épais et crémeux. Ajoutez les ingrédients secs tamisés 3 fois. Répartissez la pâte dans les moules et faites cuire 8 minutes environ.

3 Décollez rapidement le bord des gâteaux avec un petit couteau, puis démoulez-les sur des grilles recouvertes de papier sulfurisé et laissez-les refroidir.

4 Préparez la crème à l'orange : battez la crème et le sucre glace au robot jusqu'à ce que des pointes se forment, puis ajoutez le zeste d'orange.

5 Avant de servir, assemblez les biscuits deux par deux en les collant avec la crème. Servez-les saupoudrés d'un peu de sucre glace tamisé.

miniwhoopies à la noisette

28 1h 8' 200°

125 g de beurre doux ramolli
110 g de sucre roux
1 œuf
100 g de farine ordinaire
35 g de farine avec levure incorporée
1 c. à c. de bicarbonate de soude
70 g de poudre de noisettes
160 ml de lait fermenté
1 c. à s. de sucre glace

Crème au beurre et à la noisette
160 g de beurre doux ramolli
320 g de sucre glace
2 c. à s. de liqueur de noisette

Noisettes caramélisées au beurre
220 g de sucre en poudre
80 ml d'eau
1 ½ c. à c. de sirop de glucose
10 g de beurre
3 c. à c. de rhum vieux
70 g de noisettes

1 Préchauffez le four à 200 °C. Beurrez des plaques de cuisson et chemisez-les de papier sulfurisé.

2 Battez le beurre, le sucre roux et l'œuf dans un petit récipient, avec un batteur électrique, jusqu'à obtention d'une consistance légère et aérée. Ajoutez les ingrédients secs et le lait fermenté, en 2 fois, en battant à faible vitesse.

3 Déposez des cuillerées à café bombées de la préparation sur les plaques, en leur donnant une forme de disque et en les espaçant d'environ 4 cm.

4 Faites cuire 8 minutes, puis laissez refroidir sur les plaques.

5 Préparez la crème au beurre et à la noisette. Avec un batteur électrique, battez le beurre dans un bol jusqu'à ce qu'il devienne le plus blanc possible. Sans cesser de battre, incorporez le sucre glace tamisé, puis la liqueur.

6 Pour les noisettes caramélisées, faites chauffer le sucre, l'eau et le sirop de glucose dans une petite casserole, sans laisser bouillir, jusqu'à ce que le sucre soit dissous. Portez à ébullition ; laissez bouillir sans couvrir ni remuer jusqu'à ce qu'un thermomètre à sucre indique 112 °C. À défaut de thermomètre, versez un peu de sirop dans de l'eau froide : du bout des doigts, vous devez pouvoir former facilement une petite boule souple avec la préparation. Ajoutez le beurre et le rhum, et faites bouillir 10 minutes sans couvrir, jusqu'à ce que la préparation soit dorée. Retirez du feu et ajoutez les noisettes, sans remuer. Remettez la préparation sur le feu pour 1 minute. En travaillant rapidement, soulevez les noisettes une par une avec une fourchette et placez-les sur une plaque de cuisson beurrée. Laissez prendre à température ambiante.

7 Assemblez les disques deux par deux en les fourrant avec ⅔ de crème au beurre. Nappez du reste de la crème au beurre, parsemez de noisettes caramélisées concassées et saupoudrez de sucre glace tamisé.

miniwhoopies épicés au gingembre et au citron

28 45' 8' 200°

125 g de beurre doux ramolli
110 g de sucre roux
1 œuf
185 g de farine ordinaire
35 g de farine avec levure incorporée
1 c. à c. de bicarbonate de soude
3 c. à c. de gingembre moulu
½ c. à c. de cannelle moulue
½ c. à c. de noix de muscade moulue
½ c. à c. de clous de girofle moulus
125 ml de lait fermenté
2 c. à s. de golden syrup ou de mélasse
20 g de gingembre confit émincé

Garniture au citron
125 g de mascarpone
125 g de cream cheese ramolli
40 g de sucre glace
160 ml de crème entière
2 c. à s. de lemon curd

Glaçage au citron
120 g de sucre glace
10 g de beurre fondu
1 c. à s. de jus de citron

1 Préchauffez le four à 200 °C. Beurrez des plaques de cuisson et chemisez-les de papier sulfurisé.

2 Avec un batteur électrique, battez le beurre, le sucre et l'œuf dans un récipient, jusqu'à obtention d'une consistance légère et aérée. Ajoutez les ingrédients secs, le lait fermenté et le golden syrup, en 2 fois, en battant à faible vitesse jusqu'à obtention d'une consistance homogène.

3 Déposez des cuillerées à café bombées de la préparation sur les plaques, en leur donnant une forme de disque et en les espaçant de 4 cm.

4 Faites cuire 8 minutes, puis laissez refroidir sur les plaques.

5 Préparez la garniture au citron. Avec un batteur électrique, battez le mascarpone, le cream cheese et le sucre dans un bol, jusqu'à obtention d'une consistance homogène. Incorporez la crème en battant, puis ajoutez le lemon curd et mélangez de façon à obtenir un effet marbré.

6 Pour le glaçage au citron, mélangez le sucre glace tamisé, le beurre et le jus de citron dans un récipient.

7 Assemblez les disques deux par deux avec la garniture. Arrosez-les de glaçage, puis recouvrez de gingembre confit.

LEMON CURD MAISON

Mélangez avec un fouet 2 jaunes d'œufs et 55 g de sucre en poudre dans un récipient résistant à la chaleur, jusqu'à ce que la préparation pâlisse et épaississe. Incorporez 1 cuillerée à café de zeste de citron finement râpé et 2 cuillerées à soupe de jus de citron, en fouettant ; faites chauffer au bain-marie 12 minutes, en remuant, jusqu'à ce que la préparation nappe le dos d'une cuillère. Retirez du feu et ajoutez petit à petit 60 g de morceaux de beurre doux, en l'incorporant au fouet entre chaque ajout. Couvrez et placez au réfrigérateur pour toute la nuit.

minicakes à la pomme et à la cannelle

90 g de beurre ramolli
1 c. à c. d'extrait de vanille
110 g de sucre en poudre
1 œuf
200 g de farine avec levure incorporée
125 ml de lait
1 pomme rouge moyenne (150 g) coupée en quartiers, évidée et détaillée en fines tranches
15 g de beurre fondu
1 c. à s. de sucre cristal
½ c. à c. de cannelle moulue

Crème au miel et aux épices
160 ml de crème épaisse
2 c. à c. de miel
¼ de c. à c. de gingembre moulu
1 pincée de cannelle moulue

1 Préchauffez le four à 180 °C. Beurrez un moule à minicakes de 8 alvéoles (180 ml).

2 Avec un batteur électrique, battez le beurre, l'extrait de vanille et le sucre dans un récipient, jusqu'à ce que le mélange soit léger et aéré. Ajoutez l'œuf et battez jusqu'à ce qu'il soit incorporé. Incorporez ensuite la farine tamisée et le lait, en 2 fois.

3 Répartissez la préparation dans les alvéoles. Recouvrez de tranches de pomme, badigeonnez de beurre fondu puis saupoudrez de la moitié du sucre cristal et de la cannelle mélangés.

4 Faites cuire 20 minutes. Saupoudrez les minicakes chauds du reste du sucre cristal et de la cannelle mélangés. Laissez-les reposer 5 minutes avant de les démouler sur une grille, à l'endroit, pour les laisser refroidir.

5 Préparez la crème au miel et aux épices en mélangeant les ingrédients dans un bol.

6 Servez les minicakes chauds, avec la crème au miel et aux épices.

8
15'
20'
180°

minifinanciers aux pépites de chocolat

24 25' 15' 200°

4 blancs d'œufs
125 g de beurre fondu
80 g de poudre d'amandes
120 g de sucre glace
35 g de farine
100 g de chocolat noir coupé en petits morceaux
60 ml de crème fraîche
100 g de chocolat noir coupé en morceaux supplémentaire

1 Préchauffez le four à 200 °C. Beurrez 2 moules à minimuffins de 12 alvéoles (40 ml).

2 Battez les blancs d'œufs dans un saladier moyen, avec une fourchette. Incorporez le beurre, la poudre d'amandes, le sucre glace et la farine tamisés, ainsi que le chocolat. Déposez la préparation dans les alvéoles à l'aide d'une cuillère.

3 Faites cuire au four 15 minutes. Laissez reposer 5 minutes puis démoulez sur une grille, à l'endroit, et laissez refroidir.

4 Faites chauffer au bain-marie la crème et le chocolat supplémentaire, en remuant, jusqu'à obtention d'une consistance homogène. Laissez reposer jusqu'à ce que la préparation épaississe, puis recouvrez-en les financiers.

NOTE

Ces financiers se dégustent en 2 bouchées et sont parfaits pour être servis avec une tasse de thé ou de café fort.

financiers à la fleur d'oranger

28 20' 12' 200°

6 blancs d'œufs
185 g de beurre doux fondu
2 c. à s. de miel
1 c. à s. d'eau de fleur d'oranger
120 g de poudre d'amandes
240 g de sucre glace
75 g de farine
40 g d'amandes effilées

Sirop au miel
2 c. à s. de miel
1 c. à s. d'eau
2 c. à c. d'eau de fleur d'oranger

1 Préchauffez le four à 200 °C. Beurrez des moules individuels à tartelettes cannelés (30 ml) et disposez-les sur une plaque de cuisson.

2 Dans un récipient, fouettez les blancs d'œufs avec une fourchette. Ajoutez le beurre, le miel, l'eau de fleur d'oranger, la poudre d'amandes, le sucre glace et la farine tamisés. Remplissez à moitié les moules avec la préparation et parsemez d'amandes effilées.

3 Faites cuire 12 minutes. Laissez reposer les financiers 5 minutes avant de les démouler sur une grille, à l'endroit, pour qu'ils refroidissent. Répétez l'opération avec le reste de la préparation et des amandes effilées.

4 Préparez le sirop au miel. Portez à ébullition le miel et l'eau dans une petite casserole. Retirez du feu et incorporez l'eau de fleur d'oranger. Laissez refroidir. Arrosez les financiers de sirop au miel avant de servir.

NOTE

Vous pouvez également utiliser un moule de 12 alvéoles ovales (125 ml). Dans ce cas, répartissez la préparation dans les alvéoles et faites cuire au four 20 minutes.

financiers chocolat-noisette

12 15' 25' 200°

6 blancs d'œufs
185 g de beurre fondu
100 g de poudre de noisettes
75 g de farine ordinaire
240 g de sucre glace
1 c. à s. de cacao en poudre
100 g de chocolat noir finement haché
35 g de noisettes grillées grossièrement hachées

1 Préchauffez le four à 200 °C. Garnissez de caissettes en papier un moule à darioles ovales de 12 alvéoles (contenance 125 ml).

2 Fouettez légèrement les blancs d'œufs à l'aide d'une fourchette. Ajoutez le beurre, les noisettes en poudre, la farine, le sucre glace et le cacao tamisés, ainsi que le chocolat noir. Mélangez.

3 Répartissez cette pâte dans les alvéoles du moule. Parsemez de noisettes grillées. Faites cuire 25 minutes au four. Laissez refroidir 5 minutes et démoulez sur une grille. Dégustez quand ils sont froids.

NOTE

Dans cette recette, nous avons garni chaque alvéole avec un carré de papier fantaisie de 12 cm de côté, puis avec un carré de papier sulfurisé.

CONSERVATION

Ces financiers se conservent jusqu'à 3 jours dans un récipient hermétique.

financiers aux figues et aux noix

12 15' 20' 200°

125 g de noix grillées
6 blancs d'œufs
185 g de beurre doux fondu
240 g de sucre glace
75 g de farine
2 c. à c. de zeste d'orange finement râpé
1 c. à s. de jus d'orange
4 figues séchées (85 g) coupées en fines tranches

1 Préchauffez le four à 200 °C. Beurrez un moule de 12 alvéoles ovales (125 ml). Mixez finement les noix.

2 Dans un récipient, fouettez les blancs d'œufs avec une fourchette. Ajoutez le beurre, le sucre glace et la farine tamisés, le zeste et le jus d'orange, ainsi que les noix. Remuez jusqu'à obtention d'un mélange homogène. Répartissez la préparation dans les alvéoles du moule et recouvrez de tranches de figue.

3 Faites cuire 20 minutes environ. Laissez reposer les financiers 5 minutes avant de les démouler sur une grille pour les laisser refroidir. Saupoudrez-les d'un peu de sucre glace tamisé avant de servir.

financiers au café et aux noix

12 | 15' | 20' | 200°

125 g de noix grillées
2 c. à c. de café soluble
2 c. à c. d'eau bouillante
6 blancs d'œufs
185 g de beurre fondu
75 g de farine ordinaire
240 g de sucre glace
24 grains de café
sucre glace pour saupoudrer

1 Préchauffez le four à 200 °C. Huilez un moule à darioles ovales de 12 alvéoles (contenance 125 ml).

2 Dans un robot, hachez finement les noix.

3 Dans un bol, mélangez le café et l'eau bouillante.

4 Fouettez légèrement les blancs d'œufs à l'aide d'une fourchette. Ajoutez le beurre, la farine et le sucre glace tamisés, les noix en poudre et le café dissous. Mélangez.

5 Répartissez cette pâte dans les alvéoles. Déposez 2 grains de café sur chaque financier, puis faites cuire 20 minutes au four. Laissez reposer 5 minutes avant de démouler sur une grille. Laissez refroidir. Avant de servir, saupoudrez de sucre glace tamisé.

12 | 15' | 30' | 20' | 200°

financiers aux cerises et au cognac

150 g de cerises dénoyautées surgelées
2 c. à s. de cognac
120 g de noix de pécan grillées
6 blancs d'œufs
185 g de beurre fondu
75 g de farine ordinaire
240 g de sucre glace

Sauce à la cerise
55 g de sucre en poudre
2 c. à s. d'eau

1 Préchauffez le four à 200 °C. Beurrez 12 moules à darioles ovales de 125 ml.

2 Dans un bol, mélangez les cerises et le cognac. Laissez reposer 30 minutes. Égouttez les cerises en réservant le liquide.

3 Dans un robot, hachez finement les noix de pécan.

4 Fouettez légèrement les blancs d'œufs, à l'aide d'une fourchette. Incorporez le beurre, la farine et le sucre glace tamisés, puis les noix de pécan hachées. Répartissez cette pâte dans les moules. Parsemez de cerises égouttées.

5 Faites cuire 20 minutes environ. Attendez 5 minutes avant de démouler les financiers sur des assiettes.

6 Préparez la sauce à la cerise : dans une casserole, fouettez le sucre, l'eau et le cognac réservé. Faites chauffer à feu doux jusqu'à ce que le sucre soit dissous. Portez à ébullition. Réduisez le feu et laissez frémir 3 minutes sans couvrir, jusqu'à épaississement.

7 Servez les financiers accompagnés de sauce.

financiers noix de coco-ananas

12 15' 20' 200°

6 blancs d'œufs
185 g de beurre fondu
120 g de poudre d'amandes
50 g de farine
240 g de sucre glace
170 g d'ananas confit finement haché
40 g de noix de coco râpée

1 Préchauffez le four à 200 °C. Garnissez 12 moules à darioles ovales de 125 ml de caissettes en papier.

2 Fouettez légèrement les blancs d'œufs, à l'aide d'une fourchette. Incorporez le beurre, la poudre d'amandes, la farine et le sucre glace tamisés, l'ananas et 25 g de noix de coco. Répartissez la pâte dans les moules et parsemez avec le reste de la noix de coco.

3 Faites cuire 20 minutes. Attendez 5 minutes avant de démouler les financiers sur une grille. Laissez refroidir.

CONSERVATION
Ces financiers se conservent jusqu'à 3 jours dans un récipient hermétique.

12 15' 25' 200°

financiers pistache-citron vert

140 g de pistaches grillées non salées
6 blancs d'œufs
185 g de beurre fondu
75 g de farine ordinaire
240 g de sucre glace
2 c. à c. de zeste de citron vert finement haché
1 c. à s. de jus de citron vert
sucre glace pour saupoudrer

1 Préchauffez le four à 200 °C. Garnissez 12 moules à darioles ovales de 125 ml de caissettes en papier.

2 Hachez les pistaches au robot jusqu'à obtenir une poudre fine.

3 Fouettez légèrement les blancs d'œufs à l'aide d'une fourchette. Incorporez le beurre, la farine et le sucre glace tamisés, le zeste et le jus de citron vert, ainsi que les pistaches.

4 Répartissez la pâte dans les moules et faites cuire 25 minutes environ. Attendez 5 minutes, puis démoulez les financiers sur une grille et laissez-les refroidir. Servez-les saupoudrés d'un peu de sucre glace tamisé.

CONSERVATION
Ces financiers se conservent jusqu'à 3 jours dans un récipient hermétique.

12 20' 25' 200°

minifinanciers aux amandes

6 blancs d'œufs
185 g de beurre fondu
125 g de poudre d'amandes
240 g de sucre glace
75 g de farine
sucre glace pour décorer

1 Préchauffez le four à 200 °C. Beurrez 12 moules à financiers individuels et posez-les sur une plaque de cuisson.

2 Fouettez les blancs d'œufs à la fourchette dans un saladier. Ajoutez le reste des ingrédients et mélangez le tout à l'aide d'une cuillère en bois.

3 Répartissez la pâte dans les moules. Faites cuire les minifinanciers 25 minutes au four, puis laissez-les reposer 5 minutes avant de les démouler sur une grille. Saupoudrez-les de sucre glace avant de servir. Dégustez le jour même.

12 20' 25' 200°

minifinanciers framboises et chocolat blanc

6 blancs d'œufs
185 g de beurre fondu
125 g de poudre d'amandes
240 g de sucre glace
75 g de farine
100 g de chocolat blanc détaillé en copeaux
100 g de framboises fraîches ou surgelées
sucre glace pour décorer

Procédez comme ci-dessus en incorporant à la pâte 100 g de chocolat blanc détaillé en copeaux. Versez la pâte dans les moules et couvrez le dessus de 100 g de framboises fraîches ou surgelées.

12 20' 25' 200°

minifinanciers citron vert et noix de coco

6 blancs d'œufs
185 g de beurre fondu
125 g de poudre d'amandes
240 g de sucre glace
75 g de farine
2 c. à s. de zeste de citron vert râpé
1 c. à s. de jus de citron vert
20 g de noix de coco finement râpée
25 g de copeaux de noix de coco
sucre glace pour décorer

Procédez comme ci-dessus en incorporant à la pâte 2 cuillerées à soupe de zeste de citron vert râpé, 1 cuillerée à soupe de jus de citron vert et 20 g de noix de coco finement râpée. Parsemez les financiers de copeaux de noix de coco avant de les faire cuire.

12 20' 25' 200°

minifinanciers noisette-Passion

6 blancs d'œufs
185 g de beurre fondu
125 g de poudre de noisettes
240 g de sucre glace
75 g de farine
4 fruits de la Passion
sucre glace pour décorer

Préparez la pâte comme ci-dessus en remplaçant la poudre d'amandes par la poudre de noisettes. Nappez les financiers de la pulpe des fruits de la Passion avant de les cuire.

minifinanciers aux fruits rouges

12 20' 25' 200°

6 blancs d'œufs
185 g de beurre fondu
125 g de poudre d'amandes
240 g de sucre glace
75 g de farine
100 g d'un mélange de fruits rouges frais ou surgelés
sucre glace pour décorer

Préparez la pâte et répartissez-la dans les moule. Avant de faire cuire les financiers, répartissez sur chacun d'eux des fruits rouges mélangés, frais ou surgelés.

minifinanciers agrumes et graines de pavot

12 20' 25' 200°

6 blancs d'œufs
185 g de beurre fondu
125 g de poudre d'amandes
240 g de sucre glace
75 g de farine
2 c. à c. de zeste de citron ou d'orange râpé
1 c. à s. de graines de pavot
sucre glace pour décorer

Incorporez à la pâte 2 cuillerées à café de zeste de citron ou d'orange râpé et 1 cuillerée à soupe de graines de pavot.

minifinanciers chocolat et noisettes

12 20' 25' 200°

6 blancs d'œufs
185 g de beurre fondu
125 g de poudre de noisettes
240 g de sucre glace
75 g de farine
100 g de chocolat noir détaillé en copeaux
25 g de noisettes concassées
sucre glace pour décorer

Préparez la pâte en remplaçant la poudre d'amandes par la poudre de noisettes. Ajoutez à la pâte 100 g de chocolat noir en copeaux. Décorez le dessus des financiers de noisettes grossièrement concassées.

minifinanciers aux prunes

12 20' 25' 200°

6 blancs d'œufs
185 g de beurre fondu
125 g de poudre d'amandes cu de noisettes
240 g de sucre glace
75 g de farine
100 g de prunes coupées en fines tranches
sucre glace pour décorer

Pour la pâte, utilisez au choix la poudre d'amandes ou de noisettes. Décorez le dessus des financiers avec de fines tranches de prunes fraîches avant de les mettre au four.

12 | 15' | 10' | 20' | 200°

financiers à la mandarine et au pavot

2 grosses mandarines (500 g)
1 c. à s. de graines de pavot
6 blancs d'œufs
185 g de beurre fondu
120 g de poudre d'amandes
240 g de sucre glace
75 g de farine ordinaire

1 Préchauffez le four à 200 °C. Beurrez 12 moules à darioles ovales de 125 ml.

2 Râpez finement le zeste des mandarines, puis pressez-les (vous aurez besoin de 2 cuillerées à soupe de zeste et de 2 cuillerées à soupe de jus).

3 Mélangez les graines de pavot et le jus de mandarine dans un bol, et laissez reposer 10 minutes.

4 Battez les blancs d'œufs au fouet pour qu'ils soient mousseux. Incorporez le beurre, la poudre d'amandes, le sucre glace et la farine tamisés, le zeste et les graines de pavot dans le jus.

5 Garnissez les moules de pâte et faites cuire 20 minutes. Attendez 5 minutes avant de démouler les financiers sur une grille. Laissez-les refroidir. Servez-les saupoudrés d'un peu de sucre glace tamisé.

financiers au citron et aux canneberges

12 | 15' | 20' | 200°

6 blancs d'œufs
185 g de beurre fondu
120 g de poudre d'amandes
240 g de sucre glace
75 g de farine ordinaire
100 g de canneberges séchées
1 c. à s. de zeste de citron finement râpé
1 c. à s. de jus de citron

1 Préchauffez le four à 200 °C. Beurrez 12 moules à darioles ovales de 125 ml.

2 Battez les blancs d'œufs au fouet pour qu'ils soient mousseux. Incorporez le beurre, la poudre d'amandes, le sucre glace et la farine tamisés, les canneberges, le zeste et le jus de citron.

3 Garnissez les moules de pâte et faites cuire 20 minutes. Attendez 5 minutes avant de démouler les financiers sur une grille. Laissez-les refroidir. Servez-les saupoudrés d'un peu de sucre glace tamisé.

financiers au lemon curd

12 | 15' | 20' | 200°

6 blancs d'œufs
185 g de beurre fondu
120 g de poudre d'amandes
240 g de sucre glace
75 g de farine ordinaire
80 g de lemon curd

1 Préchauffez le four à 200 °C. Beurrez 12 moules à darioles ovales de 125 ml.

2 Battez les blancs d'œufs au fouet pour qu'ils soient mousseux. Incorporez le beurre, la poudre d'amandes, le sucre glace et la farine tamisés.

3 Garnissez les moules de pâte et faites cuire 10 minutes.

4 Sortez les financiers du four et garnissez chacun de 1 cuillerée à café rase de lemon curd. Poursuivez la cuisson 10 minutes. Attendez 5 minutes avant de démouler les financiers sur une grille. Laissez refroidir.

CARRÉS GOURMANDS

bâtonnets au chocolat et aux sablés

20 20' 2h

395 g de lait concentré sucré en boîte
90 g de beurre doux coupé en cubes
185 g de chocolat noir coupé en morceaux
250 g de biscuits sablés
90 g de noisettes grillées
100 g de raisins sultanine

1 Beurrez un moule de 20 × 30 cm. Chemisez le fond et les 2 grands côtés de papier sulfurisé, en le laissant dépasser de 5 cm sur les bords.

2 Dans une casserole moyenne, faites chauffer à feu moyen le lait concentré et le beurre, en remuant, jusqu'à obtention d'un mélange homogène. Retirez du feu, ajoutez le chocolat et remuez jusqu'à ce que la préparation soit homogène.

3 Cassez les biscuits sablés en petits morceaux et mettez-les dans un grand récipient, avec les noisettes et les raisins sultanine. Incorporez le mélange au chocolat. Tassez la préparation dans le moule et laissez prendre 2 heures au réfrigérateur. Découpez en bâtonnets.

24 15' 15' 20'

petits caramels à l'orange

220 g de sucre en poudre
90 g de beurre doux
2 c. à s. de golden syrup ou de miel liquide
115 g de sirop de glucose
125 ml de lait concentré sucré
60 ml de crème fraîche
2 c. à c. de zeste d'orange finement râpé
30 g de pistaches grillées, non salées, finement hachées

1 Huilez 2 moules à minimuffins de 12 alvéoles chacun (contenance 20 ml).

2 Dans une casserole à fond épais, mélangez le sucre, le beurre, le golden syrup ou le miel, le sirop de glucose, le lait concentré et la crème fraîche. Faites chauffer à feu doux, en remuant, jusqu'à ce que le sucre soit dissous. Portez à ébullition. Faites bouillir 8 minutes, en remuant, jusqu'à coloration. Incorporez le zeste d'orange. Retirez la casserole du feu et laissez tiédir quelques instants.

3 Répartissez cette préparation dans les alvéoles. Parsemez de pistaches. Laissez reposer 20 minutes avant de démouler.

tranches aux corn-flakes et aux cacahuètes nappées de chocolat

24 30' 30'

125 g de beurre coupé en cubes
110 g de sucre en poudre
80 ml de sirop de maïs
85 g de beurre de cacahuète crunchy
160 g de corn-flakes
350 g de chocolat au lait fondu

1 Beurrez un moule de 20 × 30 cm. Chemisez le fond et les 2 grands côtés de papier sulfurisé, en le laissant dépasser de 5 cm sur les bords.

2 Dans une grande casserole, faites chauffer à feu doux le beurre, le sucre, le sirop de maïs et le beurre de cacahuète, en remuant, jusqu'à ce que le sucre soit dissous. Portez à ébullition, puis baissez le feu et laissez mijoter 5 minutes sans couvrir ni remuer. Incorporez délicatement les corn-flakes.

3 Étalez la préparation dans le moule et tassez. Laissez prendre au réfrigérateur 30 minutes. Étalez le chocolat au lait fondu sur la préparation et laissez prendre à température ambiante. Découpez en tranches.

12 30' 30' 180°

gâteau à la cannelle et aux noix, sirop de sucre

3 œufs
165 g de sucre en poudre
110 g de farine avec levure incorporée
3 c. à c. de cannelle moulue
185 g de beurre fondu
80 g de noix grossièrement hachées

Sirop de sucre
220 g de sucre en poudre
180 ml d'eau

1 Préchauffez le four à 180 °C. Beurrez un moule carré peu profond de 23 cm de côté et chemisez le fond de papier sulfurisé.

2 Battez les œufs au robot pour obtenir une préparation épaisse et crémeuse. Incorporez progressivement le sucre, en mélangeant bien après chaque ajout pour qu'il se dissolve. Ajoutez la farine tamisée et la cannelle, en 2 fois, puis le beurre et les noix.

3 Versez la pâte dans le moule et faites cuire 30 minutes. Laissez reposer le gâteau 5 minutes avant de le démouler sur une grille posée au-dessus d'une plaque.

4 Préparez le sirop de sucre. Faites chauffer les ingrédients dans une petite casserole, en remuant, jusqu'à ce que le sucre soit dissous. Portez ensuite à ébullition, puis baissez le feu et laissez frémir 5 minutes, sans couvrir ni mélanger.

5 Versez le sirop chaud sur le gâteau encore chaud. Servez le gâteau tiède ou froid.

carrés au caramel, au chocolat et aux cacahuètes

40 30' 20' 3h

145 g de beurre coupé en cubes
395 g de lait concentré sucré
220 g de sucre en poudre
140 g de cacahuètes grillées non salées
200 g de chocolat noir de dégustation

1 Beurrez un moule carré de 19 cm de côté. Prenez une feuille d'aluminium de 40 cm de long et pliez-la en trois pour l'ajuster au fond du moule, en la laissant dépasser sur 2 côtés opposés. Découpez un carré de 19 cm de côté dans du papier sulfurisé pour en couvrir le fond du moule, sur le papier d'aluminium.

2 Mélangez dans une casserole 125 g de beurre, le lait concentré et le sucre. Laissez fondre le beurre et le sucre, puis portez à ébullition et laissez frémir 10 minutes, en remuant, pour former un caramel qui se décolle de la paroi de la casserole.

3 Versez le caramel dans le moule. Lissez la surface avec une spatule en métal, puis enfoncez les cacahuètes dans le caramel à l'aide de la spatule. Laissez refroidir 20 minutes.

4 Faites fondre le chocolat et le reste du beurre au bain-marie. Étalez ce glaçage sur les cacahuètes et réfrigérez 3 heures au moins, ou toute la nuit. Démoulez et découpez en 40 petits carrés.

24 20' 3h

carrés de chocolat à la menthe

250 g de petits-beurre
100 g de beurre coupé en cubes
125 ml de lait concentré sucré
70 g de chocolat à la menthe coupé en gros morceaux

Garniture au chocolat
200 g de chocolat au lait coupé en morceaux
2 c. à c. d'huile végétale

1 Huilez un moule de 19 × 29 cm, puis chemisez-le de papier sulfurisé, en le laissant dépasser de 5 cm sur les côtés les plus longs.

2 Mixez finement 200 g de biscuits et hachez grossièrement le reste.

3 Mélangez le beurre et le lait concentré dans une casserole, puis faites chauffer à feu doux pour faire fondre le beurre.

4 Mélangez les biscuits et le chocolat dans un saladier, puis incorporez le lait. Étalez la pâte dans le moule, en pressant bien. Couvrez et placez pour 20 minutes au réfrigérateur afin de faire durcir.

5 Préparez le glaçage au chocolat. Faites fondre le chocolat et l'huile au bain-marie. Étalez sur le gâteau.

6 Placez au réfrigérateur pour 3 heures, puis découpez le gâteau en 24 carrés.

barres chocolat-coco-abricot

30 15' 45' 150°

3 blancs d'œufs
110 g de sucre en poudre
35 g de farine
100 g de noix de coco râpée
75 g d'abricots secs finement hachés
90 g de chocolat au lait grossièrement râpé
50 g d'amandes effilées
90 g de chocolat au lait fondu

1 Préchauffez le four à 150 °C. Beurrez un moule de 20 × 30 cm. Chemisez le fond et les 2 grands côtés de papier sulfurisé, en le laissant dépasser de 5 cm sur les bords.

2 Dans un petit récipient, battez les blancs d'œufs avec un batteur électrique, jusqu'à la formation de pics mous. Ajoutez progressivement le sucre, en battant jusqu'à ce qu'il soit dissous. Incorporez la farine, la noix de coco râpée, les abricots secs et le chocolat au lait grossièrement râpé.

3 Étalez la préparation dans le moule et faites cuire 15 minutes. Parsemez d'amandes effilées et pressez délicatement. Remettez au four pour 30 minutes. Laissez refroidir dans le moule. Arrosez de chocolat au lait fondu. Laissez prendre à température ambiante. Découpez en barres.

15 25' 1h

carrés chocolat-réglisse

245 g de biscuits de type petits-beurre
120 g de lait concentré sucré en boîte
90 g de beurre doux coupé en cubes
155 g de petits carrés de réglisse grossièrement hachés
250 g de chocolat au lait coupé en gros morceaux
2 c. à c. d'huile végétale

1 Beurrez un moule de 20 × 30 cm. Chemisez le fond et les 2 grands côtés de papier sulfurisé, en le laissant dépasser de 5 cm sur les bords.

2 Mixez finement 185 g de biscuits et hachez grossièrement le reste.

3 Dans une petite casserole, faites chauffer à feu moyen le lait concentré et le beurre, en remuant, jusqu'à obtention d'une consistance homogène.

4 Dans un bol, mélangez les biscuits mixés et hachés avec la réglisse. Incorporez le mélange au lait concentré, puis tassez la préparation dans le moule. Placez au réfrigérateur pour 30 minutes.

5 Faites chauffer au bain-marie le chocolat au lait et l'huile végétale, en remuant, jusqu'à ce que le mélange soit homogène. Nappez-en le contenu du moule et laissez prendre 30 minutes au réfrigérateur. Découpez en carrés.

barres aux 3 chocolats et aux noisettes

32 30' 40'

250 g de biscuits au chocolat
110 g de noisettes grillées grossièrement hachées
155 g de beurre doux fondu
395 g de lait concentré sucré en boîte
375 g de chocolat au lait coupé en gros morceaux
315 g de chocolat noir coupé en gros morceaux
15 g de beurre doux supplémentaire
30 g de chocolat blanc fondu

1 Beurrez un moule de 20 × 30 cm. Chemisez le fond et les 2 grands côtés de papier sulfurisé, en le laissant dépasser de 5 cm sur les bords.

2 Mixez finement les biscuits et 40 g de noisettes, puis ajoutez le beurre et mixez jusqu'à ce qu'il soit incorporé. Tassez la préparation dans le fond du moule et placez au réfrigérateur pour 20 minutes, jusqu'à ce qu'elle soit ferme.

3 Faites chauffer à feu doux le lait concentré et 345 g de chocolat au lait dans une petite casserole, en remuant, jusqu'à ce que le mélange soit homogène. Incorporez le reste des noisettes. En travaillant rapidement, étalez le mélange au chocolat sur la base de biscuits.

4 Faites fondre à feu doux le chocolat noir et le beurre supplémentaire dans une petite casserole, en remuant, jusqu'à ce que la préparation soit homogène. Étalez le mélange sur la couche au chocolat au lait.

5 Faites fondre le reste du chocolat au lait. Arrosez la couche de chocolat noir dans le moule de chocolat au lait et de chocolat blanc. Laissez prendre au réfrigérateur pendant 20 minutes environ. Découpez en barres.

CONSERVATION

Les barres se conservent jusqu'à 1 semaine dans un récipient hermétique, au réfrigérateur.

barres chocolat-caramel

2 paquets de biscuits Tim Tam® (400 g) ou d'autres biscuits au chocolat
45 g de beurre doux coupé en cubes
80 g de lait concentré sucré
185 g de caramels mous grossièrement hachés

Nappage au chocolat
250 g de chocolat au lait coupé en gros morceaux
2 c. à c. d'huile végétale

1 Beurrez un moule de 20 × 30 cm. Chemisez le fond et les 2 grands côtés de papier sulfurisé, en le laissant dépasser de 5 cm sur les bords.

2 Mixez finement la moitié des biscuits et hachez grossièrement le reste.

3 Faites chauffer à feu doux le beurre et le lait concentré dans une petite casserole, en remuant, jusqu'à obtention d'une consistance homogène.

4 Mélangez les biscuits mixés et hachés avec les caramels dans un récipient moyen, puis incorporez le mélange au beurre. Tassez la préparation dans le moule et placez au réfrigérateur pour 30 minutes.

5 Préparez le nappage au chocolat : faites chauffer les ingrédients au bain-marie, en remuant, jusqu'à obtention d'une consistance homogène.

6 Étalez le nappage au chocolat sur la couche de biscuits et de caramels. Laissez prendre au réfrigérateur pendant 30 minutes. Découpez en tranches.

CONSERVATION
Les tranches se conservent jusqu'à 4 jours dans un récipient hermétique, au réfrigérateur.

carrés au citron

24 20' 3h

250 g de petits-beurre
100 g de beurre coupé en cubes
125 ml de lait concentré sucré
1 c. à c. de zeste de citron râpé

Garniture au citron
200 g de sucre glace
10 g de beurre
1 c. à s. de jus de citron

1 Beurrez un grand moule rectangulaire peu profond. Chemisez-le de papier sulfurisé, en laissant ce dernier dépasser de 2 cm.

2 Écrasez en poudre fine 200 g de petits-beurre. Malaxez le reste en chapelure plus grossière.

3 Faites fondre le beurre dans le lait, à feu doux, en remuant constamment. Dans un saladier, mélangez les deux chapelures de biscuit avec le zeste de citron, avant d'incorporer le lait chaud. Remuez bien. Étalez la pâte dans le moule, couvrez et réfrigérez 20 minutes.

4 Pour la garniture, préparez un glaçage avec le sucre, le beurre et le jus de citron que vous ferez fondre au bain-marie. Versez cette crème sur le fond de pâte et réfrigérez plusieurs heures. Découpez en 24 carrés.

carrés meringués au citron

16 20' 53' 1h 220°

90 g de beurre ramolli
2 c. à s. de sucre en poudre
1 œuf
150 g de farine ordinaire
80 g de confiture d'abricots
110 g de sucre en poudre
300 ml de crème fraîche
1 c. à s. de zeste de citron râpé
2 c. à s. de jus de citron

Garniture au citron
2 œufs
2 jaunes d'œufs

Meringue
2 blancs d'œufs
110 g de sucre en poudre

1 Préchauffez le four à 200 °C. Beurrez le fond d'un moule rectangulaire de 19 × 29 cm. Chemisez-le de papier sulfurisé, en le laissant légèrement dépasser.

2 Fouettez dans un saladier le beurre, le sucre et l'œuf. Incorporez la farine tamisée en 2 fois. Étalez la pâte dans le moule, piquez à la fourchette et faites cuire 15 minutes au four. Laissez refroidir 20 minutes. Nappez de confiture.

3 Réglez le four à 170 °C. Fouettez tous les ingrédients de la garniture et recouvrez-en le fond de pâte. Enfournez pour 35 minutes, puis laissez reposer 20 minutes. Passez les dents d'une fourchette sur toute la surface pour former des petits sillons : la meringue accrochera mieux.

4 Montez le thermostat à 220 °C. Montez les blancs d'œufs en neige souple, puis incorporez progressivement le sucre. Étalez la meringue sur la garniture au citron et faites dorer au four, 3 minutes. Laissez le gâteau refroidir 20 minutes. Découpez en 16 carrés.

carrés à la noix de coco et aux abricots

24 20' 3h

250 g de petits-beurre
100 g de beurre coupé en cubes
125 ml de lait concentré sucré
40 g de noix de coco râpée
80 g d'abricots secs coupés en dés

Garniture au chocolat blanc
200 g de chocolat blanc
2 c. à c. d'huile végétale

1 Beurrez un grand moule rectangulaire peu profond. Tapissez-le de papier sulfurisé, en laissant ce dernier dépasser de 2 cm.

2 Écrasez en poudre fine 200 g de petits-beurre. Malaxez le reste en chapelure plus grossière.

3 Faites fondre le beurre dans le lait concentré, à feu doux, en remuant. Dans un saladier, mélangez bien les chapelures de biscuit avec la noix de coco et les abricots, avant d'incorporer le lait chaud. Étalez la pâte dans le moule, couvrez et réfrigérez 20 minutes.

4 Préparez un glaçage en faisant chauffer le chocolat blanc et l'huile au bain-marie. Versez la crème obtenue sur le fond de pâte et réfrigérez plusieurs heures. Découpez en 24 carrés.

24 20' 3h

carrés de café aux noix de macadamia

250 g de petits-beurre
100 g de beurre coupé en cubes
125 ml de lait concentré sucré
70 g de noix de macadamia grillées et hachées

Garniture au café
2 c. à c. de café soluble
2 c. à s. d'eau bouillante
200 g de sucre glace
10 g de beurre

1 Beurrez un grand moule rectangulaire peu profond. Tapissez-le de papier sulfurisé, en laissant ce dernier dépasser de 2 cm.

2 Écrasez en poudre fine 200 g de petits-beurre. Malaxez le reste en chapelure plus grossière.

3 Faites fondre le beurre dans le lait concentré, à feu doux, en remuant. Dans un saladier, mélangez bien les chapelures de biscuit avec les noix, avant d'incorporer le lait chaud. Étalez cette pâte dans le moule. Couvrez et réfrigérez 20 minutes.

4 Mélangez le café avec l'eau bouillante, puis incorporez le sucre glace et le beurre en travaillant le glaçage au bain-marie pour obtenir une crème lisse. Versez cette crème sur le fond de pâte et réfrigérez plusieurs heures. Découpez en 24 carrés.

bouchées aux céréales

25 20' 20' 180°

45 g de noix de coco râpée
165 g de sucre roux
80 g de muesli
225 g de farine avec levure incorporée
95 g de pépites de chocolat noir
185 g de beurre fondu et refroidi
1 œuf légèrement battu
125 g de chocolat noir fondu

1 Préchauffez le four à 180 °C. Beurrez un grand moule rectangulaire et chemisez-le de papier sulfurisé en le faisant dépasser largement.

2 Dans un grand récipient, mélangez la noix de coco, le sucre, le muesli, la farine tamisée et les pépites de chocolat. Mélangez le beurre et l'œuf et incorporez-les à la préparation. Garnissez le fond du moule avec cette préparation.

3 Enfournez pour 20 minutes jusqu'à ce que la préparation soit légèrement dorée. Laissez reposer 5 minutes, retournez le gâteau sur une grille et laissez-le refroidir complètement.

4 Découpez le gâteau en bouchées et tracez sur celles-ci des lignes de chocolat fondu à l'aide d'une poche à douille de petit calibre.

ASTUCE

Si vous n'avez pas de poche à douille, utilisez un petit sachet en plastique dont vous aurez coupé l'un des coins. Si le chocolat commence à durcir dans la poche, réchauffez-le 5 secondes au micro-ondes réglé à la puissance maximale.

18 20' 30' 160°

croquants au chocolat et aux fruits secs

90 g de beurre fondu
100 g de biscuits secs émiettés
285 g de pépites de chocolat noir
70 g de noix de coco râpée
140 g de fruits à coque concassés (amandes, noisettes, noix...)
400 g de lait concentré sucré en boîte

1 Préchauffez le four à 160 °C. Beurrez un moule carré et chemisez-le de papier sulfurisé.

2 Versez le beurre fondu dans le plat. Parsemez de biscuits émiettés, de pépites de chocolat, de noix de coco râpée et de fruits à coque. Versez le lait concentré en filet.

3 Faites cuire au four 30 minutes. Laissez le gâteau refroidir dans le moule avant de le découper.

CONSERVATION

Ces croquants se conservent 1 semaine au réfrigérateur, dans un récipient hermétique.

carrés aux amandes et au miel

20 25' 52' 3h 180°

150 g de farine
½ c. à c. de noix de muscade moulue
60 g de poudre d'amandes
110 g de sucre roux
90 g de beurre fondu
210 g d'amandes effilées

Garniture
3 œufs légèrement battus
55 g de sucre roux
90 g de miel
100 g de chocolat au lait fondu

1 Préchauffez le four à 180 °C. Beurrez un grand moule rectangulaire.

2 Dans un saladier, mélangez la farine tamisée, la noix de muscade, la poudre d'amandes, le sucre et le beurre. Garnissez le fond du moule avec cette préparation. Enfournez pour 12 minutes : le gâteau doit être légèrement doré. Laissez refroidir.

3 Préparez la garniture : dans un bol, mélangez les œufs, le sucre et le miel, puis incorporez le chocolat fondu.

4 Baissez la température du four à 160 °C. Versez la garniture sur la base refroidie et parsemez-la d'amandes effilées. Faites cuire environ 40 minutes, à four doux, jusqu'à ce que la garniture soit ferme. Laissez refroidir dans le moule et placez plusieurs heures au réfrigérateur avant de découper en carrés.

CONSERVATION
Ces carrés se conservent 1 semaine au réfrigérateur, dans un récipient hermétique.

24 15' 35' 160°

sablés à l'orange et aux graines de pavot

200 g de beurre ramolli
2 c. à c. de zeste d'orange râpé
80 g de sucre glace
300 g de farine
1 c. à s. de graines de pavot
1 c. à s. de jus d'orange

1 Préchauffez le four à 160 °C. Beurrez un grand moule rectangulaire.

2 Fouettez au batteur électrique le beurre, le zeste d'orange et le sucre glace jusqu'à obtention d'un mélange léger et mousseux. Incorporez la farine, les graines de pavot et le jus d'orange. Garnissez le fond du moule avec cette préparation.

3 Faites cuire environ 35 minutes au four : le gâteau doit être légèrement doré. Découpez le gâteau à la sortie du four et laissez-le refroidir dans le moule.

CONSERVATION
Ces sablés se conservent 1 semaine au réfrigérateur, dans un récipient hermétique.

carrés surprise

15 15' 3h

200 g de caramels mous au café
1 c. à s. de crème fraîche
35 g de Rice Krispies®
100 g de marshmallows coupés en petits morceaux
165 g de Maltesers®

1 Beurrez un moule à cake et chemisez-le de papier sulfurisé.

2 Faites chauffer les caramels mous et la crème fraîche, à feu doux, dans une casserole à fond épais. Lorsque le mélange est lisse, retirez la casserole du feu. Incorporez les Rice Krispies® et les marshmallows. Ajoutez les Maltesers® et remuez rapidement.

3 Garnissez le moule avec cette pâte et faites-la prendre au réfrigérateur. Découpez en tranches avec un couteau-scie.

CONSERVATION

Ces carrés se conservent 1 semaine au réfrigérateur, dans un récipient hermétique.

18 25' 40' 180°

bouchées aux raisins secs et aux cacahuètes

75 g de sucre roux
90 g de beurre
185 g de farine
1 jaune d'œuf
50 g de farine avec levure incorporée
85 g de raisins de Corinthe
120 g de raisins secs blonds
185 g de cacahuètes grillées non salées
90 g de noix de coco râpée

Garniture
2 œufs
220 g de sucre roux

1 Préchauffez le four à 180 °C. Beurrez un grand moule rectangulaire et chemisez-le de papier sulfurisé, en le laissant dépasser largement.

2 Mélangez le sucre et le beurre dans une casserole et faites chauffer à feu moyen. Quand le beurre a fondu, incorporez la farine tamisée et le jaune d'œuf. Garnissez le fond du moule avec cette préparation. Enfournez pour 10 minutes : la pâte doit être légèrement dorée. Laissez refroidir.

3 Préparez la garniture. Dans un bol, fouettez les œufs et le sucre au batteur électrique, jusqu'à ce que le mélange blanchisse et épaississe légèrement. Incorporez la farine tamisée. Versez la préparation dans un récipient plus grand et incorporez les ingrédients restants.

4 Versez la garniture sur la base refroidie et faites cuire environ 30 minutes au four. Laissez le gâteau refroidir dans le moule avant de le découper.

triangles aux fruits secs

12 30' 2h

100 g de biscuits secs émiettés
300 g de beurre fondu
80 g d'amandes mondées grossièrement hachées
50 g de pistaches décortiquées grossièrement hachées
35 g de noix de macadamia grossièrement hachées
85 g d'ananas confit grossièrement haché
200 g de chocolat blanc fondu
200 g de chocolat noir fondu

1 Beurrez un grand moule rectangulaire, chemisez-le de papier sulfurisé en le faisant dépasser largement.

2 Dans un récipient, travaillez 60 g de beurre et les biscuits émiettés. Garnissez le fond du moule avec cette préparation et placez-le au réfrigérateur pour 30 minutes.

3 Mélangez les fruits à coque et l'ananas puis répartissez la préparation dans 2 bols.

4 Dans un des bols, incorporez le chocolat blanc et 120 g de beurre. Versez la préparation obtenue sur la base refroidie et placez au réfrigérateur pour 30 minutes.

5 Dans l'autre bol, incorporez le reste de beurre et le chocolat noir. Versez la préparation sur le chocolat blanc. Couvrez et faites prendre 1 heure au réfrigérateur.

6 Démoulez et coupez en triangles.

CONSERVATION
Ces triangles se conservent 1 semaine au réfrigérateur, dans un récipient hermétique.

carrés aux graines de courge et de sésame

16 15' 20' 200°

90 g de beurre
1 c. à c. de zeste de citron râpé
2 c. à s. de sucre en poudre
1 œuf
100 g de farine
80 g de farine complète
80 g de graines de courge non salées grossièrement hachées
80 g de confiture d'abricots
2 c. à s. de graines de sésame grillées

1 Préchauffez le four à 200 °C. Beurrez un moule carré, chemisez-le de papier sulfurisé en le faisant dépasser largement.

2 Dans un bol, fouettez au batteur électrique le beurre, le zeste de citron, le sucre et l'œuf, jusqu'à obtention d'un mélange léger et mousseux. Incorporez toute la farine, après l'avoir tamisée, et les graines de courge. Garnissez le fond du moule avec cette préparation. Étalez la confiture dessus, puis saupoudrez de graines de sésame.

3 Faites cuire le gâteau environ 20 minutes au four : il doit être légèrement doré. Laissez-le refroidir dans le moule avant de le découper en carrés.

CONSERVATION
Ces carrés se conservent 1 semaine au réfrigérateur, dans un récipient hermétique.

barres de céréales au beurre de cacahuète

24 · 15' · 2h

60 g de beurre coupé en petits morceaux
90 g de miel
110 g de sucre roux
95 g de beurre de cacahuète lisse
2 c. à s. de confiture d'oranges
90 g de flocons d'avoine
50 g de Rice Krispies®
35 g de noix de coco râpée
75 g de fruits secs mélangés (abricots, figues…)
55 g d'ananas confit finement haché

1 Beurrez un moule carré.

2 Faites chauffer le beurre, le miel, le sucre, le beurre de cacahuète et la confiture d'oranges à feu doux, en remuant constamment pour éviter l'ébullition. Quand le sucre est dissous, portez le mélange à ébullition, puis retirez la casserole du feu. Incorporez les ingrédients restants.

3 Garnissez le moule avec cette préparation et faites prendre au réfrigérateur.

4 Démoulez et coupez en petites barres.

CONSERVATION
Ces barres se conservent 1 semaine au réfrigérateur, dans un récipient hermétique.

24 · 20' · 15' · 50' · 180°

bouchées au citron et à la noix de coco

90 g de beurre coupé en petits morceaux
150 g de sucre en poudre
1 œuf
35 g de farine avec levure incorporée
110 g de farine ordinaire
280 g de lemon curd

Garniture
2 œufs légèrement battus
75 g de sucre en poudre
180 g de noix de coco râpée

1 Préchauffez le four à 180 °C. Beurrez un grand moule rectangulaire.

2 Fouettez le beurre, le sucre et l'œuf au batteur électrique, jusqu'à obtention d'un mélange léger et mousseux. Incorporez les farines tamisées. Farinez légèrement vos mains et garnissez le fond du moule avec cette préparation. Placez le plat pour 15 minutes au congélateur, puis enfournez-le et faites cuire 15 minutes : le gâteau doit être légèrement doré. Laissez refroidir.

3 Pendant ce temps, fouettez le lemon curd dans un bol pour l'homogénéiser. Mélangez les ingrédients de la garniture. Étalez le lemon curd sur la base refroidie, puis recouvrez le tout avec la garniture.

4 Enfournez pour 35 minutes : le gâteau doit prendre une belle coloration dorée. Laissez-le refroidir avant de découper.

CONSERVATION
Ces bouchées se conservent 1 semaine au réfrigérateur, dans un récipient hermétique.

bouchées au riz soufflé

140 g de noix de coco râpée
100 g de Rice Krispies®
50 g de céréales All-Bran®
250 g d'abricots confits grossièrement hachés
115 g d'ananas confit grossièrement haché
125 g de noix de pécan grossièrement hachées
125 g de beurre
125 ml de crème de noix de coco
180 g de miel
75 g de cassonade

1 Beurrez un grand plat rectangulaire.

2 Dans un grand saladier, mélangez la noix de coco, les Rice Krispies®, les céréales All-Bran®, les fruits confits et les noix de pécan.

3 Faites chauffer à feu doux le beurre, la crème de noix de coco, le miel et la cassonade, en remuant constamment pour éviter l'ébullition.

4 Quand le sucre est dissous, portez le mélange à ébullition puis laissez mijoter 5 minutes à découvert, sans remuer, jusqu'à obtention d'un sirop épais. Versez le sirop chaud dans le saladier et mélangez soigneusement. Garnissez le fond du moule avec cette préparation et mettez à durcir au réfrigérateur pendant 2 heures, avant de couper en carrés.

VARIANTE
Remplacez les noix de pécan par des noix.

CONSERVATION
Ces bouchées se conservent 1 semaine au réfrigérateur, dans un récipient hermétique.

carrés aux noix de cajou et au gingembre

125 g de beurre
55 g de sucre en poudre
150 g de farine avec levure incorporée
1 c. à c. de gingembre moulu

Garniture
80 g de sucre glace
60 g de beurre
2 c. à s. de golden syrup ou de miel liquide
150 g de noix de cajou grillées non salées, grossièrement hachées
50 g de gingembre confit finement haché

1 Préchauffez le four à 180 °C. Beurrez un grand plat rectangulaire, chemisez-le de papier sulfurisé en le faisant dépasser largement.

2 Dans un bol, fouettez le beurre et le sucre jusqu'à obtention d'un mélange mousseux. Incorporez la farine tamisée et le gingembre.

3 Versez la préparation dans le moule et faites cuire au four 20 minutes : le gâteau doit être légèrement doré. Laissez refroidir dans le moule.

4 Préparez la garniture : faites chauffer le sucre glace tamisé, le beurre et le sirop à feu doux. Quand le beurre a fondu, ajoutez les noix de cajou et le gingembre confit.

5 Étalez uniformément la garniture chaude sur la base refroidie. Laissez durcir, puis démoulez et coupez en carrés.

CONSERVATION
Ces carrés se conservent 1 semaine au réfrigérateur, dans un récipient hermétique.

croquants aux abricots

90 g de beurre fondu
150 g de farine
75 g de sucre en poudre

Garniture aux abricots
250 g d'abricots secs finement hachés
250 ml d'eau
55 g de sucre en poudre

Garniture à la noix de coco
90 g de beurre fondu
45 g de noix de coco râpée
75 g de farine
110 g de sucre roux

1 Préchauffez le four à 180 °C. Beurrez un moule rectangulaire.

2 Travaillez le beurre, la farine et le sucre à la spatule. Garnissez le fond du moule avec cette préparation.

3 Faites cuire environ 20 minutes au four : le gâteau doit être doré.

4 Préparez la garniture aux abricots. Dans une casserole, faites mijoter à feu doux les abricots, l'eau et le sucre pendant 10 minutes jusqu'à épaississement. Remuez de temps en temps.

5 Mélangez tous les ingrédients de la garniture à la noix de coco.

6 Versez la garniture aux abricots encore chaude sur la base et parsemez de garniture à la noix de coco. Glissez le plat au four et poursuivez la cuisson pendant 20 minutes : le gâteau doit être doré. Laissez-le refroidir dans le moule avant de couper en morceaux.

CONSERVATION
Ces croquants se conservent 1 semaine au réfrigérateur, dans un récipient hermétique.

16 15' 45' 160°

pavés fruités au chocolat blanc

90 g d'amandes effilées
210 g de noix du Brésil grossièrement hachées
135 g de noix de coco râpée
150 g d'abricots secs hachés
150 g de raisins de Corinthe
35 g de farine
250 g de chocolat blanc fondu
160 g de confiture d'abricots
180 g de miel

1 Préchauffez le four à 160 °C. Beurrez un grand moule rectangulaire et chemisez le fond de papier sulfurisé.

2 Mélangez dans un saladier les amandes, les noix du Brésil, la noix de coco, les abricots secs, les raisins secs et la farine. Incorporez le chocolat fondu, la confiture passée au tamis et le miel. Versez la préparation dans le moule et enfournez pour 45 minutes. Laissez refroidir le gâteau dans le moule avant de le découper.

CONSERVATION
Ces pavés se conservent 1 semaine au réfrigérateur, dans un récipient hermétique.

barres croustillantes au chocolat blanc et à la guimauve

250 g de cubes de guimauve roses et blancs, coupés en deux
185 g de chocolat blanc coupé en gros morceaux
175 g de riz soufflé

1 Beurrez un moule de 20 × 30 cm. Chemisez le fond et les 2 grands côtés de papier sulfurisé, en le laissant dépasser de 5 cm sur les bords.

2 Faites fondre à feu doux les guimauves et le chocolat blanc dans une casserole moyenne, en remuant, jusqu'à obtention d'une consistance homogène.

3 Placez le riz soufflé dans un grand récipient. En travaillant rapidement, incorporez le mélange chocolat-guimauve. Tassez la préparation dans le moule et lissez la surface avec les mains mouillées.

4 Placez au réfrigérateur pour 3 heures avant de découper en barres.

CONSERVATION

Les barres se conservent jusqu'à 1 semaine dans un récipient hermétique, au réfrigérateur.

8 20' 30' 160°

barres au muesli et aux pépites de chocolat

125 g de beurre coupé en petits morceaux
110 g de sucre roux
1 c. à s. de miel
200 g de flocons d'avoine
40 g de graines de tournesol
20 g de noix de coco râpée
½ c. à c. de cannelle moulue
75 g d'abricots secs hachés
2 c. à s. de pépites de chocolat noir

1 Préchauffez le four à 160 °C. Beurrez un grand moule rectangulaire.

2 Versez le beurre, le sucre et le miel dans une casserole et faites chauffer à feu doux.

3 Quand le beurre a fondu, transférez le mélange dans un saladier et incorporez les flocons d'avoine, les graines de tournesol, la noix de coco, la cannelle et les abricots secs. Garnissez le fond du moule avec cette préparation et parsemez de pépites de chocolat avant de découper en barres.

4 Faites cuire environ 30 minutes au four : le gâteau doit être légèrement doré. Découpez-le en carrés à la sortie du four puis laissez refroidir dans le moule.

CONSERVATION

Ces barres se conservent 1 semaine au réfrigérateur, dans un récipient hermétique.

24 30' 1h

carrés au pop-corn, au caramel et au chocolat

250 g de biscuits de type petits-beurre
125 g de beurre fondu
395 g de lait concentré sucré en boîte
30 g de beurre supplémentaire
40 g de pop-corn salé
40 g de noix de coco râpée grillée
185 g de chocolat au lait fondu

1 Beurrez un moule de 20 × 30 cm. Chemisez le fond et les 2 grands côtés de papier sulfurisé, en le laissant dépasser de 5 cm sur les bords.

2 Mixez finement les biscuits, puis ajoutez le beurre et mixez pour l'incorporer. Tassez la préparation dans le fond du moule et placez-la au réfrigérateur pour 30 minutes.

3 Dans une casserole à fond épais, faites chauffer à feu moyen le lait concentré et le beurre supplémentaire, en remuant, pendant 10 minutes, jusqu'à ce que le mélange prenne une couleur caramel. Retirez du feu, puis incorporez rapidement le pop-corn et la noix de coco.

4 En travaillant rapidement avec les mains mouillées, étalez la préparation au pop-corn dans le moule et appuyez fermement. Étalez le chocolat fondu dessus et laissez prendre 30 minutes au réfrigérateur avant de découper en carrés.

CONSERVATION

Ces carrés se conservent jusqu'à 4 jours dans un récipient hermétique, au réfrigérateur.

carrés aux cacahuètes glacés au caramel

150 g de beurre coupé en cubes
165 g de cassonade
60 ml de crème fraîche
150 g de farine
50 g de farine avec levure incorporée
2 œufs
35 g de cacahuètes grillées non salées, grossièrement hachées

Glaçage au caramel
30 g de beurre
55 g de cassonade
1 c. à s. de lait
80 g de sucre glace

1 Préchauffez le four à 170 °C. Huilez un moule carré de 22 cm de côté, puis chemisez-le de papier sulfurisé, en le laissant dépasser de 5 cm sur les côtés.

2 Mélangez le beurre, la cassonade et la crème dans une casserole moyenne, puis faites chauffer jusqu'à ce que le sucre soit fondu. Portez à ébullition, baissez le feu et faites cuire 2 minutes sans couvrir. Laissez refroidir 10 minutes.

3 Mélangez les farines tamisées, les œufs et les cacahuètes. Ajoutez à la préparation précédente. Mélangez et versez dans le moule.

4 Faites cuire 25 minutes environ. Laissez refroidir 5 minutes, puis démoulez en retournant le moule sur une grille. Laissez refroidir.

5 Préparez le glaçage au caramel. Faites chauffer le beurre, la cassonade et le lait dans une petite casserole. Portez à ébullition et retirez la casserole du feu. Incorporez le sucre glace.

6 Étalez le glaçage sur le gâteau et laissez durcir avant de le découper en 16 carrés.

bâtonnets au chocolat et au café

50 g de raisins secs
60 ml de café fort chaud
400 g de chocolat noir coupé en gros morceaux
155 g de beurre coupé en gros cubes
1 œuf
55 g de sucre en poudre
185 g de biscuits sablés grossièrement hachés
140 g de noix de macadamia grillés non salées, grossièrement hachées

1 Mettez les raisins secs et le café dans un petit récipient et laissez reposer 1 heure.

2 Beurrez un moule de 20 × 30 cm. Chemisez le fond et les 2 grands côtés de papier sulfurisé, en le laissant dépasser de 5 cm sur les bords.

3 Faites fondre le chocolat et le beurre au bain-marie, en remuant, jusqu'à obtention d'une consistance homogène.

4 Avec un batteur électrique, battez l'œuf et le sucre dans un petit récipient, jusqu'à ce que le mélange épaississe et double de volume. Ajoutez-le dans la préparation au chocolat et mélangez, puis incorporez le mélange au café et le reste des ingrédients.

5 Étalez la préparation dans le moule. Couvrez la surface de film alimentaire et lissez-la avec une spatule ou avec les doigts. Placez au réfrigérateur pour 3 heures ou toute la nuit avant de découper en bâtonnets.

CONSERVATION

Les bâtonnets se conservent jusqu'à 1 semaine dans un récipient hermétique, au réfrigérateur. Servez-les dès leur sortie du réfrigérateur.

triangles au miel et aux noix de cajou

375 g de noix de cajou grillées salées
50 g de farine
55 g de sucre roux
45 g de beurre fondu
3 œufs
90 g de miel
1 c. à s. de miel supplémentaire chauffé

Pâte
150 g de farine
40 g de sucre glace
100 g de beurre froid
coupé en gros cubes
1 jaune d'œuf
1 c. à c. d'eau glacée, environ

1 Préparez la pâte. Mixez la farine, le sucre glace et le beurre jusqu'à obtention d'un mélange sableux. Ajoutez le jaune d'œuf et suffisamment d'eau pour former une pâte. Pétrissez-la sur un plan de travail fariné jusqu'à ce qu'elle soit lisse.

2 Beurrez un moule de 20 × 30 cm. Chemisez le fond et les 2 grands côtés de papier sulfurisé, en le laissant dépasser de 5 cm sur les bords.

3 Abaissez la pâte entre 2 feuilles de papier sulfurisé, en un rectangle de la taille de la base du moule. Déposez-la dans le moule et coupez l'excédent. Placez au réfrigérateur pour 30 minutes.

4 Préchauffez le four à 180 °C. Faites cuire la pâte 10 minutes, jusqu'à ce qu'elle soit légèrement dorée. Laissez refroidir. Baissez la température du four à 160 °C.

5 Mélangez les noix de cajou, la farine, le sucre, le beurre, les œufs et le miel dans un saladier. Versez la préparation sur la pâte dans le moule. Faites cuire au four pendant 40 minutes, puis laissez refroidir. Avant de découper en triangles, badigeonnez du miel supplémentaire.

CONSERVATION
Les triangles se conservent jusqu'à 3 jours dans un récipient hermétique.

barres chocolat-rhum-raisins

12 35' 3h 1h10

75 g de raisins secs grossièrement hachés
2 c. à s. de rhum brun chaud
150 g de chocolat au lait grossièrement haché
2 c. à c. d'huile végétale
60 ml de crème fraîche
200 g de chocolat noir grossièrement haché

1 Mélangez les raisins secs et le rhum dans un bol. Couvrez et laissez reposer 3 heures ou toute la nuit.

2 Huilez un moule de 8 × 25 cm, puis chemisez-le de papier d'aluminium, en le laissant dépasser de 5 cm sur les côtés les plus longs.

3 Faites fondre la moitié du chocolat au lait avec la moitié de l'huile au bain-marie. Étalez le chocolat fondu au fond du moule. Placez pour 10 minutes au réfrigérateur afin de faire durcir le chocolat.

4 Mélangez la crème et le chocolat noir dans une petite casserole, puis faites chauffer à feu doux pour faire fondre le chocolat. Ajoutez les raisins et versez la préparation dans le moule. Placez pour 20 minutes au réfrigérateur afin de faire durcir la préparation.

5 Faites fondre le reste du chocolat au lait avec le reste de l'huile au bain-marie. Étalez le mélange sur la ganache au chocolat noir et aux raisins. Placez pour 40 minutes au réfrigérateur afin de faire durcir. Démoulez et découpez en 12 parts.

carrés au café et aux noix de pécan

24 | 25' | 35' | 10' | 200°

125 g de beurre ramolli
55 g de sucre en poudre
150 g de farine ordinaire
35 g de farine avec levure incorporée
280 g de noix de pécan grillées

Garniture au café
2 c. à c. de café soluble en granulés
3 c. à c. d'eau bouillante
2 œufs
175 g de golden syrup ou de mélasse
75 g de sucre roux
60 g de beurre fondu
2 c. à s. de farine ordinaire

1 Préchauffez le four à 200 °C. Beurrez un moule de 20 × 30 cm. Chemisez le fond et les 2 grands côtés de papier sulfurisé, en le laissant dépasser de 5 cm sur les bords.

2 Dans un petit récipient, battez le beurre et le sucre, avec un batteur électrique, jusqu'à obtention d'un mélange léger et aéré. Incorporez les farines tamisées, en 2 fois. Tassez la pâte dans le fond du moule et faites cuire 10 minutes. Laissez refroidir 10 minutes. Baissez la température du four à 180 °C.

3 Pendant ce temps, préparez la garniture au café. Dans un bol résistant à la chaleur, faites dissoudre le café dans l'eau bouillante. Ajoutez les œufs, le golden syrup, le sucre, le beurre et la farine, en fouettant, jusqu'à obtention d'une consistance homogène.

4 Versez la garniture dans le moule et ajoutez les noix de pécan, sans les superposer. Faites cuire au four 25 minutes, jusqu'à ce que la garniture ait pris. Laissez refroidir dans le moule avant de découper en carrés.

CONSERVATION
Les carrés se conservent jusqu'à 1 semaine dans un récipient hermétique.

20 15' 35' 10' 180°

carrés au gingembre et aux amandes

255 g de farine ordinaire
220 g de sucre en poudre
150 g de gingembre confit coupé en gros morceaux
80 g d'amandes émondées grossièrement broyées
1 œuf
185 g de beurre fondu
2 c. à c. de sucre glace

1 Préchauffez le four à 180 °C. Chemisez un moule rectangulaire de papier sulfurisé, en le laissant dépasser de 2 cm sur les 2 côtés les plus longs.

2 Travaillez du bout des doigts la farine, le sucre, le gingembre, les amandes et l'œuf pour obtenir une chapelure grossière. Incorporez enfin le beurre.

3 Étalez la pâte dans le moule et faites cuire 35 minutes au four. Laissez reposer le sablé 10 minutes avant de le démouler sur une grille. Saupoudrez-le de sucre glace et découpez-le en 20 carrés.

NOTE

Le gingembre confit se prépare avec des racines de gingembre que l'on fait pocher dans du sirop de sucre. Sa saveur à la fois douce et intense se renforce d'un soupçon de braise piquante. On le consomme comme friandise ou on l'utilise en pâtisserie pour parfumer des gâteaux ou d'autres desserts.

carrés aux cerises et aux amandes

16 25' 30' 170°

4 blancs d'œufs
100 g de beurre fondu
1 c. à s. de lait
½ c. à c. d'extrait de vanille
120 g de poudre d'amandes
160 g de sucre glace
50 g de farine avec levure incorporée
1 gousse de vanille
100 g de cerises surgelées grossièrement hachées

1 Préchauffez le four à 170 °C. Huilez un moule de 19 × 29 cm, puis chemisez-le de papier sulfurisé, en le laissant dépasser de 2 cm sur les côtés les plus longs.

2 Fouettez les blancs d'œufs à l'aide d'une fourchette dans un saladier. Ajoutez le beurre, le lait, l'extrait de vanille, la poudre d'amandes ainsi que le sucre glace et la farine tamisés. Mélangez bien. Fendez la gousse de vanille en deux et récupérez les graines. Ajoutez-les à la préparation.

3 Versez dans le moule et répartissez les cerises sur le dessus.

4 Faites cuire 30 minutes environ. Laissez reposer 10 minutes avant de démouler le gâteau sur une grille pour le faire refroidir.

carrés aux dattes

185 g de dattes séchées dénoyautées et grossièrement hachées
330 ml d'eau
½ c. à c. de bicarbonate de soude
60 g de beurre ramolli
165 g de sucre roux
2 œufs
150 g de farine avec levure incorporée

Crème au caramel
100 g de sucre roux
2 c. à s. d'eau
20 g de beurre
1 c. à s. de golden syrup ou de mélasse
250 ml de crème entière

1 Préchauffez le four à 180 °C. Beurrez un moule de 24 × 32 cm. Chemisez le fond et les 2 grands côtés de papier sulfurisé, en le laissant dépasser de 5 cm sur les bords.

2 Mettez les dattes et l'eau dans une casserole, puis portez à ébullition. Retirez du feu et incorporez le bicarbonate de soude ; laissez reposer 5 minutes.

3 Battez le beurre et le sucre dans un bol, avec un batteur électrique, jusqu'à ce que la préparation soit légère et aérée. Sans cesser de battre, ajoutez les œufs un à un, puis incorporez la farine tamisée et les dattes. Versez la préparation dans le moule. Faites cuire au four 20 minutes, puis laissez refroidir dans le moule.

4 Préparez la crème au caramel. Faites chauffer à feu doux le sucre et l'eau dans une petite casserole, jusqu'à ce que le sucre soit dissous. Portez à ébullition et laissez bouillir 4 minutes, sans couvrir. Retirez du feu, puis incorporez le beurre et le golden syrup. Transvasez la préparation dans un bol, ajoutez 60 ml de crème et battez avec un batteur électrique jusqu'à ce que le mélange épaississe légèrement ; laissez refroidir. Dans un autre bol, battez le reste de la crème avec un batteur électrique, jusqu'à la formation de pics mous. Ajoutez petit à petit le mélange au caramel, en battant jusqu'à la formation de pics fermes. Placez au réfrigérateur jusqu'à utilisation.

5 Découpez le gâteau aux dattes en carrés. Ajoutez 1 cuillerée de crème au caramel sur chaque carré et parsemez de petits copeaux de chocolat, si vous le souhaitez.

CONSERVATION
Les carrés se conservent jusqu'à 3 jours dans un récipient hermétique, au réfrigérateur.

carrés à la noix de coco

20 25' 40' 180°

125 g de beurre ramolli
½ c. à c. d'essence de noix de coco
220 g de sucre en poudre
2 œufs
40 g de noix de coco râpée
225 g de farine avec levure incorporée
300 ml de crème fraîche
80 ml de lait

Glaçage à la noix de coco
320 g de sucre glace
100 g de noix de coco râpée
2 blancs d'œufs battus
colorant alimentaire rose

1 Préchauffez le four à 180 °C. Beurrez un moule à gâteau carré de 23 cm de côté et chemisez-le de papier sulfurisé.

2 Battez le beurre, l'essence de noix de coco et le sucre dans un bol, au robot. Incorporez les œufs un à un. Versez la préparation dans un saladier, ajoutez la noix de coco, la farine tamisée, la crème fraîche et le lait, en 2 fois.

3 Versez la préparation dans le moule et faites cuire 40 minutes. Laissez le gâteau reposer 5 minutes avant de le démouler et de le laisser refroidir sur une grille.

4 Préparez le glaçage à la noix de coco. Tamisez le sucre glace au-dessus d'un saladier. Ajoutez la noix de coco et les blancs d'œufs. Versez la moitié de la préparation dans un bol et colorez-la en rose.

5 Recouvrez le dessus du gâteau de garniture, en alternant des cuillerées de chaque couleur pour réaliser un marbrage.

25 35' 35' 180°

lamingtons au chocolat blanc

6 œufs
150 g de sucre en poudre
80 g de chocolat blanc finement haché
75 g de farine ordinaire
50 g de farine avec levure incorporée
50 g de fécule de maïs
150 g de noix de coco râpée
100 g de chocolat blanc finement râpé

Glaçage
640 g de sucre glace
180 ml de lait

1 Préchauffez le four à 180 °C. Beurrez un moule carré de 23 cm de côté et chemisez-le de papier sulfurisé, en le faisant dépasser de 5 cm de chaque côté.

2 Battez les œufs au robot pendant 10 minutes. Incorporez progressivement le sucre en poudre. Ajoutez le chocolat haché, puis les farines et la fécule de maïs tamisées 3 fois.

3 Versez la pâte dans le moule et faites cuire 35 minutes. Démoulez le gâteau sur une grille recouverte de papier sulfurisé, laissez-le refroidir, puis placez-le au réfrigérateur jusqu'au moment de le couper.

4 Préparez le glaçage. Tamisez le sucre glace au-dessus d'un récipient et ajoutez le lait. Faites chauffer la préparation au bain-marie, en remuant, jusqu'à ce que le glaçage ait la consistance désirée.

5 Coupez le gâteau refroidi en 25 carrés. Trempez-les dans le glaçage, puis roulez-les dans la noix de coco mélangée avec le chocolat blanc râpé. Posez les lamingtons sur une grille pour que le glaçage prenne.

carrés à la noix de coco et au citron vert

20 15' 45' 180°

90 g de beurre ramolli
110 g de sucre en poudre
1 œuf
50 g de farine avec levure incorporée
110 g de farine ordinaire
340 g de marmelade de citrons verts

Garniture à la noix de coco
2 œufs
55 g de sucre en poudre
150 g de copeaux de noix de coco
80 g de noix de coco râpée

1 Préchauffez le four à 180 °C. Huilez un moule de 19 × 30 cm, puis chemisez-le de papier sulfurisé, en le laissant dépasser de 5 cm sur les côtés les plus longs.

2 Battez le beurre, le sucre et l'œuf dans un saladier, à l'aide d'un batteur électrique, jusqu'à ce que le mélange blanchisse et soit mousseux. Incorporez les farines tamisées. Étalez la pâte dans le moule et ajoutez la marmelade dessus.

3 Préparez la garniture à la noix de coco : fouettez les œufs et le sucre dans un saladier, puis incorporez la noix de coco. Étalez sur la marmelade.

4 Faites cuire 45 minutes environ, puis laissez refroidir dans le moule. Découpez en 20 carrés.

30 15' 30' 170°

moelleux aux pistaches et aux amandes

160 g d'amandes émondées grillées
140 g de pistaches décortiquées grillées non salées
240 g de sucre glace
1 œuf
2 blancs d'œufs
colorant alimentaire vert
110 g d'amandes effilées

1 Préchauffez le four à 170 °C. Beurrez un moule de 20 × 30 cm. Chemisez le fond et les 2 grands côtés de papier sulfurisé, en le laissant dépasser de 5 cm sur les bords.

2 Mixez finement les amandes émondées et les pistaches, puis mettez-les dans un récipient moyen. Ajoutez le sucre glace tamisé et mélangez, puis incorporez l'œuf et les blancs d'œufs. Colorez la préparation en vert.

3 Parsemez le fond du moule de la moitié des amandes effilées. Déposez des cuillerées de la préparation aux amandes dessus et étalez avec précaution à l'aide d'une spatule. Parsemez du reste des amandes effilées, en pressant fermement.

4 Faites cuire 30 minutes. Laissez refroidir dans le moule avant de découper en barres ou en carrés.

CONSERVATION
Les moelleux se conservent jusqu'à 1 semaine dans un récipient hermétique.

millionaire's shortbreads

150 g de beurre doux, ramolli
(+ 1 noix pour beurrer le plat)
110 g de sucre semoule
1 jaune d'œuf
150 g de farine
50 g de farine à levure incorporée
400 g de lait concentré sucré, en boîte
30 g de bon beurre doux
2 c. à s. de golden syrup ou de mélasse
140 g de cacahuètes grillées et salées
200 g de chocolat au lait, haché grossièrement
2 c. à s. d'huile

1 Préchauffez le four à 160 °C. Beurrez le fond d'un moule de 20 x 30 cm et chemisez-le de papier cuisson en le laissant dépasser de 5 cm du moule.

2 Battez le beurre, le sucre et le jaune d'œuf à l'aide d'un batteur ou d'un fouet, jusqu'à ce le mélange mousse. Ajoutez la farine et la farine à levure incorporée. Mélangez bien.

3 Répartissez ce mélange uniformément dans le moule. Faites cuire 15 minutes au four.

4 Pendant ce temps, préparez la seconde couche. Faites chauffer le lait concentré sucré, le bon beurre et le golden syrup dans une petite casserole à feu moyen pendant 15 minutes, jusqu'à ce que le mélange devienne brun-doré.

5 Sortez le moule du four. Versez rapidement le caramel au lait concentré sur la première couche de pâte. Lissez la surface avec une spatule puis enfoncez les cacahuètes dans le caramel. Faites cuire 10 minutes en réduisant légèrement la température du four.

6 Faites chauffer le chocolat et l'huile dans une petite casserole à feu doux, jusqu'à ce que le mélange soit lisse. Versez sur la couche de caramel.

7 Placez le moule 2 heures au réfrigérateur, jusqu'à ce que la préparation durcisse. Découpez en carrés avant de servir.

CONSERVATION
Les shortbreads se conservent jusqu'à 3 jours, dans une boîte hermétique.

40 30' 35' 2h 160°

MUFFINS & SCONES

RÉUSSIR LES MUFFINS

Il existe mille façons de préparer des muffins ; voici nos conseils. Pour la cuisson, utilisez des moules à muffins ou des moules à cake.

MOULES

Vous trouverez des moules à muffins de différentes tailles dans les supermarchés et les magasins d'ustensiles de cuisine. Les plus courants sont les moules à minimuffins et les moules standard.

CHEMISER OU GRAISSER DES MOULES

Les moules à muffins doivent être graissés ou chemisés de caissettes en papier de la taille des différentes alvéoles du moule. Vous pouvez revêtir uniformément les alvéoles avec un spray de cuisson antiadhésif ou bien les badigeonner avec un peu de beurre fondu.

TAMISER

Tamisez les ingrédients secs au-dessus d'un récipient à ouverture large, car cela permet non seulement d'aérer la préparation, mais aussi de mélanger les ingrédients. On tamise parfois également le sucre à cette étape.

INCORPORER LE BEURRE

La plupart des recettes de muffins ne contiennent pas beaucoup de matière grasse, ce qui explique pourquoi ils ne se gardent pas bien. Incorporez les dés de beurre froid dans les ingrédients secs, en les travaillant du bout des doigts.

AJOUTER LES INGRÉDIENTS

Vous pouvez ajouter n'importe quels fruits secs, frais ou surgelés à cette étape, en même temps que le sucre. Nous préférons ajouter le sucre à ce moment-là car si vous incorporez le beurre dans les ingrédients secs contenant déjà le sucre le tout sera très collant.

AJOUTER LES INGRÉDIENTS LIQUIDES

Dans la plupart des recettes de muffins, il est conseillé de mélanger dans un premier temps les ingrédients liquides – œufs, miel, etc. –, puis de les ajouter dans un puits creusé au centre des ingrédients secs.

MÉLANGER

Utilisez une fourchette pour mélanger légèrement les ingrédients : la préparation doit être épaisse et grumeleuse.

REMPLIR LE MOULE À LA CUILLÈRE

À l'aide d'une ou deux cuillères, ou d'une cuillère et un doigt, répartissez la préparation dans les alvéoles du moule. Les recettes vous indiqueront quelle quantité vous devez y mettre ; pour vous donner un ordre d'idée, il faut les remplir environ aux deux tiers.

CUIRE

Généralement, les muffins de taille standard doivent cuire à four moyen-chaud pendant environ 20 minutes, tandis que les minimuffins sont plus rapides à cuire. Ils sont cuits quand les côtés se détachent légèrement de la paroi des alvéoles. Démoulez-les sur une grille en fer pour les faire refroidir.

MÉTHODE AU BATTEUR

C'est la méthode consistant à fouetter le beurre, le sucre et les œufs au batteur électrique ; il n'est pas nécessaire de battre la préparation jusqu'à ce qu'elle soit très claire et crémeuse. Les muffins préparés ainsi ont une texture plus proche de celle du gâteau au beurre que de celle, plus épaisse, du muffin traditionnel. Transvasez la préparation dans un grand récipient pour qu'il soit plus facile de la battre.

AJOUTER LES INGRÉDIENTS

À l'aide d'une fourchette, incorporez le reste des ingrédients dans la préparation beurre-sucre-œufs. Comme dans la méthode traditionnelle, ne mélangez pas trop les ingrédients : la préparation doit rester un peu épaisse.

MOULE À CAKE

La plupart des pâtes à muffins peuvent être cuites dans un moule à cake ; la pâte mettra environ 45 minutes pour cuire à four moyen. Servez alors le muffin coupé en tranches, chaud ou froid, avec du beurre. Il est judicieux de chemiser la base et les 2 grands côtés avec une feuille de papier sulfurisé.

muffins aux fruits rouges

12 10' 20' 200°

375 g de farine avec levure incorporée
100 g de beurre coupé en cubes
220 g de sucre en poudre
310 ml de lait fermenté
1 œuf légèrement battu
200 g d'un mélange de fruits rouges surgelés

1 Préchauffez le four à 200 °C. Garnissez de caissettes en papier 12 moules à muffins de 80 ml.

2 Tamisez la farine au-dessus d'un saladier. Incorporez le beurre avec les doigts. Ajoutez le sucre, le lait fermenté et l'œuf, sans trop mélanger (la pâte doit rester grumeleuse). Incorporez les fruits rouges.

3 Répartissez la pâte dans les moules et faites cuire 20 minutes environ. Sortez les muffins du four et attendez 5 minutes avant de les démouler sur une grille. Laissez refroidir.

CONSERVATION
Ces muffins se conservent 2 jours dans un récipient hermétique.

muffins aux noix de pécan

12 20' 20' 200°

240 g de confiture de lait
300 g de farine avec levure incorporée
165 g de sucre roux
90 g de noix de pécan grillées grossièrement hachées
80 g de beurre fondu
250 ml de lait fermenté
1 œuf

1 Préchauffez le four à 200 °C. Garnissez de caissettes en papier 12 moules à muffins de 80 ml.

2 Faites chauffer la confiture de lait à feu doux, en remuant, puis laissez-la refroidir 5 minutes.

3 Tamisez la farine et le sucre au-dessus d'un saladier. Ajoutez les noix de pécan. Mélangez le beurre, le lait fermenté et l'œuf, puis ajoutez-les aux ingrédients secs, sans trop mélanger (la pâte doit rester grumeleuse).

4 Garnissez les moules avec la moitié de la pâte, ajoutez la moitié de la confiture de lait, puis le reste de la pâte et le reste de la confiture de lait.

5 Faites cuire les muffins 20 minutes environ. Attendez 5 minutes, puis démoulez-les sur une grille et laissez-les refroidir.

CONSERVATION
Ces muffins se conservent 2 jours dans un récipient hermétique.

12 15' 20' 200°

muffins chocolat-framboise

260 g de farine avec levure incorporée
25 g de cacao en poudre
165 g de sucre en poudre
50 g de beurre fondu
160 ml de lait
120 ml de crème fraîche
2 œufs
70 g de noisettes grillées grossièrement hachées
150 g de chocolat noir grossièrement haché
150 g de framboises surgelées

1 Préchauffez le four à 200 °C. Garnissez de caissettes en papier un moule à muffins de 12 alvéoles.

2 Tamisez la farine, le cacao et le sucre au-dessus d'un saladier. Dans un autre saladier, mélangez le beurre, le lait, la crème fraîche et les œufs. Incorporez ce mélange à la farine. Ne remuez pas trop : la préparation doit rester grumeleuse. Incorporez les ingrédients restants.

3 Répartissez la pâte dans les caissettes. Faites cuire 20 minutes au four. Laissez reposer 5 minutes avant de démouler sur une grille. Laissez refroidir.

CONSERVATION
Ces muffins se conservent jusqu'à 2 jours dans un récipient hermétique.

NOTE
Dans cette recette, nous avons garni chaque alvéole avec un carré de papier fantaisie de 12 cm de côté, puis avec un carré de papier sulfurisé.

12 20' 25' 180°

muffins sans gluten aux fruits rouges

125 g de beurre ramolli
2 c. à c. de zeste de citron râpé
165 g de sucre en poudre
4 œufs
240 g de poudre d'amandes
40 g de noix de coco râpée
100 g de farine de riz
1 c. à c. de levure chimique
150 g de fruits rouges
1 c. à s. de noix de coco râpée supplémentaire

1 Préchauffez le four à 180 °C. Beurrez un moule à muffins de 12 alvéoles.

2 Fouettez en crème légère le beurre, le zeste de citron et le sucre. Ajoutez les œufs un à un, en mélangeant bien après chaque ajout. Incorporez la poudre d'amandes, la noix de coco, la farine de riz tamisée et la levure. Ajoutez enfin les fruits rouges.

3 Répartissez la pâte dans les alvéoles et faites cuire au four 25 minutes environ. Laissez reposer les cakes 5 minutes avant de les démouler sur une grille. Parsemez de noix de coco supplémentaire.

muffins aux pommes et streusel

40 g de beurre doux
3 grosses pommes (600 g) pelées et coupées en cubes de 1 cm de côté
75 g de sucre roux
300 g de farine avec levure incorporée
1 c. à c. de quatre-épices
150 g de sucre en poudre
80 g de beurre doux supplémentaire, fondu
180 ml de lait fermenté
1 œuf

Garniture streusel
50 g de farine avec levure incorporée
50 g de farine ordinaire
75 g de sucre roux
½ c. à c. de cannelle moulue
80 g de beurre doux froid coupé en cubes

1 Préparez la garniture streusel. Mixez les farines, le sucre, la cannelle et le beurre jusqu'à obtention d'une consistance homogène. Façonnez une boule de pâte. Enveloppez-la dans du film alimentaire et laissez-la raffermir au congélateur pendant environ 15 minutes.

2 Dans une poêle, faites fondre le beurre, puis faites dorer les morceaux de pomme 5 minutes, en remuant. Ajoutez le sucre roux et, tout en remuant, faites épaissir le mélange pendant 5 minutes. Laissez refroidir.

3 Préchauffez le four à 200 °C. Garnissez de caissettes en papier les 12 alvéoles (contenance 80 ml) d'un moule à muffins.

4 Tamisez la farine, les épices et le sucre au-dessus d'un saladier. Incorporez le beurre fondu, le lait fermenté et l'œuf, en remuant (ne mélangez pas trop, car la préparation doit rester grumeleuse). Incorporez la moitié de la préparation aux pommes.

5 Répartissez la pâte dans les caissettes. Ajoutez le reste du mélange pommes-sucre. Râpez grossièrement la garniture streusel sur les muffins.

6 Faites cuire environ 20 minutes. Laissez reposer 5 minutes, puis démoulez les muffins et laissez-les refroidir sur une grille. Servez-les saupoudrés de sucre glace tamisé.

CONSERVATION
Ces muffins se conservent jusqu'à 2 jours dans un récipient hermétique.

12 20' 15' 10' 20' 200°

muffins à la rhubarbe et à la crème anglaise

12 25' 25' 200°

300 g de farine avec levure incorporée
75 g de farine ordinaire
165 g de sucre en poudre
100 g de beurre fondu
250 ml de lait
1 œuf
330 g de rhubarbe finement hachée
1 c. à s. de sucre demerara

Crème anglaise
2 c. à s. de préparation en poudre pour crème anglaise
55 g de sucre en poudre
250 ml de lait
1 c. à c. d'extrait de vanille

1 Préparez la crème anglaise. Mélangez la préparation en poudre et le sucre dans une petite casserole. Incorporez progressivement le lait. Faites chauffer à feu moyen, en remuant, jusqu'à ce que des bulles se forment et que la crème épaississe. Ajoutez l'extrait de vanille et laissez refroidir.

2 Préchauffez le four à 200 °C. Garnissez de caissettes en papier 12 moules à muffins de 80 ml.

3 Tamisez les farines et le sucre au-dessus d'un saladier. Mélangez le beurre, le lait et l'œuf, puis ajoutez-les aux ingrédients secs, sans trop mélanger (la pâte doit rester grumeleuse). Incorporez la moitié de la rhubarbe.

4 Garnissez les moules avec la moitié de la pâte, recouvrez de crème anglaise, puis du reste de la pâte. Décorez avec le reste de la rhubarbe et le sucre demerara.

5 Faites cuire les muffins 25 minutes environ. Sortez-les du four et attendez 5 minutes, puis démoulez-les sur une grille et laissez-les refroidir. Servez-les saupoudrés d'un peu de sucre glace tamisé.

6 | 20' | 15' | 25' | 180°

minicakes à la rhubarbe

125 ml de lait
40 g d'amandes émondées grillées
80 g de beurre ramolli
1 c. à c. d'extrait de vanille
110 g de sucre en poudre
2 œufs
150 g de farine avec levure incorporée

Rhubarbe pochée
250 g de rhubarbe coupée en tronçons
60 ml d'eau
110 g de sucre en poudre

1 Préchauffez le four à 180 °C. Beurrez 6 moules à muffins.

2 Pour la rhubarbe pochée, mettez tous les ingrédients dans une casserole et portez à ébullition. Laissez ensuite frémir 10 minutes. Quand la rhubarbe est tendre, égouttez-la en réservant le sirop à part.

3 Mixez ensemble le lait et les amandes.

4 Battez en crème légère le beurre, l'extrait de vanille et le sucre. Ajoutez les œufs un à un, en fouettant bien, puis incorporez en 2 fois la farine tamisée et le lait aux amandes.

5 Répartissez la pâte dans les moules et faites cuire 10 minutes au four. Couvrez chaque minicake de rhubarbe pochée et remettez au four pour 15 minutes.

6 Laissez reposer les gâteaux 5 minutes, puis démoulez-les sur une grille. Servez-les tièdes, avec le sirop de rhubarbe légèrement réchauffé.

muffins jaffa aux pépites de chocolat

12 | 10' | 20' | 200°

375 g de farine avec levure incorporée
100 g de beurre froid coupé en cubes
220 g de sucre en poudre
310 ml de lait fermenté
1 œuf
135 g de pépites de chocolat noir
2 c. à c. de zeste d'orange finement râpé

1 Préchauffez le four à 200 °C. Beurrez 12 moules à muffins de 80 ml.

2 Tamisez la farine au-dessus d'un saladier. Incorporez le beurre avec les doigts. Ajoutez le sucre, le lait fermenté et l'œuf, sans trop mélanger (la pâte doit rester grumeleuse). Incorporez les pépites de chocolat et le zeste d'orange.

3 Garnissez les moules de pâte et faites cuire 20 minutes environ. Attendez 5 minutes, puis démoulez les muffins sur une grille et laissez-les refroidir.

muffins banane-canneberge-noix de macadamia

18 | 10' | 20' | 200°

335 g de farine avec levure incorporée
165 g de sucre en poudre
65 g de canneberges séchées
70 g de noix de macadamia grillées, non salées, grossièrement hachées
2 bananes moyennes très mûres (400 g), écrasées
2 œufs légèrement battus
250 ml de lait
125 ml d'huile végétale

1 Préchauffez le four à 200 °C. Garnissez de caissettes en papier 18 moules à muffins de 80 ml.

2 Tamisez la farine et le sucre au-dessus d'un saladier, ajoutez les canneberges et les noix de macadamia. Mélangez les ingrédients restants et incorporez-les aux ingrédients secs, sans trop mélanger (la pâte doit rester grumeleuse).

3 Garnissez les moules de pâte et faites cuire 20 minutes environ. Attendez 5 minutes, puis démoulez les muffins sur une grille et laissez-les refroidir. Saupoudrez-les de sucre glace tamisé avant de servir.

muffins aux dattes et au sirop d'orange

12 | 15' | 20' | 200°

185 g de farine avec levure incorporée
160 g de farine complète avec levure incorporée
220 g de sucre en poudre
100 g de beurre fondu
280 g de yaourt
2 œufs
1 c. à c. de zeste d'orange finement râpé
210 g de dattes séchées dénoyautées et grossièrement hachées

Sirop d'orange
110 g de sucre en poudre
60 ml d'eau
2 c. à c. de zeste d'orange finement râpé
60 ml de jus d'orange

1 Préchauffez le four à 200 °C. Beurrez 12 moules à muffins de 80 ml.

2 Tamisez les farines et le sucre au-dessus d'un saladier. Mélangez le beurre, le yaourt, les œufs et le zeste d'orange, puis ajoutez-les aux ingrédients secs, sans trop mélanger (la pâte doit rester grumeleuse). Ajoutez les dattes.

3 Garnissez les moules de pâte et faites cuire 20 minutes.

4 Préparez le sirop d'orange. Faites chauffer les ingrédients dans une petite casserole, en remuant, jusqu'à ce que le sucre soit dissous. Portez à ébullition, puis baissez le feu et laissez frémir 2 minutes, sans couvrir.

5 Laissez reposer les muffins 2 minutes avant de les démouler sur une grille posée sur une plaque. Percez-en le dessus avec une brochette et versez-y le sirop chaud.

gâteaux colibris et garniture à la noix de coco

18 25' 25' 180°

440 g d'ananas au sirop en conserve, mixé en purée
150 g de farine ordinaire
75 g de farine avec levure incorporée
½ c. à c. de bicarbonate de soude
½ c. à c. de cannelle moulue
½ c. à c. de gingembre moulu
220 g de sucre roux
40 g de noix de coco râpée
2 bananes très mûres (460 g) écrasées
2 œufs légèrement battus
180 ml d'huile végétale

Garniture croustillante à la noix de coco
225 g de noix de coco râpée
110 g de sucre roux
3 œufs légèrement battus

1 Préchauffez le four à 180 °C. Garnissez 18 moules à muffins de caissettes en papier.

2 Égouttez l'ananas au-dessus d'un saladier, en appuyant pour extraire le maximum de sirop. Réservez 65 ml du sirop.

3 Tamisez les farines, le bicarbonate de soude, les épices et le sucre au-dessus d'un saladier. Ajoutez l'ananas égoutté, le sirop réservé, la noix de coco, les bananes, les œufs et l'huile.

4 Répartissez la pâte dans les caissettes et faites cuire 10 minutes.

5 Préparez la garniture à la noix de coco en mélangeant les ingrédients dans un bol.

6 Déposez un peu de garniture sur chaque gâteau et poursuivez la cuisson 15 minutes. Laissez reposer 5 minutes avant de démouler et de laisser refroidir sur une grille. Saupoudrez d'un peu de sucre glace tamisé, si vous le souhaitez.

muffins aux 2 chocolats

12 15' 22' 200°

260 g de farine avec levure incorporée
50 g de cacao en poudre
165 g de sucre roux
95 g de pépites de chocolat noir
95 g de pépites de chocolat blanc
2 œufs
250 ml de lait fermenté
160 ml d'huile végétale
12 grosses pépites de chocolat blanc

1 Préchauffez le four à 200 °C. Garnissez de caissettes en papier 12 moules à muffins de 80 ml.

2 Tamisez la farine et le cacao au-dessus d'un saladier. Ajoutez le sucre et les pépites de chocolat. Mélangez les œufs, le lait fermenté et l'huile, puis ajoutez-les aux ingrédients secs, sans trop mélanger (la pâte doit rester grumeleuse).

3 Garnissez les moules de pâte et faites cuire 20 minutes. Sortez les muffins du four et décorez chacun avec 1 grosse pépite de chocolat blanc. Poursuivez la cuisson 2 minutes. Attendez 5 minutes, puis démoulez sur une grille et laissez refroidir.

muffins de truffes au malt

185 g de farine avec levure incorporée
30 g de lait malté en poudre
2 c. à s. de cacao en poudre
1 pincée de bicarbonate de soude
55 g de sucre roux
60 g de beurre doux
125 g de sirop d'orge malté
125 ml de lait
1 œuf
180 ml de crème fraîche

Truffes au malt
200 g de chocolat au lait grossièrement haché
60 ml de crème fraîche
60 g de lait malté en poudre

1 Préparez les truffes au malt. Faites chauffer les ingrédients au bain-marie, en remuant. Quand le mélange est lisse, prélevez-en 125 ml pour la sauce. Laissez raffermir le reste environ 30 minutes au réfrigérateur, puis prélevez des portions avec une petite cuillère et roulez-les en boules. Disposez les boules sur une plaque chemisée de papier sulfurisé. Faites prendre au congélateur.

2 Préchauffez le four à 180 °C. Garnissez de caissettes en papier les 12 alvéoles (contenance 80 ml) d'un moule à muffins.

3 Tamisez la farine, le lait malté en poudre, le cacao, le bicarbonate de soude et
le sucre au-dessus d'un saladier.

4 Faites chauffer à feu doux le beurre et le sirop d'orge malté, en remuant jusqu'à obtention d'un mélange onctueux.

5 Incorporez le mélange beurre-sirop, le lait et l'œuf dans la préparation à la farine. Mélangez brièvement : la pâte doit rester grumeleuse. Répartissez-en la moitié dans les caissettes. Placez 1 truffe dans chaque caissette, puis versez le reste de la pâte.

6 Faites cuire les muffins environ 20 minutes. Laissez refroidir 2 minutes, puis démoulez.

7 Dans une petite casserole, faites chauffer à feu doux la portion réservée du mélange pour truffes au malt, en remuant, jusqu'à obtention d'une sauce onctueuse.

8 Servez les muffins chauds, avec la sauce chaude. Saupoudrez de cacao.

12 30' 30' 20' 20' 180°

RÉUSSIR LES SCONES

Le temps de préchauffage du four vous permet de préparer la pâte pour avoir les meilleurs scones au monde.

1 PLATS DE CUISSON

Nous préférons faire cuire les scones dans des plats avec rebord, même si le temps de cuisson est un peu plus long que sur une plaque. Beurrez généreusement les plats.

2 TAMISER

Tamisez les ingrédients secs au-dessus d'un saladier à bord haut. La plupart de nos recettes indiquent d'utiliser de la farine avec levure incorporée. Vous pouvez y ajouter 1 pincée de sel. Nous mélangeons généralement un peu de sucre avec la farine pour atténuer son goût, même dans les recettes salées.

3 INCORPORER LE BEURRE

En général, la pâte à scones contient très peu de beurre, voire pas du tout. Quand il y en a, il doit être bien froid et coupé en cubes. Incorporez-le à la farine en le frottant entre le bout des doigts.

4 AJOUTER LE LIQUIDE

Faites un puits au centre des ingrédients secs et versez-y les ingrédients liquides froids, en en gardant une petite quantité afin d'ajuster la consistance de la pâte, qui doit être molle et collante.

5 INCORPORER LE LIQUIDE EN COUPANT

À l'aide d'un couteau de table, « coupez » le liquide en le ramenant vers les ingrédients secs. Arrêtez lorsque la pâte devient dure. C'est alors le moment de décider si vous devez ajouter un peu ou la totalité du liquide restant, pour avoir une pâte molle et collante.

6 AJOUTER LE RESTE DU LIQUIDE

Ajoutez la quantité de liquide nécessaire pour obtenir une pâte molle et collante. Il se peut que vous deviez en ajouter davantage que ce qu'indique la recette, si la farine l'a bien absorbé.

7 RENVERSER LA PÂTE

Renversez la pâte sur un plan de travail légèrement fariné, à la main ou avec une spatule en plastique. Faites tremper le saladier dans de l'eau froide pour faciliter le lavage. Si vous avez de la pâte collante sur les doigts, nettoyez-les en les frottant avec de la farine (ne le faites pas au-dessus de la pâte à scones).

8 PÉTRIR LA PÂTE

Pour que la croûte des scones soit lisse, il est nécessaire de bien pétrir la pâte. Rabattez les bords vers l'intérieur, rapidement et sans appuyer trop fort. Ne paniquez pas et ne mettez pas trop de farine sur la pâte. Il en faut juste assez pour qu'elle ne colle pas au plan de travail.

9 FAÇONNER LA PÂTE

Retournez la pâte, côté lissé sur le dessus, et aplatissez-la en partant du centre vers les bords. Elle doit avoir la même épaisseur sur toute sa surface (on a souvent tendance à aplatir davantage les bords). Si vous avez préparé une grande quantité de pâte, utilisez un rouleau fariné pour l'étaler.

10 DÉCOUPER

Pour obtenir le meilleur résultat, utilisez un emporte-pièce bien tranchant. Nous découpons en partant du centre de la pâte, mais de nombreux spécialistes des scones procèdent dans le sens inverse. Essayez donc les deux. Posez les disques dans le plat, les uns contre les autres, pour qu'ils se touchent juste.

11 GLACER

Le fait de glacer les scones permet de retirer l'excédent de farine et de favoriser leur coloration. Le jaune d'œuf donne une couleur foncée, l'eau une coloration très légère, et le lait une belle coloration dorée.

11 CUIRE

Les scones sont cuits lorsqu'ils sonnent creux quand vous tapez dessus avec un doigt. Testez les scones qui se trouvent au centre du plat, car ce sont ceux qui cuisent le moins vite. Dès la sortie du four, secouez légèrement le plat pour décoller le fond et les côtés des scones, puis retournez-les sur un torchon propre et recouvrez-les d'un autre torchon pour qu'ils soient tendres. Si vous les préférez avec une croûte croustillante, laissez-les refroidir sur une grille.

scones à la pomme et aux épices

525 g de farine avec levure incorporée
2 c. à s. de sucre glace
1 c. à c. de noix de muscade
1 c. à c. de cannelle moulue
60 g de beurre froid coupé en cubes
160 ml d'eau
375 ml de lait fermenté
75 g de pomme séchée finement hachée
1 c. à s. de lait

Beurre au golden syrup
100 g de beurre ramolli
1 c. à s. de golden syrup

1 Préchauffez le four à 220 °C. Beurrez un moule rectangulaire de 22 × 32 cm.

2 Tamisez la farine, le sucre glace et les épices au-dessus d'un saladier. Incorporez le beurre avec les doigts. Ajoutez l'eau, le lait fermenté et la pomme, puis mélangez à l'aide d'un couteau, en « coupant » le liquide, pour obtenir une pâte molle et collante. Pétrissez-la sur le plan de travail fariné jusqu'à ce qu'elle soit bien lisse.

3 Étalez la pâte sur une épaisseur de 2 cm. Découpez un maximum de disques de 5 cm de diamètre et posez-les côte à côte dans le moule, en les faisant se toucher. Pétrissez les chutes de pâte et répétez l'opération. Badigeonnez le dessus des scones avec un peu de lait, à l'aide d'un pinceau. Faites cuire les scones 15 minutes.

4 Préparez le beurre au golden syrup en fouettant les ingrédients jusqu'à obtention d'un beurre léger et mousseux. Servez les scones chauds, avec le beurre au golden syrup.

scones classiques

375 g de farine avec levure incorporée
1 c. à s. de sucre en poudre
¼ de c. à c. de sel
30 g de beurre
180 ml de lait
125 ml d'eau, environ

1 Préchauffez le four à 220 °C. Beurrez un moule à gâteau carré de 19 cm de côté.

2 Tamisez la farine, le sucre et le sel au-dessus d'un saladier. Incorporez le beurre avec les doigts. Creusez un puits au centre, puis versez le lait et une bonne partie de l'eau. Avec un couteau, incorporez le lait et l'eau en « coupant » le liquide, pour obtenir une pâte molle et collante. Si besoin, ajoutez de l'eau. Pétrissez la pâte sur le plan de travail jusqu'à ce qu'elle soit bien lisse.

3 Étalez-la sur une épaisseur de 2 cm. Découpez un maximum de disques de 4,5 cm de diamètre et posez-les côte à côte dans le moule, en les faisant se toucher. Pétrissez les chutes de pâte et répétez l'opération. Badigeonnez le dessus des scones avec un peu de lait, à l'aide d'un pinceau.

4 Faites cuire 15 minutes, jusqu'à ce que les scones soient dorés et qu'ils sonnent creux quand vous tapotez dessus avec le doigt.

VARIANTE
Pour réaliser des scones aux dattes, préparez la pâte comme ci-dessus, en ajoutant 120 g de dattes séchées finement hachées après avoir incorporé le beurre, et en remplaçant le lait et l'eau par 300 ml de lait fermenté.

16 30' 15' 220°

scones aux dattes

30 g de beurre ramolli
55 g de sucre roux
1 jaune d'œuf
375 g de farine avec levure incorporée
50 g de dattes séchées dénoyautées et finement hachées
310 ml de lait fermenté

Beurre fouetté au sucre roux
150 g de beurre doux ramolli
55 g de sucre roux
2 c. à c. d'extrait de vanille

1 Préchauffez le four à 220 °C. Beurrez un moule carré de 22 cm de côté.

2 Dans un bol, battez le beurre, le sucre et le jaune d'œuf, avec un batteur électrique, jusqu'à obtention d'un mélange souple et léger. Incorporez la farine tamisée, les dattes et le lait fermenté. Faites pénétrer le lait fermenté avec un couteau jusqu'à obtention d'une pâte collante. Pétrissez délicatement la pâte sur un plan de travail fariné, jusqu'à ce qu'elle soit lisse.

3 Abaissez la pâte pour former un carré de 20 cm de côté. Avec un couteau fariné, découpez 9 carrés, puis coupez chacun en deux dans la diagonale. Posez les scones dans le moule, côte à côte, les faisant à peine se toucher. Avec un pinceau, badigeonnez-les d'un peu de lait fermenté. Faites cuire 20 minutes environ.

4 Préparez le beurre fouetté : battez les ingrédients avec un batteur électrique, jusqu'à obtention d'un mélange léger.

5 Servez les scones chauds, avec le beurre fouetté.

CONSERVATION
Les meilleurs scones sont ceux qui viennent de sortir du four. Vous pouvez aussi les conserver jusqu'à 3 mois au congélateur : vous les ferez décongeler au four, enveloppés dans du papier d'aluminium.

Pétrissez la pâte à scones sur un plan de travail fariné, pour qu'elle soit lisse. Étalez-la délicatement pour former un carré uniforme de 20 cm de côté.

Farinez la lame d'un couteau aiguisé et coupez la pâte en 9 carrés. Recoupez chaque carré en deux, dans la diagonale, et disposez les triangles dans le moule.

18 20' 20' 220°

hot cross buns (petits pains briochés)

1 c. à s. de levure de boulanger déshydratée (14 g)
55 g de sucre en poudre
375 ml de lait chaud
600 g de farine
1 c. à c. de quatre-épices
½ c. à c. de cannelle moulue
60 g de beurre
1 œuf
120 g de raisins sultanine

Pâte de farine
75 g de farine
2 c. à c. de sucre en poudre
80 ml d'eau, environ

Glaçage
1 c. à s. de sucre en poudre
1 c. à c. de gélatine
1 c. à s. d'eau

1 Mettez la levure, le sucre et le lait dans un petit récipient. Couvrez et laissez reposer 10 minutes dans un endroit chaud, jusqu'à ce que le mélange soit mousseux.

2 Tamisez la farine et les épices au-dessus d'un grand récipient, puis incorporez le beurre du bout des doigts. Ajoutez le mélange à la levure, l'œuf et les raisins secs, et mélangez jusqu'à obtention d'une pâte souple et collante. Couvrez et laissez reposer 45 minutes dans un endroit chaud, jusqu'à ce que la pâte ait doublé de volume.

3 Beurrez un moule à gâteau carré profond de 23 cm de côté.

4 Pétrissez la pâte 5 minutes sur un plan de travail fariné, jusqu'à ce qu'elle soit lisse, puis divisez-la en 16 morceaux. Formez une boule avec chacun d'eux et disposez-les dans le moule. Couvrez et laissez lever 10 minutes dans un endroit chaud.

5 Préchauffez le four à 220 °C. Pour la pâte de farine, mélangez la farine et le sucre dans un récipient. Incorporez suffisamment d'eau, petit à petit, pour obtenir une pâte lisse et ferme. Mettez-la dans une poche à douille munie d'un petit embout lisse. Appliquez une croix de pâte de farine sur chaque boule.

6 Faites cuire 20 minutes. Démoulez les petits pains sur une grille.

7 Préparez le glaçage : faites chauffer les ingrédients dans une petite casserole, en remuant, sans laisser bouillir, jusqu'à ce que le sucre et la gélatine soient dissous.

8 Badigeonnez les petits pains chauds de glaçage chaud, puis laissez refroidir sur la grille.

NOTE
Ces petits pains, traditionnellement consommés pendant la période de Pâques dans les pays anglo-saxons, possèdent une saveur prononcée de levure. Ils se conservent pendant 1 journée seulement. Vous pouvez les préparer la veille jusqu'à l'étape précédant la cuisson ; mettez-les dans le moule, couvrez-les de film alimentaire huilé et placez-les pour toute la nuit au réfrigérateur, où ils lèveront. Le lendemain, il ne vous restera plus qu'à ajouter les croix et à faire cuire les petits pains au four.

16 1h 55' 20' 220°

couronne de scones à la confiture de prunes

8 | 15' | 30' | 200°

300 g de farine avec levure incorporée
1 c. à s. de sucre en poudre
30 g de beurre coupé en cubes
180 ml de lait
1 jaune d'œuf
80 g de confiture de prunes
80 g de raisins de Malaga grossièrement hachés
1 c. à s. de sucre glace

1 Préchauffez le four à 200 °C. Beurrez une plaque et chemisez-la de papier sulfurisé.

2 Tamisez la farine et le sucre au-dessus d'un saladier. Incorporez le beurre avec les doigts. Mélangez le lait et le jaune d'œuf, versez-les dans le saladier et incorporez-les à l'aide d'un couteau, en « coupant » le liquide, pour obtenir une pâte molle et collante. Pétrissez-la sur le plan de travail fariné jusqu'à ce qu'elle soit bien lisse. Étalez-la en un rectangle de 30 × 40 cm.

3 Nappez de confiture et parsemez de raisins secs. Enroulez la pâte fermement, sans trop serrer, dans la longueur. Posez le rouleau sur la plaque, en formant une couronne, et pincez les extrémités pour sceller la couronne. Faites des entailles tous les 4 cm sur l'extérieur de la couronne, en coupant sur toute la hauteur et sur la moitié de la largeur.

4 Faites cuire 30 minutes. Saupoudrez de sucre glace tamisé avant de servir.

scones au potiron

16 | 20' | 15' | 220°

40 g de beurre
55 g de sucre en poudre
1 œuf légèrement battu
purée de potiron (300 g de potiron frais)
375 g de farine avec levure incorporée
½ c. à c. de noix de muscade
180 ml de lait, environ

1 Préchauffez le four à 220 °C. Beurrez 2 moules de 20 cm de diamètre.

2 Battez le beurre et le sucre, au robot, jusqu'à obtention d'une préparation légère et mousseuse. Incorporez l'œuf. Versez dans un saladier, ajoutez la purée de potiron, puis les ingrédients secs tamisés et suffisamment de lait pour former une pâte collante et molle. Pétrissez-la sur un plan de travail fariné jusqu'à ce qu'elle soit bien lisse.

3 Étalez la pâte sur une épaisseur de 2 cm. Découpez un maximum de disques de 5 cm de diamètre et posez-les côte à côte dans les moules, en les faisant se toucher. Pétrissez les chutes de pâte et répétez l'opération. Badigeonnez le dessus des scones avec un peu de lait, à l'aide d'un pinceau.

4 Faites cuire 15 minutes, jusqu'à ce que les scones soient dorés et qu'ils sonnent creux quand vous tapotez dessus avec le doigt.

scones à la confiture et à la crème

375 g de farine avec levure incorporée
1 c. à s. de sucre en poudre
30 g de beurre coupé en cubes
310 ml de lait fermenté
240 g de confiture de cerises noires
250 ml de crème épaisse

1 Préchauffez le four à 220 °C. Beurrez un moule à gâteau carré de 22 cm de côté.

2 Tamisez la farine et le sucre au-dessus d'un grand récipient. Incorporez le beurre du bout des doigts.

3 Ajoutez le lait fermenté et incorporez-le à l'aide d'un couteau, afin d'obtenir une pâte souple et collante. Placez la pâte sur un plan de travail fariné et pétrissez-la doucement jusqu'à ce qu'elle soit lisse.

4 Abaissez la pâte à 2 cm d'épaisseur et découpez-y des disques de 4 cm de diamètre. Disposez-les dans le moule, de façon qu'ils se touchent à peine. Rassemblez les chutes de pâte et pétrissez-les doucement. Répétez l'opération. Badigeonnez les scones d'un peu de lait fermenté.

5 Faites cuire 15 minutes. Servez les scones chauds, avec la confiture et la crème.

CONSERVATION
De préférence, servez les scones le jour même. Ils peuvent être conservés au congélateur jusqu'à 3 mois. Faites-les décongeler au four, enveloppés dans du papier d'aluminium.

PETITS CHOUX & Cie

RÉUSSIR LES CHOUX

La pâte à choux est utilisée pour préparer les chouquettes, les profiteroles, les éclairs… Après avoir porté le beurre et l'eau à ébullition, versez la farine dans la casserole et mélangez vigoureusement (la pâte est assez dure) sur le feu, jusqu'à ce que les ingrédients soient amalgamés et se décollent de la paroi et du fond de la casserole.

FAIRE CHAUFFER L'EAU ET LE BEURRE

Faites chauffer le beurre et l'eau dans une casserole. Le beurre doit être coupé en petits dés afin de fondre rapidement, avant que l'eau ne s'évapore, pour que les proportions des ingrédients ne soient pas modifiées.

AJOUTER LA FARINE

Ajoutez la farine en une seule fois et mélangez à l'aide d'une cuillère en bois, en laissant la casserole sur le feu, jusqu'à ce que la pâte forme une boule et se décolle de la paroi et du fond de la casserole.

INCORPORER LES ŒUFS

Transférez la pâte dans un saladier. Incorporez les œufs un à un, en mélangeant avec la cuillère en bois. Pour le dernier œuf, procédez comme indiqué ci-après. Si la recette nécessite 3 œufs, incorporez les 2 premiers et réservez le dernier.

LE DERNIER ŒUF

Cassez le dernier œuf dans un bol et battez-le à la fourchette. Incorporez-le progressivement à la pâte, jusqu'à ce qu'elle ait la consistance souhaitée (elle doit être brillante et retomber sur elle-même lorsque vous retirez la cuillère).

FORMER DES CHOUX

Formez des boules de pâte avec une poche à douille ou une cuillère et disposez-les sur des plaques beurrées, ou beurrées et chemisées de papier sulfurisé. Espacez-les de 5 cm, car les choux gonflent pendant la cuisson.

GARNIR

Quand les choux sont cuits, incisez immédiatement la base de chacun d'eux pour que la vapeur s'évacue. Fourrez les choux à l'aide d'une poche à douille munie d'un à embout lisse.

CROQUEMBOUCHE (PAGE 422)

Remplissez aux trois quarts une poche à douille à embout lisse ou sans embout avec la pâte à choux. Formez des disques de 2 cm de diamètre en tenant la poche bien droite, puis faites-les cuire.

Trempez rapidement les choux un par un dans le caramel, en les tenant avec une pince ou des fourchettes. Le caramel étant très chaud et le métal, conducteur, protégez vos mains avec des gants ou un torchon.

Disposez les choux caramélisés en cercle sur un plat pour créer la base de la pyramide. Empilez les autres choux pour former la pyramide. Trempez 2 fourchettes dans le caramel, sur un tiers de la longueur de leurs dents. Faites se toucher les 2 fourchettes, puis séparez-les pour former de fins fils de caramel.

SAINT-HONORÉ (PAGE 424)

Beurrez une plaque et chemisez-la de papier sulfurisé. Étalez la pâte feuilletée sur la plaque. Remplissez aux trois quarts une poche à douille munie d'un gros embout lisse avec la pâte à choux et formez un cercle sur le contour de la pâte feuilletée.

Faites des choux avec le reste de la pâte, et faites cuire. Remplissez le disque central de crème pâtissière à température ambiante, à l'aide d'une poche à douille ou d'une cuillère. Collez les choux sur les bords de la pâte avec un peu de caramel.

Garnissez le centre du gâteau avec des fraises ou d'autres fruits frais. Nappez de chocolat blanc fondu. Trempez 2 fourchettes dans le caramel, sur un tiers de la longueur de leurs dents. Faites se toucher les 2 fourchettes, puis écartez-les plusieurs fois pour former de fins fils de caramel.

chouquettes

40 20' 20' 220°

125 ml d'eau
60 g de beurre
1 c. à s. de sucre en poudre
75 g de farine riche en gluten
4 œufs
45 g de sucre perlé

1 Préchauffez le four à 220 °C. Beurrez 2 plaques de cuisson.

2 Pour préparer la pâte à choux, mettez l'eau, le beurre et le sucre dans une petite casserole, puis portez à ébullition. Ajoutez la farine, puis remuez sur le feu jusqu'à ce que le mélange se détache de la paroi de la casserole et forme une boule souple. Placez la pâte dans un saladier. Incorporez 3 œufs un à un, en battant, jusqu'à ce qu'elle devienne lisse et brillante.

3 À l'aide d'une cuillère, mettez la pâte à choux dans une poche à douille munie d'un embout lisse de 1 cm de diamètre. Formez des petits disques de pâte sur les plaques, en les espaçant d'environ 5 cm. Badigeonnez-les d'œuf battu sur toute leur surface et parsemez de sucre perlé.

4 Faites cuire 20 minutes environ, jusqu'à ce que les choux soient dorés et gonflés. Servez chaud.

NOTE

Ces chouquettes sont meilleures dégustées rapidement. Le sucre perlé est un sucre blanc à gros grains qui garde sa forme quand il est exposé à la chaleur ou à l'humidité ; vous en trouverez dans les magasins spécialisés.

sucettes de choux caramélisés

34 | 35' | 35' | 20' | 4h | 220°

80 ml d'eau
40 g de beurre coupé en petits cubes
3 c. à c. de sucre en poudre
50 g de farine riche en gluten
2 œufs
17 bâtonnets à esquimau cassés en deux

Crème pâtissière
330 ml de lait
75 g de sucre en poudre
1 c. à c. d'extrait de vanille
2 c. à s. de fécule de maïs
3 jaunes d'œufs

Caramel
440 g de sucre en poudre
250 ml d'eau

1 Préparez la crème pâtissière. Faites chauffer le lait, le sucre et l'extrait de vanille dans une petite casserole, en remuant, puis portez à ébullition. Mélangez la fécule de maïs et les jaunes d'œufs dans un bol résistant à la chaleur. Incorporez progressivement le mélange au lait chaud, avec un fouet. Remettez la préparation dans la casserole et remuez sur le feu jusqu'à ce qu'elle bouillonne et épaississe. Couvrez la surface de film alimentaire. Laissez refroidir 20 minutes, puis placez au réfrigérateur pour 4 heures.

2 Préchauffez le four à 220 °C. Beurrez des plaques de cuisson.

3 Pour préparer la pâte à choux, mettez l'eau, le beurre et le sucre en poudre dans une casserole moyenne, puis portez à ébullition. Ajoutez la farine et battez avec une cuillère en bois, sur le feu, jusqu'à ce que le mélange se détache de la paroi de la casserole. Placez la pâte dans un saladier et incorporez les œufs un à un, en battant.

4 Déposez des cuillerées à café bombées de pâte sur les plaques, en les espaçant d'environ 5 cm. Faites cuire 10 minutes. Baissez la température du four à 180 °C et poursuivez la cuisson 15 minutes. Pratiquez une petite ouverture sur la base de chaque chou. Faites cuire encore 10 minutes. Laissez refroidir sur les plaques.

5 Mettez la crème pâtissière dans une poche à douille munie d'un embout lisse de 3 mm de diamètre, puis fourrez-en les choux.

6 Préparez le caramel. Faites chauffer le sucre et l'eau dans une casserole, en remuant, sans laisser bouillir, jusqu'à ce que le sucre soit dissous. Portez à ébullition et laissez bouillir sans couvrir ni remuer. Pour savoir si le caramel est prêt, déposez-en un peu dans de l'eau froide : il doit devenir dur et pouvoir être cassé avec les doigts.

7 Enfoncez 1 bâtonnet à esquimau dans chaque chou. En travaillant rapidement, plongez les choux dans le caramel, puis posez-les sur une plaque de cuisson chemisée de papier sulfurisé. Laissez prendre à température ambiante.

ASTUCES

Quand vous plongez les choux dans le caramel, penchez la casserole d'un côté : le niveau de caramel doit être suffisamment profond pour que vous puissiez enrober complètement le chou et une partie du bâtonnet ; ainsi, les choux tiendront bien sur les bâtonnets.

éclairs glacés au chocolat

15 g de beurre
60 ml d'eau
35 g de farine
1 œuf

Crème pâtissière
250 ml de lait
1 gousse de vanille
3 jaunes d'œufs
75 g de sucre en poudre
2 c. à s. de fécule de maïs
80 ml de crème entière fouettée

Glaçage au chocolat
30 g de chocolat noir coupé en gros morceaux
30 g de chocolat au lait coupé en gros morceaux
15 g de beurre

1 Préparez la crème pâtissière. Mettez le lait dans une petite casserole. Fendez la gousse de vanille dans la longueur et raclez les graines au-dessus de la casserole ; portez à ébullition. Battez les jaunes d'œufs, le sucre et la fécule de maïs dans un petit récipient, jusqu'à obtention d'une consistance épaisse. Sans cesser de battre, ajoutez petit à petit le lait chaud. Remettez la préparation dans la casserole et remuez sur le feu jusqu'à ce qu'elle bouillonne et épaississe. Couvrez sa surface de film alimentaire et placez au réfrigérateur pour 1 heure. Incorporez la crème entière, en 2 fois.

2 Préchauffez le four à 220 °C. Beurrez 2 plaques de cuisson.

3 Dans une petite casserole, portez le beurre et l'eau à ébullition. Ajoutez la farine et battez avec une cuillère en bois, sur le feu, jusqu'à ce que la préparation se détache de la paroi de la casserole et forme une boule souple.

4 Placez la boule dans un saladier. Incorporez l'œuf, à l'aide d'un batteur électrique, jusqu'à ce que la préparation devienne brillante. Avec une cuillère, mettez-la dans une poche à douille munie d'un embout lisse de 1 cm de diamètre. Déposez des quenelles de pâte de 5 cm de long sur les plaques, en les espaçant de 5 cm. Faites cuire au four 7 minutes. Baissez la température du four à 180 °C et poursuivez la cuisson 10 minutes. À l'aide d'un couteau à dents, coupez les éclairs en deux dans l'épaisseur et ôtez la partie moelleuse du cœur. Remettez-les sur les plaques et faites-les cuire encore 5 minutes. Laissez refroidir sur les plaques.

5 Mettez la crème pâtissière dans une poche à douille munie d'un embout cannelé de 5 mm de diamètre. Garnissez la base des éclairs de crème, puis recouvrez de la partie supérieure.

6 Préparez le glaçage au chocolat. Faites chauffer les ingrédients au bain-marie, en remuant, jusqu'à obtention d'une consistance homogène. Appliquez le glaçage chaud sur les éclairs.

ASTUCES

Les éclairs et la crème pâtissière peuvent être préparés et conservés séparément, jusqu'à 2 jours à l'avance. Incorporez la crème entière dans la crème pâtissière juste avant utilisation. Garnissez les éclairs le moins longtemps possible avant de les servir (1 heure avant).

16 40' 1h 22' 220°

choux à la crème

20 | 25' | 4h | 35' | 220°

125 ml d'eau
60 g de beurre coupé en petits cubes
1 c. à s. de sucre en poudre
75 g de farine riche en gluten
3 œufs
1 c. à s. de sucre glace

Crème pâtissière
750 ml de lait
150 g de sucre en poudre
1 c. à c. d'extrait de vanille
50 g de fécule de maïs
6 jaunes d'œufs

1 Préparez la crème pâtissière. Faites chauffer le lait, le sucre et l'extrait de vanille dans une casserole moyenne, en remuant, puis portez à ébullition. Mélangez avec un fouet la fécule de maïs et les jaunes d'œufs dans un récipient résistant à la chaleur. Incorporez petit à petit le mélange au lait chaud, avec un fouet. Remettez le tout dans la casserole et remuez sur le feu jusqu'à ce que la préparation bouillonne et épaississe. Couvrez la surface de la crème pâtissière avec du film alimentaire. Placez au réfrigérateur pour 4 heures.

2 Préchauffez le four à 220 °C. Beurrez des plaques de cuisson.

3 Pour préparer la pâte à choux, portez l'eau, le beurre et le sucre à ébullition dans une casserole moyenne. Ajoutez la farine et battez avec une cuillère en bois, sur le feu, jusqu'à ce que le mélange se détache de la paroi de la casserole. Placez la pâte dans un saladier et incorporez 2 œufs un à un, en battant. Fouettez l'œuf restant avec une fourchette et incorporez-en suffisamment dans la pâte pour qu'elle devienne lisse et brillante, tout en gardant sa forme.

4 Déposez des cuillerées à soupe rases de pâte sur les plaques de cuisson, en les espaçant de 5 cm.

5 Faites cuire 10 minutes. Baissez la température du four à 180 °C et poursuivez la cuisson pendant 15 minutes. Pratiquez une petite ouverture sur la base de chaque chou, puis enfournez pour 10 minutes, jusqu'à ce que les choux soient secs. Laissez refroidir sur les plaques.

6 Mettez la crème pâtissière dans une poche à douille munie d'un embout lisse de 5 mm de diamètre, puis fourrez-en les choux. Saupoudrez-les de sucre glace tamisé.

choux à la framboise et au mascarpone

20 45' 30' 220°

125 ml d'eau
60 g de beurre coupé en petits cubes
1 c. à s. de sucre en poudre
75 g de farine riche en gluten
3 œufs
200 g de framboises fraîches

Crème au mascarpone
250 g de cream cheese
à température ambiante
250 g de mascarpone
250 ml de crème épaisse
160 g de confiture de framboises

Glaçage à la framboise
50 g de framboises fraîches
160 g de sucre glace
10 g de beurre ramolli
1 c. à c. d'eau chaude, environ

1 Préchauffez le four à 220 °C. Beurrez des plaques de cuisson.

2 Pour préparer la pâte à choux, portez l'eau, le beurre et le sucre à ébullition dans une casserole moyenne. Ajoutez la farine et battez avec une cuillère en bois, sur le feu, jusqu'à ce que le mélange se détache de la paroi de la casserole. Placez la pâte dans un saladier et incorporez 2 œufs un à un, en battant. Fouettez l'œuf restant avec une fourchette et incorporez-en suffisamment dans la pâte pour qu'elle devienne lisse et brillante, tout en gardant sa forme.

3 Déposez des cuillerées à soupe rases de pâte sur les plaques, en les espaçant d'environ 5 cm.

4 Faites cuire 10 minutes. Baissez la température du four à 180 °C et poursuivez la cuisson 15 minutes. À l'aide d'un couteau à dents, coupez les choux en deux dans l'épaisseur et ôtez la partie moelleuse du cœur. Remettez-les sur les plaques et enfournez pour encore 5 minutes, jusqu'à ce qu'ils soient secs. Laissez refroidir sur les plaques.

5 Préparez la crème au mascarpone. Battez le cream cheese et le mascarpone dans un petit récipient, avec un batteur électrique, jusqu'à obtention d'une consistance homogène. Incorporez la crème épaisse puis la confiture, de façon à obtenir un effet marbré.

6 Pour le glaçage à la framboise, passez les framboises à travers un tamis fin placé au-dessus d'un petit récipient résistant à la chaleur ; jetez les graines. Tamisez le sucre glace au-dessus du récipient contenant le coulis de framboises. Incorporez le beurre et un peu d'eau, pour obtenir une pâte épaisse. Faites chauffer au bain-marie et remuez jusqu'à ce que le glaçage puisse être étalé.

7 Garnissez la base des choux de crème au mascarpone, puis recouvrez avec la partie supérieure des choux. Nappez de glaçage et ajoutez 1 framboise sur chaque chou.

choux tout choco

125 ml d'eau
60 g de beurre coupé en petits cubes
1 c. à s. de sucre en poudre
75 g de farine riche en gluten
2 c. à s. de cacao en poudre
3 œufs
250 ml de crème entière fouettée

Mousse au chocolat
90 g de chocolat noir coupé en gros morceaux
160 ml de crème entière
1 œuf, blanc et jaune séparé
1 c. à s. de sucre en poudre

1 Préparez la mousse au chocolat. Faites chauffer le chocolat et la moitié de la crème au bain-marie, en remuant, jusqu'à obtention d'une préparation homogène. Laissez refroidir 5 minutes, puis incorporez le jaune d'œuf. Battez le reste de la crème, avec un batteur électrique, jusqu'à la formation de pics mous. Battez le blanc d'œuf dans un autre bol, jusqu'à la formation de pics mous ; ajoutez le sucre et battez jusqu'à ce qu'il soit dissous. Incorporez d'abord la crème dans la préparation au chocolat, puis le blanc en neige sucré. Couvrez et placez au réfrigérateur pour toute la nuit.

2 Préchauffez le four à 220 °C. Beurrez des plaques de cuisson.

3 Pour préparer la pâte à choux, portez l'eau, le beurre et le sucre à ébullition dans une casserole. Ajoutez la farine et le cacao tamisés, puis battez avec une cuillère en bois, sur le feu, jusqu'à ce que le mélange se détache de la paroi de la casserole. Placez la pâte dans un saladier et incorporez 2 œufs un à un, en battant. Fouettez l'œuf restant avec une fourchette et incorporez-en suffisamment dans la pâte pour qu'elle devienne lisse et brillante.

4 Déposez des cuillerées à soupe bombées de pâte sur les plaques, en les espaçant de 5 cm.

5 Faites cuire 10 minutes. Baissez la température à 180 °C et poursuivez la cuisson pendant 15 minutes. À l'aide d'un couteau à dents, coupez les choux en deux dans l'épaisseur et ôtez la partie moelleuse du cœur ; remettez-les sur les plaques et enfournez pour 5 minutes, jusqu'à ce qu'ils soient secs. Laissez refroidir sur les plaques.

6 Avec une cuillère, mettez la mousse au chocolat dans une poche à douille munie d'un embout cannelé de 1,5 cm de diamètre. Garnissez la base des choux de mousse. Recouvrez de crème fouettée, puis ajoutez la partie supérieure des choux. Saupoudrez d'un peu de cacao tamisé.

profiteroles au chocolat

6 | 45' | 22' | 10' | 220°

75 g de beurre
180 ml d'eau
110 g de farine
3 œufs

Crème pâtissière
560 ml de lait
1 gousse de vanille fendue
6 jaunes d'œufs
150 g de sucre en poudre
75 g de farine

Sauce au chocolat
100 g de chocolat noir coupé en morceaux
30 g de beurre
80 ml de crème liquide
1 c. à s. de liqueur d'orange

1 Pour préparer la pâte à choux, portez l'eau et le beurre à ébullition dans une petite casserole. Ajoutez la farine et battez avec une cuillère en bois, sur le feu, jusqu'à ce que le mélange se détache de la paroi de la casserole. Placez la pâte dans un saladier ; incorporez les œufs un à un, en battant, jusqu'à ce qu'elle devienne lisse et brillante.

2 Mettez la pâte à choux dans une poche à douille munie d'un embout lisse de 1,5 cm de diamètre. Formez des choux sur des plaques chemisées de papier sulfurisé, espacés de 4 cm.

3 Faites cuire 7 minutes au four préchauffé à 220 °C. Quand les choux ont gonflé, réduisez la température à 180 °C et prolongez la cuisson de 10 minutes. Faites une petite entaille à la base de chaque chou et faites cuire encore 5 minutes. Retirez du four et laissez refroidir.

4 Pour la crème pâtissière, mettez le lait et la vanille dans une casserole, portez à ébullition, puis retirez aussitôt du feu. Laissez infuser 10 minutes avant de retirer la gousse de vanille. Battez les jaunes d'œufs et le sucre pour obtenir un mélange mousseux. Ajoutez la farine sans cesser de battre, puis incorporez progressivement le lait tiédi, toujours en battant. Remettez le mélange sur le feu et portez à ébullition, en remuant avec une cuillère en bois. Réduisez le feu et laissez frémir 10 minutes, sans cesser de remuer, puis retirez du feu et laissez refroidir à température ambiante, après avoir posé une feuille de film alimentaire directement sur la crème pour empêcher la formation d'une peau. En refroidissant, la crème va épaissir.

5 Pour la sauce au chocolat, faites fondre tous les ingrédients dans une casserole, à feu doux, en remuant.

6 Remplissez une poche à douille munie d'un embout de 1 cm de diamètre de crème pâtissière, puis fourrez les choux en introduisant la crème par la petite entaille existante. Disposez 6 profiteroles sur chaque assiette et nappez-les de sauce au chocolat. Servez aussitôt.

éclairs au caramel

395 g de lait concentré sucré
125 ml d'eau
60 g de beurre coupé en petits cubes
1 c. à s. de sucre roux
75 g de farine riche en gluten
3 œufs
500 ml de crème entière, fouettée

Glaçage au caramel
30 g de beurre coupé en gros cubes
55 g de sucre roux
1 c. à s. de lait
55 g de sucre glace

1 Préchauffez le four à 220 °C. Beurrez des plaques de cuisson.

2 Mettez le lait concentré dans un plat à four peu profond de taille moyenne et recouvrez de papier d'aluminium. Placez le plat dans un plat à four plus grand. Versez de l'eau bouillante dans le grand plat, jusqu'à mi-hauteur du plat à l'intérieur. Faites cuire au four 1 h 15, jusqu'à ce que le lait concentré soit doré et qu'il ait caramélisé. Laissez refroidir à température ambiante, puis fouettez le caramel jusqu'à obtention d'une consistance homogène.

3 Pour la pâte à choux, portez l'eau, le beurre et le sucre à ébullition dans une casserole. Ajoutez la farine et battez avec une cuillère en bois, sur le feu, jusqu'à ce que le mélange se détache de la paroi de la casserole. Placez la pâte dans un saladier ; incorporez 2 œufs un à un, en battant. Fouettez l'œuf restant avec une fourchette et incorporez-en suffisamment dans la pâte pour qu'elle devienne lisse et brillante.

4 Mettez la pâte dans une poche à douille munie d'un embout lisse de 1,5 cm de diamètre. Formez des quenelles de 8 cm de long sur les plaques, espacées de 5 cm.

5 Faites cuire 10 minutes. Baissez la température du four à 180 °C et poursuivez la cuisson 15 minutes. À l'aide d'un couteau à dents, coupez les éclairs en deux dans l'épaisseur et ôtez la partie moelleuse du cœur. Remettez les éclairs sur les plaques et enfournez-les pour 5 minutes. Laissez refroidir sur les plaques.

6 Préparez le glaçage au caramel. Faites fondre le beurre dans une petite casserole. Ajoutez le sucre roux et le lait, et faites chauffer en remuant, sans laisser bouillir, jusqu'à ce que le sucre soit dissous. Portez à ébullition. Baissez le feu et laissez mijoter 1 minute sans couvrir. Retirez du feu et laissez refroidir 10 minutes. Incorporez le sucre glace tamisé, avec un fouet.

7 Étalez la crème fouettée dans la base des éclairs, puis recouvrez de caramel au lait concentré. Fermez les éclairs avec la partie supérieure et nappez-les de glaçage au caramel.

18	1h	1h45	10'	220°

éclairs chocolat-noisette au cream cheese

12 40' 25' 220°

80 g de beurre
250 ml d'eau
150 g de farine ordinaire
4 œufs légèrement battus
35 g de noisettes grillées grossièrement hachées

Garniture
160 ml de crème fraîche
1 ½ c. à s. de sucre glace
250 g de cream cheese à température ambiante
2 c. à s. de Frangelico® (liqueur de noisette)
50 g de chocolat noir finement haché

Nappage au chocolat
60 g de beurre
125 g de chocolat noir grossièrement haché

1 Préchauffez le four à 220 °C. Beurrez 2 plaques de cuisson.

2 Dans une petite casserole, portez le beurre et l'eau à ébullition. Versez la farine et fouettez avec une cuillère en bois, jusqu'à ce que la pâte se décolle de la paroi de la casserole et forme une boule lisse.

3 Placez la pâte dans un bol et incorporez progressivement les œufs, avec un batteur électrique, jusqu'à ce que le mélange devienne brillant.

4 Versez cette pâte à choux dans une poche munie d'une douille lisse de 3 cm de diamètre. Déposez sur les plaques de cuisson des boudins de pâte de 6 cm de long, à 3 cm de distance. Faites cuire 10 minutes. Réduisez la température du four à 180 °C et poursuivez la cuisson 10 minutes, jusqu'à ce que les éclairs soient légèrement dorés. Coupez-les en deux, retirez les éventuelles membranes de pâte à l'intérieur et remettez-les sur les plaques. Faites cuire encore 5 minutes environ pour faire sécher la pâte. Laissez refroidir.

5 Préparez la garniture en battant la crème fraîche et le sucre glace tamisé, avec un batteur électrique, jusqu'à ce que des pointes souples se forment. Fouettez le cream cheese et le Frangelico® à part, jusqu'à obtention d'un mélange lisse. Incorporez le chocolat, puis la crème fouettée. Placez au réfrigérateur.

6 Préparez le nappage au chocolat. Faites chauffer le beurre et le chocolat dans une petite casserole sur feu doux, en remuant, jusqu'à ce que le mélange soit lisse.

7 Garnissez 12 moitiés d'éclair avec la préparation au cream cheese. Trempez les autres moitiés dans le chocolat fondu, puis parsemez-les de noisettes grillées.

8 Quand le nappage a pris, assemblez les moitiés d'éclair.

éclairs framboise-Passion

14 | 30' | 20' | 220°

125 ml d'eau
60 g de beurre
1 c. à s. de sucre en poudre
75 g de farine riche en gluten
3 œufs
250 ml de crème entière
1 c. à s. de sucre glace
3 fruits de la Passion coupés en deux
40 g de framboises
160 g de sucre glace supplémentaire

1 Préchauffez le four à 220 °C. Beurrez 2 plaques de cuisson.

2 Pour préparer la pâte à choux, portez l'eau, le beurre et le sucre à ébullition dans une petite casserole. Ajoutez la farine et battez avec une cuillère en bois, sur le feu, jusqu'à ce que le mélange se détache de la paroi de la casserole. Placez la pâte dans un saladier ; incorporez 2 œufs un à un, en battant. Fouettez l'œuf restant avec une fourchette et incorporez-en suffisamment dans la pâte pour qu'elle devienne lisse et brillante.

3 Mettez la pâte à choux dans une poche à douille munie d'un embout lisse de 1,5 cm de diamètre. Formez des quenelles de 8 cm sur les plaques, espacées de 5 cm.

4 Faites cuire 20 minutes environ. Laissez refroidir sur une grille.

5 Battez la crème et le sucre glace tamisé dans un saladier, avec un batteur électrique, jusqu'à la formation de pics mous. Incorporez 2 cuillerées à soupe de pulpe de fruits de la Passion et les framboises légèrement écrasées ; placez au réfrigérateur.

6 Pour préparer le glaçage, passez au tamis le reste de la pulpe de fruits de la Passion (il vous en faudra environ 1 cuillerée à soupe) ; jetez les graines. Tamisez le sucre glace supplémentaire au-dessus d'un petit récipient résistant à la chaleur. Incorporez suffisamment de jus de fruit de la Passion pour obtenir une pâte épaisse. Faites chauffer la préparation au bain-marie et remuez jusqu'à ce qu'elle puisse être étalée.

7 À l'aide d'un couteau à dents, coupez chaque éclair en deux dans l'épaisseur. Étalez la crème framboise-Passion dans la base, recouvrez de la partie supérieure de l'éclair, puis nappez de glaçage.

choux à la crème et au citron

125 ml d'eau
60 g de beurre
coupé en petits cubes
1 c. à s. de sucre en poudre
75 g de farine riche en gluten
3 œufs

Garniture à la crème et au citron
500 ml de lait
3 c. à c. de zeste de citron finement râpé
6 jaunes d'œufs
110 g de sucre en poudre
50 g de fécule de maïs
250 ml de crème épaisse

Glaçage au citron
160 g de sucre glace
2 c. à c. de jus de citron, environ

1 Préparez la garniture à la crème et au citron. Portez le lait à ébullition dans une casserole. Mélangez le zeste de citron, les jaunes d'œufs, le sucre et la fécule de maïs dans un récipient ; incorporez progressivement le lait chaud avec un fouet. Remettez la préparation dans la casserole et remuez sur le feu jusqu'à ce qu'elle bouillonne et épaississe. Couvrez et laissez refroidir 20 minutes, puis placez au réfrigérateur pour 3 heures. Incorporez la crème épaisse, en 2 fois.

2 Préchauffez le four à 220 °C. Beurrez des plaques de cuisson.

3 Préparer la pâte à choux : portez l'eau, le beurre et le sucre à ébullition dans une casserole. Ajoutez la farine et battez avec une cuillère en bois, sur le feu, jusqu'à ce que le mélange se détache de la paroi de la casserole. Placez la pâte dans un saladier et incorporez 2 œufs un à un, en battant. Fouettez l'œuf restant avec une fourchette et incorporez-en un peu dans la pâte pour qu'elle devienne lisse et brillante, tout en gardant sa forme.

4 Déposez des cuillerées à soupe rases de pâte sur les plaques, en les espaçant de 5 cm.

5 Faites cuire pendant 10 minutes. Baissez le four à 180 °C et poursuivez la cuisson pendant 15 minutes. Pratiquez une petite ouverture sur la base des choux et faites-les cuire encore 10 minutes, jusqu'à ce qu'ils soient secs. Laissez-les refroidir.

6 Préparez le glaçage au citron. Tamisez le sucre glace au-dessus d'un petit récipient résistant à la chaleur. Incorporez suffisamment de jus de citron pour obtenir une pâte ferme. Faites chauffer le glaçage au bain-marie jusqu'à ce qu'il puisse être étalé.

7 Mettez la garniture à la crème et au citron dans une poche à douille munie d'un embout lisse de 5 mm de diamètre, puis fourrez-en les choux et placez-les sur une plaque tapissée de papier d'aluminium. Nappez de glaçage au citron et garnissez de zeste de citron confit, si vous le souhaitez.

ZESTE DE CITRON CONFIT

Prélevez le zeste de 1 citron à l'aide d'un zesteur. Plongez-le dans une petite casserole remplie d'eau bouillante, puis égouttez. Répétez l'opération 2 fois. Passez le zeste dans un peu de sucre en poudre et laissez refroidir.

paris-brest

12 40' 30' 220°

125 ml d'eau
60 g de beurre
coupé en petits cubes
1 c. à s. de sucre en poudre
75 g de farine riche en gluten
3 œufs
2 c. à s. d'amandes effilées
1 c. à s. de sucre glace

Crème au pralin
75 g de sucre en poudre
2 c. à s. d'eau
25 g d'amandes effilées grillées
500 ml de crème épaisse
entière fouettée

1 Préchauffez le four à 220 °C. Beurrez des plaques de cuisson.

2 Pour la pâte à choux, portez l'eau, le beurre et le sucre à ébullition dans une casserole. Ajoutez la farine et battez avec une cuillère en bois, sur le feu, jusqu'à ce que le mélange se détache de la paroi de la casserole. Placez la pâte dans un saladier et incorporez 2 œufs un à un, en battant. Fouettez l'œuf restant avec une fourchette et incorporez-en suffisamment dans la pâte pour qu'elle devienne lisse et brillante.

3 Mettez la pâte dans une poche à douille munie d'un embout cannelé de 1,5 cm de diamètre. Formez des couronnes de 5,5 cm de diamètre sur les plaques de cuisson, en les espaçant de 5 cm. Parsemez d'amandes effilées.

4 Faites cuire 10 minutes. Baissez la température du four à 180 °C et poursuivez la cuisson 15 minutes. À l'aide d'un couteau à dents, coupez les couronnes en deux dans l'épaisseur et ôtez la partie moelleuse du cœur ; remettez sur les plaques et enfournez pour 5 minutes. Laissez refroidir sur les plaques.

5 Préparez la crème au pralin. Chemisez une plaque de cuisson de papier sulfurisé. Dans une petite casserole, faites chauffer le sucre et l'eau à feu vif, sans laisser bouillir, jusqu'à ce que le sucre soit dissous. Portez à ébullition et laissez bouillir sans couvrir ni remuer, jusqu'à ce que le mélange soit doré. Attendez que l'ébullition retombe, puis ajoutez les amandes ; ne remuez pas. Versez la préparation sur la plaque et laissez-la prendre à température ambiante. Cassez le pralin en morceaux, puis mixez-le finement et incorporez-le à la crème fouettée.

6 Étalez la crème dans la base des couronnes. Recouvrez de la partie supérieure des couronnes, puis saupoudrez de sucre glace tamisé.

Remplissez aux trois quarts une poche à douille à embout cannelé avec la pâte à choux. Formez des couronnes de 5,5 cm de diamètre, en les espaçant de 5 cm car elles gonflent à la cuisson.

TRUCS ET ASTUCES POUR RÉUSSIR LE CARAMEL

Servez des cocktails inoubliables à vos invités en ajoutant une touche finale attrayante. Les décorations peuvent être préparées à l'avance et conservées au réfrigérateur dans des récipients couverts.

PRÉPARER UN SIROP DE SUCRE

Utilisez toujours une casserole à fond épais de la taille indiquée. Pour éviter que le sucre ne cristallise, il faut qu'il soit complètement dissous avant de porter la préparation à ébullition. Pour cela, faites-le chauffer à feu moyen en remuant sans arrêt. Si des grains de sucre se collent sur la paroi de la casserole, utilisez un pinceau trempé dans l'eau pour les nettoyer.

FAIRE BOUILLIR LE SIROP DE SUCRE

Quand le sirop commence à bouillir, arrêtez de remuer et ne raclez pas la paroi de la casserole. Laissez bouillir 5 minutes environ, pour que le sirop épaississe, puis retirez-le du feu. Quelques bulles peuvent encore se former. Vous pouvez utiliser un thermomètre confiseur pour surveiller la cuisson. À 118 °C, le sirop est parfait pour permettre un glaçage léger.

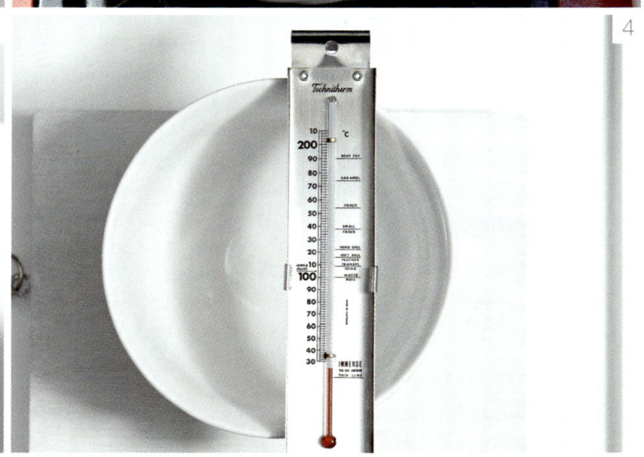

CARAMEL CRAQUANT

Portez le sirop de sucre à ébullition, puis baissez le feu et laissez frémir 10 minutes environ, sans couvrir ni remuer, pour qu'il soit bien doré. Retirez-le du feu et laissez quelques bulles se former avant de l'utiliser. Si vous avez un thermomètre confiseur, la température de la préparation doit être comprise entre 138 et 154 °C, selon la couleur souhaitée. Plus le caramel bout et se colore, plus il sera dur.

UTILISER UN THERMOMÈTRE CONFISEUR

Il doit être en acier inoxydable et posséder un clip permettant de l'attacher au rebord de la casserole. Quand le sucre est dissous, placez le thermomètre dans une petite casserole d'eau froide (le mercure doit être recouvert d'eau). Portez l'eau à ébullition pour vérifier la précision du thermomètre au point d'ébullition. Lorsque le sirop commence à bouillir, plongez le thermomètre dedans (le mercure doit être recouvert) et laissez bouillir jusqu'à obtention de la température requise. Remettez le thermomètre dans la casserole d'eau bouillante, retirez du feu et laissez-le refroidir dans l'eau.

VÉRIFIER LA TEMPÉRATURE POUR LE CARAMEL CRAQUANT

Pour savoir si le caramel est bien craquant, faites-en tomber un peu dans un verre d'eau froide, à l'aide d'une cuillère. S'il est à la bonne température pour être craquant, il va durcir immédiatement. Avant de le tester, retirez toujours la casserole du feu et laissez quelques bulles se former.

TESTER LE CARAMEL

Sortez le caramel durci de l'eau et brisez-le entre vos doigts. Il doit être bien cassant et se briser facilement.

PRÉPARER LE SUCRE FILÉ

Quand le caramel est bien doré, retirez la casserole du feu et laissez se former quelques bulles. Faites couler le caramel sur une plaque recouverte de papier sulfurisé, avec le dos d'une cuillère en bois. Laissez-le durcir à température ambiante. Décollez les cheveux en caramel de la feuille à l'aide d'une spatule et décorez-en vos gâteaux sans attendre.

METTRE EN FORME LE CARAMEL

Quand le caramel est bien doré, retirez la casserole du feu et laissez se former quelques bulles. Faites couler le caramel sur un rouleau à pâtisserie recouvert de papier sulfurisé, avec le dos d'une cuillère en bois. Laissez-le durcir à température ambiante. Faites glisser le papier sulfurisé du rouleau et décollez les formes en caramel. Utilisez-les sans attendre.

choux au moka

15 g de beurre
60 ml d'eau
35 g de farine
1 œuf

Crème au moka
2 c. à c. de café soluble en granules
2 c. à c. d'eau chaude
250 ml de lait
60 g de chocolat noir finement haché
3 jaunes d'œufs
75 g de sucre en poudre
1 c. à s. de fécule de maïs

Caramel
110 g de sucre en poudre
60 ml d'eau

1 Préchauffez le four à 220 °C. Beurrez 2 plaques de cuisson.

2 Mettez le beurre et l'eau dans une petite casserole et portez à ébullition. Ajoutez la farine et battez avec une cuillère en bois jusqu'à ce que la pâte se détache de la paroi de la casserole et forme une boule.

3 Mettez la pâte dans un saladier et incorporez l'œuf, avec un batteur électrique, jusqu'à obtenir une pâte lisse. Mettez la pâte dans une poche à douille lisse de 1 cm de diamètre et formez des choux sur les plaques de cuisson, en les espaçant de 5 cm. Faites cuire 7 minutes au four, puis réduisez la température à 180 °C et faites cuire 10 minutes de plus. Pratiquez une petite ouverture sur le côté de chaque chou et remettez au four pour 5 minutes. Laissez refroidir sur les plaques de cuisson.

4 Préparez la crème au moka. Faites dissoudre le café dans l'eau chaude, dans un petit récipient. Mélangez le lait, le chocolat et le café dans une petite casserole. Faites chauffer, en remuant, jusqu'à obtenir une préparation homogène. Portez à ébullition. Dans un bol, battez les jaunes d'œufs, le sucre et la fécule de maïs, avec un batteur électrique. Incorporez progressivement ce mélange à la préparation précédente. Remettez le tout dans la casserole et faites chauffer en remuant, jusqu'à ce que la crème bouillonne et épaississe. Couvrez la surface avec du film alimentaire et placez au réfrigérateur pour 1 heure.

5 Préparez le caramel : faites chauffer le sucre et l'eau dans une petite casserole, en remuant, sans laisser bouillir, jusqu'à ce que le sucre soit dissous. Ensuite, portez à ébullition. Laissez bouillir sans couvrir ni remuer, jusqu'à obtention d'une belle couleur dorée.

6 Mettez la crème au moka dans une poche à douille lisse de 5 mm de diamètre et remplissez-en les choux. Remettez les choux sur la plaque recouverte de papier sulfurisé et nappez-les de caramel.

24
40'
22'
1h
220°

croquembouche

80 ml d'eau
40 g de beurre coupé en petits cubes
3 c. à c. de sucre en poudre
50 g de farine riche en gluten
2 œufs

Crème à la fraise
250 ml de lait
2 c. à s. de sucre en poudre
1 ½ c. à s. de fécule de maïs
2 jaunes d'œufs
30 g de fraises coupées en petits morceaux
1 c. à c. de sucre glace

Caramel
220 g de sucre en poudre
125 ml d'eau

Sauce au chocolat
125 ml de crème liquide
100 g de chocolat noir coupé en petits morceaux

1 Préparez la crème à la fraise. Portez le lait et le sucre à ébullition dans une casserole. Mélangez la fécule et les jaunes d'œufs dans un bol résistant à la chaleur. Incorporez-y le mélange au lait chaud, en fouettant. Remettez la préparation dans la casserole et remuez sur le feu jusqu'à ce qu'elle bouillonne et épaississe. Couvrez la surface de la crème de film alimentaire et laissez refroidir 20 minutes. Placez au réfrigérateur pour 4 heures. Mélangez les fraises et le sucre glace dans un bol. Couvrez et placez au réfrigérateur pour 1 heure. Incorporez les fraises sucrées dans la crème pâtissière.

2 Préchauffez le four à 220 °C. Beurrez des plaques de cuisson.

3 Pour la pâte à choux, portez l'eau, le beurre et le sucre à ébullition dans une casserole. Ajoutez la farine et battez avec une cuillère en bois, sur le feu, jusqu'à ce que le mélange se détache de la paroi de la casserole. Placez la pâte dans un saladier et incorporez les œufs un à un, en battant, jusqu'à ce qu'elle devienne brillante.

4 Mettez la pâte à choux dans une poche à douille munie d'un embout lisse de 1 cm de diamètre. Formez des disques de 2 cm de diamètre sur les plaques.

5 Faites cuire 10 minutes. Baissez la température du four à 180 °C et poursuivez la cuisson 10 minutes. Pratiquez une petite ouverture sur la base des choux, puis enfournez pour 10 minutes. Laissez refroidir sur les plaques.

6 Avec une cuillère, mettez la crème à la fraise dans une poche à douille munie d'un embout lisse de 5 mm de diamètre, puis fourrez-en les choux.

7 Préparez le caramel. Faites chauffer le sucre et l'eau dans une petite casserole, en remuant, sans laisser bouillir, jusqu'à ce que le sucre soit dissous. Portez à ébullition et laissez bouillir sans couvrir ni remuer, jusqu'à obtention d'un caramel doré.

8 Pour la sauce au chocolat, portez la crème à ébullition dans une petite casserole. Retirez du feu, ajoutez le chocolat et remuez.

9 Pour monter le croquembouche, plongez les choux un par un dans le caramel. Disposez 10 choux en cercle sur une assiette de service et ajoutez d'autres choux au centre. Continuez à tremper les choux dans le caramel et empilez-les en forme de pyramide.

10 En travaillant rapidement, trempez 2 fourchettes dans le caramel restant et nappez-en légèrement l'ensemble du croquembouche. Servez avec la sauce au chocolat et si vous le souhaitez, parsemez de pétales de rose.

2 40' 20' 4h 30' 220°

saint-honoré

2 rouleaux de pâte feuilletée
80 ml d'eau
40 g de beurre coupé en petits cubes
3 c. à c. de sucre en poudre
50 g de farine riche en gluten
2 œufs
250 g de fraises coupées en quartiers
100 g de chocolat blanc fondu

Crème pâtissière
375 ml de lait
150 g de sucre en poudre
1 gousse de vanille
50 g de fécule de maïs
6 jaunes d'œufs
80 ml de crème entière, fouettée

Caramel
220 g de sucre en poudre
125 ml d'eau

1 Préparez la crème pâtissière. Mettez le lait et le sucre dans une petite casserole. Fendez la gousse de vanille en deux et raclez les graines au-dessus de la casserole. Portez à ébullition. Mélangez la fécule de maïs et les jaunes d'œufs dans un bol résistant à la chaleur. Incorporez-y progressivement le mélange au lait chaud, avec un fouet. Remettez la préparation dans la casserole et remuez sur le feu jusqu'à ce qu'elle bouillonne et épaississe. Couvrez la surface de la crème de film alimentaire. Laissez refroidir 20 minutes, puis placez au réfrigérateur pour 3 heures. Incorporez la crème fouettée dans la préparation, en 2 fois. Couvrez et placez au réfrigérateur jusqu'à utilisation.

2 Préchauffez le four à 220 °C. Beurrez des plaques de cuisson.

3 Badigeonnez un des rouleaux de pâte feuilletée avec un peu d'eau ; ajoutez l'autre rouleau par-dessus et pressez fermement. Découpez un disque de 20 cm de diamètre dans la pâte. Disposez-le sur une plaque de cuisson et piquez avec une fourchette.

4 Pour préparer la pâte à choux, portez l'eau, le beurre et le sucre à ébullition dans une petite casserole. Ajoutez la farine et battez avec une cuillère en bois, sur le feu, jusqu'à ce que le mélange se détache de la paroi de la casserole. Placez la pâte dans un saladier et incorporez les œufs un à un en battant, jusqu'à ce qu'elle devienne brillante.

5 À l'aide d'une cuillère, mettez la pâte à choux dans une poche à douille munie d'un embout lisse de 1,5 cm de diamètre. Recouvrez-en le contour du disque de pâte feuilletée. Sur une autre plaque, formez des disques de pâte à choux de 3,5 cm de diamètre, en les espaçant de 5 cm.

6 Enfournez les 2 plaques pour 10 minutes. Baissez la température du four à 180 °C et poursuivez la cuisson pendant 30 minutes. Laissez refroidir sur les plaques.

7 Préparez le caramel. Faites chauffer le sucre et l'eau dans une petite casserole, en remuant, sans laisser bouillir, jusqu'à ce que le sucre soit dissous. Portez à ébullition et laissez bouillir sans couvrir ni remuer, jusqu'à ce que le caramel soit doré.

8 Pratiquez une petite ouverture dans chaque chou. Mettez la crème pâtissière dans une poche à douille munie d'un embout lisse de 0,5 cm de diamètre et fourrez-en les choux. Étalez le reste de la crème au centre du gâteau, avec une cuillère.

9 Plongez les choux un par un dans le caramel et disposez-les sur le contour du gâteau. Garnissez de fraises et nappez celles-ci de chocolat blanc fondu. En travaillant rapidement, plongez 2 fourchettes dans le reste du caramel et faites des fils de caramel sur le gâteau.

8	1h40	20'	3h	40'	220°

TARTES & CRUMBLES

LA PÂTE BRISÉE ÉTAPE PAR ÉTAPE

C'est la pâte la plus couramment utilisée. Nous vous montrons ici comment la faire à la main et au robot.

TAMISER

Il n'est pas indispensable de tamiser les ingrédients, mais c'est ce que font les pâtissiers. Utilisez un tamis ou une passoire pour tamiser les ingrédients secs au-dessus d'un récipient à ouverture large. Refroidissez le récipient si vous préparez la pâte lorsqu'il fait chaud.

INCORPORER LE BEURRE

Coupez le beurre froid en dés, ajoutez-le dans le récipient puis sablez du bout des doigts (la partie la plus froide de la main) rapidement pour que le beurre reste froid. Secouez le récipient pour faire remonter les gros grumeaux à la surface.

AJOUTER LES JAUNES D'ŒUFS

Il n'est pas obligatoire de mettre des jaunes d'œufs dans une pâte brisée ; ils ajoutent cependant de la couleur et de la richesse grâce à la matière grasse qu'ils contiennent. Les jaunes d'œufs sont meilleurs lorsqu'ils sortent du réfrigérateur. Ajoutez-les à cette étape mais ne mélangez pas encore.

AJOUTER LE JUS DE CITRON

Si vous mettez des jaunes d'œufs dans la pâte, la plupart des recettes vous indiqueront aussi d'ajouter du jus de citron pour en compenser la richesse. Pressez un citron frais puis filtrez le jus.

AJOUTER L'EAU

Si vous ne voulez pas que votre pâte brisée soit trop riche, utilisez de l'eau bien fraîche à la place des jaunes d'œufs et du jus de citron. Respectez la quantité d'eau indiquée dans la recette – elle est souvent approximative.

MÉLANGER LES INGRÉDIENTS

Travaillez délicatement et rapidement les ingrédients du bout des doigts. Il devrait y avoir juste assez de liquide pour humidifier les ingrédients secs.

PÉTRIR LA PÂTE

Transférez la pâte sur une surface froide, puis pétrissez-la très légèrement jusqu'à ce que les ingrédients soient bien amalgamés. Ne malaxez pas trop la pâte, sinon elle durcirait et serait plus difficile à manipuler.

LAISSER REPOSER LA PÂTE

Tapotez-la pour l'aplatir, enveloppez-la dans un morceau de film alimentaire puis placez-la au réfrigérateur pour 30 minutes. Mettez votre minuteur en route, car si vous laissez la pâte trop longtemps au frais, vous devrez la laisser reposer à température ambiante pendant un moment avant de pouvoir l'abaisser.

PRÉPARER UNE PÂTE AU ROBOT

Les robots de cuisine permettent d'obtenir des pâtes très bonnes, et sont particulièrement utiles si vous avez les mains chaudes. Mettez les ingrédients secs dans le bol du robot – il n'est pas nécessaire de les tamiser – , puis ajoutez les morceaux de beurre froid.

MÉLANGER

Mixez les ingrédients par à-coups jusqu'à obtention d'un mélange sablé. Ne partez pas en laissant le robot en marche, sinon la lame continuerait à couper le beurre et à le mélanger avec la farine. Il est important d'ajouter un peu de liquide dans la pâte.

FORMER UNE BOULE

Ajoutez un peu de liquide dans le mélange farine-beurre (ce n'est qu'avec l'expérience que vous saurez quelle quantité ajouter), la même quantité que si vous prépariez la pâte à la main. Si vous mettez trop de liquide, la pâte sera trop molle, et si vous en mettez trop peu, elle sera trop ferme : dans les deux cas, elle serait difficile à abaisser. Mixez les ingrédients par à-coups jusqu'à ce que les ingrédients forment une boule. Sortez la pâte du robot.

LAISSER REPOSER LA PÂTE

Pétrissez la pâte jusqu'à ce qu'elle soit homogène, comme sur la photo.
Il est aussi indispensable de faire reposer la pâte préparée au robot que la pâte faite à la main. Les premières ont généralement un aspect plus homogène que les secondes, car le beurre a été réparti dans la farine de façon plus uniforme.

CUISSON À BLANC

Cuire une pâte à blanc consiste à faire cuire en partie ou totalement un fond de tarte avant de le garnir.

ABAISSER

Après avoir laissé reposer la pâte au réfrigérateur, étalez-la au rouleau, du centre vers l'extérieur, en la plaçant entre 2 feuilles de papier sulfurisé ou de film alimentaire. C'est une technique simple, propre et pratique.

FONCER

Décollez une feuille et posez la pâte sur le moule, en la retournant. Décollez délicatement la seconde feuille, en laissant la pâte tomber dans le fond du moule. Sans étirer la pâte, foncez le moule en appuyant doucement pour qu'elle adhère au bord.

METTRE EN FORME

Avec une petite boule de pâte légèrement farinée, enfoncez délicatement la pâte à l'intérieur du moule, sans l'étirer.

PARER LE BORD

Si la paroi du moule est fine (par exemple s'il s'agit d'un moule à flan cannelé), passez simplement le rouleau à pâtisserie sur le bord du moule. La pression exercée découpera proprement l'excédent de pâte.

PIQUER

Certains fonds de tarte doivent être piqués pour ne pas gonfler à la cuisson (selon le type de garniture). Piquez la pâte à l'aide d'une fourchette ou d'un rouleau pique-vite, sur toute la surface.

TAPISSER

Recouvrez la pâte d'une feuille de papier sulfurisé ou d'aluminium suffisamment résistante pour supporter le poids des haricots secs ou du riz cru, et assez grande pour être facilement enlevée du moule.

LESTER

Recouvrez toute la surface du fond de tarte avec des haricots secs (ou tout autre légume sec) ou du riz cru, de manière à lester la pâte pour qu'elle ne gonfle pas. Ces aliments ne pourront plus être consommés par la suite. Conservez-les dans un bocal pour vos autres cuissons à blanc.

FAIRE CUIRE

Les recettes vous indiquent le temps de cuisson en 2 étapes : la première avec le papier et les haricots, la seconde sans.

BULLES D'AIR

Si une bulle d'air se forme dans la pâte au cours des 5 à 10 premières minutes de cuisson, appuyez dessus avec une boule de pâte. Si vous faites cuire le fond de tarte sans papier ni haricots, faites bien attention aux bulles d'air. Si vous attendez trop longtemps avant de les percer, la pâte sera trop cuite et risquera de se briser.

RECOUVRIR

Certaines recettes indiquent de cuire la pâte à blanc, puis de la garnir et de recouvrir la tarte avec un autre morceau de pâte, pour former une tourte. Cette méthode est très utile lorsque la garniture est humide (fruits ou viande), car elle évite au fond de tarte d'être détrempé.

PARER

Tenez le moule à plat dans une main et découpez l'excédent de pâte à l'aide d'un couteau incliné à 45° vers le bas. Utilisez un couteau bien aiguisé.

SCELLER

Décorez le bord de la tourte à l'aide d'une fourchette ou d'une cuillère. Badigeonnez la pâte en suivant les indications de la recette et faites quelques trous au centre pour que la vapeur puisse s'échapper.

TRUCS & ASTUCES POUR RÉUSSIR LES TARTES

PETITS FEUILLETÉS À LA FRANGIPANE ET À LA RHUBARBE (PAGE 455)

À l'aide d'un couteau aiguisé, coupez la pâte en 4 bandes, puis chaque bande en 3 rectangles.

Garnissez le centre des rectangles avec la préparation, puis décorez avec la rhubarbe. Repliez les bords de la pâte pour entourer la rhubarbe.

FEUILLETÉS AUX ABRICOTS (PAGE 434)

Beurrez 2 plaques et chemisez-les de papier sulfurisé. Découpez des disques de pâte et posez-les sur les plaques. Marquez-les à l'emporte-pièce, sans l'enfoncer totalement pour ne pas couper la pâte.

Piquez le centre des disques à l'aide d'une fourchette. Étalez-y 1 cuillerée à café rase de crème pâtissière et garnissez de demi-abricots en conserve bien égouttés. Badigeonnez la pâte avec de l'œuf battu.

MINITARTES TATIN (PAGE 458)

Étalez la pâte au rouleau en l'étirant un peu pour former un rectangle de 20 × 40 cm. Repliez le tiers supérieur vers le bas, puis le tiers inférieur par-dessus. Tournez la pâte de 90° et étalez-la de nouveau pour former un rectangle aux mêmes dimensions, puis repliez-la en trois. Emballez-la dans du film alimentaire et placez-la au réfrigérateur pour 1 heure.

Épluchez les pommes et coupez-les en quartiers, puis détaillez chaque quartier en fines tranches, sans aller jusqu'au bout. Utilisez un couteau d'office bien aiguisé. Placez les pommes dans de l'eau citronnée jusqu'au moment de les utiliser.

TARTE AU CITRON MERINGUÉE (PAGE 434)

Versez la crème au citron sur la pâte refroidie, et étalez-la pour recouvrir complètement cette dernière, jusqu'au bord.

Creusez des sillons sur la garniture à l'aide d'une fourchette. Étalez la meringue sur la crème, jusqu'au bord, pour qu'elle reste bien en place. Faites cuire jusqu'à ce que la meringue soit légèrement dorée.

18 | 1h10 | 2h | 20' | 180°

feuilletés aux abricots

2 rouleaux de pâte feuilletée pur beurre
18 oreillons d'abricot en conserve, égouttés
1 œuf légèrement battu
160 g de confiture d'abricots chauffée et filtrée

Crème pâtissière
160 ml de lait
55 g de sucre en poudre
1 c. à c. d'extrait de vanille
1 c. à s. de fécule de maïs
2 jaunes d'œufs

1 Préparez la crème pâtissière. Dans une petite casserole, portez à ébullition le lait, le sucre et l'extrait de vanille. Mélangez la fécule de maïs et les jaunes d'œufs dans un récipient résistant à la chaleur. Incorporez progressivement le mélange au lait chaud, avec un fouet. Remettez la préparation dans la casserole et remuez, sur le feu, jusqu'à ce qu'elle bouillonne et épaississe. Couvrez de film alimentaire et placez au réfrigérateur pour 2 heures.

2 Préchauffez le four à 180 °C. Beurrez et chemisez de papier sulfurisé 2 plaques de cuisson.

3 Découpez 9 disques de 7 cm de diamètre dans chaque rouleau de pâte, puis suivez les indications de la page 432 pour la découpe et la garniture de la pâte.

4 Faites cuire 20 minutes. Badigeonnez les feuilletés chauds de confiture.

tarte au citron meringuée

185 g de biscuits de type petits-beurre
90 g de beurre doux fondu
75 g de fécule de maïs
275 g de sucre en poudre
180 ml de jus d'orange, de citron et de citron vert (3 x 60 ml)
250 ml d'eau
80 g de beurre doux supplémentaire
3 œufs, blancs et jaunes séparés
6 c. à c. de zestes d'orange, de citron et de citron vert finement râpés (3 × 2 c. à c.)

1 Beurrez un moule à fond amovible de 24 cm de diamètre muni d'un bord haut de 2 cm.

2 Émiettez finement les biscuits dans un robot, puis versez-les dans un bol. Incorporez le beurre fondu.

3 Pressez ce mélange sur le fond et les parois du moule. Posez le moule sur une plaque et placez pour 30 minutes au réfrigérateur.

4 Mélangez la fécule de maïs et 110 g de sucre dans une casserole moyenne. Ajoutez progressivement le jus des agrumes ainsi que l'eau, et remuez jusqu'à ce que le mélange soit lisse. Sans cesser de remuer, faites chauffer à feu vif jusqu'à ce que la préparation bouillonne et épaississe. Réduisez le feu et laissez frémir 1 minute, en remuant. Hors du feu, incorporez le beurre supplémentaire, les jaunes d'œufs et les zestes. Remuez jusqu'à ce que le beurre soit fondu. Laissez refroidir 10 minutes.

5 Étalez cette préparation dans le moule, sur la base biscuitée. Couvrez et placez pour 2 heures au réfrigérateur.

6 Préchauffez le four à 240 °C. Montez les blancs d'œufs en neige souple avec un batteur électrique. Incorporez progressivement le reste du sucre (1 cuillerée à soupe à la fois). Fouettez bien avant chaque ajout.

7 Grattez la surface de la garniture aux agrumes avec une fourchette. Versez la meringue dans une poche munie d'une douille unie de 1,5 cm de diamètre. Répartissez-la sur la garniture, puis faites cuire environ 5 minutes.

ASTUCES

La base biscuitée et la garniture peuvent être préparées la veille. En revanche, la meringue est meilleure lorsqu'elle est faite au dernier moment, juste avant de servir. Gratter la garniture permet de bien faire adhérer la meringue.

8
35'
2h30
5'
240°

tarte aux figues, noix et caramel

250 ml de crème liquide
60 ml de lait
110 g de sucre en poudre
2 c. à c. de zeste d'orange finement râpé
2 œufs
50 g d'amidon de blé
125 ml de jus d'orange
80 g de beurre coupé en cubes
6 figues fraîches moyennes (350 g) coupées en quatre

Pâte aux noix
40 g de noix
150 g de farine ordinaire
55 g de sucre glace
90 g de beurre froid coupé en cubes
1 jaune d'œuf
2 c. à c. d'eau glacée, environ

Caramel
110 g de sucre blanc
60 ml d'eau

1 Portez à ébullition la crème, le lait, le sucre et le zeste d'orange. Fouettez les œufs dans un bol, puis ajoutez l'amidon tamisé. En fouettant, versez progressivement dans le bol le liquide bouillant et le jus d'orange. Reversez le tout dans la casserole et faites chauffer, en remuant, jusqu'à ce que le mélange bouillonne et épaississe. Hors du feu, incorporez le beurre. Versez la préparation dans un saladier, recouvrez avec du film alimentaire et faites refroidir 2 heures au réfrigérateur.

2 Préparez la pâte aux noix. Hachez finement les noix dans un robot. Ajoutez la farine, le sucre glace et le beurre. Continuez de mixer jusqu'à obtention d'un sable grossier. Ajoutez le jaune d'œuf et juste ce qu'il faut d'eau glacée pour que les ingrédients s'amalgament. Pétrissez la pâte sur un plan de travail jusqu'à ce qu'elle soit lisse. Emballez-la dans du film alimentaire et placez pour 1 heure au réfrigérateur.

3 Abaissez la pâte au rouleau entre 2 feuilles de papier sulfurisé. Garnissez-en un moule rectangulaire de 11 × 35 cm, ou un moule à tarte à fond amovible de 20 cm de diamètre. Pressez la pâte sur le fond et la paroi du moule. Laissez-la déborder. Posez le moule sur une plaque et placez pour 30 minutes au réfrigérateur.

4 Préchauffez le four à 180 °C. Posez une feuille de papier sulfurisé sur la pâte, puis recouvrez-la de haricots secs. Faites cuire 15 minutes, retirez les haricots et le papier, puis faites cuire encore 15 minutes. Laissez refroidir. Égalisez le pourtour avec un couteau tranchant.

5 Versez la garniture sur la pâte, puis répartissez les figues.

6 Préparez le caramel juste avant de servir. Faites chauffer le sucre et l'eau dans une petite casserole, en remuant (le mélange ne doit pas bouillir). Quand le sucre est dissous, portez à ébullition, sans couvrir, et laissez bouillonner 4 minutes, jusqu'à ce que le caramel se colore. Laissez les bouillons s'apaiser.

7 Versez le caramel chaud sur les figues. Laissez reposer 5 minutes avant de servir.

ASTUCES
Nous pensons que l'amidon de blé rend la texture de la crème plus onctueuse, mais si vous n'en trouvez pas, de la fécule de maïs fera parfaitement l'affaire. Le caramel commence à se figer au bout de 10 minutes de refroidissement : préparez-le au dernier moment.

8 30' 3'30 30' 180°

tarte Tatin

8 | 40' | 30' | 1h | 30' | 200°

6 grosses pommes
100 g de beurre doux coupé en cubes
220 g de sucre roux
2 c. à s. de jus de citron
crème fraîche fouettée ou glace à la vanille pour accompagner (facultatif)

Pâte
300 g de farine
2 c. à s. de sucre en poudre
80 g de beurre doux froid coupé en cubes
2 c. à s. de crème fraîche

1 Pelez les pommes, coupez-les en quatre et épépinez-les. Faites fondre le beurre dans une sauteuse, ajoutez les quartiers de pomme, saupoudrez-les de sucre et arrosez-les de jus de citron. Laissez cuire 1 heure à feu doux, en les retournant plusieurs fois dans le sirop. À la fin de la cuisson, les pommes doivent être presque brunes et le sirop, caramélisé.

2 Beurrez un moule à tarte, puis disposez-y les quartiers de pomme en cercles concentriques. Versez dessus 1 cuillerée à soupe de sirop caramélisé (réservez le reste). Tassez bien les pommes dans le plat et couvrez.

3 Préparez la pâte. Mettez la farine, le sucre, le beurre et la crème dans le bol d'un robot, et mixez jusqu'à obtention d'une boule homogène. Pétrissez la pâte sur un plan de travail fariné jusqu'à ce qu'elle soit lisse. Couvrez et laissez reposer 30 minutes au réfrigérateur.

4 Préchauffez le four à 200 °C. Abaissez la pâte entre 2 feuilles de papier sulfurisé, puis posez-la sur les pommes et rabattez le pourtour entre les pommes et le bord du moule. Faites cuire 30 minutes au four, jusqu'à ce que la pâte soit dorée. Laissez reposer la tarte 5 minutes à température ambiante, puis démoulez-la sur un plat de service.

5 Réchauffez le caramel réservé et nappez-en la tarte. Servez aussitôt, avec la crème fouettée ou la glace à la vanille.

tarte aux nectarines

8 | 45' | 1h | 40' | 220°

8 nectarines coupées en deux
60 ml de jus d'orange
110 g de sucre roux

Pâte
185 g de farine
55 g de sucre en poudre
125 g de beurre froid coupé en cubes
1 jaune d'œuf
1 c. à c. de jus de citron

Crème pâtissière
300 ml de crème épaisse
250 ml de lait
110 g de sucre
1 gousse de vanille fendue en deux
3 jaunes d'œufs
2 c. à s. de fécule de maïs

1 Préparez la pâte. Travaillez du bout des doigts la farine, le sucre et le beurre pour obtenir un sable grossier. Incorporez le jaune d'œuf et le jus de citron. Pétrissez la pâte sur un plan de travail fariné, puis formez une boule et mettez-la pour 30 minutes au réfrigérateur.

2 Préchauffez le four à 180 °C. Abaissez la pâte entre 2 feuilles de papier sulfurisé, foncez-en un moule à tarte beurré, couvrez de papier sulfurisé et de haricots secs. Enfournez pour 10 minutes, puis à nouveau 10 minutes sans papier ni haricots. Laissez refroidir.

3 Préparez la crème pâtissière. Portez à ébullition la crème, le lait, le sucre et la gousse de vanille dans une casserole, puis laissez infuser 10 minutes hors du feu. Ôtez la gousse. Fouettez vivement les jaunes d'œufs, incorporez la fécule de maïs, puis la crème vanillée tiédie. Remettez dans une casserole, portez à ébullition, puis laissez épaissir 10 minutes à feu doux, en remuant. Ôtez du feu, posez du film alimentaire directement sur la crème et laissez refroidir à température ambiante.

4 Mettez les nectarines en une seule couche dans un plat allant au four, nappez-les de jus d'orange et saupoudrez-les de sucre roux. Faites-les rôtir 20 minutes au four à 220 °C.

5 Étalez la crème pâtissière sur le fond de tarte, couvrez et réfrigérez 30 minutes. Au moment de servir, garnissez de nectarines tièdes.

8 | 20' | 30' | 200°

galette des rois

125 g de beurre ramolli
125 g de sucre
1 sachet de sucre vanillé
125 g de poudre d'amandes
1 œuf
2 pâtes feuilletées pur beurre
1 fève
1 jaune d'œuf pour la dorure
1 c. à c. de sucre glace

1 Préchauffez le four à 200 °C. Travaillez en pommade le beurre avec les deux sucres. Incorporez la poudre d'amandes puis l'œuf.

2 Sur une plaque du four, étalez un des disques de pâte feuilletée. Recouvrez-le de crème d'amandes jusqu'à 2 cm du bord. Enfoncez la fève.

3 Humidifiez le bord et recouvrez du deuxième disque de pâte. Soudez bien les bords en faisant des petites incisions à l'aide d'un couteau. Réalisez le décor sur la surface de la galette à l'aide du couteau. Percez des petits trous.

4 Dans un petit bol, mélangez le jaune d'œuf, le sucre glace et 1 cuillerée à café d'eau, puis recouvrez la galette de ce mélange. Enfournez pour 30 minutes.

pastéis de nata

110 g de sucre en poudre
2 c. à s. de fécule de maïs
3 jaunes d'œufs
180 ml de lait
125 ml de crème liquide
1 gousse de vanille
1 lanière de 5 cm de zeste de citron
1 rouleau de pâte feuilletée pur beurre rectangulaire

1 Préchauffez le four à 220 °C. Beurrez 2 moules à minimuffins de 12 alvéoles.

2 Mettez le sucre et la fécule de maïs dans une casserole moyenne. Mélangez les jaunes d'œufs, le lait et la crème dans un récipient, puis incorporez à la préparation dans la casserole, avec un fouet.

3 Fendez la gousse de vanille dans la longueur et raclez les graines au-dessus de la casserole. Ajoutez le zeste de citron et remuez sur le feu, jusqu'à ce que la préparation soit à ébullition. Passez la crème pâtissière au tamis, puis couvrez la surface de film alimentaire.

4 Coupez le rouleau de pâte en deux. Disposez les 2 moitiés l'une sur l'autre. Roulez la pâte en serrant bien, à partir d'un côté long, puis découpez la bûche en 24 rondelles. Abaissez-les sur un plan de travail fariné pour obtenir des disques de 6 cm de diamètre. Foncez-en les alvéoles des moules.

5 Répartissez la crème pâtissière dans les alvéoles et faites cuire 12 minutes. Démoulez les tartelettes sur une grille et laissez refroidir.

ASTUCE
Préparez les tartelettes la veille et conservez-les dans un récipient hermétique. Réchauffez-les pendant 5 minutes au four à 200 °C avant de les servir, pour qu'elles soient croustillantes.

24 30' 12' 220°

12 20' 12' 200°

tartelettes chocolat-orange à la ricotta

360 g de ricotta
110 g de sucre en poudre
1 œuf légèrement battu
90 g de chocolat noir finement haché
50 g d'orange confite finement hachée
40 g de raisins secs
3 pâtes feuilletées pur beurre
1 c. à s. de lait
1 c. à s. de sucre glace

1 Préchauffez le four à 200 °C. Recouvrez plusieurs plaques de cuisson de papier sulfurisé.

2 Mélangez la ricotta, le sucre et l'œuf dans un bol. Ajoutez le chocolat, l'orange confite et les raisins secs.

3 Découpez 12 disques de 11 cm de diamètre dans la pâte, puis posez-les sur les plaques. Répartissez la préparation à la ricotta sur les disques de pâte, jusqu'à 2,5 cm du bord. Repliez le pourtour de la pâte vers le haut, puis badigeonnez-le de lait. Faites cuire les tartelettes 12 minutes environ. Laissez-les refroidir 5 minutes, puis saupoudrez de sucre glace tamisé.

tartelettes à la crème brûlée

330 ml de crème fraîche
80 ml de lait
1 gousse de vanille
4 jaunes d'œufs
55 g de sucre en poudre

Pralin
55 g de sucre en poudre
2 c. à s. d'eau
1 c. à s. de noisettes grillées
2 c. à s. de pistaches grillées non salées

Pâte
185 g de farine
55 g de sucre glace
125 g de beurre froid coupé en cubes
1 jaune d'œuf
1 c. à c. de jus de citron

1 Préparez la pâte. Travaillez du bout des doigts la farine, le sucre glace et le beurre pour obtenir un sable grossier. Incorporez le jaune d'œuf et le jus de citron. Pétrissez la pâte sur un plan de travail fariné, puis formez une boule et mettez-la pour 30 minutes au réfrigérateur.

2 Huilez un moule à muffins de 6 alvéoles. Abaissez la pâte et découpez-y 6 disques de 11 cm de diamètre. Garnissez-en les alvéoles du moule. Piquez le fond avec une fourchette et placez pour 30 minutes au réfrigérateur.

3 Préchauffez le four à 160 °C. Dans une petite casserole, mélangez la crème fraîche et le lait. Fendez la gousse de vanille en deux et grattez les graines au-dessus de la casserole (réservez la gousse pour un usage ultérieur). Portez à ébullition.

4 Dans un saladier, fouettez les jaunes d'œufs et le sucre. Incorporez progressivement le mélange crème-lait encore chaud. Répartissez la préparation obtenue dans les alvéoles du moule.

5 Faites cuire 30 minutes au four. Laissez refroidir 15 minutes, puis placez pour 1 heure au réfrigérateur.

6 Préparez le pralin : dans une petite casserole, mélangez le sucre et l'eau. Faites chauffer en remuant jusqu'à dissolution du sucre. Faites bouillir 8 minutes, sans couvrir ni remuer. Étalez les noisettes et les pistaches sur une plaque de cuisson huilée. Nappez-les de caramel. Laissez prendre 15 minutes. Cassez la plaque en gros morceaux que vous mettrez dans un robot. Hachez finement.

7 Préchauffez le gril du four. Démoulez les tartelettes et posez-les sur une plaque de cuisson. Parsemez-les de pralin et faites caraméliser sous le gril. Servez aussitôt.

6
40'
2h
30'
30'
160°

feuilletés à la crème et aux figues

3 rouleaux de pâte feuilletée pur beurre
5 figues fraîches moyennes (300 g) coupées en deux, puis en fines tranches
55 g de sucre roux

Crème pâtissière
250 ml de lait
75 g de sucre en poudre
1 c. à c. d'extrait de vanille
2 c. à s. de fécule de maïs
3 jaunes d'œufs
2 c. à s. de crème épaisse

1 Préparez la crème pâtissière. Dans une petite casserole, portez à ébullition le lait, le sucre et l'extrait de vanille. Mélangez la fécule de maïs et les jaunes d'œufs dans un récipient résistant à la chaleur. Incorporez progressivement le mélange au lait chaud, avec un fouet. Remettez la préparation dans la casserole et remuez sur le feu jusqu'à ce qu'elle bouillonne et épaississe. Couvrez la surface de film alimentaire. Laissez refroidir 20 minutes, puis placez au réfrigérateur pour 2 heures. Incorporez la crème épaisse.

2 Préchauffez le four à 200 °C. Beurrez des plaques de cuisson.

3 Badigeonnez légèrement 1 rouleau de pâte avec de l'eau ; posez l'autre rouleau dessus et pressez fermement. Découpez 16 disques de 5,5 cm de diamètre, puis découpez un disque de 3,5 cm de diamètre au centre de chacun.

4 Découpez 16 disques de 5,5 cm dans le rouleau de pâte restant ; placez-les sur des plaques de cuisson et badigeonnez-les légèrement d'eau. Ajoutez les anneaux de pâte sur les disques et pressez délicatement.

5 Faites cuire 30 minutes. Laissez refroidir sur les plaques.

6 Préchauffez le gril. À l'aide d'une cuillère à café, pressez le centre des disques et remplissez ceux-ci de crème pâtissière. Recouvrez de tranches de figue et saupoudrez de sucre roux. Faites caraméliser sous le gril.

16
50'
2h
30'
200°

tarte aux noix de pécan

280 g de noix de pécan grillées
6 jaunes d'œufs
175 g de sirop d'érable
110 g de sucre roux
90 g de beurre fondu
60 ml de crème fraîche épaisse

Pâte
185 g de farine
55 g de sucre glace
125 g de beurre froid coupé en cubes
1 jaune d'œuf
1 c. à c. de jus de citron

1 Préparez la pâte. Travaillez du bout des doigts la farine, le sucre glace et le beurre pour obtenir un sable grossier, puis incorporez le jaune d'œuf et le jus de citron. Travaillez la pâte sur un plan de travail fariné, puis formez une boule et mettez-la pour 30 minutes au réfrigérateur.

2 Beurrez un moule à tarte. Étalez la pâte entre 2 feuilles de papier sulfurisé pour obtenir une abaisse de la taille du moule. Mettez-la en place dans le moule et coupez les bords. Réfrigérez 30 minutes.

3 Préchauffez le four à 180 °C. Chemisez le fond de tarte d'une feuille de papier sulfurisé, garnissez de haricots secs et faites cuire 15 minutes au four. Retirez le papier et les haricots. Prolongez la cuisson à blanc pendant 5 minutes.

4 Étalez les noix de pécan sur le fond de tarte. Fouettez les jaunes d'œufs, le sirop d'érable, le sucre, le beurre et la crème pour obtenir un mélange homogène. Versez le tout sur les noix et enfournez. Faites cuire 30 minutes. Laissez refroidir avant de servir.

8 25' 1h 50' 180°

tartelettes aux noix

4 35' 1h30 42' 180°

Pâte
185 g de farine
55 g de sucre glace
30 g de poudre d'amandes
125 g de beurre froid coupé en cubes
1 jaune d'œuf

Garniture
50 g de noix de macadamia grillées
35 g de noix de pécan grillées
35 g de noix grillées
2 c. à s. de sucre roux
1 c. à s. de farine
40 g de beurre fondu
2 œufs légèrement battus
180 ml de sirop d'érable

1 Beurrez 4 moules à tartelette à fond amovible.

2 Pour la pâte, mixez la farine, le sucre et la poudre d'amandes avec le beurre jusqu'à obtention d'un mélange homogène. Ajoutez le jaune d'œuf et mixez encore, jusqu'à ce que le tout soit bien amalgamé. Pétrissez la pâte sur un plan de travail fariné jusqu'à ce qu'elle soit lisse. Couvrez-la de film alimentaire et placez pour 30 minutes au frais.

3 Divisez la pâte en quatre. Abaissez chaque portion entre 2 feuilles de papier sulfurisé, puis garnissez les moules. Pressez sur les côtés et coupez les bords qui dépassent. Couvrez et réservez 1 heure au frais.

4 Préchauffez le four à 180 °C. Disposez les fonds de tartelette sur une plaque de four, tapissez-les de papier sulfurisé et remplissez-les de haricots secs. Faites cuire 10 minutes, puis retirez le papier et les haricots. Faites cuire encore 7 minutes à blanc. Laissez refroidir.

5 Pour la garniture, mélangez bien tous les ingrédients dans un saladier.

6 Baissez la température du four à 160 °C. Répartissez la garniture sur les tartelettes. Faites cuire 25 minutes, jusqu'à ce que la garniture soit ferme. Laissez refroidir.

tartelettes aux noix de cajou

24 30' 1'20 25' 200°

150 g de noix de cajou grillées non salées
1 c. à s. de fécule de maïs
165 g de sucre roux
2 c. à s. de golden syrup
ou de miel liquide
50 g de beurre fondu
2 œufs
2 c. à s. de crème fraîche
1 c. à c. d'extrait de vanille

Pâte
185 g de farine
55 g de sucre glace
125 g de beurre froid coupé en cubes
1 jaune d'œuf
1 c. à c. de jus de citron

Crème à la cannelle
300 ml de crème fraîche
1 c. à s. de sucre glace
1 c. à c. de cannelle moulue

1 Préparez la pâte. Travaillez du bout des doigts la farine, le sucre glace et le beurre pour obtenir une chapelure grossière. Incorporez le jaune d'œuf et le jus de citron. Pétrissez la pâte sur un plan de travail fariné, puis formez une boule et mettez-la pour 30 minutes au réfrigérateur.

2 Huilez 2 moules à muffins de 12 alvéoles. Abaissez la pâte au rouleau sur 3 mm d'épaisseur, entre 2 feuilles de papier sulfurisé. Découpez-y 24 disques de 8 cm de diamètre. Garnissez-en les alvéoles. Piquez le fond avec une fourchette. Placez pour 20 minutes au réfrigérateur.

3 Préchauffez le four à 200 °C. Enfournez les moules pour 10 minutes, puis laissez refroidir. Baissez la température du four à 160 °C.

4 Dans un saladier, mélangez les noix de cajou et la fécule de maïs. Ajoutez le sucre, le golden syrup, le beurre, les œufs, la crème fraîche et l'extrait de vanille. Répartissez cette crème dans les alvéoles. Faites cuire 15 minutes, puis laissez refroidir. Placez pour 30 minutes au réfrigérateur.

5 Préparez la crème à la cannelle en battant tous les ingrédients. Servez ces tartelettes avec la crème fouettée à la cannelle.

tartelettes chocolat-coing-noisette

150 g de chocolat noir grossièrement haché
80 ml de crème fraîche
40 g de beurre doux
100 g de pâte de coing
35 g de noisettes grillées grossièrement hachées

Pâte
110 g de farine ordinaire
25 g de cacao en poudre
40 g de sucre glace
90 g de beurre doux coupé en cubes
1 jaune d'œuf
1 c. à s. d'eau glacée, environ

1 Préparez la pâte. Mixez la farine tamisée, le cacao, le sucre glace et le beurre pour obtenir un mélange sableux. Incorporez le jaune d'œuf et juste assez d'eau pour obtenir une pâte homogène. Pétrissez-la sur un plan de travail fariné jusqu'à ce qu'elle soit lisse. Emballez-la dans du film alimentaire et placez-la pour 30 minutes au réfrigérateur.

2 Beurrez 24 moules à tartelettes ronds et peu profonds (contenance 30 ml). Façonnez des boulettes de pâte d'un volume de 1 cuillerée à café bombée, puis pressez-les dans le fond et sur les côtés des moules. Piquez la pâte avec une fourchette. Placez pour 30 minutes au réfrigérateur.

3 Préchauffez le four à 180 °C. Faites cuire les tartelettes 10 minutes.

4 Pendant ce temps, faites chauffer au bain-marie le chocolat, la crème fraîche et le beurre, en remuant jusqu'à ce que le mélange soit lisse. Laissez refroidir 15 minutes.

5 Faites ramollir la pâte de coing au micro-ondes pendant environ 20 secondes.

6 Répartissez la pâte de coing dans les moules. Étalez ensuite la moitié des noisettes, puis le mélange au chocolat et enfin le reste des noisettes. Placez pour 1 heure au réfrigérateur.

tartelettes au chocolat

150 g de chocolat noir
60 ml de crème fraîche
1 c. à s. de liqueur d'orange
1 œuf
2 jaunes d'œufs
2 c. à s. de sucre en poudre

Pâte
250 g de farine ordinaire
75 g de sucre en poudre
150 g de beurre froid coupé en cubes
1 jaune d'œuf

1 Préparez la pâte : dans un robot, malaxez la farine, le sucre et le beurre jusqu'à obtention d'un mélange grumeleux. Incorporez le jaune d'œuf. Pétrissez la pâte sur un plan de travail fariné jusqu'à ce qu'elle soit lisse. Couvrez et placez pour 30 minutes au réfrigérateur. Huilez 2 moules à petits-fours de 12 alvéoles (contenance 40 ml).

2 Abaissez la pâte au rouleau sur 3 mm d'épaisseur, entre 2 feuilles de papier sulfurisé. Découpez-y 24 disques de 6,5 cm de diamètre. Garnissez-en les alvéoles des moules. Piquez le fond avec une fourchette. Placez pour 30 minutes au frais.

3 Préchauffez le four à 200 °C. Enfournez les moules pour 10 minutes. Laissez refroidir.

4 Réduisez la température à 180 °C. Dans une petite casserole, mélangez le chocolat, la crème fraîche et la liqueur. Faites chauffer à feu doux, en remuant, jusqu'à obtention d'un mélange lisse. Laissez refroidir 5 minutes.

5 Battez l'œuf, les jaunes d'œufs et le sucre jusqu'à obtention d'un mélange léger. Incorporez à la préparation précédente.

6 Répartissez le mélange dans les fonds de tartelette et faites cuire 8 minutes au four. Laissez refroidir 10 minutes. Placez pour 1 heure au réfrigérateur. Avant de servir, saupoudrez de cacao.

minitartelettes aux fruits

24 50' 2h 12' 220°

260 g de farine
40 g de sucre glace
185 g de beurre froid coupé en gros cubes
1 jaune d'œuf
2 c. à c. d'eau glacée, environ
1 kiwi moyen (85 g)
60 g de framboises fraîches coupées en deux
60 g de myrtilles fraîches

Crème pâtissière
250 ml de lait
1 c. à c. d'extrait de vanille
3 jaunes d'œufs
75 g de sucre en poudre
2 c. à s. de fécule de maïs
80 ml de crème entière fouettée

1 Mixez la farine, le sucre glace et le beurre jusqu'à obtention d'un mélange sableux. Tout en mixant, ajoutez le jaune d'œuf et suffisamment d'eau pour obtenir une pâte. Pétrissez-la sur un plan de travail fariné jusqu'à ce qu'elle soit lisse. Enveloppez-la dans du film alimentaire et placez-la au réfrigérateur pour 30 minutes.

2 Beurrez 2 moules à minimuffins de 12 alvéoles (20 ml). Abaissez la moitié de la pâte à 3 mm d'épaisseur, entre 2 feuilles de papier sulfurisé. Découpez-y 12 disques de 6 cm de diamètre et foncez-en les alvéoles d'un des moules. Piquez les fonds de tartelette avec une fourchette. Répétez l'opération avec le reste de la pâte. Placez au réfrigérateur pour 30 minutes.

3 Préchauffez le four à 220 °C. Faites cuire les fonds de tartelette 12 minutes. Laissez-les reposer 5 minutes avant de les démouler sur une grille pour les laisser refroidir.

4 Préparez la crème pâtissière. Mettez le lait et l'extrait de vanille dans une petite casserole, et portez à ébullition. Battez les jaunes d'œufs, le sucre et la fécule de maïs dans un récipient, avec un batteur électrique, jusqu'à ce que le mélange soit épais. Sans cesser de battre, ajoutez petit à petit le mélange au lait chaud. Remettez la préparation dans la casserole et remuez, sur le feu, jusqu'à ce qu'elle bouillonne et épaississe. Couvrez sa surface de film alimentaire et placez au réfrigérateur pour 1 heure. Incorporez la crème entière, en 2 fois.

5 Détaillez le kiwi en 8 rondelles, puis découpez des disques de 3 cm de diamètre dans les rondelles. Répartissez la crème pâtissière dans les fonds de tartelette et recouvrez des fruits.

ASTUCE
Les fonds de tartelette et la crème pâtissière peuvent être préparés et conservés séparément, jusqu'à 2 jours à l'avance. Incorporez la crème entière dans la crème pâtissière juste avant utilisation. Garnissez les tartelettes le moins longtemps possible avant de les servir (environ 1 heure avant).

minizuccottos pralinés

36 | 35' | 7' | 180°

2 œufs
75 g de sucre en poudre
2 c. à s. de fécule de maïs
2 c. à s. de farine
2 c. à s. de farine avec levure incorporée
200 g de chocolat au lait
2 c. à s. de sucre glace

Crème pralinée
125 ml de crème fleurette entière
1 c. à s. de sucre glace
1 c. à s. de liqueur de noisette
2 c. à s. de noisettes grillées finement hachées
2 c. à s. d'amandes grillées finement hachées

1 Préchauffez le four à 180 °C. Huilez et farinez 3 plaques de 12 moules à minitartelettes.

2 Fouettez les œufs dans un saladier, à l'aide d'un batteur électrique, jusqu'à ce qu'ils soient crémeux. Ajoutez petit à petit le sucre tout en battant. Tamisez la fécule et les farines 3 fois, puis ajoutez-les dans le saladier et mélangez. Versez la pâte dans les moules.

3 Faites cuire les gâteaux 7 minutes environ, puis laissez refroidir sur des grilles.

4 Pendant ce temps, râpez grossièrement 1 cuillerée à soupe de chocolat au lait et réservez. Faites fondre le reste du chocolat.

5 Préparez la crème pralinée. Battez la crème, le sucre glace et la liqueur dans un saladier, à l'aide d'un batteur électrique, jusqu'à ce que des pointes fermes se forment. Incorporez les noisettes, les amandes et le chocolat au lait râpé réservé.

6 Trempez le bout de votre index dans le sucre glace et utilisez-le pour creuser la partie inférieure des gâteaux. Versez la crème pralinée aux noisettes dans les creux ainsi formés. Égalisez le dessus et étalez le chocolat fondu. Laissez durcir à température ambiante.

7 Saupoudrez les tartelettes de sucre glace avant de servir.

tartelettes au citron meringuées

4 jaunes d'œufs
75 g de sucre en poudre
2 c. à c. de zeste de citron finement râpé
60 ml de jus de citron
40 g de beurre doux coupé en cubes
24 fonds de tartelette de 4,5 cm de diamètre, déjà cuits

Meringue
1 blanc d'œuf
55 g de sucre en poudre

1 Mélangez dans un récipient résistant à la chaleur les jaunes d'œufs, le sucre, le zeste et le jus de citron, ainsi que le beurre. Faites chauffer au bain-marie jusqu'à ce que le mélange épaississe et nappe le dos d'une cuillère. Retirez la casserole du feu et enlevez le récipient de la casserole. Couvrez la surface de la crème au citron de film alimentaire et faites refroidir au réfrigérateur.

2 Préchauffez le four à 200 °C.

3 Préparez la meringue. Montez le blanc d'œuf en neige dans un saladier, à l'aide d'un batteur électrique. Ajoutez petit à petit le sucre, tout en battant.

4 Placez les fonds de tartelette sur une plaque de cuisson, remplissez-les de crème au citron, puis ajoutez la meringue sur le dessus.

5 Faites cuire 5 minutes, jusqu'à ce que la meringue soit légèrement dorée.

petits feuilletés à la frangipane et à la rhubarbe

1 gousse de vanille
110 g de sucre en poudre
60 ml d'eau
10 tiges de rhubarbe (300 g) parées et détaillées en tronçons de 4 cm
40 g de beurre ramolli
2 c. à s. de sucre en poudre supplémentaire
½ c. à c. d'extrait de vanille
1 jaune d'œuf
60 g de poudre d'amandes
2 c. à s. de farine
1 rouleau de pâte feuilletée pur beurre rectangulaire

1 Préchauffez le four à 180 °C. Beurrez 2 plaques de cuisson.

2 Fendez la gousse de vanille dans la longueur et raclez les graines au-dessus d'une petite casserole. Ajoutez le sucre et l'eau dans la casserole, puis faites chauffer en remuant, sans laisser bouillir, jusqu'à ce que le sucre soit dissous. Mettez le sirop obtenu et la rhubarbe dans un plat à four moyen. Faites cuire au four 15 minutes, sans couvrir, jusqu'à ce que la rhubarbe soit tendre. Laissez refroidir. Égouttez la rhubarbe et réservez le sirop.

3 Battez le beurre, le sucre supplémentaire, l'extrait de vanille et le jaune d'œuf dans un petit récipient, avec un batteur électrique, jusqu'à ce que le mélange soit léger et aéré. Incorporez la poudre d'amandes et la farine.

4 Découpez la pâte feuilletée en quatre, puis détaillez chaque morceau en 3 rectangles. Disposez les rectangles de pâte sur les plaques, en les espaçant de 5 cm environ. Garnissez-les de cuillerées à café bombées de la préparation aux amandes, en laissant une marge de 5 mm. Recouvrez de rhubarbe. Repliez les côtés de la pâte pour former une bordure.

5 Faites cuire au four 25 minutes. Badigeonnez les feuilletés du sirop réservé et servez chaud.

24 25' 2h 18' 220°

tartelettes à la confiture

260 g de farine
40 g de sucre glace
185 g de beurre doux froid coupé en gros cubes
1 jaune d'œuf
2 c. à c. d'eau glacée, environ
2 c. à s. de confiture de fraises
2 c. à s. de confiture d'abricots
2 c. à s. de confiture de framboises
2 c. à s. de confiture de cerises noires
2 c. à c. de sucre glace supplémentaire

1 Mixez la farine, le sucre glace et le beurre jusqu'à obtention d'un mélange sableux. Sans cesser de mixer, ajoutez le jaune d'œuf et suffisamment d'eau pour obtenir une pâte. Pétrissez-la sur un plan de travail fariné jusqu'à ce qu'elle soit lisse. Abaissez la moitié de la pâte à 3 mm d'épaisseur, entre 2 feuilles de papier sulfurisé. Répétez l'opération avec le reste de la pâte. Disposez les 2 pâtes sur des plaques et placez-les au réfrigérateur pour 30 minutes.

2 Beurrez 2 moules à minimuffins de 12 alvéoles (20 ml). Découpez 24 disques de 5,5 cm de diamètre dans la pâte, puis mettez-les dans les alvéoles. Piquez les fonds de tartelette avec une fourchette et placez au réfrigérateur pour 30 minutes.

3 Abaissez les chutes de pâte à 3 mm d'épaisseur, entre 2 feuilles de papier sulfurisé, et placez au réfrigérateur pour 30 minutes.

4 Préchauffez le four à 220 °C. Faites cuire les fonds de tartelette 8 minutes environ. Répartissez la confiture de fraises dans 6 fonds de tartelette. Faites de même avec les autres confitures et les autres fonds de tartelette. Découpez 12 disques de 3,5 cm de diamètre dans la pâte restante, coupez-les en deux et répartissez-les sur les tartelettes.

5 Enfournez pour 10 minutes, puis laissez refroidir. Placez au réfrigérateur pour 30 minutes. Saupoudrez les tartelettes du sucre glace supplémentaire tamisé avant de servir.

4 25' 1h 50' 180°

tartelettes poire-cannelle

3 grosses poires (990 g) pelées et évidées, coupées en fines tranches
55 g de sucre en poudre
2 c. à c. de fécule de maïs
1 c. à c. d'extrait de vanille
1 blanc d'œuf
½ c. à c. de cannelle moulue

Pâte
225 g de farine ordinaire
2 c. à s. de sucre glace
125 g de beurre froid coupé en cubes
1 jaune d'œuf
2 c. à s. d'eau glacée, environ

1 Préparez la pâte. Travaillez la farine, le sucre glace et le beurre dans un robot, jusqu'à obtention d'un sable grossier. Ajoutez le jaune d'œuf et juste ce qu'il faut d'eau glacée pour que les ingrédients s'amalgament. Pétrissez la pâte sur un plan de travail fariné jusqu'à ce qu'elle soit lisse. Emballez-la dans du film alimentaire, puis placez-la pour 30 minutes au réfrigérateur.

2 Beurrez 4 petits moules à fond amovible de 10 cm de diamètre. Divisez la pâte en cinq. Abaissez 4 portions au rouleau, entre 2 feuilles de papier sulfurisé, puis garnissez-en les moules. Pressez bien la pâte sur les parois et égalisez le pourtour. Joignez les chutes de pâte au pâton restant. Placez les moules pour 30 minutes au réfrigérateur.

3 Préchauffez le four à 180 °C. Pendant ce temps, mélangez les poires et 1/3 du sucre dans une casserole. Faites chauffer à couvert, jusqu'à ce que les poires soient fondantes. Égouttez, en réservant 1 cuillerée à soupe de liquide. Mixez les poires dans un robot jusqu'à obtention d'un mélange presque lisse. Remettez la purée de fruits dans la casserole, avec la moitié du sucre restant. Délayez la fécule avec la cuillerée de liquide réservé. Versez dans la casserole. Faites chauffer, en remuant, jusqu'à ce que le mélange bouillonne et épaississe. Ajoutez l'extrait de vanille, puis laissez refroidir.

4 Répartissez la garniture dans les moules. Badigeonnez le pourtour de pâte avec du blanc d'œuf. Abaissez la pâte restante entre 2 feuilles de papier sulfurisé. Découpez-y 12 bandelettes de 1 cm de large. Posez-les sur la garniture, en les entrecroisant. Coupez la pâte qui dépasse, soudez les bandelettes sur le pourtour en pressant avec les doigts. Mélangez le reste du sucre et la cannelle. Saupoudrez-en les tartelettes. Faites cuire 50 minutes.

minitartes Tatin

150 g de farine riche en gluten
150 g de beurre à température ambiante coupé en gros cubes
160 ml d'eau glacée, environ
60 ml de crème épaisse

Pommes caramélisées
3 petites pommes (390 g)
2 c. à s. de jus de citron
110 g de sucre en poudre
50 g de beurre doux coupé en gros cubes
2 c. à s. d'eau

1 Pour préparer la pâte, tamisez la farine au-dessus d'un récipient moyen. Ajoutez le beurre et travaillez du bout des doigts jusqu'à obtenir une préparation sableuse. Creusez un puits au centre. Incorporez suffisamment d'eau pour obtenir une pâte ferme. Pétrissez-la sur un plan de travail fariné jusqu'à ce qu'elle soit lisse, puis façonnez-la en forme de rectangle épais. Enveloppez-la dans du film alimentaire et placez-la au réfrigérateur pour 20 minutes.

2 Abaissez la pâte sur un plan de travail fariné, en un rectangle de 20 × 40 cm (les angles doivent être droits et réguliers). Repliez le tiers supérieur de la pâte jusqu'aux deux tiers du rectangle, puis repliez le tiers inférieur. Tournez la pâte d'un quart de tour dans le sens des aiguilles d'une montre, puis abaissez-la et pliez-la de nouveau. Enveloppez dans du film alimentaire et laissez 1 heure au réfrigérateur.

3 Préparez les pommes caramélisées. Préchauffez le four à 220 °C. Beurrez un moule à tartelettes de 12 alvéoles rondes peu profondes (30 ml). Épluchez les pommes, évidez-les et détaillez-les en quartiers. Coupez chaque quartier en fines tranches, sans aller jusqu'au bout. Mélangez les pommes et le jus de citron dans un récipient. Faites chauffer dans une petite poêle le sucre, le beurre et la moitié de l'eau, en remuant, sans laisser bouillir, jusqu'à ce que le sucre soit dissous. Portez à ébullition, puis baissez le feu et laissez mijoter 8 minutes sans couvrir ni remuer, en agitant la poêle de temps en temps, jusqu'à obtention d'un caramel foncé. Une fois que l'ébullition est retombée, répartissez avec précaution le caramel dans les alvéoles du moule, à l'aide d'une cuillère. Ajoutez le reste de l'eau dans la poêle chaude et réservez ce liquide au caramel. Placez 1 quartier de pomme dans chaque alvéole, côté arrondi vers le bas (découpez les quartiers au préalable pour qu'ils soient à la bonne taille). Badigeonnez les pommes avec le liquide au caramel réservé. Couvrez le moule de papier d'aluminium et placez-le sur une plaque de cuisson. Faites cuire au four 10 minutes, puis retirez le papier d'aluminium.

4 Abaissez la pâte sur un plan de travail fariné, à 3 mm d'épaisseur. Découpez-y 12 disques de 6 cm de diamètre. Placez-les sur les pommes, dans les alvéoles, et repliez les bords le long des parois.

5 Faites cuire 30 minutes, puis laissez les tartelettes reposer 20 minutes avant de les démouler sur une plaque chemisée de papier sulfurisé. Servez-les avec la crème épaisse.

ASTUCE

Empilez les chutes de pâte et conservez-les au frais pour un emploi ultérieur. Ne les pressez pas pour former une boule, afin de préserver les couches de pâte.

12	40'	1h20	40'	15'	220°

tartelettes au caramel

18 · 25' · 4' · 30' · 160°

220 g de cookies
395 g de lait concentré sucré
60 g de beurre coupé en gros cubes
75 g de sucre roux
1 c. à s. de jus de citron

1 Préchauffez le four à 160 °C. Huilez 2 moules de 12 alvéoles semi-sphériques (contenance 30 ml).

2 Posez 1 cookie dans 18 des 24 alvéoles. Enfournez pour 4 minutes afin de ramollir les cookies. Avec le dos d'une cuillère à café, pressez-les délicatement dans les alvéoles. Laissez refroidir.

3 Dans une petite casserole à fond épais, mélangez le lait concentré, le beurre et le sucre. Faites chauffer à feu doux, en remuant, jusqu'à obtention d'un mélange lisse. Portez à ébullition. Laissez bouillir 10 minutes, en remuant sans cesse, jusqu'à épaississement et coloration. Hors du feu, incorporez le jus de citron.

4 Répartissez ce caramel sur les cookies. Faites prendre 30 minutes au réfrigérateur.

tartelettes feuilletées au chocolat

24 · 25' · 15' · 220°

3 jaunes d'œufs
110 g de sucre en poudre
2 c. à s. de fécule de maïs
1 c. à s. de cacao amer en poudre
180 ml de lait
160 ml de crème fraîche
1 pâte feuilletée rectangulaire de 250 g

1 Préchauffez le four à 220 °C. Huilez les 24 alvéoles de 2 moules à minimuffins (de 20 ml chacune).

2 Mélangez les jaunes d'œufs, le sucre, la fécule de maïs et le cacao dans une casserole, et faites chauffer. Incorporez le lait et la crème. Mélangez au fouet jusqu'à ce que la préparation soit bien lisse. Remuez jusqu'à ce que la crème commence à bouillir et épaississe. Laissez refroidir.

3 Découpez dans la pâte feuilletée 24 disques de 6 cm de diamètre. Placez-les dans les minimoules à muffins et ajoutez la crème.

4 Faites cuire 15 minutes environ, puis laissez refroidir dans les moules. Saupoudrez de sucre glace, si vous le souhaitez.

12 40' 2h 20' 150°

tartelettes crémeuses coco-Passion

80 g de noix de coco séchée
1 blanc d'œuf légèrement battu
2 c. à s. de sucre en poudre
60 ml de crème fraîche fouettée
1 c. à s. de pulpe de fruits de la Passion

Crème Passion
125 ml de pulpe de fruits de la Passion (6 fruits)
½ c. à c. de zeste de citron finement râpé
1 c. à s. de jus de citron
110 g de sucre en poudre
80 g de beurre coupé en cubes
1 œuf légèrement battu
1 jaune d'œuf

1 Préparez la crème Passion. Passez la pulpe de fruits de la Passion à travers un tamis. Mélangez le jus obtenu avec le reste des ingrédients, dans un bol. Faites chauffer 10 minutes au bain-marie, en remuant, jusqu'à ce que le mélange nappe le dos d'une cuillère en bois. Laissez refroidir, puis placez pour 2 heures au réfrigérateur.

2 Préchauffez le four à 150 °C. Beurrez les 12 alvéoles d'un moule à minimuffins.

3 Dans un bol, mélangez la noix de coco, le blanc d'œuf et le sucre. Pressez fermement ce mélange sur le fond et la paroi des alvéoles. Faites cuire 20 minutes. Laissez refroidir.

4 Incorporez la crème fraîche à 125 ml de crème Passion. Réservez le reste de la crème Passion pour un autre usage.

5 Répartissez la crème au fruit de la Passion sur la pâte. Décorez avec de la pulpe.

tartelettes au chocolat blanc

10 25' 2h50 20' 200°

90 g de chocolat blanc haché
1 jaune d'œuf
3 c. à c. de zeste de citron vert finement râpé
160 ml de crème fraîche fouettée

Pâte au gingembre
225 g de farine ordinaire
2 c. à s. de sucre glace
1 c. à c. de gingembre moulu
125 g de beurre froid coupé en cubes
1 jaune d'œuf
2 c. à s. d'eau glacée, environ

1 Préparez la pâte. Mixez la farine, le sucre glace, le gingembre et le beurre. Ajoutez le jaune d'œuf et juste assez d'eau pour amalgamer les ingrédients. Pétrissez la pâte sur un plan de travail fariné. Emballez-la dans du film alimentaire. Placez pour 30 minutes au réfrigérateur. Beurrez 10 moules à tartelette à fond amovible de 8 cm de diamètre.

2 Divisez la pâte en dix, puis abaissez chaque pâton au rouleau, entre 2 feuilles de papier sulfurisé. Garnissez-en les moules. Piquez le fond avec une fourchette, puis placez pour 20 minutes au réfrigérateur.

3 Préchauffez le four à 200 °C. Faites cuire la pâte 20 minutes.

4 Faites fondre le chocolat au bain-marie, puis laissez-le refroidir 10 minutes. Incorporez le jaune d'œuf et le zeste de citron, puis la crème. Répartissez la mousse dans les tartelettes. Faites prendre 2 heures au réfrigérateur.

24 30'

tartelettes banoffee

395 g de lait concentré sucré
2 c. à s. de golden syrup ou de miel liquide
60 g de beurre doux
24 fonds de tartelette de 4,5 cm de diamètre, déjà cuits
1 grosse banane (230 g)
125 ml de crème fleurette entière montée en chantilly

1 Faites chauffer le lait concentré, le golden syrup ou le miel et le beurre dans une casserole à fond épais, jusqu'à ce que le mélange soit liquide. Portez à ébullition et faites cuire 10 minutes environ, jusqu'à ce que la préparation épaississe et prenne une couleur caramel. Retirez la casserole du feu et laissez refroidir.

2 Versez le caramel dans les fonds de tartelette. Ajoutez 1 tranche de banane et 1 cuillerée de crème fouettée sur le dessus.

tartelettes citron-crème brûlée

300 ml de crème liquide
80 ml de lait
4 lanières de 5 cm de zeste de citron
4 jaunes d'œufs
55 g de sucre en poudre

Pâte
260 g de farine
40 g de sucre glace
2 c. à c. de zeste de citron finement râpé
185 g de beurre froid
coupé en gros cubes
1 jaune d'œuf
2 c. à c. d'eau glacée, environ

Caramel
220 g de sucre en poudre
125 ml d'eau

1 Préparez la pâte. Mixez la farine, le sucre glace, le zeste de citron et le beurre jusqu'à obtention d'un mélange sableux. Tout en mixant, ajoutez le jaune d'œuf et suffisamment d'eau pour obtenir une pâte. Pétrissez-la sur un plan de travail fariné jusqu'à ce qu'elle soit lisse. Enveloppez-la dans du film alimentaire et placez-la au réfrigérateur pour 30 minutes.

2 Beurrez 2 moules à tartelettes de 12 alvéoles peu profondes (30 ml). Abaissez la moitié de la pâte à 3 mm d'épaisseur, entre 2 feuilles de papier sulfurisé. Découpez-y 12 disques cannelés de 6 cm de diamètre et foncez-en les alvéoles d'un des moules. Piquez les fonds de tartelette avec une fourchette. Répétez l'opération avec le reste de la pâte. Placez au réfrigérateur pour 30 minutes.

3 Préchauffez le four à 160 °C.

4 Mélangez la crème, le lait et le zeste de citron dans une petite casserole, puis portez à ébullition. Avec un batteur électrique, battez les jaunes d'œufs et le sucre dans un récipient, jusqu'à ce que le mélange soit épais et crémeux. Sans cesser de battre, ajoutez le mélange à la crème chaud. Une fois l'ébullition retombée, passez la préparation au tamis au-dessus d'un récipient et répartissez-la dans les fonds de tartelette. Faites cuire au four 25 minutes environ, laissez refroidir, puis placez au réfrigérateur pour 2 heures.

5 Préparez le caramel. Dans une casserole, faites chauffer le sucre et l'eau, en remuant, sans laisser bouillir, jusqu'à ce que le sucre soit dissous. Portez à ébullition. Laissez bouillir sans couvrir ni remuer, jusqu'à ce que le mélange prenne une couleur brun doré. Versez le caramel sur une plaque de cuisson beurrée et laissez prendre. Cassez-le en gros morceaux et mixez finement.

6 Sortez les tartelettes des moules et disposez-les sur une plaque de cuisson. Saupoudrez-les de caramel mixé et faites caraméliser la surface avec un chalumeau.

24 45' 3h 25' 160°

tartelettes à la confiture et à l'ananas

260 g de farine
40 g de sucre glace
185 g de beurre froid
coupé en gros cubes
1 jaune d'œuf
2 c. à c. d'eau glacée, environ
2 c. à s. de confiture de fraises
2 c. à s. d'ananas confit finement haché

Crème au beurre
165 g de sucre en poudre
80 ml d'eau
1 ½ c. à s. de lait
½ c. à c. de gélatine
185 g de beurre doux ramolli
1 c. à c. d'extrait de vanille

Glaçage
240 g de sucre glace
15 g de beurre doux fondu
2 c. à s. de lait chaud, environ
colorants alimentaires jaune et rose
½ c. à c. de cacao en poudre

1 Mixez la farine, le sucre glace et le beurre jusqu'à obtention d'un mélange sableux. Tout en mixant, ajoutez le jaune d'œuf et suffisamment d'eau pour obtenir une pâte. Pétrissez-la sur un plan de travail fariné jusqu'à ce qu'elle soit lisse. Enveloppez-la dans du film alimentaire et placez-la au réfrigérateur pour 30 minutes.

2 Beurrez 2 moules à tartelettes de 12 alvéoles profondes (40 ml). Abaissez la moitié de la pâte à 3 mm d'épaisseur, entre 2 feuilles de papier sulfurisé. Découpez-y 12 disques de 7,5 cm de diamètre et foncez-en les alvéoles d'un des moules. Piquez les fonds de tartelette avec une fourchette. Répétez l'opération avec le reste de la pâte. Placez au réfrigérateur pour 30 minutes.

3 Préchauffez le four à 220 °C. Faites cuire les fonds de tartelette 12 minutes environ. Laissez reposer 5 minutes avant de les démouler sur une grille pour les laisser refroidir.

4 Préparez la crème au beurre. Dans une petite casserole, faites chauffer à feu doux le sucre, 60 ml d'eau et le lait, en remuant, sans laisser bouillir, jusqu'à ce que le sucre soit dissous. Mettez l'eau restante dans un petit récipient et saupoudrez la gélatine. Ajoutez dans la casserole avec le lait et remuez jusqu'à ce que la gélatine soit dissoute. Laissez refroidir à température ambiante. Avec un batteur électrique, battez le beurre et l'extrait de vanille dans un petit récipient, jusqu'à ce que le mélange devienne aussi blanc que possible. Sans cesser de battre, ajoutez petit à petit la préparation au lait refroidie. Battez jusqu'à obtention d'une consistance légère et aérée.

5 Pour le glaçage, tamisez le sucre glace au-dessus d'un récipient. Incorporez le beurre et suffisamment de lait pour obtenir une pâte épaisse. Placez 80 ml de glaçage dans un petit récipient résistant à la chaleur et colorez-le en jaune. Répartissez le reste du glaçage dans 2 petits récipients résistants à la chaleur. Incorporez du colorant rose dans l'un et le cacao en poudre tamisé dans l'autre. Faites chauffer les glaçages au bain-marie jusqu'à ce qu'ils puissent être étalés.

6 Répartissez la confiture dans la moitié des fonds de tartelette et l'ananas dans l'autre moitié. Remplissez les fonds de tartelette de crème au beurre, puis lissez la surface avec une spatule. Nappez les tartelettes à l'ananas de glaçage jaune. Étalez le glaçage rose sur la moitié de chaque tartelette à la confiture, puis recouvrez l'autre moitié de glaçage au chocolat.

24 1h 1h 12' 220°

tourtes aux fruits rouges et à la rhubarbe

6 35' 1h 30' 200°

220 g de rhubarbe coupée en morceaux
55 g de sucre en poudre
2 c. à s. d'eau
1 c. à s. de fécule de maïs
300 g d'un mélange de fruits rouges surgelés
1 blanc d'œuf
2 c. à c. de sucre en poudre supplémentaire

Pâte
250 g de farine ordinaire
75 g de sucre en poudre
150 g de beurre froid coupé en cubes
1 jaune d'œuf

1 Préparez la pâte : dans un robot, malaxez la farine, le sucre et le beurre jusqu'à obtention d'un mélange grumeleux. Incorporez le jaune d'œuf. Pétrissez la pâte sur un plan de travail fariné. Couvrez et placez pour 30 minutes au réfrigérateur.

2 Mettez la rhubarbe, le sucre et 1 cuillerée à soupe d'eau dans une casserole. Portez à ébullition. Réduisez le feu, couvrez et faites cuire 3 minutes. Dans un bol, mélangez la fécule de maïs et 1 cuillerée à soupe d'eau. Versez ce mélange dans la casserole. Remuez et faites chauffer jusqu'à ce que le mélange bouillonne et épaississe. Hors du feu, ajoutez les fruits rouges. Laissez refroidir.

3 Huilez un moule à muffins de 6 alvéoles. Abaissez les 2/3 de la pâte au rouleau, sur 4 mm d'épaisseur, entre 2 feuilles de papier sulfurisé. Découpez 6 disques de 12 cm de diamètre. Garnissez-en les alvéoles du moule. Placez pour 30 minutes au réfrigérateur.

4 Préchauffez le four à 200 °C. Abaissez le reste de la pâte sur 4 mm d'épaisseur, entre 2 feuilles de papier sulfurisé. Découpez 6 disques de 9 cm de diamètre.

5 Répartissez la préparation aux fruits dans les alvéoles.

6 Badigeonnez de blanc d'œuf le pourtour des disques de 9 cm de diamètre. Posez ces derniers sur les fruits. Soudez les bords avec les doigts. Badigeonnez de blanc d'œuf, saupoudrez de sucre et faites cuire 30 minutes au four.

7 Laissez reposer 10 minutes, puis démoulez. Dégustez ces petites tourtes chaudes.

tartelettes meringuées à l'orange sanguine

12 40' 2h 13' 240°

110 g de sucre en poudre
2 c. à s. de fécule de maïs
160 ml de jus d'orange sanguine
2 c. à s. d'eau
2 c. à c. de zeste d'orange sanguine finement râpé
75 g de beurre doux coupé en cubes
2 jaunes d'œufs

Meringue
2 blancs d'œufs
110 g de sucre en poudre

Pâte
185 g de farine ordinaire
55 g de sucre en poudre
125 g de beurre froid coupé en cubes
1 jaune d'œuf

1 Préparez la pâte : dans un robot, malaxez la farine, le sucre et le beurre jusqu'à obtention d'un mélange grumeleux. Ajoutez le jaune d'œuf et continuez de mélanger. Pétrissez la pâte sur un plan de travail fariné. Couvrez et placez pour 30 minutes au réfrigérateur.

2 Huilez un moule à muffins de 12 alvéoles. Abaissez la pâte au rouleau sur 4 mm d'épaisseur, entre 2 feuilles de papier sulfurisé. Découpez 12 disques de 8 cm de diamètre. Garnissez-en les alvéoles du moule. Piquez le fond avec une fourchette et placez pour 30 minutes au réfrigérateur.

3 Préchauffez le four à 200 °C. Enfournez le moule pour 10 minutes. Laissez refroidir.

4 Pendant ce temps, mélangez le sucre et la fécule de maïs dans une petite casserole. Versez progressivement le jus d'orange et l'eau. Faites chauffer, en remuant, jusqu'à ce que la préparation bouillonne et épaississe. Baissez le feu et laissez frémir 1 minute, sans cesser de remuer. Hors du feu, incorporez le zeste d'orange, le beurre et les jaunes d'œufs. Laissez refroidir 10 minutes.

5 Répartissez cette préparation dans les fonds de tartelettes et placez pour 1 heure au réfrigérateur.

6 Augmentez la température du four à 240 °C. Préparez la meringue : dans un saladier, montez les blancs d'œufs en neige souple. Incorporez progressivement le sucre et fouettez jusqu'à ce qu'il soit dissous.

7 Grattez la surface des tartelettes avec les dents d'une fourchette. À l'aide d'une poche munie d'une douille cannelée, déposez des rosaces de meringue sur chaque tartelette. Faites légèrement dorer au four 3 minutes.

4 30' 15' 220°

tartelettes à la frangipane et à la poire

40 g de beurre ramolli
2 c. à s. de sucre en poudre
1 jaune d'œuf
60 g de poudre d'amandes
1 c. à s. de farine
1 pâte brisée
1 poire moyenne (125 g) non pelée
2 c. à s. de gelée de groseille chauffée

1 Préchauffez le four à 220 °C. Chemisez une plaque de cuisson de papier sulfurisé.

2 Battez le beurre, le sucre et le jaune d'œuf dans un saladier, à l'aide d'un batteur électrique, jusqu'à ce que le mélange blanchisse et soit mousseux. Incorporez la poudre d'amandes et la farine.

3 Découpez la pâte brisée en 4 carrés. Placez-les sur la plaque de cuisson et étalez la frangipane dessus, en laissant une bordure de 2 cm. Disposez la poire coupée en fines tranches sur la frangipane et badigeonnez-la de gelée de groseille. Repliez les bordures.

4 Faites cuire 15 minutes environ.

tartelettes pomme-coing

4 20' 20' 200°

1 pâte feuilletée pur beurre
50 g de pâte de coing
2 c. à s. d'eau
2 petites pommes (260 g) pelées

1 Préchauffez le four à 200 °C. Recouvrez une grande plaque de cuisson de papier sulfurisé.

2 Découpez 4 disques de 11 cm de diamètre dans la pâte feuilletée. Posez-les sur la plaque, espacés d'environ 3 cm. Faites chauffer la pâte de coing avec l'eau dans une petite casserole, jusqu'à obtention d'un mélange lisse. Badigeonnez les disques de pâte avec une partie de la pâte de coing diluée.

3 Coupez les pommes en quartiers et ôtez le trognon. Taillez ensuite les quartiers en tranches fines. Disposez-les sur les disques de pâte, en les faisant se chevaucher légèrement. Badigeonnez les pommes avec de la pâte de coing diluée. Faites cuire 20 minutes, jusqu'à ce que la pâte soit croustillante et que les pommes soient fondantes.

4 Badigeonnez avec le reste de la pâte de coing diluée. Servez aussitôt, avec une boule de glace à la vanille si vous le souhaitez.

ASTUCE

Choisissez des petites pommes (golden ou granny smith) pour que les tranches ne dépassent pas des disques de pâte.

tarte aux fraises et au lemon curd

250 g de fraises fraîches coupées en quatre
1 c. à s. de sucre glace

Lemon curd
3 œufs
3 jaunes d'œufs
220 g de sucre en poudre
125 g de beurre coupé en cubes
125 ml de jus de citron

Pâte
225 g de farine ordinaire
1 c. à s. de sucre en poudre
75 g de beurre coupé en cubes
80 ml de crème fraîche
2 c. à c. d'eau glacée, environ

1 Préparez le lemon curd. Dans un bol, fouettez les œufs, les jaunes d'œufs et le sucre. Faites fondre le beurre à feu doux, avec le jus de citron, puis portez à ébullition. Versez progressivement le mélange bouillant dans le bol, en fouettant. Reversez le tout dans la casserole et faites chauffer 10 minutes à feu doux, en fouettant, jusqu'à épaississement. Laissez refroidir. Versez le lemon curd dans un bol, couvrez et placez au réfrigérateur jusqu'au lendemain.

2 Préparez la pâte. Travaillez la farine, le sucre et le beurre dans un robot, jusqu'à obtention d'un sable grossier. Ajoutez la crème fraîche et juste ce qu'il faut d'eau glacée pour que les ingrédients s'amalgament. Pétrissez la pâte sur un plan de travail fariné jusqu'à ce qu'elle soit lisse. Emballez-la dans du film alimentaire et placez pour 30 minutes au réfrigérateur.

3 Préchauffez le four à 200 °C. Beurrez un moule à fond amovible de 24 cm de diamètre.

4 Abaissez la pâte au rouleau, entre 2 feuilles de papier sulfurisé. Garnissez-en le moule, puis égalisez le pourtour. Placez pour 30 minutes au réfrigérateur. Faites cuire 25 minutes au four, puis laissez refroidir.

5 Étalez le lemon curd sur la pâte précuite. Décorez avec les fraises et saupoudrez de sucre glace tamisé.

banoffee pie

10 45' 1h 20' 200°

395 g de lait concentré sucré en boîte
80 g de beurre coupé en cubes
110 g de sucre roux
2 c. à s. de golden syrup ou de miel liquide
2 grosses bananes (460 g) coupées en fines rondelles
300 ml de crème entière fouettée

Pâte
225 g de farine
1 c. à s. de sucre glace
140 g de beurre froid coupé en gros cubes
1 jaune d'œuf
2 c. à s. d'eau glacée, environ

1 Préparez la pâte. Mixez la farine, le sucre et le beurre jusqu'à obtention d'un mélange sableux. Ajoutez le jaune d'œuf et l'eau, et mixez jusqu'à obtention d'une pâte. Pétrissez-la sur un plan de travail fariné jusqu'à ce qu'elle soit lisse. Enveloppez-la dans du film alimentaire et placez-la au réfrigérateur pour 30 minutes.

2 Beurrez un moule à tarte cannelé à fond amovible de 24 cm de diamètre. Abaissez la pâte entre 2 feuilles de papier sulfurisé, de façon à obtenir un morceau assez grand pour en foncer le moule. Déposez délicatement la pâte dans le moule, en appuyant sur le fond et le pourtour. Coupez l'excédent et piquez le fond avec une fourchette. Couvrez et placez au réfrigérateur pour 30 minutes.

3 Préchauffez le four à 200 °C. Disposez le moule sur une plaque de cuisson. Chemisez la pâte de papier sulfurisé, recouvrez de haricots secs ou de riz et faites cuire au four 10 minutes. Retirez le papier et les haricots, et poursuivez la cuisson pendant 10 minutes. Laissez refroidir.

4 Faites chauffer 10 minutes à feu moyen le lait concentré, le beurre, le sucre et le golden syrup dans une casserole, en remuant, jusqu'à ce que la préparation soit couleur caramel. Laissez-la reposer 5 minutes, puis versez-la dans le fond de tarte. Laissez refroidir.

5 Recouvrez le caramel de rondelles de banane et de crème fouettée.

tarte chocolat-framboise

6 | 20' | 4h | 40' | 200°

250 g de framboises fraîches légèrement écrasées
300 ml de crème liquide
200 g de chocolat noir grossièrement haché
2 œufs légèrement battus

Pâte au chocolat et aux amandes
225 g de farine ordinaire
30 g de poudre d'amandes
2 c. à s. de sucre en poudre
2 c. à s. de cacao en poudre
125 g de beurre froid coupé en cubes
1 œuf

1 Préparez la pâte au chocolat et aux amandes. Travaillez la farine, la poudre d'amandes, le sucre, le cacao et le beurre dans un robot, jusqu'à obtention d'un sable grossier. Ajoutez l'œuf et continuez de mixer jusqu'à ce que les ingrédients s'amalgament. Pétrissez la pâte sur un plan de travail fariné jusqu'à ce qu'elle soit lisse. Emballez-la dans du film alimentaire et placez pour 30 minutes au réfrigérateur.

2 Préchauffez le four à 200 °C. Beurrez un moule à fond amovible de 11 × 35 cm.

3 Abaissez la pâte au rouleau, entre 2 feuilles de papier sulfurisé. Garnissez-en le moule. Égalisez le pourtour. Placez pour 30 minutes au réfrigérateur.

4 Faites cuire la pâte au four 15 minutes environ. Réduisez la température du four à 180 °C.

5 Étalez les framboises sur la pâte précuite. Faites chauffer la crème liquide puis, hors du feu, ajoutez le chocolat. Incorporez les œufs, puis versez délicatement ce mélange sur les framboises.

6 Faites cuire la tarte environ 25 minutes, jusqu'à ce que la garniture ait pris. Laissez refroidir, puis placez pour au moins 3 heures ou toute une nuit au réfrigérateur.

tarte myrtilles-mûres

400 g de mûres surgelées
75 g de sucre en poudre
2 c. à s. de fécule de maïs
2 c. à s. d'eau
250 g de myrtilles fraîches
2 c. à c. de zeste de citron finement râpé
½ c. à c. de quatre-épices
1 blanc d'œuf
2 c. à c. de cassonade

Pâte à la crème pâtissière
225 g de farine ordinaire
35 g de fécule de maïs
30 g de préparation pour crème pâtissière en poudre
2 c. à s. de sucre glace
125 g de beurre froid coupé en cubes
1 jaune d'œuf
1 c. à s. d'eau glacée, environ

1 Préparez la pâte. Travaillez la farine, la fécule, la crème pâtissière en poudre, le sucre glace et le beurre dans un robot, jusqu'à obtention d'un sable grossier. Ajoutez le jaune d'œuf et juste ce qu'il faut d'eau pour que les ingrédients s'amalgament. Pétrissez la pâte sur un plan de travail fariné jusqu'à ce qu'elle soit lisse. Emballez-la dans du film alimentaire et placez pour 30 minutes au réfrigérateur.

2 Pendant ce temps, faites chauffer la moitié des mûres et le sucre dans une casserole moyenne. Portez à ébullition. Dans un bol, délayez la fécule avec l'eau. Versez ce mélange dans la casserole et faites chauffer, en remuant, jusqu'à ce que la préparation bouillonne et épaississe. Laissez refroidir. Ajoutez les mûres restantes, les myrtilles, le zeste de citron et le quatre-épices.

3 Abaissez les ⅔ de la pâte au rouleau, entre 2 feuilles de papier sulfurisé. Garnissez-en un moule à fond amovible de 24 cm de diamètre. Égalisez le pourtour. Réservez au frais l'excédent de pâte et placez le moule pour 30 minutes au réfrigérateur.

4 Préchauffez le four à 200 °C. Versez la garniture sur la pâte. Badigeonnez le pourtour avec du blanc d'œuf. Abaissez au rouleau le reste de la pâte, entre 2 feuilles de papier sulfurisé. Découpez 10 bandelettes de 1,5 cm de large. Posez les bandelettes sur la garniture en les entrecroisant. Coupez la pâte qui dépasse, puis soudez les bandelettes sur le pourtour en pressant avec les doigts. Saupoudrez de cassonade.

5 Faites cuire environ 50 minutes. Laissez reposer 10 minutes avant de servir.

8
25'
1h
50'
10'
200°

tarte Tatin aux poires

Pâte

175 g de farine
55 g de sucre glace
90 g de beurre coupé en cubes
1 jaune d'œuf
1 c. à s. d'eau

Garniture

3 grosses poires pelées, coupées en quatre et évidées
90 g de beurre coupé en cubes
110 g de sucre brun
160 ml de crème fraîche
35 g de noix de pécan grillées

1 Dans une poêle, faites fondre le beurre avec le sucre. Incorporez la crème en battant et portez à ébullition. Ajoutez les quartiers de poire, baissez le feu et laissez mijoter 45 minutes. Retournez-les à plusieurs reprises.

2 Pour la pâte, mélangez la farine, le sucre et le beurre au robot, incorporez le jaune d'œuf et l'eau, puis mixez. Enveloppez la pâte dans du film alimentaire et laissez-la reposer 30 minutes au frais.

3 Disposez les quartiers de poire, face bombée en dessous, dans un moule à manqué, arrosez-les de jus de cuisson caramélisé et parsemez de noix de pécan concassées.

4 Préchauffez le four à 220 °C. Étalez la pâte au rouleau entre 2 feuilles de papier sulfurisé pour obtenir une abaisse légèrement plus grande que le moule. Retirez le papier, mettez la pâte en place sur les poires et rabattez le bord à l'intérieur du moule. Faites cuire 20 minutes au four, puis laissez refroidir 5 minutes avant de retourner la tarte sur un plat de service. Servez chaud.

tarte aux pêches

2 pêches
6 feuilles de pâte filo
60 g de beurre fondu
3 c. à s. de sucre en poudre
1 c. à s. de confiture d'abricots tiède et filtrée

1 Préchauffez le four à 180 °C. Disposez une feuille de papier sulfurisé sur une grille en métal.

2 Coupez les pêches en deux. Enlevez le noyau et coupez les moitiés de pêche en tranches fines.

3 Étalez 2 feuilles de pâte filo sur le plan de travail. Avec un pinceau, badigeonnez-les légèrement de beurre. Superposez les feuilles de pâte ainsi préparées. Répétez l'opération avec les feuilles et le beurre restants.

4 Découpez un disque dans les feuilles de pâte superposées et garnissez-le de pêches, puis saupoudrez de sucre. Faites cuire 20 minutes au four, jusqu'à ce que la tarte soit dorée.

5 Au moment de servir, badigeonnez de confiture la tarte tiède.

VARIANTES

Vous pouvez remplacer les pêches par des abricots, des nectarines, des prunes ou des poires.

tourte à la rhubarbe et au cream cheese

8 | 30' | 30' | 1h | 200°

2 pâtes feuilletées prêtes à l'emploi
1 c. à s. de poudre d'amandes
1 blanc d'œuf
1 c. à s. de cassonade

Garniture
250 g de cream cheese à température ambiante
2 c. à s. de sucre en poudre
2 c. à s. de farine ordinaire
1 œuf

Compote de rhubarbe
6 grandes tiges de rhubarbe (375 g) parées et coupées en morceaux
50 g de cassonade
2 c. à s. de Grand Marnier

1 Préchauffez le four à 200 °C.

2 Préparez la compote de rhubarbe : faites cuire les ingrédients dans une casserole, à feu doux, jusqu'à ce que la rhubarbe soit fondante. Laissez refroidir.

3 Coupez une des pâtes feuilletées en un rectangle de 14 × 24 cm. Taillez l'autre feuille en un rectangle de 18 × 24 cm. Dans le plus grand rectangle, faites environ 7 entailles dans la largeur, en laissant un bord de 2 cm sur tout le tour. Posez le petit rectangle sur une plaque de cuisson beurrée, puis saupoudrez-le de poudre d'amandes.

4 Préparez la garniture. Dans un bol, battez le cream cheese et le sucre avec un batteur électrique. Quand le mélange est lisse, incorporez la farine et l'œuf. Étalez cette préparation sur le rectangle de pâte posé sur la plaque, en laissant une bande vide de 2 cm sur tout le pourtour. Répartissez la compote sur la garniture. Badigeonnez le pourtour de la pâte de blanc d'œuf. Recouvrez avec le deuxième rectangle de pâte. Soudez le pourtour en pressant la pâte avec les doigts.

5 Badigeonnez la pâte avec du blanc d'œuf, puis saupoudrez de cassonade. Faites cuire 30 minutes, jusqu'à ce que la pâte soit légèrement dorée. Laissez reposer 1 heure avant de servir.

6 25' 20' 220°

tourte filo aux pommes et aux fruits rouges

6 pommes moyennes (900 g) pelées, évidées et coupées en fines tranches
55 g de sucre en poudre
2 c. à c. de fécule de maïs
2 c. à c. d'eau
2 c. à c. d'extrait de vanille
½ c. à c. de cannelle moulue
300 g d'un mélange de fruits rouges surgelés
4 feuilles de pâte filo
30 g de beurre fondu
½ c. à c. de cannelle moulue supplémentaire
2 c. à s. d'amandes effilées

1 Préchauffez le four à 220 °C. Beurrez un moule à tourte (contenance 1 litre).

2 Mélangez les pommes et le sucre dans une grande casserole. Portez à ébullition, puis laissez mijoter 8 minutes à couvert, jusqu'à ce que les pommes soient fondantes.

3 Délayez la fécule avec l'eau, puis versez ce mélange dans la casserole, avec l'extrait de vanille et la cannelle. Faites chauffer en remuant délicatement, jusqu'à ce que la préparation bouillonne et épaississe légèrement. Ajoutez les fruits rouges, puis versez le tout dans le moule.

4 Badigeonnez chaque feuille de pâte filo avec du beurre fondu. Chiffonnez les feuilles et posez-les sur la garniture. Saupoudrez avec la cannelle supplémentaire et parsemez d'amandes effilées.

5 Faites cuire environ 20 minutes.

tourte pomme-rhubarbe à l'ancienne

5 pommes (1 kg) pelées et coupées en tranches épaisses
75 g de sucre en poudre
125 ml d'eau
1 gousse de vanille fendue
500 g de rhubarbe parée et taillée en gros tronçons
1 c. à s. de jus de citron
1 œuf légèrement battu
1 c. à c. de sucre blanc

Pâte aux amandes
375 g de farine ordinaire
60 g de poudre d'amandes
160 g de sucre glace
250 g de beurre froid coupé en cubes
2 jaunes d'œufs
1 c. à s. d'eau glacée

1 Dans une grande casserole, mélangez les pommes, le sucre en poudre, l'eau et la moitié de la gousse de vanille. Couvrez et portez à ébullition. Laissez frémir 10 minutes. Ajoutez la rhubarbe, couvrez et laissez mijoter 3 minutes. Égouttez et versez le mélange dans un bol. Ajoutez le jus de citron et laissez refroidir.

2 Préparez la pâte aux amandes. Grattez les petites graines de la demi-gousse de vanille. Dans un robot, travaillez la farine, la poudre d'amandes, le sucre glace et le beurre, jusqu'à obtention d'un sable grossier. Ajoutez les jaunes d'œufs, les graines de vanille et juste ce qu'il faut d'eau pour que les ingrédients s'agglomèrent. Pétrissez la pâte sur un plan de travail fariné, jusqu'à ce qu'elle soit lisse. Emballez-la dans du film alimentaire et placez pour 30 minutes au réfrigérateur.

3 Préchauffez le four à 180 °C. Abaissez les $^{2}/_{3}$ de la pâte au rouleau, entre 2 feuilles de papier sulfurisé. Garnissez-en un moule à tourte à bord haut, de 24 cm de diamètre. Pressez la pâte sur le fond et sur la paroi du moule, puis égalisez le pourtour. Placez pour 30 minutes au frais.

4 Posez une feuille de papier sulfurisé sur la pâte, puis recouvrez-la de haricots secs. Faites cuire 15 minutes. Retirez les haricots et le papier, et faites cuire encore 15 minutes, jusqu'à ce que la pâte soit dorée. Laissez refroidir.

5 Étalez la préparation aux pommes sur la pâte. Abaissez le reste de la pâte au rouleau, entre 2 feuilles de papier sulfurisé. Badigeonnez le pourtour de la pâte précuite avec de l'œuf, puis posez le couvercle de pâte crue sur la garniture. Soudez les bords en les pressant avec les doigts, puis égalisez le pourtour. Découpez un petit disque de 2,5 cm de diamètre au centre du couvercle. Badigeonnez la pâte avec de l'œuf, puis saupoudrez de sucre blanc. Faites cuire 35 minutes. Laissez reposer 10 minutes avant de servir.

6 Servez avec de la crème fraîche, de la glace ou de la crème anglaise.

8
1h25
15'
1h
1h05
10'
180°

15 | 48h | 30' | 30' | 30' | 180°

petites tourtes aux raisins secs et au whisky

50 g de raisins secs finement hachés
40 g de raisins de Smyrne finement hachés
40 g de raisins de Corinthe
1 petite pomme (130 g) grossièrement râpée
80 ml de whisky
75 g de cassonade
1 c. à c. de zeste de citron finement râpé
1 c. à c. de cannelle moulue
40 g de beurre surgelé grossièrement râpé
1 œuf légèrement battu
2 c. à s. de cassonade supplémentaire

Pâte à la cannelle
225 g de farine ordinaire
½ c. à c. de cannelle moulue
125 g de beurre coupé en cubes
1 œuf

1 Préparez un hachis de fruits en mélangeant les raisins secs, la pomme, le whisky, la cassonade, le zeste de citron et la cannelle. Couvrez et laissez reposer 48 heures. Ajoutez le beurre.

2 Préparez la pâte à la cannelle. Travaillez la farine, la cannelle et le beurre dans un robot, jusqu'à obtention d'un sable grossier. Ajoutez l'œuf et continuez de mixer jusqu'à ce que les ingrédients s'agglomèrent. Pétrissez la pâte sur un plan de travail fariné. Emballez-la dans du film alimentaire et placez pour 30 minutes au réfrigérateur.

3 Préchauffez le four à 180 °C. Beurrez 15 alvéoles de 2 moules à tartelette (contenance des alvéoles : 40 ml). Abaissez la pâte au rouleau, entre 2 feuilles de papier sulfurisé. Découpez-y 15 disques de 7 cm de diamètre. Garnissez-en les alvéoles. Répartissez la préparation aux fruits secs dans les alvéoles.

4 Découpez 15 autres disques dans la pâte (6 cm de diamètre). Retirez un petit disque cannelé de pâte au centre de chacun. Posez-les sur la garniture. Soudez les bords. Badigeonnez la surface avec de l'œuf battu. Saupoudrez avec la cassonade supplémentaire.

5 Faites cuire 30 minutes. Laissez reposer 5 minutes avant de démouler les tourtes, puis laissez-les refroidir sur une grille.

18 10' 35' 30' 25' 220°

minitourtes aux noisettes et aux fruits

225 g de farine
75 g de poudre de noisettes
80 g de sucre glace
2 c. à c. de quatre-épices
185 g de beurre froid coupé en gros cubes
1 jaune d'œuf
2 c. à c. d'eau glacée, environ
375 g de mincemeat
2 c. à c. de zeste d'orange finement râpé
1 œuf légèrement battu

1 Mixez la farine, la poudre de noisettes, le sucre glace, le quatre-épices et le beurre jusqu'à obtention d'un mélange sableux. Sans cesser de mixer, ajoutez le jaune d'œuf et suffisamment d'eau pour obtenir une pâte. Pétrissez-la sur un plan de travail fariné jusqu'à ce qu'elle soit lisse. Enveloppez-la dans du film alimentaire et placez-la au réfrigérateur pour 30 minutes.

2 Préchauffez le four à 220 °C. Beurrez 18 alvéoles de 2 moules à tartelettes de 12 alvéoles profondes (40 ml).

3 Abaissez la moitié de la pâte à 5 mm d'épaisseur, entre 2 feuilles de papier sulfurisé. Découpez-y 9 disques cannelés de 7,5 cm de diamètre et foncez-en les alvéoles d'un des moules. Répétez l'opération avec le reste de la pâte.

4 Mélangez le mincemeat et le zeste d'orange dans un récipient. Répartissez la préparation dans les fonds de tartelette et badigeonnez les bords d'œuf battu. Rassemblez les chutes de pâte sur un plan de travail fariné et abaissez-les à 5 mm d'épaisseur. Découpez 18 disques cannelés de 5 cm de diamètre, puis découpez un disque cannelé de 2 cm de diamètre au centre de chacun. Recouvrez la garniture aux fruits avec les anneaux de pâte.

5 Faites cuire au four 25 minutes. Laissez reposer les minitourtes 10 minutes avant de les démouler sur une grille pour les laisser refroidir. Saupoudrez d'un peu de sucre glace tamisé.

tourte aux pommes et à l'abricot

8	45'	30'	15'	45'	220°

10 pommes granny smith moyennes (1,5 kg) épluchées, évidées et coupées en tranches épaisses
125 ml d'eau
1 c. à s. de sucre en poudre
220 g de confiture d'abricots
1 c. à c. de zeste de citron finement râpé
20 g d'amandes effilées

Pâte
150 g de farine ordinaire
75 g de farine avec levure incorporée
35 g de fécule de maïs
30 g de préparation en poudre pour crème anglaise
1 c. à s. de sucre en poudre
100 g de beurre froid coupé en gros cubes
1 œuf, blanc et jaune séparé
60 ml d'eau glacée, environ

1 Préparez la pâte. Mixez les farines, la fécule, la préparation pour crème anglaise, le sucre et le beurre jusqu'à obtention d'un mélange sableux. Ajoutez le jaune d'œuf et suffisamment d'eau pour obtenir une pâte, en mixant. Pétrissez-la sur un plan de travail fariné jusqu'à ce qu'elle soit lisse. Enveloppez-la dans du film alimentaire et placez-la au réfrigérateur pour 30 minutes.

2 Mettez les pommes et l'eau dans une grande casserole, et portez à ébullition. Baissez le feu et laissez mijoter 10 minutes à couvert. Égouttez bien, puis mettez les pommes dans un récipient moyen ; ajoutez le sucre, la confiture et le zeste de citron. Laissez refroidir.

3 Préchauffez le four à 220 °C. Beurrez un moule à tarte profond de 25 cm de diamètre.

4 Abaissez les 2/3 de la pâte entre 2 feuilles de papier sulfurisé, de façon à obtenir un morceau assez grand pour foncer le moule. Mettez-le dans le moule et coupez l'excédent sur les bords. Déposez la préparation aux pommes sur la pâte et badigeonnez les bords de blanc d'œuf.

5 Abaissez le reste de la pâte de façon à obtenir un morceau assez grand pour recouvrir la préparation aux pommes. Déposez-le sur la garniture et pressez les bords pour souder. Badigeonnez de blanc d'œuf et parsemez d'amandes effilées.

6 Faites cuire 20 minutes. Baissez la température du four à 180 °C et poursuivez la cuisson pendant 25 minutes.

feuilletés moelleux aux fruits rouges

20 20' 5' 30' 220°

2 pâtes feuilletées rectangulaires
3 œufs
130 g de sucre en poudre
75 g de farine avec levure incorporée
225 g d'un mélange de fruits rouges surgelés
1 blanc d'œuf légèrement battu
1 c. à s. de sucre glace

1 Préchauffez le four à 220 °C. Beurrez un moule à génoise rectangulaire.

2 Mettez 1 pâte feuilletée en place dans le fond du moule, en la faisant remonter légèrement sur les côtés. Piquez-la à la fourchette et congelez-la 5 minutes.

3 Placez un autre moule sur la pâte et faites cuire à blanc pendant 5 minutes, avec le moule, puis 5 minutes sans le moule. (Vous pouvez aussi la recouvrir de haricots secs ou de lentilles étalés sur du papier sulfurisé.)

4 Fouettez les œufs avec 110 g de sucre en poudre, puis incorporez la farine tamisée. Versez ce mélange sur la pâte cuite et répartissez les fruits rouges dessus.

5 Couvrez les fruits rouges de l'autre pâte. Badigeonnez-la de blanc d'œuf et saupoudrez-la du reste du sucre en poudre. Incisez-la en croisillons.

6 Faites cuire 20 minutes au four. Laissez refroidir dans le moule. Saupoudrez de sucre glace tamisé et découpez en 20 carrés.

chaussons aux pommes et aux épices

6 | 25' | 20' | 20' | 220°

50 g de beurre
3 pommes moyennes (450 g) pelées, évidées et finement hachées
2 c. à s. de sirop d'érable
1 c. à s. de sucre en poudre
½ c. à c. de quatre-épices
40 g de raisins secs
35 g d'amandes effilées grillées
1 ½ pâte feuilletée pur beurre
1 œuf légèrement battu

1 Faites fondre le beurre dans une grande poêle. Faites-y cuire les pommes 5 minutes, en remuant de temps en temps, jusqu'à ce qu'elles soient légèrement dorées. Ajoutez le sirop d'érable, le sucre et le quatre-épices. Poursuivez la cuisson environ 5 minutes, en remuant constamment, jusqu'à ce que le liquide bouillonne et caramélise. Versez le mélange dans un bol résistant à la chaleur. Incorporez les raisins secs et les amandes. Laissez refroidir 20 minutes.

2 Pendant ce temps, préchauffez le four à 220 °C.

3 Découpez dans la pâte 6 carrés de taille égale. Répartissez le mélange aux pommes sur la moitié de chaque carré de pâte. Pliez les carrés en deux pour former des rectangles. Soudez les bords en les pressant avec une fourchette. Badigeonnez la pâte avec de l'œuf battu. Faites 3 entailles dans chaque chausson.

4 Faites cuire environ 20 minutes. Saupoudrez de sucre glace et servez avec de la crème glacée.

tarte aux pruneaux et au porto

200 g de pruneaux dénoyautés
250 ml de crème fraîche
2 œufs
2 c. à s. de sucre en poudre
2 c. à s. de porto
1 c. à s. de fécule de maïs
½ c. à c. de garam masala

Pâte aux noix
185 g de farine ordinaire
50 g de noix
2 c. à s. de sucre en poudre
125 g de beurre coupé en cubes
1 œuf

1 Préparez la pâte aux noix. Travaillez la farine, les noix et le sucre dans un robot. Ajoutez le beurre et continuez de mixer jusqu'à obtention d'un sable grossier. Ajoutez l'œuf et mélangez jusqu'à ce que les ingrédients s'amalgament. Pétrissez la pâte sur un plan de travail fariné jusqu'à ce qu'elle soit lisse. Emballez-la dans du film alimentaire et placez pour 30 minutes au réfrigérateur.

2 Préchauffez le four à 200 °C. Beurrez un moule à fond amovible de 24 cm de diamètre.

3 Abaissez la pâte au rouleau, entre 2 feuilles de papier sulfurisé. Garnissez-en le moule. Égalisez le pourtour et placez pour 20 minutes au réfrigérateur. Posez le moule sur une plaque de cuisson et faites cuire 20 minutes. Laissez refroidir. Réduisez la température du four à 180 °C.

4 Répartissez les pruneaux sur la pâte. Mélangez la crème, les œufs, le sucre, le porto, la fécule et le garam masala dans un grand broc. Versez ce mélange sur les pruneaux.

5 Faites cuire environ 25 minutes, jusqu'à ce que la crème ait pris. Laissez refroidir et placez au réfrigérateur jusqu'au lendemain. Saupoudrez de sucre glace tamisé.

4 10' 10' 220°

feuilletés au mascarpone

1 rouleau de pâte feuilletée pur beurre
40 g de sucre glace
200 g de mascarpone
125 ml de crème entière
110 g de confiture de framboises

1 Préchauffez le four à 220 °C. Chemisez une plaque de cuisson de papier sulfurisé.

2 Découpez 4 rectangles dans la pâte feuilletée. Disposez-les sur la plaque de cuisson et saupoudrez-les de 2 cuillerées à café de sucre glace tamisé.

3 Faites cuire au four 10 minutes environ, puis laissez refroidir. À l'aide d'un couteau à dents, coupez chaque rectangle en deux dans l'épaisseur.

4 Battez le mascarpone, la crème et 2 cuillerées à soupe de sucre glace tamisé dans un bol, avec un batteur électrique, jusqu'à la formation de pics mous.

5 Étalez la confiture et le mélange au mascarpone sur la moitié des rectangles de pâte, puis recouvrez des rectangles restants. Saupoudrez les feuilletés du reste du sucre glace tamisé avant de servir.

mille-feuilles au lemon curd et aux myrtilles

3 feuilles de pâte filo
1 blanc d'œuf légèrement battu
40 g de sucre glace
185 g de beurre clarifié
500 g de myrtilles

Lemon curd
2 jaunes d'œufs
55 g de sucre en poudre
1 c. à c. de zeste de citron finement râpé
2 c. à s. de jus de citron
60 g de beurre doux froid coupé en gros cubes

1 Préparez le lemon curd. Mélangez au fouet les jaunes d'œufs et le sucre dans un bol résistant à la chaleur, jusqu'à ce que la préparation pâlisse et épaississe légèrement. Incorporez le zeste et le jus de citron, puis faites chauffer 12 minutes au bain-marie, en remuant, jusqu'à ce que le mélange nappe le dos d'une cuillère. Retirez du feu. Incorporez petit à petit le beurre, avec un fouet. Laissez refroidir.

2 Badigeonnez 1 feuille de pâte filo avec un peu de blanc d'œuf et ajoutez une deuxième feuille par-dessus. Badigeonnez-la également de blanc d'œuf, puis recouvrez-la de la troisième feuille. Découpez 18 rectangles de 4 × 10 cm dans la pâte. Saupoudrez les 2 côtés des rectangles de 2 cuillerées à soupe de sucre glace tamisé.

3 Faites chauffer le beurre clarifié dans une poêle et faites-y cuire les rectangles de pâte en plusieurs fois, jusqu'à ce qu'ils soient dorés et croustillants. Égouttez-les sur du papier absorbant.

4 Déposez 1 cuillerée à café de lemon curd au centre de 6 assiettes de service et posez dessus 1 rectangle de pâte. Répartissez la moitié du lemon curd et la moitié des myrtilles sur la pâte. Ajoutez un autre rectangle de pâte sur chaque assemblage, puis le reste du lemon curd et des myrtilles. Recouvrez enfin du reste des rectangles. Saupoudrez du reste du sucre glace tamisé.

BEURRE CLARIFIÉ

Si vous ne trouvez pas de beurre clarifié, préparez-le vous-même. Faites fondre 185 g de beurre doux dans une petite casserole, à feu doux, jusqu'à ce qu'il se sépare en 3 couches. Retirez la casserole du feu et laissez reposer 5 minutes. Écumez la couche de mousse blanche (les protéines du petit-lait) du dessus et jetez-la. Les solides du lait se déposent au fond de la casserole et forment une couche laiteuse de sédiments. La couche intermédiaire est le beurre clarifié. Filtrez la préparation à l'aide d'un tamis tapissé de mousseline et jetez les solides du lait.

6 1h 12'

8 30' 1h 30' 200°

tarte crumble framboise-amande

225 g de framboises surgelées
1 c. à c. de sucre glace

Pâte crumble aux amandes
150 g de beurre ramolli
1 c. à c. d'extrait de vanille
150 g de sucre en poudre
1 œuf
60 g de poudre d'amandes
225 g de farine ordinaire

1 Préparez la pâte. Fouettez le beurre dans un bol avec un batteur électrique, jusqu'à ce qu'il soit lisse. Ajoutez l'extrait de vanille, le sucre et l'œuf. Fouettez jusqu'à ce que le mélange soit homogène. Ajoutez la poudre d'amandes et la moitié de la farine. Incorporez le reste de la farine en travaillant le mélange avec les mains. Pétrissez la pâte sur un plan de travail fariné, jusqu'à ce qu'elle soit lisse. Emballez-la dans du film alimentaire et placez pour 30 minutes au réfrigérateur.

2 Abaissez les ⅔ de la pâte au rouleau, entre 2 feuilles de papier sulfurisé. Garnissez-en un moule à fond amovible de 11 × 35 cm. Égalisez le pourtour. Piquez le fond avec une fourchette et placez le moule pour 30 minutes au réfrigérateur. Réservez le reste de la pâte.

3 Préchauffez le four à 200 °C.

4 Posez le moule sur une plaque de cuisson et faites cuire environ 10 minutes au four, jusqu'à ce que la pâte soit légèrement dorée. Étalez les framboises dessus. Faites un sable grossier avec la pâte réservée et répartissez-le sur les framboises. Faites cuire encore 20 minutes, jusqu'à ce que le dessus soit bien doré. Laissez refroidir la tarte dans le moule.

5 Avant de servir, saupoudrez de sucre glace tamisé. Servez avec de la crème fraîche, de la glace ou de la crème anglaise.

ASTUCE

Il vaut mieux ne pas préparer cette tarte trop longtemps à l'avance, car le jus des framboises imbiberait la pâte.

2 10' 30' 200°

crumble aux pommes

4 petites pommes coupées en cubes
4 c. à c. de jus de citron
4 c. à s. de sucre brun
2 pincées de cinq-épices
4 c. à s. de farine
40 g de beurre coupé en cubes

1 Préchauffez le four à 200 °C. Beurrez légèrement un grand ramequin.

2 Mélangez dans un saladier les cubes de pomme, le jus de citron, la moitié du sucre brun et la moitié du cinq-épices.

3 Dans un autre saladier, malaxez le reste des épices avec la farine et le beurre pour obtenir la texture d'une chapelure. Ajoutez le reste du sucre et mélangez bien.

4 Mettez les pommes dans le fond du ramequin et parsemez le crumble dessus. Faites cuire 30 minutes au four, jusqu'à ce que la surface commence à dorer.

5 Dégustez le crumble chaud, avec de la crème fraîche ou une crème glacée à la vanille.

crumble aux coings et aux mûres

185 g de beurre doux
165 g de sucre en poudre
2 œufs
335 g de farine avec levure incorporée
180 ml de lait
300 g de mûres surgelées
2 c. à c. de fécule de maïs

Coings pochés
750 ml d'eau
165 g de sucre en poudre
1 bâton de cannelle
1 c. à s. de jus de citron
1 kg de coings découpés en 8 quartiers

Crumble à la cannelle
110 g de farine ordinaire
2 c. à s. de sucre en poudre
110 g de cassonade
100 g de beurre doux froid coupé en cubes
1 c. à c. de cannelle moulue

1 Préparez les coings pochés : mélangez dans une casserole l'eau, le sucre, la cannelle et le jus de citron, faites chauffer à feu moyen pour dissoudre le sucre, portez à ébullition, puis faites pocher les coings 1 h 30 dans ce sirop. Laissez-les tiédir avant de les égoutter. Réservez le sirop à part.

2 Préchauffez le four à 180 °C. Beurrez un moule à gâteau carré de 23 cm de côté ; chemisez le fond de papier sulfurisé.

3 Fouettez en crème légère le beurre et le sucre dans un saladier. Ajoutez les œufs un à un, puis incorporez en 2 fois la farine tamisée et le lait. Versez la pâte dans le moule et faites cuire 25 minutes au four.

4 Malaxez en chapelure grossière les ingrédients du crumble. Sortez le gâteau du four et étalez les coings pochés dessus. Saupoudrez les mûres (non décongelées) de fécule avant d'en recouvrir les coings pochés. Terminez par le crumble et remettez le gâteau au four pour 5 minutes. Attendez 5 minutes pour le démouler et servez-le tiède, avec le sirop des coings.

6 30' 1h30 30' 180°

GÂTEAUX CLASSIQUES & GROS GÂTEAUX

CHEMISER UN MOULE DE PAPIER SULFURISÉ

Technique de base importante, à maîtriser avant de préparer toutes sortes de gâteaux.

CHEMISER UN MOULE À GÂTEAU ROND

Graissez toute la surface du moule avec de l'huile en spray, du beurre fondu ou de la margarine. Cela facilite le démoulage du gâteau et maintient le papier sulfurisé en place.

TRACER LE CONTOUR DU MOULE

Servez-vous du moule pour tracer un cercle sur le papier sulfurisé. Découpez-le avec des ciseaux, à l'intérieur de la ligne.

DÉCOUPER LA PAROI DU MOULE

Coupez une bande de papier sulfurisé suffisamment longue pour recouvrir la paroi du moule et faire se superposer légèrement les 2 extrémités. La largeur de la bande doit être égale à la hauteur de la paroi du moule + 7 cm (2 cm pour le fond et 5 cm qui dépasseront du bord).

CRANTER LE PAPIER SULFURISÉ

Faites un pli de 2 cm de large sur toute la longueur de la bande, du côté qui se trouvera au fond du moule, et effectuez des entailles tous les 2 cm.

CHEMISER LES BORDS DU MOULE

Mettez la bande de papier sulfurisé en place à l'intérieur du moule.

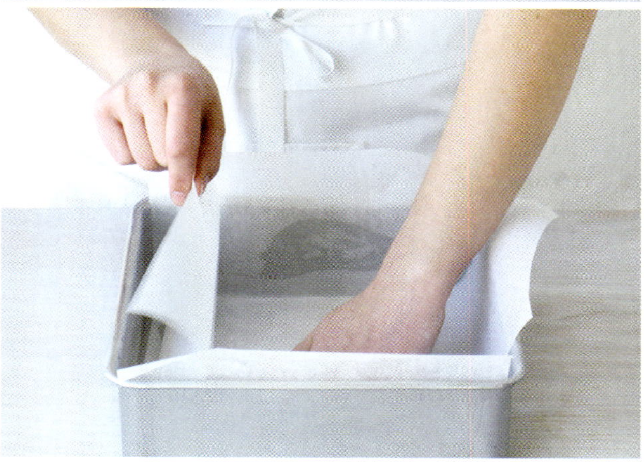

CHEMISER UN MOULE À GÂTEAU CARRÉ

Découpez des bandes de papier sulfurisé suffisamment longues pour recouvrir le fond et les côtés opposés du moule, ainsi que pour dépasser légèrement afin de pouvoir démouler le gâteau en toute facilité. En général, vous devrez beurrer le moule avant de mettre le papier sulfurisé, en particulier lorsque la pâte est très humide ou collante.

CHEMISER LE FOND DU MOULE

Placez le disque de papier dans le fond du moule.

TAPISSER UNE PLAQUE OU UN MOULE PEU PROFOND

Découpez une bande de papier sulfurisé suffisamment longue pour recouvrir le fond et les côtés du moule, ainsi que pour dépasser de chaque côté afin de faciliter le démoulage. Les recettes vous préciseront s'il est nécessaire que le papier recouvre les côtés longs ou les côtés courts.

TECHNIQUES DE BASE

MESURER

Toutes nos mesures correspondent à des cuillerées rases. Les ingrédients secs doivent être pesés. Procurez-vous une balance électronique, c'est pratique et précis.

BEURRER ET FARINER UN MOULE

Les moules à gâteau doivent être graissés, même lorsqu'ils sont antiadhésifs. Vous pouvez utiliser de l'huile en spray, du beurre fondu ou de la margarine, et un pinceau pour recouvrir uniformément toute la surface du moule. Farinez ensuite légèrement.

FARINER UNIFORMÉMENT

Secouez, tapez et faites tourner le moule jusqu'à ce qu'il soit fariné uniformément. Retournez-le et tapez-le sur le plan de travail pour retirer l'excédent de farine.

MARBRER

Pour préparer un gâteau ou un glaçage marbré, alternez des cuillerées de pâte de différentes couleurs dans le moule, puis déplacez une brochette d'avant en arrière dans la pâte et formez des marbrures.

VÉRIFIER LA CUISSON

Utilisez une brochette pour vérifier la cuisson de la plupart des gâteaux (sauf les génoises et les gâteaux aux fruits). Sortez le gâteau du four, refermez ce dernier et enfoncez délicatement une brochette dans la partie la plus épaisse du gâteau, jusqu'au fond. Retirez la brochette : si elle ressort propre, le gâteau est cuit ; s'il y a de la pâte pas cuite sur la brochette, poursuivez la cuisson.

FAIRE REFROIDIR UN GÂTEAU

La plupart des gâteaux sont démoulés sur des grilles pour refroidir après avoir reposé quelques minutes dans leur moule. Les génoises sont toujours démoulées dès leur sortie du four. Les gâteaux aux fruits denses refroidissent généralement dans leur moule.

RETOURNER UN GÂTEAU

Posez une autre grille sur le gâteau, pour qu'il se retrouve entre 2 grilles, puis retournez-les pour remettre le gâteau dans le bon sens.

VERSER LE SIROP

En général, le sirop chaud est versé sur les gâteaux pendant qu'ils sont chauds, soit lorsqu'ils sont toujours dans leur moule, soit après qu'ils ont été démoulés. Dans ce cas, placez la grille sur une plaque pour recueillir les coulures et les reverser sur le gâteau.

RÉUSSIR LES GÂTEAUX AU BEURRE

La plupart des gâteaux faits maison sont au beurre.
Grâce à ces quelques astuces, les vôtres seront parfaits chaque fois.

RAMOLLIR LE BEURRE

Le beurre doit être ramolli, à température ambiante, mais pas fondu. Coupez-le en gros cubes dans un récipient. S'il fait froid dans la cuisine, plongez ce dernier dans de l'eau tiède pour quelques instants.

RÂPER LE BEURRE

Si vous avez oublié de sortir le beurre du réfrigérateur, vous pouvez le râper en utilisant les plus gros trous de votre râpe manuelle. Passez-la sous l'eau chaude et séchez-la bien pour que le beurre s'en détache facilement.

PARFUMER LE BEURRE

Si la recette contient du zeste de citron râpé, une essence ou un extrait, mélangez-le avec le beurre, au robot. Il conservera l'arôme jusqu'à la dégustation.

BATTRE LE BEURRE

Pour préparer au mieux la pâte d'un gâteau au beurre, battez le beurre (et l'arôme) au robot, jusqu'à ce qu'il pâlisse. La taille du récipient doit être bien adaptée.

INCORPORER LE SUCRE

Quand le beurre est crémeux, versez la totalité du sucre dans le bol du robot. Le sucre en poudre, plus fin que le sucre cristal, donnera un gâteau à la texture plus fine, mais vous pouvez remplacer l'un par l'autre. Battez jusqu'à ce que la préparation soit légère et mousseuse.

MÉLANGE BEURRE-SUCRE

Avant l'ajout des œufs, votre préparation doit ressembler à celle de la photo ci-dessous. Elle doit être crémeuse et de couleur pâle. Les grains de sucre ne doivent pas être complètement dissous, cela nécessiterait de trop mélanger la pâte.

AJOUTER LES ŒUFS

Les œufs doivent être à température ambiante. Incorporez le premier jusqu'à ce qu'il soit bien absorbé, puis les autres un à un. Ne mélangez pas plus que nécessaire, pour éviter que la pâte coagule. Dans certaines recettes, la quantité d'œuf est plus importante que la préparation beurre-sucre ; dans ce cas, il arrive souvent que des caillots se forment.

MÉLANGER

Il est généralement préférable de transférer la préparation beurre-sucre-œufs dans un saladier plus grand afin de faciliter l'incorporation des ingrédients restants. Si vous préparez un petit gâteau, un petit saladier peut être suffisant. Nous vous indiquons dans les recettes s'il est nécessaire de prendre un récipient plus grand ou non.

TAMISER LES INGRÉDIENTS SECS

En général, nous tamisons la moitié des ingrédients secs au-dessus de la préparation beurre-sucre-œufs dans le grand saladier, puis nous ajoutons la moitié des ingrédients liquides. Si le gâteau est petit, il est possible d'incorporer les ingrédients secs et liquides en une seule fois. À l'inverse, s'il est très gros, il pourra être nécessaire d'ajouter les ingrédients en plus de 2 fois.

MÉLANGER

Le meilleur ustensile pour mélanger la pâte d'un gâteau au beurre à cette étape est la cuillère en bois. Le batteur n'est plus nécessaire ; il suffit de mélanger les ingrédients humides et secs pour qu'ils s'amalgament. Si vous préférez utiliser un batteur, il doit être réglé sur la vitesse faible, et il ne faut pas mélanger plus que nécessaire, car cela rend la pâte dure.

AJOUTER LES DERNIERS INGRÉDIENTS

Tamisez le reste des ingrédients secs au-dessus de la préparation, ajoutez les liquides et mélangez. Au départ, la pâte est grumeleuse et épaisse. Mélangez jusqu'à ce que sa texture soit plus fine. Si vous le faites au robot, veillez à ne pas battre plus que nécessaire.

PRÉPARER À LA CUISSON

Laissez tomber des cuillerées de pâte dans le moule et étalez jusqu'aux bords. Tapez le moule sur le plan de travail pour faire sortir les bulles d'air. Lissez la surface de la pâte à l'aide d'une spatule. Faites cuire en suivant les indications de la recette.

gâteau facile au beurre

12 30' 1h 180°

250 g de beurre ramolli
1 c. à s. d'extrait de vanille
275 g de sucre en poudre
3 œufs
335 g de farine avec levure incorporée
180 ml de lait

1 Préchauffez le four à 180 °C. Beurrez un moule à gâteau carré de 20 cm de côté ou rond de 22 cm de diamètre, puis chemisez-le de papier sulfurisé.

2 Battez le beurre, l'extrait de vanille et le sucre au robot, jusqu'à obtention d'une préparation légère et mousseuse. Incorporez les œufs un à un, puis la farine tamisée et le lait, en 2 fois.

3 Versez la pâte dans le moule et faites cuire le gâteau 1 heure. Laissez-le reposer dans le moule 5 minutes, puis démoulez-le sur une grille et laissez refroidir.

gâteau au pavot

8 10' 20' 1h 15' 180°

40 g de graines de pavot
125 ml de lait
250 g de beurre ramolli
1 c. à s. de zeste de citron vert râpé
275 g de sucre en poudre
4 œufs
335 g de farine avec levure incorporée
110 g de farine ordinaire
240 g de fromage blanc

1 Préchauffez le four à 180 °C. Beurrez un moule carré de 23 cm de côté.

2 Faites tremper les graines de pavot 10 minutes dans le lait.

3 Battez en crème le beurre, le zeste de citron vert et le sucre dans un petit saladier. Ajoutez les œufs un à un, en fouettant bien après chaque ajout. Versez le mélange dans un grand saladier, puis incorporez en 2 fois les farines tamisées et le lait aux graines de pavot. Ajoutez enfin le fromage blanc.

4 Étalez la pâte dans le moule et faites cuire 1 heure.

5 Laissez reposer le gâteau 5 minutes avant de le démouler.

gâteau au beurre et aux amandes

10 20' 1h 180°

250 g de beurre ramolli
1 c. à s. d'essence d'amande amère
220 g de sucre en poudre
4 œufs
150 g de farine avec levure incorporée
75 g de farine ordinaire
90 g de poudre d'amandes

1 Préchauffez le four à 180 °C. Beurrez un moule à gâteau carré de 20 cm de côté, puis chemisez le fond et 2 côtés opposés de papier sulfurisé, en le laissant dépasser de 5 cm.

2 Battez le beurre, l'essence d'amande amère et le sucre dans un bol, au robot, jusqu'à obtention d'une préparation légère et mousseuse. Incorporez les œufs un à un, puis les farines tamisées et la poudre d'amandes, en 2 fois.

3 Versez la préparation dans le moule et faites cuire 30 minutes. Baissez la température du four à 160 °C et poursuivez la cuisson 30 minutes. Laissez le gâteau reposer 5 minutes avant de le démouler et de le laisser refroidir sur une grille. Parsemez de sucre glace et d'amandes effilées avant de servir.

gâteau à l'orange et au pavot

16 20' 1h 180°

50 g de graines de pavot
60 ml de lait
185 g de beurre ramolli
1 c. à s. de zeste d'orange finement râpé
220 g de sucre en poudre
3 œufs
225 g de farine avec levure incorporée
75 g de farine ordinaire
60 g de poudre d'amandes
125 ml de jus d'orange

Sirop d'orange
220 g de sucre en poudre
160 ml de jus d'orange
80 ml d'eau

1 Préchauffez le four à 180 °C. Beurrez un moule profond de 20 cm de diamètre et chemisez-le de papier sulfurisé.

2 Mélangez les graines de pavot et le lait dans un bol, puis laissez infuser 20 minutes.

3 Battez le beurre, le zeste et le sucre, au robot. Ajoutez les œufs un à un. Versez dans un saladier et incorporez les farines tamisées, la poudre d'amandes, le jus d'orange et le lait au pavot. Versez la pâte dans le moule et faites cuire 1 heure. Laissez reposer le gâteau 5 minutes avant de le démouler sur une grille posée au-dessus d'une plaque.

4 Préparez le sirop d'orange. Faites chauffer les ingrédients dans une petite casserole, en remuant, jusqu'à ce que le sucre soit dissous. Portez ensuite à ébullition, puis baissez le feu et laissez frémir 2 minutes, sans couvrir ni mélanger. Versez dans un bol.

5 Versez le sirop chaud sur le gâteau dès sa sortie du four.

cake à la marmelade d'oranges

10 15' 1h 180°

125 g de beurre
2 c. à c. de zeste d'orange finement râpé
110 g de sucre en poudre
2 œufs
2 c. à s. de marmelade d'oranges
55 g d'un mélange d'écorces d'orange et de citron confites
45 g de noix de coco râpée
225 g de farine avec levure incorporée
125 ml de lait

1 Préchauffez le four à 180 °C. Beurrez un moule à cake de 14 × 21 cm. Chemisez le fond et les 2 côtés les plus longs de papier sulfurisé, en le laissant dépasser de 2 cm.

2 Battez le beurre, le zeste d'orange et le sucre dans un bol, au robot, jusqu'à obtention d'une préparation légère et mousseuse. Ajoutez les œufs. Versez la préparation dans un saladier, ajoutez la marmelade et les écorces d'orange et de citron confites, puis la noix de coco, la farine et le lait.

3 Versez la préparation dans le moule et faites cuire 1 heure. Laissez le gâteau reposer 5 minutes, puis démoulez-le sur une grille et laissez refroidir.

gâteau moelleux à l'orange

10 40' 1h30 1h 180°

2 oranges moyennes (480 g)
110 g d'amandes mondées grillées
220 g de sucre en poudre
1 c. à c. de levure chimique
6 œufs
240 g de poudre d'amandes
2 c. à s. de farine ordinaire

1 Mettez les oranges entières dans une casserole et couvrez-les d'eau froide. Portez à ébullition et laissez bouillir 30 minutes, à couvert, puis égouttez-les. Remettez de l'eau fraîche et faites bouillir 1 heure environ, jusqu'à ce que les oranges soient tendres. Laissez refroidir.

2 Préchauffez le four à 180 °C. Beurrez un moule profond de 22 cm de diamètre et chemisez-le de papier sulfurisé.

3 Hachez finement les amandes mondées avec 2 cuillerées à soupe de sucre.

4 Coupez les deux extrémités des oranges et jetez-les. Coupez les oranges en deux et ôtez les pépins. Mixez les oranges (chair et peau) avec la levure pour obtenir une purée.

5 Battez les œufs et le reste du sucre au robot jusqu'à obtention d'une préparation mousseuse et pâle, pendant 3 minutes environ. Incorporez les amandes mixées avec le sucre, la poudre d'amandes, la farine et les oranges mixées.

6 Versez la pâte dans le moule et faites cuire 1 heure. Laissez le gâteau refroidir dans son moule.

7 Démoulez-le sur un plat et saupoudrez-le de sucre glace tamisé.

gâteau au potiron et aux dattes

10 | 15' | 1h15 | 160°

250 g de beurre ramolli
1 c. à s. de zeste d'orange râpé
165 g de sucre en poudre
2 œufs
300 g de farine avec levure incorporée
125 ml de lait
140 g de dattes finement hachées
40 g de noix de coco râpée
purée de potiron froide

1 Préchauffez le four à 160 °C. Beurrez un moule à gâteau de 20 cm de diamètre et chemisez le fond de papier sulfurisé.

2 Battez le beurre, le zeste d'orange et le sucre dans un bol, au robot, jusqu'à obtention d'une préparation légère et mousseuse. Incorporez les œufs un à un. Versez la préparation dans un saladier, ajoutez la farine tamisée et le lait, puis les dattes, la noix de coco et le potiron.

3 Versez la préparation dans le moule et faites cuire 1 h 15. Laissez le gâteau reposer 5 minutes, puis démoulez-le sur une grille et laissez refroidir. Saupoudrez de sucre glace tamisé avant de servir.

NOTE
Pour réaliser la purée de potiron nécessaire pour cette recette, vous aurez besoin de 200 g de potiron frais.

carrot cake aux noix

12 | 25' | 1h15 | 180°

250 ml d'huile végétale
295 g de sucre roux
3 œufs
3 grosses carottes (540 g) grossièrement râpées
110 g de noix hachées
375 g de farine avec levure incorporée
½ c. à c. de bicarbonate de soude
2 c. à c. de mélange d'épices pour pain d'épice

Glaçage au cream cheese
30 g de beurre ramolli
80 g de cream cheese ramolli
1 c. à c. de zeste de citron finement râpé
240 g de sucre glace

1 Préchauffez le four à 180 °C. Beurrez un moule profond de 22 cm de diamètre et chemisez le fond de papier sulfurisé.

2 Mélangez l'huile, le sucre et les œufs au robot jusqu'à obtention d'une préparation épaisse et crémeuse. Versez-la dans un saladier, ajoutez les carottes râpées et les noix, en mélangeant avec une cuillère en bois, puis les ingrédients secs tamisés.

3 Versez la pâte dans le moule et faites cuire 1 h 15. Laissez reposer le gâteau 5 minutes avant de le démouler et de le laisser refroidir sur une grille.

4 Préparez le glaçage. Battez le beurre, le cream cheese et le zeste de citron dans un bol, au robot. Incorporez progressivement le sucre glace. Nappez-en le gâteau.

carrot cake

8 | 20' | 1h15 | 180°

5 œufs, blancs et jaunes séparés
1 c. à c. de zeste de citron râpé
275 g de sucre en poudre
480 g de carottes râpées
240 g de poudre d'amandes
75 g de farine avec levure incorporée
2 c. à c. d'amandes effilées grillées

Glaçage au cream cheese
100 g de cream cheese
80 g de beurre ramolli
80 g de sucre glace
1 c. à c. de jus de citron

1 Préchauffez le four à 180 °C. Beurrez un moule à gâteau carré de 19 cm de côté ; chemisez le fond de papier sulfurisé.

2 Fouettez en crème épaisse les jaunes d'œufs, le zeste de citron et le sucre. Incorporez les carottes râpées, la poudre d'amandes et la farine tamisée.

3 Montez les blancs d'œufs en neige. Ajoutez-les en 2 fois à la pâte. Versez dans le moule et faites cuire 1 h 15.

4 Laissez reposer le gâteau 5 minutes avant de le démouler sur une grille.

5 Préparez le glaçage : battez le cream cheese et le beurre. Sans cesser de fouetter, incorporez progressivement le sucre glace et le jus de citron.

6 Quand le gâteau est complètement froid, nappez-le de glaçage et parsemez d'amandes grillées.

gâteau à la patate douce et au sirop d'érable

250 g de beurre à température ambiante
165 g de sucre roux
60 ml de sirop d'érable
2 œufs à température ambiante
255 g de purée de patate douce
300 g de farine avec levure incorporée
1 c. à c. de cannelle moulue
125 ml de lait fermenté

Glaçage au cream cheese
375 g de cream cheese à température ambiante
40 g de sucre glace
2 c. à s. de sirop d'érable
½ c. à c. de cannelle moulue

Garniture aux noix de pécan
220 g de sucre en poudre
125 ml d'eau
120 g de noix de pécan

1 Préchauffez le four à 180 °C. Beurrez un moule de 20 × 30 cm et chemisez le fond et les 2 grands côtés de papier sulfurisé en le laissant dépasser de 5 cm.

2 Battez le beurre, le sucre et le sirop d'érable, avec un batteur électrique, jusqu'à obtention d'un mélange léger. Incorporez les œufs un à un. Transférez la préparation dans un grand saladier et ajoutez la purée de patate douce, la farine et la cannelle tamisées, ainsi que le lait fermenté.

3 Étalez la préparation dans le moule et faites cuire 35 minutes. Laissez reposer le gâteau 10 minutes avant de le démouler sur une grille et de le laisser refroidir.

4 Préparez le glaçage au cream cheese. Battez le cream cheese et le sucre glace tamisé dans un bol, avec un batteur électrique. Incorporez le sirop d'érable et la cannelle.

5 Préparez la garniture aux noix de pécan. Faites chauffer le sucre et l'eau dans une casserole à feu vif, en remuant, sans laisser bouillir, jusqu'à ce que le sucre soit dissous. Portez à ébullition et laissez bouillir, sans remuer, jusqu'à ce que le caramel prenne une jolie couleur dorée. Retirez du feu et ajoutez les noix de pécan en les enrobant bien de caramel. Retirez les noix de pécan à l'aide d'une écumoire et étalez-les sur une plaque chemisée de papier sulfurisé, sur une seule couche. Versez le caramel à côté des noix de pécan. Laissez durcir. Coupez les noix de pécan en deux dans la longueur ; cassez le caramel en morceaux.

6 Nappez le gâteau de glaçage au cream cheese et parsemez de noix de pécan et de brisures de caramel.

CONSEILS

Passez la purée de patate douce au tamis pour éliminer les grumeaux. Parsemez le gâteau de noix de pécan et de brisures de caramel juste avant de servir.

CONSERVATION

Ce gâteau se conserve 4 jours au réfrigérateur, dans un récipient hermétique, et 1 mois au congélateur, sans le glaçage ni la garniture aux noix de pécan.

18 40' 35' 180°

gâteau au gingembre frais

6 25' 50' 180°

250 g de beurre coupé en cubes
110 g de cassonade
230 g de golden syrup ou de mélasse
12 cm de gingembre frais râpé
150 g de farine ordinaire
150 g de farine avec levure incorporée
½ c. à c. de bicarbonate de soude ou de levure chimique
2 œufs légèrement battus
180 ml de crème fraîche épaisse

Crème au gingembre
300 ml de crème fraîche épaisse
2 c. à s. de golden syrup ou de mélasse
2 c. à c. de gingembre en poudre

1 Préchauffez le four à 180 °C. Beurrez un moule à gâteau de 22 cm de diamètre.

2 À feu doux, faites fondre le beurre, la cassonade, le golden syrup et le gingembre dans une petite casserole. Remuez régulièrement.

3 Tamisez les farines et le bicarbonate de soude au-dessus d'un saladier, incorporez le mélange au beurre fondu, puis ajoutez les œufs et la crème fraîche. Versez la pâte dans le moule et faites cuire 50 minutes au four. Laissez reposer le gâteau 10 minutes avant de le démouler sur une grille.

4 Préparez la crème au gingembre en fouettant tous les ingrédients : vous devez obtenir la consistance d'une chantilly. Servez le gâteau tiède ou froid, avec la crème.

10 15' 1h 180°

gâteau aux noix de pécan

250 g de beurre ramolli
1 c. à c. d'extrait de vanille
165 g de sucre en poudre
2 œufs
300 ml de crème fraîche
225 g de farine ordinaire
75 g de farine avec levure incorporée
1 c. à c. de bicarbonate de soude
60 g de noix de pécan finement hachées
2 c. à s. de sucre roux
½ c. à c. de cannelle moulue

1 Préchauffez le four à 180 °C. Beurrez un moule à gâteau de 23 cm de diamètre et chemisez-le de papier sulfurisé.

2 Battez le beurre, l'extrait de vanille et le sucre en poudre dans un bol, au robot, jusqu'à obtention d'une préparation légère et mousseuse. Incorporez les œufs un à un. Ajoutez la crème, les farines tamisées et le bicarbonate de soude.

3 Versez la moitié de la préparation dans le moule, puis recouvrez avec la moitié des noix de pécan, du sucre et de la cannelle mélangés. Renouvelez l'opération avec le reste des ingrédients.

4 Faites cuire 1 heure, laissez le gâteau reposer 5 minutes, puis démoulez-le sur une grille et laissez refroidir.

gâteau à la cannelle

10 15' 30 180°

60 g de beurre ramolli
1 c. à c. d'extrait de vanille
150 g de sucre en poudre
1 œuf
150 g de farine avec levure incorporée
80 ml de lait
10 g de beurre fondu
1 c. à c. de cannelle moulue
1 c. à s. de sucre en poudre supplémentaire

1 Préchauffez le four à 180 °C. Beurrez un moule à gâteau de 20 cm de diamètre et chemisez le fond de papier sulfurisé.

2 Battez le beurre, l'extrait de vanille, le sucre et l'œuf dans un saladier, au robot, jusqu'à obtention d'une préparation légère et mousseuse, pendant 10 minutes environ. Incorporez la farine tamisée et le lait.

3 Versez la préparation dans le moule et faites cuire 30 minutes. Démoulez le gâteau sur une grille et badigeonnez avec le beurre fondu, au pinceau, puis parsemez de cannelle et de sucre mélangés. Servez le gâteau tiède, avec du beurre si vous le souhaitez.

gâteau renversé à la poire et aux pistaches

8 15' 35' 200°

35 g de pistaches non salées, grossièrement hachées
220 g de sucre roux
1 grosse poire (330 g) épépinée et coupée en fines tranches, avec la peau
185 g de beurre ramolli
3 œufs
35 g de farine ordinaire
210 g de poudre d'amandes

1 Préchauffez le four à 200 °C. Beurrez un moule de 22 cm de diamètre, puis chemisez le fond de papier sulfurisé.

2 Mélangez les pistaches avec 2 cuillerées à soupe de sucre et garnissez-en le fond du moule. Recouvrez avec les tranches de poire.

3 Battez le beurre et le reste du sucre au robot jusqu'à obtention d'une préparation légère et mousseuse. Incorporez les œufs un à un. Ajoutez la farine tamisée et la poudre d'amandes.

4 Versez la pâte dans le moule et faites cuire 35 minutes. Laissez reposer le gâteau 10 minutes avant de le démouler sur une grille. Laissez refroidir. Servez tiède ou froid.

gâteau au citron et aux pignons de pin

16 15' 1h 170°

250 g de beurre ramolli
1 c. à s. de zeste de citron finement râpé
440 g de sucre en poudre
6 œufs
180 ml de crème fraîche
300 g de farine ordinaire
35 g de farine avec levure incorporée
80 g de pignons de pin
1 c. à s. de sucre demerara
90 g de miel

1 Préchauffez le four à 170 °C. Beurrez un moule à gâteau carré profond de 23 cm de côté. Chemisez-le de papier sulfurisé, en le laissant dépasser de 5 cm sur les bords.

2 Avec un batteur électrique, battez le beurre, le zeste de citron et le sucre dans un récipient, jusqu'à obtention d'un mélange léger et aéré. Ajoutez les œufs un à un, en battant. Incorporez la crème fraîche et les farines tamisées, en 2 fois. Étalez la préparation dans le moule et faites cuire 15 minutes.

3 Mélangez les pignons de pin et le sucre demerara dans un petit récipient.

4 Sortez le gâteau du four. Parsemez-le uniformément de la préparation aux pignons de pin et pressez délicatement. Remettez le gâteau dans le four et poursuivez la cuisson pendant 45 minutes. Laissez reposer 5 minutes, puis démoulez sur une grille.

5 Faites chauffer le miel dans une petite casserole et arrosez-en le gâteau chaud ; laissez refroidir.

12 15' 1h 160°

gâteau de Madère

180 g de beurre ramolli
2 c. à s. de zeste de citron finement râpé
150 g de sucre en poudre
3 œufs
110 g de farine ordinaire
110 g de farine avec levure incorporée
55 g d'écorces d'orange et de citron confites
35 g d'amandes effilées

1 Préchauffez le four à 160 °C. Beurrez un moule à gâteau de 20 cm de diamètre et chemisez le fond de papier sulfurisé.

2 Battez le beurre, le zeste de citron et le sucre dans un bol, au robot, jusqu'à obtention d'une préparation légère et mousseuse. Ajoutez les œufs un à un. Versez la préparation dans un saladier et incorporez les farines tamisées.

3 Versez la préparation dans le moule et faites cuire 20 minutes. Sortez le gâteau du four et garnissez-le avec les écorces confites et les amandes avant de poursuivre la cuisson pendant 40 minutes. Laissez reposer 5 minutes, puis démoulez le gâteau sur une grille et laissez-le refroidir.

quatre-quart

250 g de beurre ramolli
220 g de sucre en poudre
1 c. à c. d'extrait de vanille
4 œufs
75 g de farine avec levure incorporée
150 g de farine ordinaire

1 Préchauffez le four à 180 °C. Beurrez un moule à gâteau à bord haut de 20 cm de diamètre et chemisez le fond de papier sulfurisé.

2 Battez le beurre, le sucre et l'extrait de vanille, au robot, jusqu'à obtention d'un mélange léger et mousseux. Incorporez les œufs un à un. Versez la pâte dans un saladier et incorporez les farines tamisées, en 2 fois.

3 Versez la préparation dans le moule et faites cuire 1 heure. Vous pouvez saupoudrer le gâteau de sucre glace et le servir avec de la crème fouettée et des fraises.

16 30' 1h 1h30 180°

gâteau à l'orange, aux amandes et aux pignons

2 oranges moyennes (480 g)
1 c. à c. de levure chimique
6 œufs
220 g de sucre en poudre
240 g de poudre d'amandes
75 g de farine ordinaire
50 g de pignons de pin

1 Mettez les oranges entières dans une casserole. Couvrez-les d'eau froide et portez à ébullition. Laissez bouillir 1 h 30 à couvert, jusqu'à ce que les oranges soient tendres. Égouttez-les et laissez-les refroidir.

2 Préchauffez le four à 180 °C. Beurrez un moule profond de 23 cm de diamètre et chemisez-le de papier sulfurisé.

3 Coupez et jetez les deux extrémités des oranges. Coupez-les en deux et jetez les pépins. Ajoutez la levure et mixez au robot, avec l'écorce, pour obtenir une purée.

4 Battez les œufs avec le sucre, au robot, pendant 5 minutes, jusqu'à obtention d'un mélange épais et crémeux. Ajoutez la poudre d'amandes, la farine tamisée et la purée d'oranges.

5 Versez la pâte dans le moule, garnissez avec les pignons et faites cuire 1 heure. Laissez refroidir le gâteau dans son moule.

gâteau chocolat-fraise

180 g de poudre d'amandes
100 g de chocolat noir
200 g de beurre
coupé en cubes
6 blancs d'œufs
220 g de sucre en poudre
35 g de farine
avec levure incorporée
2 c. à s. de cacao en poudre
250 g de fraises
2 c. à c. de sucre glace

Ganache chocolat-fraise
260 g de chocolat noir
125 ml de crème liquide
160 g de confiture de fraises

1 Préchauffez le four à 160 °C. Beurrez un moule à bord haut de 20 cm de diamètre. Chemisez le fond de papier sulfurisé.

2 Étalez la poudre d'amandes en couche fine sur une plaque de cuisson. Faites griller environ 8 minutes. Laissez refroidir.

3 Hachez finement le chocolat.

4 Faites fondre le beurre à feu moyen pendant 5 minutes, jusqu'à ce qu'il soit bien doré. Filtrez-le aussitôt à travers un tamis fin, au-dessus d'un verre doseur. Vous devez récolter environ 150 ml de beurre fondu.

5 Battez les blancs d'œufs dans un bol, avec une fourchette. Incorporez la poudre d'amandes grillée, le sucre, la farine et le cacao tamisés. En fouettant, incorporez progressivement le beurre chaud, puis le chocolat.

6 Versez cette pâte dans le moule et faites cuire environ 55 minutes. Laissez reposer le gâteau 5 minutes avant de le retourner sur une grille pour qu'il refroidisse.

7 Pendant ce temps, préparez la ganache chocolat-fraise. Cassez le chocolat en morceaux, dans un bol résistant à la chaleur. Dans une petite casserole, versez la crème et la confiture, et portez à ébullition. Passez ce mélange au tamis, au-dessus du chocolat. Remuez jusqu'à ce que la préparation soit lisse. Placez pour 30 minutes au réfrigérateur, jusqu'à épaississement, en remuant toutes les 10 minutes.

8 Posez le gâteau sur un plat de service. Étalez la ganache dessus.

9 Équeutez les fraises, puis coupez-les en tranches fines. Disposez-les joliment sur la ganache, comme les pétales d'une fleur. Juste avant de servir, saupoudrez de sucre glace tamisé.

CONSERVATION
Ce gâteau se conserve jusqu'à 3 jours au réfrigérateur, dans un récipient hermétique, ou 3 mois au congélateur (sans la ganache ni les fraises).

Faites griller la poudre d'amandes environ 8 minutes, jusqu'à ce qu'elle soit légèrement dorée.

Faites chauffer le beurre 5 minutes, jusqu'à ce qu'il soit bien doré.

10 50' 55' 30' 160°

gâteau de semoule orange-rhubarbe

185 g de beurre à température ambiante
1 c. à s. de zeste d'orange finement râpé
150 g de sucre en poudre
3 œufs à température ambiante
150 g de farine avec levure incorporée
80 g de semoule fine
60 ml de lait fermenté
200 g de tiges de rhubarbe parées
1 c. à s. de cassonade

Sirop orange-rhubarbe
250 ml de jus d'orange
110 g de sucre en poudre
125 ml d'eau
110 g de rhubarbe coupée en tronçons grossiers

1 Préchauffez le four à 180 °C. Beurrez un moule à bord haut de 20 cm de diamètre. Chemisez le fond et la paroi de papier sulfurisé.

2 Fouettez le beurre, le zeste d'orange et le sucre dans un bol, avec un batteur électrique, jusqu'à obtention d'un mélange léger. Incorporez les œufs un à un, en fouettant. Ajoutez la farine tamisée, la semoule et le lait fermenté.

3 Coupez la rhubarbe en sifflets de 3 cm de long.

4 Versez la pâte dans le moule. Répartissez la rhubarbe sur la surface et saupoudrez de cassonade. Faites cuire environ 1 heure au four. Laissez reposer le gâteau 5 minutes avant de le retourner sur une grille pour qu'il refroidisse.

5 Préparez le sirop. Faites chauffer à feu vif les ingrédients dans une petite casserole, sans laisser bouillir, jusqu'à ce que le sucre soit dissous. Portez à ébullition, puis réduisez le feu et laissez frémir 10 minutes, sans couvrir, jusqu'à épaississement léger. Filtrez le sirop au-dessus d'un broc résistant à la chaleur.

6 Remettez le gâteau à l'endroit, sur un plat de service, puis arrosez-le avec la moitié du sirop orange-rhubarbe. Servez avec le reste du sirop dans un bol à part et de la crème fraîche fouettée.

NOTE
Vous aurez besoin d'environ 8 fines tiges de rhubarbe. Utilisez si possible la partie rouge, plus parfumée. Par ailleurs, vous aurez besoin de 2 oranges.

CONSERVATION
Ce gâteau se conserve jusqu'à 3 jours dans un récipient hermétique à température ambiante, 1 semaine au réfrigérateur et 1 mois au congélateur.

Coupez la rhubarbe en sifflets de 3 cm de long.

Saupoudrez le gâteau de cassonade.

10 30' 1h 180°

8 25' 1h 180°

gâteau au citron et aux abricots

180 g de beurre ramolli
1 c. à s. de zeste de citron finement râpé
275 g de sucre en poudre
4 œufs
125 g d'abricots confits coupés en morceaux
45 g de gingembre confit finement haché
180 ml de crème fraîche
300 g de farine
½ c. à c. de bicarbonate de soude

1 Préchauffez le four à 180 °C. Beurrez un moule à baba de 20 cm de diamètre et farinez-le. Secouez pour ôter l'excédent de farine.

2 Battez le beurre, le zeste de citron et le sucre au robot jusqu'à obtention d'une préparation légère et mousseuse. Incorporez les œufs un à un. Ajoutez les abricots, le gingembre et la crème, puis la farine tamisée et le bicarbonate de soude.

3 Versez la préparation dans le moule et faites cuire 1 heure. Laissez le gâteau reposer 10 minutes avant de le démouler sur une grille et de le laisser refroidir. Saupoudrez de sucre glace avant de servir, si vous le souhaitez.

gâteau aux figues et aux noix, sirop au cognac

125 g de beurre à température ambiante
1 c. à c. de zeste de citron finement râpé
165 g de sucre en poudre
2 œufs à température ambiante
260 g de farine avec levure incorporée
180 ml de lait fermenté
75 g de noix grillées grossièrement hachées
2 figues fraîches moyennes (120 g)
60 g de cerneaux de noix

Sirop au cognac
220 g de sucre en poudre
80 ml d'eau
2 c. à s. de jus de citron
1 c. à s. de cognac

1 Préchauffez le four à 180 °C. Beurrez un moule à cake de 14 × 22,5 cm. Chemisez de papier sulfurisé le fond et les 2 côtés les plus longs, en laissant dépasser le papier de 5 cm.

2 Battez le beurre, le zeste de citron et le sucre dans un bol, avec un batteur électrique, jusqu'à obtention d'un mélange léger. Incorporez les œufs un à un. Transférez la préparation dans un grand saladier et ajoutez la farine tamisée, le lait fermenté et les noix hachées.

3 Versez la pâte dans le moule, disposez sur le dessus les figues coupées en tranches et les cerneaux de noix. Enfournez pour 1 h 15.

4 Préparez le sirop au cognac. Mélangez les ingrédients dans une petite casserole. Faites chauffer en remuant, sans laisser bouillir, jusqu'à dissolution du sucre. Portez à ébullition. Laissez bouillir 3 minutes sans couvrir ni remuer.

5 Laissez reposer le gâteau 5 minutes avant de le démouler sur une grille et de le laisser refroidir. Nappez le gâteau chaud de sirop chaud ; réservez-en un peu dans un bol. Mettez le cake sur un plat de service.

6 Servez le cake arrosé de sirop.

10 30' 1h15 180°

8 | 35' | 1h15 | 180°

gâteau à la rhubarbe et crème anglaise

200 g de beurre ramolli
110 g de sucre en poudre
2 œufs
185 g de farine avec levure incorporée
40 g de préparation en poudre pour crème anglaise
4 tiges de rhubarbe fraîche (300 g) coupées en deux dans la longueur, puis en tronçons de 10 cm
20 g de beurre fondu
2 c. à c. de sucre glace

Crème anglaise
2 c. à s. de préparation en poudre pour crème anglaise
55 g de sucre en poudre
250 ml de lait
20 g de beurre
2 c. à c. d'extrait de vanille

1 Préparez la crème anglaise. Mélangez la préparation en poudre et le sucre dans une casserole. Incorporez le lait progressivement et faites cuire en remuant, jusqu'à ce que des bulles se forment et que la préparation épaississe légèrement. Hors du feu, incorporez le beurre et l'extrait de vanille. Posez un film alimentaire sur la surface de la crème afin d'éviter qu'une peau se forme. Battez la crème au fouet avant de l'utiliser.

2 Préchauffez le four à 180 °C. Beurrez un moule profond de 20 cm de diamètre et chemisez le fond de papier sulfurisé.

3 Battez le beurre et le sucre au robot jusqu'à obtention d'une préparation légère et mousseuse. Incorporez les œufs un à un. Versez dans un saladier, puis incorporez la farine tamisée et la préparation pour crème anglaise.

4 Versez la moitié de la pâte dans le moule, nappez de crème anglaise. Complétez avec le reste de la pâte, cuillerée par cuillerée, en veillant à bien recouvrir la crème anglaise. Décorez avec les tronçons de rhubarbe, badigeonnez-les de beurre fondu et parsemez de sucre glace.

5 Faites cuire le gâteau 1 h 15, puis laissez-le refroidir dans son moule.

gâteau poire-vanille-amande

8 poires corella (800 g)
625 ml d'eau
1 lanière de zeste de citron
385 g de sucre en poudre
1 gousse de vanille
125 g de beurre ramolli
3 œufs
160 ml de crème fraîche
100 g de farine ordinaire
100 g de farine avec levure incorporée
40 g d'amandes émondées grillées et grossièrement hachées
40 g de chocolat noir grossièrement haché
60 g de poudre d'amandes

1 Épluchez les poires sans les couper et en conservant la queue.

2 Mélangez l'eau, le zeste de citron et 225 g de sucre dans une casserole. Ouvrez la gousse de vanille, grattez les graines au-dessus de la casserole et mettez la gousse dedans. Mélangez sur feu vif, sans laisser bouillir, jusqu'à ce que le sucre soit dissous. Ajoutez les poires et portez à ébullition, puis baissez le feu et laissez frémir 30 minutes à couvert, jusqu'à ce qu'elles soient tendres. Sortez les poires de la casserole et réservez-les. Portez le sirop à ébullition et laissez bouillir pour qu'il réduise de moitié, sans couvrir, puis laissez-le refroidir complètement.

3 Préchauffez le four à 160 °C. Retournez le fond d'un moule à charnière pour qu'il soit plat, puis beurrez le moule.

4 Battez le beurre et le reste du sucre, au robot, jusqu'à obtention d'une préparation légère et mousseuse. Incorporez les œufs un à un, puis la crème. Ajoutez 2 cuillerées à soupe de sirop, puis les farines tamisées, les amandes, le chocolat et la poudre d'amandes.

5 Versez la pâte dans le moule et disposez les poires bien droites le long du bord, en les enfonçant délicatement jusqu'au fond.

6 Faites cuire le gâteau 1 h 35. Laissez-le reposer 10 minutes avant de le démouler. Servez-le tiède, après l'avoir badigeonné avec le reste du sirop, au pinceau.

gâteau citron vert et noix de coco

300 g de farine ordinaire
110 g de sucre en poudre
150 g de beurre froid coupé en cubes
2 jaunes d'œufs
1 c. à s. d'eau froide, environ
115 g de marmelade de citrons verts

Garniture citron vert et coco
125 g de beurre à température ambiante
2 c. à c. de zeste de citron vert finement râpé
150 g de sucre en poudre
2 œufs à température ambiante
150 g de farine avec levure incorporée
40 g de noix de coco séchée
60 ml de lait
60 ml de jus de citron vert

Nappage au citron vert
125 g de beurre doux coupé en cubes
2 œufs
1 c. à c. de zeste de citron vert finement râpé
80 ml de jus de citron vert
150 g de sucre en poudre

Citrons verts confits
2 petits citrons verts (130 g)
500 ml d'eau
165 g de sucre en poudre

1 Travaillez la farine, le sucre et le beurre, dans un robot, jusqu'à obtention d'un sable grossier. Sans couper le moteur, ajoutez les jaunes d'œufs et juste ce qu'il faut d'eau pour que les ingrédients s'amalgament. Pétrissez la pâte sur un plan de travail fariné. Quand elle est lisse, emballez-la dans du film alimentaire et placez-la pour 30 minutes au réfrigérateur.

2 Préchauffez le four à 180 °C. Beurrez un moule à fond amovible de 22 cm de diamètre.

3 Dans une petite poêle, faites chauffer la marmelade à feu doux, jusqu'à ce qu'elle soit fluide.

4 Abaissez la pâte au rouleau, entre 2 feuilles de papier sulfurisé, et foncez-en le moule. Égalisez le bord. Étalez la marmelade sur le fond.

5 Préparez la garniture citron vert et coco. Dans un bol, battez le beurre, le zeste de citron vert et le sucre, avec un batteur électrique, jusqu'à ce que le mélange soit léger. Incorporez les œufs un à un. En remuant, ajoutez la farine tamisée, la noix de coco, le lait et le jus de citron vert.

6 Versez la garniture dans le moule. Faites cuire environ 1 h 10. Laissez reposer le gâteau dans le moule pendant 10 minutes, puis retirez la paroi et laissez refroidir.

7 Pour préparer le nappage au citron vert, mettez le beurre dans une petite casserole à fond épais. Dans un bol, battez les œufs avec une fourchette. Ajoutez les œufs et les autres ingrédients dans la casserole, puis faites chauffer 10 minutes à feu doux, en remuant, jusqu'à ce que le mélange nappe le dos d'une cuillère en bois. Passez le nappage au tamis. Couvrez de film alimentaire et placez pour 2 heures au réfrigérateur.

8 Découpez les citrons verts en fines tranches. Faites bouillir l'eau dans une poêle. Faites-y mijoter les tranches de citron 10 minutes, sans couvrir, jusqu'à ce que le zeste soit tendre. Ajoutez le sucre et faites chauffer à feu moyen, en remuant et sans porter à ébullition, jusqu'à ce que le sucre soit dissous. Laissez mijoter encore 7 minutes, sans couvrir, jusqu'à ce que les tranches soient transparentes et luisantes. Avec une fourchette, retirez-les du sirop. Laissez-les refroidir sur du papier sulfurisé.

9 Étalez le nappage sur le gâteau et garnissez avec le citron confit.

ASTUCES
Le citron confit est parfois difficile à couper, aussi évitez les tranches lorsque vous découpez le gâteau.
Veillez à mesurer le moule à fond amovible lorsqu'il est fermé (la mesure indiquée sur le fond pourrait être celle du moule ouvert).

CONSERVATION
Ce gâteau se conserve jusqu'à 4 jours au réfrigérateur, dans un récipient hermétique.

12 35' 2h30 1h10 180°

8 20' 40' 180°

gâteau aux fruits rouges et sirop à la vanille

125 g de beurre en cubes
220 g de sucre en poudre
3 œufs
75 g de farine ordinaire
35 g de farine avec levure incorporée
60 g de poudre d'amandes
80 ml de crème fraîche
225 g d'un mélange de fruits rouges surgelés
100 g de cerises noires dénoyautées en conserve, égouttées

Sirop à la vanille
110 g de sucre en poudre
125 ml d'eau
2 gousses de vanille

1 Préchauffez le four à 180 °C. Beurrez un moule à baba de 20 cm de diamètre (ou un moule profond de 20 cm de diamètre que vous chemiserez ensuite de papier sulfurisé).

2 Battez le beurre et le sucre, au robot, jusqu'à obtention d'une préparation légère et mousseuse. Ajoutez les œufs un à un. Versez dans un saladier et ajoutez les farines tamisées, la poudre d'amandes, la crème, les fruits rouges et les cerises.

3 Versez la pâte dans le moule et faites cuire 40 minutes.

4 Préparez le sirop à la vanille. Mélangez le sucre et l'eau dans une casserole. Fendez les gousses de vanille et grattez les graines au-dessus de la casserole. Mettez les gousses dans la casserole. Faites chauffer, en remuant, jusqu'à ce que le sucre soit dissous. Laissez frémir pendant 5 minutes, sans couvrir ni mélanger. Retirez les gousses du sirop à l'aide d'une pince.

5 Laissez reposer le gâteau 5 minutes avant de le démouler sur une grille posée au-dessus d'une plaque. Versez le sirop chaud sur le gâteau encore chaud.

tourte pâtissière à la vanille

2 pâtes feuilletées
2 c. à s. de sucre glace
20 g d'amandes effilées
220 g de sucre en poudre
150 g de fécule de maïs
60 g de préparation pour crème pâtissière en poudre
300 ml de crème fraîche
875 ml de lait
1 gousse de vanille
60 g de beurre coupé en cubes
2 jaunes d'œufs

1 Préchauffez le four à 220 °C. Beurrez un moule à fond amovible de 24 cm de diamètre. Chemisez 2 plaques de cuisson de papier sulfurisé.

2 Posez les pâtes feuilletées sur les plaques. Badigeonnez-les avec un peu, d'eau puis saupoudrez-les uniformément de sucre glace tamisé. Parsemez une des pâtes avec les amandes effilées. Faites cuire les 2 pâtes environ 15 minutes. Écrasez-les délicatement. Découpez dans chacune un disque de 24 cm de diamètre. Déposez la pâte nature dans le fond du moule.

3 Pendant ce temps, faites chauffer le sucre, la fécule et la crème pâtissière en poudre dans une casserole moyenne. Mélangez la crème fraîche et le lait dans un broc. Versez progressivement dans la casserole, en fouettant jusqu'à ce que la préparation soit lisse.

4 Fendez la gousse de vanille en deux dans la longueur. Grattez les petites graines au-dessus de la casserole. Ajoutez le beurre. Portez à ébullition, en remuant constamment jusqu'à ce que le mélange bouillonne et épaississe. Laissez frémir 3 minutes, sans cesser de remuer. Hors du feu, incorporez les jaunes d'œufs. Versez cette préparation dans le moule. Posez l'autre disque de pâte sur la crème, côté amandes vers le haut. Faites raffermir 2 heures au réfrigérateur.

5 Servez la tourte saupoudrée de sucre glace tamisé.

gâteau aux pruneaux et à la crème pâtissière

300 g de beurre à température ambiante
1 c. à c. de zeste de citron finement râpé
220 g de sucre en poudre
3 œufs à température ambiante
300 g de farine avec levure incorporée
200 g de pruneaux dénoyautés
1 jaune d'œuf

Crème pâtissière
1 gousse de vanille
330 ml de lait
4 jaunes d'œufs
75 g de sucre en poudre
2 ½ c. à s. de fécule de maïs
1 c. à s. de rhum ambré

1 Préchauffez le four à 170 °C. Beurrez et farinez légèrement un moule à fond amovible de 26 cm de diamètre.

2 Préparez la crème pâtissière. Fendez en deux la gousse de vanille et grattez les graines au-dessus d'une casserole moyenne ; mettez la gousse dans la casserole. Ajoutez le lait et portez à ébullition. Retirez du feu. Fouettez les jaunes d'œufs, le sucre et la fécule dans un bol résistant à la chaleur. Versez le lait chaud et fouettez jusqu'à obtention d'une préparation lisse. Reversez le tout dans la casserole ; jetez la gousse de vanille. Fouettez sur le feu jusqu'à ce que la crème bouillonne et épaississe. Hors du feu, incorporez le rhum.

3 Battez le beurre, le zeste de citron et le sucre, avec un batteur électrique, jusqu'à obtention d'un mélange lisse. Incorporez les œufs un à un, ne battez pas trop. Incorporez la farine tamisée en 2 fois et mélangez jusqu'à obtenir une préparation lisse.

4 Réservez ¼ de la pâte. Étalez le reste sur le fond et les parois du moule. Versez la crème pâtissière sur la pâte, puis disposez les pruneaux.

5 À l'aide d'une cuillère, étalez la pâte réservée sur les pruneaux, puis lissez la surface avec une spatule.

6 Fouettez le jaune d'œuf avec 1 cuillerée à soupe d'eau dans un petit bol, puis badigeonnez-en le dessus du gâteau. À l'aide d'une fourchette, dessinez des croisillons sur toute la surface du gâteau. Faites cuire au four 50 minutes, puis laissez refroidir dans le moule.

NOTE
Mesurez le moule à fond amovible lorsqu'il est fermé (la mesure indiquée sur le fond pourrait être celle du moule ouvert).

CONSERVATION
Ce gâteau se conserve 2 jours à température ambiante et 4 jours au réfrigérateur, dans un récipient hermétique.

Versez la crème pâtissière sur la pâte, puis disposez les pruneaux. À l'aide d'une cuillère, étalez la pâte réservée sur les pruneaux.

À l'aide d'une fourchette, dessinez des croisillons sur la surface du gâteau.

10
25'
50'
170°

miniroulés à la crème au beurre

24 | 35' | 21' | 30' | 220°

4 œufs
150 g de poudre d'amandes
160 g de sucre glace
50 g de farine
30 g de beurre doux fondu
4 blancs d'œufs
1 c. à s. de sucre en poudre
2 c. à s. de noix de coco râpée
1 c. à s. de sucre cristal
220 g de gelée de groseille, chauffée et filtrée

Crème au beurre
110 g de sucre en poudre
60 ml d'eau
1 c. à s. de lait
¼ de c. à c. de gélatine
125 g de beurre doux ramolli
1 c. à c. d'extrait de vanille

1 Préchauffez le four à 220 °C. Tracez un rectangle de 20 × 25 cm sur 3 feuilles de papier sulfurisé. Beurrez 3 plaques de cuisson et chemisez-les des feuilles, côté dessiné contre la plaque.

2 Avec un batteur électrique, battez les œufs, la poudre d'amandes et le sucre glace tamisé, jusqu'à obtention d'un mélange crémeux. Sans cesser de battre, ajoutez la farine. Incorporez le beurre.

3 Montez les blancs d'œufs en neige avec un batteur électrique. Ajoutez le sucre en poudre et battez jusqu'à ce qu'il soit dissous. Incorporez la préparation aux amandes, en 2 fois.

4 Répartissez le tout sur les plaques, en étalant la pâte à l'intérieur des rectangles. Faites cuire au four, 1 plaque à la fois, pendant 7 minutes.

5 Découpez 3 rectangles de papier sulfurisé de la taille de la base d'un moule de 26 × 32 cm. Placez-le sur le plan de travail. Parsemez 1 rectangle de la moitié de la noix de coco râpée, le deuxième de la moitié du sucre cristal et le troisième du reste de noix de coco et de sucre préalablement mélangés. Démoulez les 3 génoises sur les feuilles de papier sulfurisé. Coupez les bords. Enroulez-les en partant d'un grand côté, en vous aidant du papier, puis déroulez et laissez refroidir.

6 Préparez la crème au beurre. Dans une petite casserole, faites chauffer à feu doux le sucre, 2 cuillerées à soupe d'eau et le lait, en remuant, sans laisser bouillir, jusqu'à ce que le sucre soit dissous. Versez le reste de l'eau dans un petit récipient et saupoudrez la gélatine. Incorporez le mélange dans la préparation au lait et remuez pour dissoudre la gélatine. Laissez refroidir. Avec un batteur électrique, battez le beurre et l'extrait de vanille dans un bol, jusqu'à ce que le mélange soit aussi blanc que possible. Ajoutez petit à petit la préparation au lait, en battant.

7 Tartinez chaque génoise de gelée froide et de crème au beurre, puis enroulez de nouveau. Couvrez et placez au réfrigérateur pour 30 minutes. Découpez chaque roulé en 8 tranches.

Dessinez 3 rectangles sur 3 feuilles de papier sulfurisé. Posez les feuilles sur des plaques, côté dessiné contre les plaques. Étalez la pâte à l'intérieur des rectangles.

Découpez la croûte sur les bords des génoises encore chaudes. Enroulez chaque génoise en vous aidant du papier, puis déroulez et laissez refroidir.

gâteau roulé à la confiture de framboises et à la crème

10 | 20' | 12' | 30' | 180°

3 œufs
150 g de sucre en poudre
75 g de fécule de maïs
2 c. à s. de préparation en poudre pour crème anglaise
¾ de c. à c. de crème de tartre
½ c. à c. de bicarbonate de soude
110 g de confiture de framboises
180 ml de crème épaisse, fouettée

1 Préchauffez le four à 180 °C. Beurrez une plaque de 25 × 30 cm et chemisez-la de papier sulfurisé, en le laissant dépasser de 5 cm sur les deux côtés les plus longs.

2 Battez les œufs avec 110 g de sucre en poudre, au robot, jusqu'à ce que la préparation soit épaisse et crémeuse. Ajoutez tous les ingrédients secs tamisés, en 3 fois.

3 Versez la pâte sur la plaque et faites cuire 12 minutes.

4 Pendant ce temps, posez une feuille de papier sulfurisé de la même taille que la plaque sur le plan de travail et saupoudrez-la avec le reste du sucre. Démoulez la génoise sur cette feuille et décollez celle qui se trouvait sous la génoise. Laissez refroidir et égalisez les bords.

5 Nappez la génoise de confiture, puis de crème, et roulez-la sur le côté le plus court. Couvrez de film alimentaire et placez au réfrigérateur pour 30 minutes.

gâteau roulé à la crème au gingembre

10 25' 12' 30' 180°

3 œufs
150 g de sucre en poudre
100 g de fécule de maïs
1 c. à c. de crème de tartre
½ c. à c. de bicarbonate de soude
1 c. à c. de cacao en poudre
2 c. à c. de gingembre moulu
½ c. à c. de cannelle moulue

Crème au gingembre
180 ml de crème épaisse
2 c. à s. de golden syrup
ou de miel liquide
1 c. à c. de gingembre moulu

1 Préchauffez le four à 180 °C. Beurrez une plaque de 25 × 30 cm et chemisez-la de papier sulfurisé, en le laissant dépasser de 5 cm sur les deux côtés les plus longs.

2 Battez les œufs avec 110 g de sucre en poudre, au robot, jusqu'à obtention d'une préparation épaisse et crémeuse. Ajoutez tous les ingrédients secs tamisés, en 3 fois.

3 Versez la pâte sur la plaque et faites cuire 12 minutes.

4 Pendant ce temps, posez une feuille de papier sulfurisé de la même taille que la plaque sur le plan de travail et saupoudrez-la avec le reste du sucre. Retournez la génoise sur cette feuille et décollez celle qui était sous la génoise. Laissez refroidir et égalisez les bords.

5 Préparez la crème au gingembre en battant tous les ingrédients dans un bol, avec un batteur électrique, jusqu'à ce que des pointes se forment.

6 Nappez la génoise de crème et roulez-la sur le côté le plus long. Couvrez de film alimentaire et placez au réfrigérateur pour 30 minutes.

gâteau roulé aux mûres

8 15' 12' 180°

3 œufs
130 g de sucre en poudre
75 g de fécule de maïs
1 c. à s. de préparation en poudre pour crème anglaise
1 ½ c. à c. de bicarbonate de soude ou de levure chimique
1 c. à s. de sucre glace

Crème aux mûres
180 ml de crème fraîche épaisse
1 c. à c. d'extrait de vanille
1 c. à s. de sucre glace
150 g de mûres surgelées

1 Préchauffez le four à 180 °C. Beurrez un moule à génoise de 25 × 30 cm ; chemisez le fond et les deux grands côtés de papier sulfurisé, en laissant celui-ci dépasser de 5 cm sur les bords.

2 Dans un saladier, battez les œufs avec 110 g de sucre en poudre, jusqu'à ce que le mélange devienne épais et crémeux. Comptez environ 5 minutes pour obtenir cette consistance.

3 Tamisez 2 fois au-dessus d'une feuille de papier sulfurisé la fécule de maïs, la préparation pour crème anglaise et le bicarbonate de soude. Recommencez l'opération encore une fois, directement sur les œufs battus, puis mélangez délicatement avec un fouet ou une spatule. Versez la pâte dans le moule, lissez la surface et faites cuire 12 minutes au four.

4 Étalez sur le plan de travail un carré de papier sulfurisé de la surface du moule et saupoudrez-le uniformément du reste de sucre en poudre. Démoulez la génoise dessus.

5 Avec un couteau à dents, retirez le pourtour du gâteau, puis couvrez ce dernier d'un torchon propre pour le laisser tiédir.

6 Préparez la crème aux mûres : fouettez en chantilly la crème fraîche, l'extrait de vanille et le sucre glace. Ajoutez les mûres (vous pouvez les couper en deux ou en quatre si elles sont un peu grosses).

7 Nappez la génoise de crème aux fruits. En vous aidant du papier sulfurisé, roulez-la en une longue bûche. Saupoudrez de sucre glace tamisé. Ne tardez pas trop pour servir, sinon la génoise risque de se détremper.

VARIANTE

Vous pouvez faire cuire ce gâteau dans un moule rond de 22 cm de diamètre beurré et légèrement fariné : le temps de cuisson sera un peu plus long (20 minutes environ). Démoulez le gâteau sur une grille, laissez-le refroidir puis coupez-le en deux dans la hauteur pour le garnir de crème aux mûres.

tiramisu roulé

60 ml d'eau
2 c. à s. de liqueur de café
160 g de sucre en poudre
1 c. à c. de café soluble
1 c. à c. d'eau bouillante
3 œufs
110 g de sucre en poudre supplémentaire
75 g de farine ordinaire
2 c. à s. d'amandes effilées

Crème au café
250 g de mascarpone
125 ml de crème fraîche épaisse
2 c. à s. de liqueur de café

1 Préchauffez le four à 220 °C. Beurrez un moule à génoise de 25 × 30 cm ; chemisez le fond et les grands côtés de papier sulfurisé, en laissant ce dernier dépasser de 5 cm sur les bords.

2 Dans une petite casserole, portez l'eau à ébullition, avec la liqueur et 2 cuillerées à soupe de sucre en poudre. Baissez la flamme et laissez frémir 5 minutes sans couvrir ni remuer pour que le sirop épaississe légèrement. Hors du feu, incorporez la moitié du café. Réservez le sirop.

3 Faites dissoudre le reste du café dans l'eau bouillante.

4 Fouettez les œufs avec 110 g de sucre pendant 5 minutes pour que le mélange blanchisse. Ajoutez le café chaud.

5 Tamisez à deux reprises la farine au-dessus d'une feuille de papier sulfurisé, puis tamisez-la à nouveau au-dessus des œufs battus et mélangez délicatement. Étalez la pâte dans le moule et parsemez-la d'amandes. Faites cuire 15 minutes au four.

6 Dans une feuille de papier sulfurisé, découpez un carré de la taille du moule, puis saupoudrez-le avec 2 cuillerées de sucre, démoulez la génoise sur cette feuille et saupoudrez-la avec le reste du sucre. Découpez les bords avec un couteau à dents pour les égaliser. Enroulez aussitôt la génoise en vous aidant du papier et laissez-la refroidir.

7 Préparez la crème au café : fouettez en crème épaisse le mascarpone, la crème fraîche et la liqueur de café.

8 Déroulez délicatement la génoise et badigeonnez-la avec le sirop réservé. Nappez-la ensuite de crème et roulez à nouveau. Couvrez de film alimentaire et réfrigérez 30 minutes avant de servir.

VARIANTES

On parfume traditionnellement le tiramisu avec de la liqueur de café, mais vous pouvez aménager la recette en utilisant le parfum de votre choix : liqueur de chocolat, d'amande, de noisette, voire de réglisse ou de menthe si vous aimez les mariages singuliers. La génoise est préparée avec de la farine sans levure, mais les œufs battus lui apportent une certaine légèreté qui lui permettra de gonfler en cuisant (utilisez un fouet électrique pour aérer le mélange).

bûche au chocolat râpé

4 œufs, blancs et jaunes séparés
100 g de sucre en poudre
2 c. à s. d'eau chaude
60 g de chocolat noir râpé
75 g de farine avec levure incorporée
2 c. à s. de sucre en poudre supplémentaire

Crème à la vanille
180 ml de crème épaisse
2 c. à s. de sucre glace
1 c. à c. d'extrait de vanille

1 Préchauffez le four à 180 °C. Beurrez une plaque de 26 × 32 cm et chemisez-la de papier sulfurisé, en le laissant dépasser de 5 cm sur les deux côtés les plus longs.

2 Battez les jaunes d'œufs et le sucre au robot pendant 5 minutes environ, jusqu'à obtention d'un mélange épais et crémeux. Versez la préparation dans un saladier, ajoutez l'eau chaude et le chocolat râpé, puis la farine tamisée.

3 Montez les blancs d'œufs en neige au robot jusqu'à ce que des pointes se forment. Ajoutez-les à la pâte.

4 Versez la pâte sur la plaque et faites cuire 12 minutes.

5 Posez un morceau de papier sulfurisé de la même taille que la plaque sur le plan de travail et saupoudrez-le avec le sucre supplémentaire. Démoulez la génoise sur le papier et décollez celui qui se trouvait sous la génoise. Enroulez le gâteau dans la longueur, sans serrer, laissez reposer 2 minutes, puis déroulez-le. Laissez-le refroidir et égalisez les bords.

6 Préparez la crème à la vanille en battant tous les ingrédients au robot, jusqu'à ce que des pointes se forment. Nappez la génoise de crème et roulez le gâteau.

moelleux aux pistaches, amandes et pignons de pin

8 | 20' | 35' | 180°

80 g de beurre ramolli
1 c. à c. d'extrait de vanille
110 g de sucre en poudre
1 œuf
150 g de farine avec levure incorporée
80 ml de lait

Fruits secs aux épices
2 c. à s. de pistaches finement broyées
2 c. à s. d'amandes émondées finement broyées
2 c. à s. de pignons de pin finement broyés
40 g de sucre glace
½ c. à c. de quatre-épices
½ c. à c. de cardamome moulue
1 c. à c. de cannelle moulue

1 Préchauffez le four à 180 °C. Beurrez un moule à gâteau de 20 cm de diamètre.

2 Fouettez en crème légère 60 g de beurre, l'extrait de vanille, le sucre et l'œuf. Incorporez la farine tamisée et le lait.

3 Étalez la pâte dans le moule et faites cuire 25 minutes au four. Laissez reposer le gâteau 5 minutes, puis démoulez-le sur une grille. Laissez refroidir.

4 Mettez dans une passoire les pistaches, les amandes et les pignons de pin, pour les rincer à l'eau claire. Mélangez-les ensuite avec le sucre glace et les épices, sans les sécher complètement. Étalez-les sur une plaque et glissez-les au four pour 10 minutes afin de les faire légèrement griller.

5 Faites fondre le reste du beurre pour en badigeonner le gâteau. Répartissez les fruits secs grillés dessus. Servez tiède.

CONSEILS
Pour cette recette, achetez des pistaches, des amandes et des pignons de très bonne qualité et croquants. On les mélange avec des épices avant de les faire griller. Ce gâteau est assez facile à réussir, mais il faut bien mélanger le sucre, le beurre et l'œuf.

gâteau marbré aux framboises

12 | 30' | 1h | 180°

250 g de beurre ramolli
1 c. à c. d'extrait de vanille
275 g de sucre glace
3 œufs
335 g de farine avec levure incorporée
180 ml de lait
150 g de framboises surgelées, partiellement décongelées

Glaçage au beurre
100 g de beurre ramolli
160 g de sucre glace
1 c. à s. de lait
colorant alimentaire rose

1 Préchauffez le four à 180 °C. Beurrez un moule profond de 23 cm de diamètre et chemisez-le de papier sulfurisé.

2 Battez le beurre, l'extrait de vanille et le sucre au robot jusqu'à obtention d'une préparation légère et mousseuse. Incorporez les œufs un à un, puis la farine tamisée et le lait, en 2 fois.

3 Écrasez les framboises dans un bol. Divisez la pâte en deux et mélangez-en une moitié avec les framboises. Garnissez le moule de cuillerées de pâte, en alternant les deux couleurs. Passez une brochette d'avant en arrière dans le moule pour former des marbrures.

4 Faites cuire le gâteau 1 heure. Laissez-le reposer 5 minutes avant de le démouler sur une grille pour qu'il refroidisse.

5 Préparez le glaçage. Battez le beurre au robot pour qu'il blanchisse le plus possible. Incorporez le sucre glace tamisé et le lait, en 2 fois. Divisez le glaçage en deux et colorez-en une moitié avec le colorant rose.

6 Garnissez le gâteau de glaçage blanc. Ajoutez de belles cuillerées de glaçage rose et étalez en tournant pour former des marbrures.

moelleux aux pistaches et sirop à l'orange et au miel

280 g de pistaches non salées grossièrement broyées
185 g de beurre ramolli
1 c. à s. de zeste d'orange râpé
165 g de sucre en poudre
3 œufs
60 ml de lait fermenté
225 g de farine avec levure incorporée
110 g de farine ordinaire

Sirop à l'orange et au miel
220 g de sucre en poudre
250 ml d'eau
1 c. à s. de miel
1 bâton de cannelle
1 c. à c. de graines de cardamome
3 étoiles de badiane
3 lanières de zeste d'orange

1 Préparez le sirop à l'orange : mélangez les ingrédients dans une casserole et faites chauffer à feu moyen sans laisser bouillir, jusqu'à dissolution du sucre. Portez à ébullition, puis laissez infuser 15 minutes hors du feu. Filtrez et laissez refroidir.

2 Préchauffez le four à 180 °C. Beurrez un moule à gâteau carré de 23 cm de côté et chemisez-le de papier sulfurisé, en laissant ce dernier dépasser de 2 cm. Étalez les pistaches au fond du moule.

3 Dans un saladier, fouettez le beurre avec le zeste d'orange et le sucre. Ajoutez les œufs un à un, en mélangeant bien après chaque ajout. Incorporez le lait fermenté, 90 ml de sirop à l'orange puis les farines tamisées, en 2 fois.

4 Versez la pâte dans le moule et faites cuire 40 minutes au four. Laissez reposer le gâteau 5 minutes avant de le démouler sur une grille recouverte de papier sulfurisé. Réchauffez le sirop et versez-en la moitié sur le gâteau encore chaud.

5 Découpez le gâteau en carrés et servez-les tièdes, humectés avec le reste du sirop.

ASTUCE

Sauf indication contraire, les noix et autres fruits à coque utilisés en pâtisserie ne sont jamais salés. Ces fruits ont tendance à rancir quand on les garde trop longtemps, aussi achetez-les par petites quantités et goûtez-les avant de les employer en cuisine : ils doivent avoir un goût légèrement sucré et être croquants.

10
20'
15'
40'
180°

8 | 10' | 1h | 200°

gâteau coco-Passion

75 g de farine ordinaire
220 g de sucre en poudre
80 g de noix de coco séchée
4 œufs légèrement battus
2 c. à c. d'extrait de vanille
125 g de beurre fondu
330 ml de lait
125 ml de pulpe de fruits de la Passion (6 fruits)
1 c. à s. de sucre glace

1 Préchauffez le four à 200 °C. Beurrez un moule à manqué de 24 cm de diamètre.

2 Tamisez la farine au-dessus d'un grand saladier. Ajoutez les autres ingrédients, sauf le sucre glace. Remuez puis versez l'ensemble dans le moule.

3 Faites cuire environ 1 heure.

4 Servez ce gâteau saupoudré de sucre glace tamisé. Accompagnez de crème fouettée ou de glace.

NOTE
En cuisant, le fond de ce gâteau deviendra crémeux.

gâteau marbré

250 g de beurre ramolli
1 c. à c. d'extrait de vanille
275 g de sucre en poudre
3 œufs
335 g de farine avec levure incorporée
180 ml de lait
colorant alimentaire rose
2 c. à s. de cacao en poudre
2 c. à s. de lait supplémentaire

Glaçage au beurre
90 g de beurre ramolli
160 g de sucre glace
1 c. à s. de lait

1 Préchauffez le four à 180 °C. Beurrez un moule rond à bord haut de 22 cm de diamètre ou carré de 20 cm de côté, puis chemisez le fond de papier sulfurisé.

2 Battez le beurre, l'extrait de vanille et le sucre, au robot, jusqu'à obtention d'une préparation légère et mousseuse. Incorporez les œufs un à un. Ajoutez la farine tamisée et le lait, en 2 fois.

3 Divisez la préparation en trois. Colorez-en 1/3 en rose. Mélangez le cacao et le lait supplémentaire dans un bol, puis incorporez au deuxième tiers. Laissez le dernier tiers tel quel. Répartissez les 3 différentes préparations dans le moule, avec une cuillère. Passez une brochette d'avant en arrière dans la pâte pour former les marbrures.

4 Faites cuire environ 1 heure. Laissez le gâteau reposer 5 minutes, puis démoulez-le sur une grille et laissez refroidir.

5 Préparez le glaçage au beurre : battez le beurre au robot jusqu'à ce qu'il soit mousseux, puis incorporez le sucre glace tamisé et le lait, en 2 fois. Nappez de glaçage le dessus et les côtés du gâteau.

12 40' 1h 180°

16 25' 1h 50' 180°

12 10' 40' 180°

gâteau à l'orange

150 g de beurre ramolli
1 c. à s. de zeste d'orange finement râpé
150 g de sucre en poudre
3 œufs
225 g de farine avec levure incorporée
60 ml de lait

Glaçage à l'orange
120 g de sucre glace
1 ½ c. à s. de jus d'orange

1 Préchauffez le four à 180 °C. Beurrez un moule à gâteau de 20 cm de diamètre.

2 Battez le beurre, le zeste d'orange, le sucre, les œufs, la farine et le lait au robot, à vitesse faible, jusqu'à ce que tous les ingrédients soient mélangés. Passez à la vitesse moyenne et battez 3 minutes environ, jusqu'à ce que la préparation soit bien lisse.

3 Versez la pâte dans le moule et faites cuire 40 minutes. Laissez le gâteau reposer 5 minutes, puis démoulez-le sur une grille et laissez refroidir.

4 Préparez le glaçage à l'orange en mélangeant les ingrédients dans un bol. Nappez-en le dessus du gâteau.

gâteau streusel aux pommes

200 g de beurre ramolli
2 c. à c. de zeste de citron finement râpé
150 g de sucre en poudre
3 œufs
150 g de farine avec levure incorporée
75 g de farine ordinaire
80 ml de lait
5 pommes moyennes (750 g)
25 g de beurre supplémentaire
75 g de sucre roux

Streusel
75 g de farine ordinaire
35 g de farine avec levure incorporée
75 g de sucre roux
½ c. à c. de cannelle moulue
80 g de beurre coupé en cubes

1 Préchauffez le four à 180 °C. Beurrez un moule profond de 23 cm de diamètre et chemisez-le de papier sulfurisé.

2 Préparez le streusel. Mélangez les farines, le sucre et la cannelle au robot. Ajoutez le beurre et battez bien. Enveloppez dans du film alimentaire et laissez durcir 1 heure environ au congélateur.

3 Battez le beurre, le zeste de citron et le sucre dans un bol, au robot, jusqu'à obtention d'une préparation légère et mousseuse. Incorporez les œufs un à un. Versez dans un saladier, puis ajoutez les farines tamisées et le lait, en 2 fois.

4 Versez la pâte dans le moule et faites cuire 25 minutes.

5 Pendant ce temps, épluchez et épépinez les pommes, coupez-les en quartiers puis en fines lamelles. Faites fondre le beurre supplémentaire dans une poêle et faites-y revenir les pommes 5 minutes, jusqu'à ce qu'elles soient légèrement dorées. Ajoutez le sucre roux et poursuivez la cuisson 5 minutes, pour que la préparation épaississe légèrement. Réservez.

6 Sortez le gâteau du four. Garnissez-le immédiatement avec les pommes et recouvrez de streusel émietté. Remettez-le dans le four et poursuivez la cuisson 25 minutes. Attendez 10 minutes avant de démouler le gâteau et de le laisser refroidir sur une grille. Servez tiède ou froid.

12 | 20' | 10' | 1h10 | 180°

gâteau du bûcheron

2 grosses pommes (400 g) épluchées, épépinées et finement hachées
150 g de dattes séchées dénoyautées et finement hachées
1 c. à c. de bicarbonate de soude
250 ml d'eau bouillante
125 g de beurre ramolli
1 c. à c. d'extrait de vanille
220 g de sucre en poudre
1 œuf
225 g de farine ordinaire

Garniture à la noix de coco
60 g de beurre coupé en cubes
110 g de sucre roux
125 ml de lait
50 g de noix de coco râpée

1 Préchauffez le four à 180 °C. Beurrez un moule carré profond de 23 cm de côté et chemisez-le de papier sulfurisé.

2 Mélangez les pommes, les dattes et le bicarbonate de soude dans un saladier. Ajoutez l'eau, couvrez de film alimentaire et laissez reposer 10 minutes.

3 Pendant ce temps, battez le beurre, l'extrait de vanille, le sucre et l'œuf au robot jusqu'à obtention d'une préparation légère et mousseuse. Versez sur les fruits et mélangez. Incorporez la farine tamisée.

4 Versez la pâte dans le moule et faites cuire 50 minutes.

5 Préparez la garniture à la noix de coco. Faites chauffer les ingrédients dans une casserole, à feu doux, en remuant, jusqu'à ce que le beurre soit fondu et le sucre, dissous.

6 Sortez le gâteau du four et nappez-le délicatement de garniture chaude, à l'aide d'une spatule. Poursuivez la cuisson 20 minutes, jusqu'à ce que la garniture soit dorée. Laissez reposer le gâteau 5 minutes avant de le démouler et de le laisser refroidir sur une grille.

20 20' 50' 180°

gâteau aux dattes qui colle aux doigts et sauce caramel

525 g de dattes séchées dénoyautées
750 ml d'eau chaude
2 c. à c. de bicarbonate de soude
185 g de beurre ramolli
500 g de sucre roux
6 œufs
450 g de farine avec levure incorporée
55 g de noix grossièrement hachées
60 g de noix de pécan grossièrement hachées

Sauce caramel
440 g de sucre roux
500 ml de crème épaisse
250 g de beurre coupé en morceaux

1 Préchauffez le four à 180 °C. Beurrez un moule de 26 × 36 cm, puis chemisez le fond et les 2 côtés les plus longs avec 2 épaisseurs de papier sulfurisé, en le laissant dépasser de 5 cm sur les bords.

2 Mélangez les dattes et l'eau dans une casserole, puis portez à ébullition. Hors du feu, ajoutez le bicarbonate de soude. Laissez reposer 5 minutes, puis mixez au robot pour obtenir une pâte lisse.

3 Battez le beurre et le sucre, au robot, jusqu'à obtention d'une préparation légère et mousseuse. Incorporez les œufs un à un. Ajoutez la purée de dattes et la farine tamisée. Versez la pâte dans le moule. Parsemez avec les noix et les noix de pécan.

4 Faites cuire 50 minutes. Attendez 10 minutes avant de démouler le gâteau sur une grille pour qu'il refroidisse.

5 Préparez la sauce caramel. Faites chauffer les ingrédients dans une casserole, sans porter à ébullition, jusqu'à ce que le sucre soit dissous. Portez ensuite à ébullition, baissez le feu et laissez frémir 3 minutes.

6 Nappez le dessus du gâteau avec 1/3 de la sauce et proposez le reste en accompagnement.

gâteau au sirop de grenade

125 g de beurre à température ambiante
220 g de sucre en poudre
3 œufs à température ambiante
75 g de farine ordinaire
35 g de farine avec levure incorporée
60 g de poudre d'amandes
80 ml de crème fraîche
125 g de pépins de grenade

Sirop de grenade
125 ml de jus de grenade
110 g de sucre en poudre
125 g de pépins de grenade
60 ml d'eau

1 Préchauffez le four à 180 °C. Beurrez un moule carré à bords hauts de 20 cm de côté. Chemisez le fond de papier sulfurisé.

2 Fouettez le beurre et le sucre dans un bol, avec un batteur électrique, jusqu'à obtention d'un mélange léger. Incorporez les œufs un à un, en fouettant. Versez cette préparation dans un grand bol. Ajoutez les farines tamisées, la poudre d'amandes et la crème fraîche.

3 Étalez cette pâte dans le moule. Parsemez la surface de pépins de grenade. Faites cuire environ 1 h 10 au four.

4 Préparez le sirop de grenade. Faites chauffer les ingrédients dans une petite casserole, en remuant, sans faire bouillir. Quand le sucre est dissous, portez à ébullition, puis laissez frémir 2 minutes, sans couvrir ni remuer.

5 Laissez le gâteau reposer 5 minutes avant de le retourner sur une grille pour qu'il refroidisse. Détachez le papier sulfurisé. Percez le gâteau avec une brochette en métal, sur toute sa surface, puis arrosez-le avec le sirop.

ASTUCES

Pour cette recette, vous aurez besoin de 2 grenades pour récolter suffisamment de pépins. Pour retirer les pépins enrobés de pulpe, coupez le fruit en deux, puis frappez-le avec une grande cuillère. Si la grenade est mûre, la plupart des pépins tomberont tout seuls. Vous pouvez aussi détacher les pépins avec une petite cuillère. Si vous prenez une grenade fraîche pour récolter du jus, pressez-la avec un presse-agrume, puis passez le jus obtenu au tamis. Vous pouvez aussi utiliser du jus de grenade prêt à l'emploi.

CONSERVATION

Ce gâteau se conserve jusqu'à 3 jours dans un récipient hermétique à température ambiante, ou 1 semaine au réfrigérateur et 1 mois au congélateur.

Pour retirer les pépins entourés de pulpe, coupez la grenade en deux, puis frappez-la (à coups secs) avec une grande cuillère : la plupart des pépins tomberont tout seuls.

Utilisez un presse-agrumes pour extraire le jus de la grenade. Décorez le gâteau avec des pépins entiers.

16 20' 1h10 180°

10 30' 50' 180°

gâteau aux pommes caramélisées

2 pommes moyennes (300 g)
200 g de beurre ramolli
165 g de cassonade
150 g de sucre en poudre
1 c. à c. d'extrait de vanille
2 œufs
150 g de farine avec levure incorporée
100 g de farine ordinaire
½ c. à c. de bicarbonate de soude ou de levure chimique
250 ml de lait fermenté
180 ml de crème fraîche

1 Préchauffez le four à 180 °C. Beurrez un moule à kouglof. Pelez, épépinez et coupez les pommes en quartiers, puis en tranches fines. Faites-les sauter 5 minutes à la poêle, dans une belle noix de beurre fondue. Ajoutez la cassonade et laissez épaissir 5 minutes. Égouttez les pommes au-dessus d'un saladier pour réserver séparément le liquide de cuisson.

2 Battez le reste du beurre avec le sucre en poudre et l'extrait de vanille. Ajoutez les œufs un à un. Incorporez en 2 fois les ingrédients secs tamisés et le lait fermenté.

3 Versez les deux tiers de la pâte dans le moule. Recouvrez-la de pommes, en laissant une bordure de 2 cm. Ajoutez le reste de la pâte et faites cuire 50 minutes au four. Laissez reposer 5 minutes puis démoulez sur une grille.

4 Versez dans une grande poêle le jus de cuisson des pommes et mélangez-le avec la crème. Portez à ébullition, puis réduisez le feu et laissez frémir 15 minutes sans couvrir pour que le caramel épaississe.

5 Servez le gâteau tiède, nappé de caramel.

gâteau épicé aux amandes et au miel

125 g de beurre ramolli
75 g de sucre en poudre
2 c. à s. de miel
1 c. à c. de gingembre moulu
1 c. à c. de poivre moulu
2 œufs
180 g de poudre d'amandes
80 g de semoule fine
1 c. à c. de levure chimique
60 ml de lait

Sirop aux épices
220 g de sucre en poudre
250 ml d'eau
8 gousses de cardamome
2 bâtons de cannelle

Crème au miel et à l'orange
180 ml de crème épaisse
1 c. à s. de miel
2 c. à s. de zeste d'orange râpé

1 Préchauffez le four à 180 °C. Beurrez un moule à gâteau de 20 cm de diamètre ; chemisez-le de papier sulfurisé.

2 Fouettez en crème légère le beurre, le sucre, le miel et les épices. Ajoutez les œufs un à un, en mélangeant bien après chaque ajout. Incorporez la poudre d'amandes, la semoule, la levure et le lait.

3 Étalez la pâte dans le moule et faites cuire 40 minutes au four. Laissez reposer 5 minutes.

4 Préparez le sirop : mélangez tous les ingrédients dans une petite casserole et faites chauffer à feu doux. Quand le sucre est dissous, laissez bouillir 5 minutes sans couvrir ni remuer, pour faire épaissir le sirop. Passez-le à travers un tamis fin. Versez-le encore brûlant sur le gâteau chaud. Laissez refroidir avant de démouler sur une grille. Réfrigérez 3 heures au moins.

5 Sortez le gâteau du réfrigérateur. Montez en chantilly la crème avec le miel et le zeste d'orange. Découpez le gâteau et servez-le à température ambiante, avec la crème.

8 20' 40' 3h 180°

gâteau aux figues, aux noix de pécan et au sirop d'érable

12 20' 40' 180°

125 g de beurre ramolli
110 g de sucre roux
4 œufs, blancs et jaunes séparés
180 g de noix de pécan moulues
55 g de semoule fine
60 ml de lait
200 g de figues séchées finement hachées

Sirop d'érable
125 ml de sirop d'érable
75 g de sucre roux
125 ml d'eau

1 Préchauffez le four à 180 °C. Beurrez un moule de 23 cm de diamètre et chemisez-le de papier sulfurisé.

2 Battez le beurre et le sucre, au robot, jusqu'à obtention d'une préparation légère et mousseuse. Incorporez les jaunes d'œufs. Versez dans un saladier, ajoutez les noix de pécan moulues et la semoule, puis le lait et les figues.

3 Montez les blancs d'œufs en neige, au robot, jusqu'à ce que des pointes se forment. Incorporez-les à la préparation, en 2 fois.

4 Versez la pâte dans le moule et faites cuire 40 minutes. Laissez le gâteau reposer 5 minutes avant de le démouler sur une grille et de le laisser refroidir.

5 Préparez le sirop d'érable. Faites chauffer les ingrédients à feu doux dans une petite casserole, jusqu'à ce que le sucre soit dissous. Portez ensuite à ébullition et laissez bouillir 5 minutes sans couvrir, pour que le sirop épaississe un peu.

6 Versez le sirop chaud sur le gâteau encore chaud. Servez tiède.

NOTE
Pour cette recette, vous devrez hacher finement 240 g de noix de pécan pour obtenir la quantité moulue nécessaire.

gâteau au sirop à la noix de coco

125 g de beurre ramolli
220 g de sucre en poudre
4 œufs
160 g de noix de coco râpée
150 g de farine avec levure incorporée
Sirop au citron
220 g de sucre en poudre
160 ml d'eau
6 lanières de zeste de citron

1 Préchauffez le four à 180 °C. Beurrez un moule en couronne de 20 cm de diamètre et chemisez-le de papier sulfurisé.

2 Battez le beurre et le sucre, au robot, jusqu'à obtention d'une préparation légère et mousseuse. Ajoutez les œufs un à un, puis la noix de coco et la farine tamisée.

3 Versez la pâte dans le moule et faites cuire 45 minutes.

4 Préparez le sirop au citron. Faites chauffer les ingrédients dans une petite casserole, en remuant, jusqu'à ce que le sucre soit dissous. Portez ensuite à ébullition, puis baissez le feu et laissez frémir 3 minutes, sans couvrir ni mélanger. Filtrez.

5 Versez le sirop chaud sur le gâteau dès la sortie du four et laissez refroidir dans le moule. Vous pouvez décorer le gâteau de copeaux de noix de coco.

gâteau au citron

12 25' 50' 180°

250 g de beurre ramolli
1 c. à s. de zeste de citron finement râpé
220 g de sucre en poudre
3 œufs
250 ml de lait fermenté
80 ml de jus de citron
300 g de farine avec levure incorporée
Sirop de citron
165 g de sucre en poudre
80 ml de jus de citron
60 ml d'eau

1 Préchauffez le four à 180 °C. Beurrez un moule à baba de 24 cm de diamètre.

2 Battez le beurre, le zeste de citron et le sucre au robot, jusqu'à obtention d'une préparation légère et mousseuse. Incorporez les œufs un à un. Versez dans un saladier, puis ajoutez le lait fermenté, le jus de citron et la farine tamisée, en 2 fois.

3 Versez la pâte dans le moule et faites cuire 50 minutes (couvrez le gâteau avec une feuille d'aluminium s'il se colore trop rapidement). Laissez reposer le gâteau 5 minutes avant de le démouler sur une grille posée au-dessus d'une plaque.

4 Préparez le sirop de citron. Faites chauffer les ingrédients, en remuant, jusqu'à ce que le sucre soit dissous, sans porter à ébullition. Laissez frémir 5 minutes sans couvrir ni remuer.

5 Versez le sirop chaud sur le gâteau encore chaud. Servez tiède.

10 50' 1h15 15' 180°

gâteau de polenta à l'orange

165 g de sucre en poudre
310 ml d'eau
1 orange moyenne (240 g)
non épluchée, coupée en fines rondelles
1 gros citron (180 g) non épluché,
coupé en fines rondelles
60 ml d'eau supplémentaire
125 g de beurre ramolli
1 c. à s. de zeste de citron finement râpé
220 g de sucre en poudre supplémentaire
3 œufs
60 g de poudre d'amandes
75 g de farine ordinaire
75 g de farine avec levure incorporée
120 g de polenta
80 ml de crème fraîche
60 ml de jus de citron

1 Préchauffez le four à 180 °C. Beurrez un moule à gâteau profond de 20 cm de diamètre, puis chemisez-le de papier sulfurisé.

2 Dans une grande poêle, faites chauffer le sucre et l'eau, en remuant, sans laisser bouillir, jusqu'à ce que le sucre soit dissous. Portez à ébullition, puis baissez le feu et laissez mijoter 5 minutes, jusqu'à ce que le sirop épaississe légèrement. Ajoutez les rondelles d'orange et de citron, puis laissez mijoter 7 minutes sans couvrir, jusqu'à ce que le zeste soit tendre, en retournant les rondelles à mi-cuisson.

3 Retirez la poêle du feu. Sortez les rondelles d'orange et de citron, puis couvrez-en le fond et le bord du moule, en alternant. Réservez le sirop.

4 Remettez le sirop sur le feu, ajoutez l'eau supplémentaire et portez à ébullition. Baissez le feu et laissez mijoter 5 minutes sans couvrir ni remuer, jusqu'à ce que le sirop prenne une couleur ambre clair. Versez le sirop chaud sur les rondelles d'agrumes dans le moule.

5 Avec un batteur électrique, battez le beurre, le zeste de citron et le sucre supplémentaire dans un petit récipient, jusqu'à ce que le mélange soit léger et aéré. Ajoutez les œufs un à un et battez jusqu'à ce qu'ils soient incorporés. Transvasez la préparation dans un grand récipient. Incorporez la poudre d'amandes, les farines tamisées, la polenta, la crème fraîche et le jus de citron. Versez la préparation dans le moule.

6 Faites cuire au four 1 h 15. Laissez reposer le gâteau 15 minutes. Démoulez-le sur un plat de service et servez à température ambiante.

POUR SERVIR

Servez ce gâteau chaud, avec 1 cuillerée de mascarpone aromatisé au citron ou à l'orange : dans un petit récipient, fouettez 250 g de mascarpone avec 2 cuillerées à café de zeste de citron ou d'orange finement râpé, 1 cuillerée à soupe de jus de citron ou d'orange et environ 2 cuillerées à soupe de sucre glace tamisé, jusqu'à ce que le mélange soit homogène. Goûtez et rajoutez un peu de sucre si nécessaire. Faites attention à ne pas trop battre le mascarpone, sinon il se séparera.

CONSEIL

Utilisez un couteau à dents pour couper les agrumes.

gâteau à la ricotta et sirop de citron vert

10 | 15' | 1h | 180°

200 g de beurre ramolli
1 c. à s. de zeste de citron
220 g de sucre en poudre
3 œufs, blancs et jaunes séparés
250 g de ricotta
125 ml de lait
225 g de farine avec levure incorporée

Sirop de citron vert
150 g de sucre en poudre
80 ml de jus de citron vert
60 ml d'eau

1 Préchauffez le four à 180 °C. Beurrez un moule à baba de 20 cm de diamètre (ou un moule profond de 20 cm de diamètre que vous chemiserez ensuite de papier sulfurisé).

2 Battez le beurre, le zeste de citron et le sucre, au robot, jusqu'à obtention d'une préparation légère et mousseuse. Ajoutez les jaunes d'œufs, la ricotta et le lait. Versez dans un saladier et incorporez la farine tamisée.

3 Montez les blancs d'œufs en neige, au robot, jusqu'à ce que des pointes se forment. Incorporez-les à la pâte, en 2 fois.

4 Versez la pâte dans le moule et faites cuire 1 heure. Laissez reposer le gâteau 5 minutes avant de le démouler sur une grille posée au-dessus d'une plaque.

5 Préparez le sirop de citron vert. Faites chauffer les ingrédients à feu doux, en remuant, jusqu'à ce que le sucre soit dissous. Portez ensuite à ébullition et laissez bouillir 2 minutes, sans couvrir, pour que le sirop épaississe un peu.

6 Versez le sirop chaud sur le gâteau démoulé. Servez-le tiède, avec de la crème fouettée.

gâteau aux fruits et au cream cheese

10 20' 50' 15' 180°

100 g de cream cheese
50 g de beurre ramolli
110 g de sucre en poudre
2 c. à s. de golden syrup ou de miel liquide
2 c. à c. de zeste d'orange finement râpé
2 œufs
2 carottes moyennes (240 g) grossièrement râpées
180 g de fruits confits hachés
100 g de farine ordinaire
100 g de farine avec levure incorporée
80 ml de jus d'orange

1 Préchauffez le four à 180 °C. Beurrez un moule couronne de 20 cm de diamètre.

2 Battez le cream cheese, le beurre, le sucre, le golden syrup ou le miel et le zeste d'orange dans un saladier, au robot, jusqu'à ce que la préparation soit légère et mousseuse. Incorporez les œufs un à un. Ajoutez les ingrédients restants.

3 Versez la pâte dans le moule et faites cuire le gâteau 50 minutes. Laissez-le reposer 15 minutes avant de le démouler sur une grille pour qu'il refroidisse.

10 25' 1h 10' 180°

moelleux aux myrtilles

3 œufs
275 g de sucre en poudre
2 c. à s. de zeste d'orange râpé
125 ml d'huile d'olive
80 ml de lait
150 g de farine
150 g de farine avec levure incorporée
100 g de myrtilles
80 g de confiture d'abricots chauffée et filtrée

1 Préchauffez le four à 180 °C. Beurrez un moule à gâteau carré de 19 cm de côté.

2 Battez les œufs, le sucre et le zeste d'orange. Quand le sucre est parfaitement dissous, incorporez l'huile d'olive et le lait, puis les farines tamisées, en 2 fois.

3 Versez la pâte dans le moule et faites cuire 20 minutes au four. Quand le dessus commence à prendre, garnissez de myrtilles, puis remettez au four et laissez cuire encore 40 minutes.

4 Laissez reposer 10 minutes avant de démouler le moelleux sur une grille. Nappez-le de confiture d'abricots et servez sans attendre, car ce gâteau est meilleur tiède.

CONSEIL

Pour cette recette, vous pouvez utiliser des myrtilles fraîches ou surgelées. Dans ce dernier cas, cependant, ne les faites pas décongeler, car elles risqueraient de colorer le gâteau. Attendez que le dessus du gâteau commence à prendre avant d'y étaler les myrtilles, sinon ces dernières vont s'enfoncer dans la pâte.

gâteau à la banane et sirop caramel

12 15' 1h 180°

125 g de beurre ramolli
165 g de sucre en poudre
2 œufs
2 bananes très mûres (460 g), écrasées
110 g de farine avec levure incorporée
110 g de farine ordinaire
½ c. à c. de bicarbonate de soude
110 g de noisettes grillées, finement hachées

Sirop caramel
110 g de sucre roux
30 g de beurre coupé en cubes
180 ml d'eau

1 Préchauffez le four à 180 °C. Beurrez un moule carré de 19 cm de côté et chemisez-le de papier sulfurisé.

2 Battez le beurre et le sucre, au robot, jusqu'à obtention d'une préparation légère et mousseuse. Ajoutez les œufs un à un, puis les bananes, les farines tamisées avec le bicarbonate de soude et les noisettes.

3 Versez la pâte dans le moule et faites cuire 1 heure.

4 Préparez le sirop caramel. Faites chauffer le sucre et le beurre, à feu doux, jusqu'à ce que le beurre soit fondu. Ajoutez l'eau et portez à ébullition, en remuant, puis retirez du feu.

5 Sortez le gâteau du four et laissez-le reposer 5 minutes avant de le démouler sur une grille posée au-dessus d'une plaque. Versez le sirop chaud sur le gâteau encore chaud.

10 20' 1h 180°

gâteau aux myrtilles et sirop d'orange

125 g de beurre ramolli
110 g de sucre en poudre
2 œufs
260 g de farine avec levure incorporée
125 g de yaourt
60 ml de jus d'orange
150 g de myrtilles surgelées
1 c. à s. de zeste d'orange finement râpé

Sirop d'orange
165 g de sucre en poudre
125 ml de jus d'orange
60 ml d'eau
1 c. à s. de zeste d'orange finement râpé

1 Préchauffez le four à 180 °C. Beurrez un moule en couronne de 20 cm de diamètre et chemisez-le de papier sulfurisé.

2 Battez le beurre et le sucre, au robot, jusqu'à obtention d'une préparation légère et mousseuse. Incorporez les œufs un à un. Ajoutez la farine tamisée et le yaourt mélangé avec le jus d'orange, en 2 fois. Ajoutez les myrtilles et le zeste d'orange, sans mélanger plus que nécessaire.

3 Versez la pâte dans le moule et faites cuire 1 heure. Laissez le gâteau refroidir 5 minutes avant de le démouler sur une grille posée au-dessus d'une plaque.

4 Préparez le sirop d'orange. Faites chauffer le sucre, le jus d'orange et l'eau, en remuant, jusqu'à ce que le sucre soit dissous, sans porter à ébullition. Ajoutez le zeste et laissez frémir 5 minutes, sans couvrir ni mélanger.

5 Versez le sirop chaud sur le gâteau encore chaud.

gâteau renversé aux dattes et aux bananes

10 20' 30' 40' 180°

330 g de sucre en poudre
375 ml d'eau pour le sirop
3 étoiles de badiane
2 bananes moyennes coupées en tranches fines
140 g de dattes dénoyautées
180 ml d'eau supplémentaire pour les dattes
125 ml de rhum ambré
1 c. à c. de bicarbonate de soude ou de levure chimique
60 g de beurre coupé en cubes
110 g de cassonade
2 œufs
2 c. à c. de cinq-épices
150 g de farine avec levure incorporée
1 banane bien mûre écrasée
300 ml de crème fraîche épaisse

1 Préchauffez le four à 180 °C. Beurrez un moule rond de 22 cm de diamètre et chemisez le fond de papier sulfurisé.

2 Mélangez dans une casserole le sucre en poudre, l'eau et la badiane. Faites dissoudre le sucre à feu doux, puis portez à ébullition et laissez frémir 5 minutes à feu vif, sans couvrir ni remuer. Quand le sirop a épaissi, réservez-en 125 ml pour aromatiser la crème (passez-le dans un tamis fin et jetez la badiane).

3 Laissez bouillir le reste du sirop encore 10 minutes sans couvrir ni remuer, jusqu'à ce qu'il soit d'un brun doré. Versez-le dans le moule avant d'ajouter les tranches de banane qui doivent recouvrir toute la base.

4 Mettez les dattes dans une petite casserole avec le reste d'eau et le rhum. Portez à ébullition. Hors du feu, ajoutez le bicarbonate et laissez reposer 5 minutes. Mixez grossièrement ce mélange avec le beurre et la cassonade, ajoutez les œufs, les épices et la farine. Pétrissez le tout en pâte homogène puis incorporez la banane écrasée.

5 Versez la pâte dans le moule et faites cuire 40 minutes au four. Retournez aussitôt le gâteau sur le plat de service, laissez-le dans son moule encore 2 minutes, puis retirez ce dernier et enlevez aussi le papier sulfurisé.

6 Montez la crème en chantilly avant d'incorporer le sirop réservé.

7 Servez le gâteau tiède ou à température ambiante, avec la crème à la badiane.

CONSEILS

Pour cette recette, utilisez des bananes bien mûres et riches en sucre naturel, qui n'alourdiront pas la pâte de ce gâteau. Nous avons opté pour un rhum léger, à la saveur subtile, mais vous pouvez choisir une autre qualité, plus forte en alcool.

moelleux au fruit de la Passion

8 20' 1h 180°

160 ml de pulpe de fruits de la Passion (environ 7 fruits)
250 g de beurre ramolli
1 c. à s. de zeste de citron râpé
220 g de sucre en poudre
3 œufs
250 ml de lait fermenté
300 g de farine avec levure incorporée

Sirop au citron
80 ml de jus de citron
60 ml d'eau
165 g de sucre en poudre

1 Préchauffez le four à 180 °C. Beurrez et chemisez de papier sulfurisé un moule à gâteau carré de 19 cm de côté.

2 Passez la pulpe de fruits de la Passion au chinois, au-dessus d'un saladier, en réservant les graines pour le sirop.

3 Battez en crème le beurre, le zeste de citron et le sucre. Ajoutez les œufs un à un, en fouettant bien après chaque ajout.

4 Incorporez la pulpe de fruits de la Passion et le lait fermenté, puis la farine tamisée, en 2 fois. Versez la pâte dans le moule et faites cuire 1 heure.

5 Préparez le sirop : dans une petite casserole, mélangez le jus de citron, l'eau, le sucre et la moitié des graines de fruit de la Passion (vous pouvez congeler le reste). Faites chauffer à feu moyen, en remuant, pour faire dissoudre le sucre, puis laissez frémir 5 minutes sans remuer.

6 Laissez reposer le gâteau 5 minutes avant de le démouler sur une grille. Glissez un plat sous la grille et nappez de sirop brûlant (l'excédent coulera dans le plat). Servez tiède.

bombe glacée à la mangue

2 litres de crème glacée à la mangue
60 ml de jus d'orange
2 c. à s. de liqueur d'orange
1 génoise ronde de 16 cm de diamètre
1 mangue épluchée et coupée en fines tranches
4 blancs d'œufs
220 g de sucre en poudre

1 Laissez la crème glacée au moins 30 minutes à température ambiante pour la faire ramollir. Pendant ce temps, garnissez de film alimentaire un moule de 15 cm de diamètre, en le laissant dépasser sur les côtés. Étalez la crème glacée à la mangue au fond du moule et congelez 2 heures.

2 Préchauffez le four en position gril. Mélangez le jus et la liqueur d'orange. Coupez le dessus bombé de la génoise pour obtenir une surface bien plane, puis recoupez la base en deux dans la hauteur. Posez la moitié inférieure sur une plaque de cuisson légèrement beurrée et badigeonnez-la de jus d'orange. Garnissez de tranches de mangue et couvrez avec la seconde moitié de la génoise, elle-même badigeonnée de jus d'orange.

3 Démoulez la glace à la mangue sur la génoise, puis recoupez les bords de cette dernière pour que son diamètre soit égal à celui de la glace. Travaillez la glace pour lui donner une forme légèrement bombée. Remettez le tout au congélateur.

4 Montez les blancs d'œufs en neige ferme, en incorporant le sucre cuillerée par cuillerée. Quand la meringue est prête, étalez-la sur la bombe glacée de façon à l'envelopper complètement. Passez la bombe 3 minutes sous le gril du four pour que la meringue dore légèrement. Servez aussitôt.

pavlova aux fruits rouges

8 | 20' | 45' | 140°

4 blancs d'œufs
250 g de sucre en poudre
4 c. à c. de cannelle moulue
2 c. à c. de zeste d'orange finement râpé
3 c. à c. de fécule de maïs
1 c. à c. de vinaigre blanc
300 ml de crème fraîche épaisse
½ c. à c. d'extrait de vanille
150 g de fraises coupées en fines tranches
300 g d'un mélange de framboises et de myrtilles

1 Préchauffez le four à 140 °C. Chemisez une plaque de cuisson de papier sulfurisé sur lequel vous tracerez un cercle de 20 cm de diamètre.

2 Montez les blancs d'œufs en neige, au batteur électrique, puis incorporez le sucre en plusieurs fois, en battant bien après chaque ajout. Continuez de battre 4 à 5 minutes, jusqu'à obtention d'un mélange épais et satiné. Ajoutez délicatement la cannelle, le zeste d'orange, la fécule de maïs et le vinaigre. Étalez la meringue à l'intérieur du cercle dessiné, en la lissant avec le dos d'une cuillère. Donnez-lui une forme légèrement bombée et ménagez un petit puits au centre.

3 Faites cuire 45 minutes au four, puis éteignez-le et laissez la meringue refroidir, porte entrouverte. Fouettez la crème et l'extrait de vanille jusqu'à ce que de petits pics se forment à la surface. Garnissez-en le centre de la meringue, décorez de quelques fruits rouges et présentez le reste tout autour de la pavlova.

CONSEIL

Vous pouvez servir cette pavlova avec un assortiment de fruits exotiques (ananas frais, kiwis, oranges) ou d'autres fruits de saison (pêches et abricots, pastèque et melon), voire tout simplement garnie de crème fouettée et nappée d'un coulis de mangues ou de framboises. La meringue peut être préparée 4 jours à l'avance.

meringue à l'italienne

8 25' 20' 180°

4 blancs d'œufs
165 g de sucre en poudre
1 c. à c. de fécule de maïs
1 c. à c. de vinaigre de vin blanc
25 g d'amandes effilées
3 pêches moyennes
300 ml de crème fraîche épaisse
1 c. à s. de liqueur de pêche ou d'une autre liqueur douce
120 g de framboises

1 Préchauffez le four à 180 °C. Chemisez de papier sulfurisé légèrement beurré le fond et les côtés d'un grand moule rectangulaire, en laissant le papier dépasser légèrement.

2 Montez les blancs d'œufs en neige ferme, en incorporant le sucre cuillerée par cuillerée, puis la fécule de maïs et le vinaigre. Les blancs en neige doivent être très fermes, avec des petits pics à la surface.

3 Étalez-les dans le moule et parsemez d'amandes. Faites cuire 20 minutes au four, jusqu'à ce que la meringue soit ferme et légèrement dorée. Démoulez la meringue sur une feuille de papier sulfurisé et décollez le papier qui garnissait le moule. Laissez refroidir.

4 Incisez en croix la base des pêches, puis mettez-les pour 1 minute dans un récipient rempli d'eau bouillante. Passez-les sous l'eau froide, puis pelez-les et coupez-les en petits morceaux.

5 Fouettez vigoureusement la crème et la liqueur jusqu'à ce que des petits pics se forment à la surface, puis nappez-en la meringue. Garnissez de morceaux de pêche et de framboises entières. Roulez la meringue en vous aidant du papier sulfurisé et servez aussitôt.

meringues à l'eau de fleur d'oranger et au sirop de grenade

6 — 30' — 30' — 120°

4 blancs d'œufs
220 g de sucre en poudre
1 c. à c. d'eau de fleur d'oranger
300 ml de crème fraîche

Sirop de grenade
2 c. à s. de sucre en poudre
2 c. à s. d'eau
125 ml de pulpe de grenades

1 Préchauffez le four à 120 °C. Huilez un moule à muffins de 6 alvéoles (contenance 180 ml). Garnissez chaque alvéole avec 2 bandes de papier sulfurisé de 5 × 20 cm, que vous croiserez.

2 Montez les blancs d'œufs en neige souple au batteur électrique. Incorporez petit à petit le sucre, en continuant de fouetter jusqu'à ce qu'il soit dissous. Ajoutez l'eau de fleur d'oranger.

3 Répartissez la meringue dans les alvéoles du moule. Avec le dos d'une cuillère, dessinez un tourbillon dessus. Enfournez pour 30 minutes. Éteignez le four et laissez les meringues refroidir dedans, porte entrouverte.

4 Préparez le sirop de grenade : faites chauffer le sucre et l'eau dans une casserole pour dissoudre le sucre. Faites bouillir 2 minutes à découvert pour faire épaissir. Ajoutez la pulpe de grenades. Laissez mijoter 2 minutes, puis laissez refroidir. Démoulez les meringues en tirant délicatement sur les bandelettes de papier. Servez-les avec le sirop de grenade et la crème fraîche.

4 — 15' — 1h — 120°

meringues au sucre roux et bananes au caramel

3 blancs d'œufs
220 g de sucre roux
3 c. à c. de fécule de maïs
3 c. à c. de vinaigre blanc
1 c. à c. d'extrait de vanille
10 g de beurre
80 ml de crème fraîche
2 bananes coupées en tranches fines

1 Préchauffez le four à 120 °C. Montez les blancs d'œufs en neige dans un petit saladier. Ajoutez 165 g de sucre, 1 cuillerée à soupe à la fois, et continuez de fouetter pour obtenir un mélange ferme et lisse. Incorporez enfin la fécule de maïs, le vinaigre et l'extrait de vanille.

2 Répartissez la meringue dans 4 moules à tartelette et faites cuire 1 heure au four, sans couvrir.

3 Pendant la cuisson des meringues, faites fondre le beurre dans une petite casserole, puis ajoutez la crème et le sucre restant. Portez à ébullition, puis réduisez le feu et laissez frémir 2 minutes pour faire épaissir le caramel.

4 Répartissez les tranches de banane sur les meringues et nappez le tout de caramel.

12 45' 25' 2h 180°

bûche façon tiramisu

3 œufs
110 g de sucre en poudre
35 g de farine ordinaire
35 g de farine avec levure incorporée
35 g de fécule de maïs
2 c. à s. de café soluble en granules
180 ml d'eau bouillante
80 ml de marsala
2 c. à s. de liqueur de café
500 g de mascarpone
55 g de sucre glace
300 ml de crème entière

1 Préchauffez le four à 180 °C. Beurrez un moule à gâteau carré profond.

2 Dans un petit récipient, battez les œufs avec un batteur électrique, pendant 10 minutes environ. Incorporez le sucre, 1 cuillerée à soupe à la fois, en veillant à ce qu'il soit parfaitement dissous. Transvasez la préparation dans un grand récipient.

3 Tamisez les farines et la fécule 2 fois, puis une troisième fois au-dessus du mélange aux œufs. Mélangez, puis étalez la préparation dans le moule.

4 Faites cuire 25 minutes environ. Démoulez sans attendre le gâteau sur une grille recouverte de papier sulfurisé et laissez refroidir.

5 Dans un petit récipient résistant à la chaleur, faites dissoudre le café dans l'eau bouillante. Incorporez le marsala et la liqueur, puis laissez refroidir.

6 Avec un batteur électrique, battez le mascarpone et le sucre glace dans un petit récipient, jusqu'à ce que le mélange soit homogène. Ajoutez la crème et 80 ml de mélange au café, en battant jusqu'à ce que les ingrédients soient incorporés.

7 Coupez le gâteau en deux verticalement, puis recoupez chaque moitié en deux horizontalement. Placez 1 rectangle de gâteau sur un plat de service, côté coupé vers le haut. Badigeonnez-le du tiers du reste du mélange au café, puis étalez 160 ml de la préparation au mascarpone. Répétez l'opération 2 fois, puis ajoutez le dernier rectangle de gâteau, côté coupé vers le bas, et étalez le reste de la préparation au mascarpone sur le dessus et les côtés du gâteau. Placez au réfrigérateur pour 2 heures.

8 Décorez le gâteau avec des amandes caramélisées grossièrement hachées, si vous le souhaitez.

ASTUCE
Quand vous montez le gâteau, placez le côté coupé des couches vers le haut et vers le bas, en alternant. Ainsi il sera plus régulier et ne penchera pas d'un côté.

bûche chocolat-menthe

270 g de chocolat noir cassé en morceaux
80 ml d'eau
8 œufs à température ambiante
150 g de sucre en poudre
300 ml de crème fraîche
½ c. à c. d'essence de menthe

Ganache au chocolat noir
160 ml de crème liquide
200 g de chocolat noir cassé en morceaux

1 Préchauffez le four à 180 °C. Beurrez 2 moules à roulé de 24 × 32 cm. Chemisez-en le fond de papier sulfurisé.

2 Dans une petite casserole, faites fondre le chocolat et l'eau, en remuant, jusqu'à ce que le mélange soit lisse.

3 Séparez les jaunes des blancs d'œufs. Fouettez les jaunes avec le sucre, à l'aide d'un batteur électrique, pendant 5 minutes, jusqu'à ce que le mélange épaississe et pâlisse. Incorporez le chocolat.

4 Dans un grand saladier, montez les blancs d'œufs en neige souple, avec un batteur électrique. Incorporez environ 1/3 des blancs dans la préparation au chocolat, avant d'ajouter le reste.

5 Étalez uniformément la pâte dans les moules et lissez la surface. Faites cuire 20 minutes. Retournez délicatement les génoises sur une grille chemisée de papier sulfurisé et laissez refroidir. Retirez très délicatement le papier qui a servi à la cuisson.

6 Dans un bol, fouettez la crème fraîche et l'essence de menthe avec un batteur électrique, jusqu'à ce que des pointes souples se forment.

7 Posez les génoises sur une planche. Rognez le pourtour de façon à obtenir 2 rectangles de la même taille. Coupez chacun en deux dans la longueur. Posez un des rectangles sur un plat de service. Nappez-le avec 1/3 de la crème à la menthe. Posez un autre rectangle de génoise sur la crème. Continuez d'alterner les couches, en finissant par un rectangle de génoise. Placez pour 30 minutes au réfrigérateur.

8 Préparez la ganache au chocolat. Portez la crème à ébullition dans une casserole. Hors du feu, ajoutez le chocolat. Remuez jusqu'à ce que le mélange soit lisse. Laissez reposer 15 minutes pour que la ganache devienne onctueuse.

9 Étalez la ganache sur le dessus du gâteau. Placez pour 30 minutes au frais avant de servir.

ASTUCE
Lorsque vous nappez les génoises de crème à la menthe, ne cherchez pas à aller jusqu'aux bords : la crème va s'étaler un peu quand vous la recouvrirez avec une génoise.

CONSERVATION
Ce gâteau se conserve jusqu'à 5 jours au réfrigérateur, dans un récipient hermétique.

Incorporez environ 1/3 des blancs en neige à la préparation au chocolat sans précautions particulières, avant d'incorporez délicatement le reste.

Étalez uniformément la pâte dans les moules chemisés de papier sulfurisé.

12 55' 20' 1h 15' 180°

DÉCORER LES GÂTEAUX ET LES DESSERTS

Embellissez vos gâteaux et vos desserts en les garnissant de décorations comestibles ; voici quelques idées faciles à réaliser.

GLACER DES FRUITS

Pour ajouter une touche brillante et savoureuse, badigeonnez des fraises lavées et séchées avec de la confiture chaude tamisée. La confiture d'abricots est notre préférée ; réchauffez-la au micro-ondes puis filtrez-la avec une passoire fine.

FORMER DES QUENELLES DE CRÈME

Former des quenelles dans de la crème fraîche épaisse est facile et fait très pro. Servez-vous de 2 cuillères à dessert pour donner une forme de quenelle à la crème, en la faisant passer d'une cuillère à l'autre.

DÉCORATIONS CHOCOLATÉES

Pour donner de l'allure à un dessert, faites des décorations chocolatée sur les assiettes de service avec une poche à douille. Vous pouvez facilement fabriquer vous-même une poche à douille en papier. Remplissez la poche de chocolat fondu, puis coupez l'extrémité de la pointe.

DÉCORER DES BORDS À LA POCHE À DOUILLE

La poche à douille est très pratique car elle permet de recouvrir les bords disgracieux d'un gâteau ou de réaliser de jolies bordures. Une fois que vous maîtrisez la technique, vous ne l'oublierez pas ; entraînez-vous avec de la purée de pommes de terre. Nous nous servons ici d'une poche à douille à embout cannelé pour faire une bordure sur un gâteau glacé.

FAIRE GRILLER DES AMANDES

Vous pouvez faire griller des amandes (ou des noisettes, des noix, etc.) au four à température moyenne, en les posant sur une plaque, ou bien dans une poêle à fond épais sur la cuisinière. Avec les deux méthodes, il est nécessaire de les remuer pour qu'elles brunissent de façon uniforme : 2 fois au four, et constamment à la poêle. Retirez les amandes de la plaque ou de la poêle dès qu'elles sont brunies, sinon elles vont brûler.

ENROBER DE SUCRE

Certains fruits et fleurs comestibles peuvent être enrobés de sucre. Badigeonnez très légèrement le fruit ou la fleur de blanc d'œuf non battu, puis saupoudrez légèrement de sucre en poudre – la couche va sécher et former une fine « croûte ».

DESSINER DES FORMES

Le chocolat blanc fondu et coloré est idéal pour dessiner des petites formes décoratives, à l'aide d'une poche à douille, sur des plaques chemisées de papier sulfurisé ; laissez-les prendre à température ambiante. Décollez les formes du papier et utilisez-les à votre guise.

UTILISER DU FONDANT BLANC

Le fondant blanc (dit aussi fondant pâtissier) fabriqué industriellement est principalement utilisé pour napper des gâteaux. Une fois qu'il est étalé, on peut y découper des formes, les faire sécher, puis s'en servir à sa guise.

DÉCOUPER ET SUPERPOSER LES GÂTEAUX À ÉTAGES

Grâce à ces astuces, vous ne craindrez plus de découper vos gâteaux, et de superposer les tranches.

DÉCOUPER AU COUTEAU

Utilisez un couteau à dents bien affûté pour couper votre gâteau en tranches. Cette technique est facile à appliquer pour les gâteaux bien fermes ; en revanche, pour ceux qui sont plus mous, utilisez une des 2 techniques suivantes.

UTILISER DES BROCHETTES OU DES PIQUES EN BOIS

Les brochettes en bambou sont parfaites pour guider la lame du couteau lors de la découpe. Si le gâteau est grand, utilisez des brochettes que vous ferez dépasser d'un côté et de l'autre du gâteau. S'il est petit, utilisez des piques en bois pour délimiter les tranches.

COUPER LE GÂTEAU

Utilisez un couteau à dents bien tranchant pour couper le gâteau, juste au-dessus des brochettes ou des piques en bois. Vous devez sentir que la lame les touche.

DÉCOUPER AU FIL

Cette méthode est précise, propre et efficace. Utilisez du fil de coton solide ou du fil en métal suffisamment long pour vous permettre d'en tenir un bout dans chaque main, de part et d'autre du gâteau. Placez-le contre le gâteau à la hauteur souhaitée et ramenez-le vers vous.

NAPPER UNE GÉNOISE DE CONFITURE

Pour glacer un gâteau à étages comme dans notre exemple, étalez la confiture sur le dessus des 2 génoises. Vous pouvez la réchauffer et la filtrer pour qu'elle soit bien homogène.

NAPPER UNE GÉNOISE DE CRÈME

Étalez la crème fouettée sur l'une des génoises. La crème épaisse tient mieux que la crème liquide fouettée. Vous pouvez la parfumer avec de la vanille et du sucre glace tamisé.

ASSEMBLER LES GÉNOISES

Si vous ne souhaitez pas garnir l'extérieur du gâteau, posez directement la génoise recouverte de crème sur le plat, puis placez l'autre génoise par-dessus. Faites légèrement pivoter celle du dessus pour qu'elles soient bien placées bord à bord.

RECOUVRIR LES CÔTÉS DU GÂTEAU DE CRÈME

Étalez la crème fouettée ou le glaçage sur les côtés du gâteau, en lissant le plus possible. Ne vous inquiétez pas si quelques miettes s'incorporent à la crème ; les copeaux de noix de coco ou des amandes effilées les cacheront.

GARNIR LES CÔTÉS DU GÂTEAU

Parsemez la noix de coco ou les amandes sur une plaque. Soulevez le gâteau et tenez-le à la verticale, entre vos 2 mains. Faites-le rouler dans la noix de coco, comme une roue.

GLACER LE GÂTEAU

Posez le gâteau sur le plat de service et préparez le glaçage. Versez-le sur le dessus du gâteau et étalez-le rapidement jusqu'au bord. Ne vous inquiétez pas s'il coule sur les côtés, vous pourrez le retirer facilement lorsqu'il aura durci.

PARER LE GLAÇAGE

Si le glaçage ne contient pas ou que très peu de beurre ou d'huile, il va devenir très dur. Si vous voulez avoir un gâteau bien net, laissez durcir le glaçage à température ambiante et découpez les coulures à l'aide d'un petit couteau pointu.

DÉCOUPER UN GÂTEAU ROND

Voici une astuce pour découper efficacement un gâteau, surtout lorsqu'il est grand. Dessinez un cercle au centre du gâteau et coupez en suivant ce tracé, en laissant le cœur du gâteau en place. Découpez ensuite les parts de gâteau, qui auront presque la même forme que des parts de gâteau classiques.

gâteau de Savoie fourré aux fraises

10 20' 20' 180°

250 g de sucre en poudre
7 œufs, blancs et jaunes séparés
1 c. à s. de sucre vanillé
90 g de farine
90 g de fécule de maïs

Garniture
300 ml de crème fraîche épaisse
2 c. à s. de sucre glace
½ c. à c. d'extrait de vanille
80 g de confiture de fraises
250 g de fraises coupées en tranches fines

1 Préchauffez le four à 180 °C. Beurrez 2 moules ronds et saupoudrez-les d'un peu de farine.

2 Fouettez ensemble dans un récipient le sucre en poudre et les jaunes d'œufs, jusqu'à ce que le mélange soit lisse. Ajoutez le sucre vanillé, la farine et la fécule de maïs, sans cesser de battre. Montez les blancs d'œufs en neige ferme avant de les incorporer délicatement à la pâte (procédez en 2 fois pour éviter qu'ils ne s'affaissent).

3 Versez la pâte dans les moules et faites cuire 20 minutes au four. Quand les gâteaux sont cuits, sortez-les du four et démoulez-les aussitôt sur une grille. Garnissez-les au dernier moment.

4 Pour la garniture, fouettez la crème, la moitié du sucre et l'extrait de vanille jusqu'à ce que de petits pics se forment à la surface. Déposez un des gâteaux sur le plat de présentation, nappez-le de confiture tiède puis de crème fouettée. Garnissez de fraises, puis couvrez avec l'autre gâteau. Saupoudrez du reste du sucre glace.

ASTUCES

Prenez des moules assez grands pour que les gâteaux ne soient pas trop épais. Vous pouvez garnir ce biscuit de Savoie avec des framboises ou des pêches bien mûres. Pour parfumer la pâte du biscuit, ajoutez le zeste de 1 orange ou de 1 citron finement râpé.

gâteau à l'ananas et à la noix de coco

10 25' 50' 50' 180°

75 g de noix de coco râpée
250 g de morceaux d'ananas au sirop en boîte
125 g de beurre ramolli
220 g de sucre en poudre
2 œufs
225 g de farine avec levure incorporée
6 blancs d'œufs
2 c. à c. de sucre glace

Crème Malibu®
300 ml de crème fraîche épaisse
40 g de sucre glace
1 c. à s. de Malibu® (liqueur de noix de coco)

1 Dans une petite poêle, faites griller à sec la noix de coco pendant 2 minutes, en remuant constamment. Réservez.

2 Égouttez l'ananas et réservez 120 ml de sirop. Préchauffez le four à 180 °C. Beurrez 2 moules ronds de 20 cm de diamètre, à paroi amovible, et chemisez-les de papier sulfurisé.

3 Battez en crème légère le beurre et la moitié du sucre en poudre. Ajoutez les œufs un à un, en fouettant bien après chaque addition. Incorporez la farine tamisée et l'ananas, puis le sirop réservé. Répartissez la pâte dans les moules et faites cuire 20 minutes au four.

4 Préparez la meringue : montez les blancs d'œufs en neige, en incorporant progressivement le reste du sucre en poudre. Ajoutez enfin la noix de coco grillée.

5 Sortez les gâteaux du four et couvrez-les de meringue. Remettez-les au four pour 30 minutes environ. Laissez-les reposer 50 minutes, glissez la pointe d'un couteau contre la paroi intérieure des moules pour décoller la meringue, puis démoulez.

6 Préparez la crème Malibu® en fouettant les ingrédients jusqu'à obtention d'une chantilly épaisse et ferme.

7 Posez un gâteau sur un plat, nappez-le de crème et recouvrez-le avec l'autre gâteau. Saupoudrez de sucre glace tamisé.

sablé aux pruneaux et au muscat

10 30' 20' 12h 180°

200 g de beurre ramolli
1 c. à c. de zeste de citron râpé
75 g de sucre en poudre
50 g de farine de riz
110 g de farine avec levure incorporée
110 g de farine ordinaire
300 ml de crème fraîche épaisse
1 c. à s. de sucre glace

Pruneaux au muscat
170 g de pruneaux dénoyautés grossièrement hachés
250 ml de muscat

1 Préchauffez le four à 180 °C. Beurrez 3 moules ronds de 20 cm de diamètre.

2 Battez en crème légère le beurre, le zeste de citron et le sucre. Incorporez en 2 fois les farines tamisées.

3 Étalez la pâte dans les moules, en pressant avec les doigts pour former des couches fines. Faites cuire 20 minutes au four. Laissez refroidir les gâteaux dans leur moule.

4 Pour préparer les pruneaux, commencez par les attendrir à feu doux dans le muscat, sans laisser bouillir. Laissez ensuite refroidir à température ambiante.

5 Montez la crème en chantilly dans un petit saladier.

6 Placez un sablé dans un moule à gâteau rond à paroi amovible, ajoutez la moitié des pruneaux, puis la moitié de la chantilly. Couvrez d'un autre sablé et posez une autre couche de pruneaux et de chantilly. Fermez le gâteau avec le dernier sablé. Couvrez et réfrigérez toute une nuit.

7 Pour servir, démoulez délicatement le gâteau et disposez-le sur un plat de service. Décorez le dessus avec le sucre glace.

gâteau framboise-amande fourré au mascarpone

24 45' 2h 20' 160°

500 g de beurre ramolli
660 g de sucre en poudre
8 œufs
300 g de farine ordinaire
225 g de farine avec levure incorporée
125 g de poudre d'amandes
250 ml de lait
140 g d'amandes effilées grillées et finement hachées
400 g de framboises fraîches ou surgelées
400 g d'amandes caramélisées

Crème au mascarpone
750 g de mascarpone
300 ml de crème fraîche
160 g de sucre glace
80 ml de liqueur d'orange

1 Préchauffez le four à 160 °C. Beurrez un moule à gâteau profond de 30 cm de diamètre. Chemisez-le de papier sulfurisé, en le laissant dépasser de 5 cm sur les bords.

2 Avec un batteur électrique, battez le beurre et le sucre dans un grand récipient, jusqu'à ce que le mélange soit léger et aéré. Ajoutez les œufs un à un, sans cesser de battre, puis les farines tamisées, la poudre d'amandes et le lait, en 3 fois. Incorporez les amandes hachées et les framboises. Étalez la préparation dans le moule.

3 Faites cuire 1 heure. Baissez la température du four à 150 °C et poursuivez la cuisson 1 heure. Laissez reposer le gâteau 20 minutes, puis démoulez-le sur une grille et laissez refroidir.

4 Préparez la crème au mascarpone. Avec un batteur électrique à faible vitesse, battez le mascarpone, la crème fraîche et le sucre glace tamisé dans un grand récipient, jusqu'à obtention d'une consistance homogène. Incorporez la liqueur.

5 Coupez le gâteau en trois dans l'épaisseur. Placez la base sur un plat de service, étalez 1/3 de la crème au mascarpone et ajoutez le centre du gâteau. Étalez un autre tiers de la crème au mascarpone, recouvrez de la partie supérieure du gâteau et nappez-la du mascarpone restant. Décorez la surface du gâteau avec les amandes caramélisées.

NOTE
Ce gâteau spectaculaire conviendra très bien pour une occasion festive. Vous pourrez vous procurer un gros moule à gâteau dans un magasin spécialisé dans la vente de matériel de pâtisserie.

génoise à la framboise

4 œufs
165 g de sucre en poudre
100 g de fécule de maïs
30 g de préparation en poudre pour crème anglaise
1 c. à c. de crème de tartre
½ c. à c. de bicarbonate de soude
240 g de confiture de framboises
375 ml de crème entière fouettée

Glaçage à la framboise
45 g de framboises fraîches
320 g de sucre glace
15 g de beurre ramolli
2 c. à c. d'eau chaude, environ

1 Préchauffez le four à 180 °C. Beurrez un moule à gâteau carré profond de 22 cm de côté.

2 Dans un petit récipient, battez les œufs et le sucre, avec un batteur électrique, pendant 10 minutes. Transvasez la préparation dans un grand récipient.

3 Tamisez les ingrédients secs 2 fois, puis une troisième fois au-dessus de la préparation aux œufs. Mélangez, puis étalez dans le moule.

4 Faites cuire 25 minutes environ. Démoulez sans attendre le gâteau sur une grille recouverte de papier sulfurisé pour le laisser refroidir.

5 Préparez le glaçage à la framboise. Passez les framboises à travers un tamis fin placé au-dessus d'un petit récipient résistant à la chaleur. Jetez les graines. Tamisez le sucre glace au-dessus du même récipient. Incorporez le beurre et suffisamment d'eau pour obtenir une pâte épaisse. Faites chauffer au bain-marie et remuez jusqu'à ce que le glaçage puisse être étalé.

6 Coupez la génoise en deux dans l'épaisseur, puis fourrez-la de confiture et de crème fouettée. Nappez le gâteau de glaçage et parsemez-le de pétales de rose frais.

ASTUCE
Utilisez un couteau à dents ou un couteau électrique pour couper la génoise.

tarte meringuée à étages

6 blancs d'œufs
220 g de sucre en poudre
1 c. à s. de fécule de maïs
600 ml de crème épaisse
75 g de sucre en poudre supplémentaire
300 g de myrtilles fraîches
360 g de framboises fraîches
250 g de fraises fraîches coupées en fines lamelles
2 c. à s. de sucre glace

Coulis de fruits rouges
120 g de myrtilles fraîches
120 g de framboises fraîches
120 g de mûres fraîches
55 g de sucre en poudre

1 Préchauffez le four à 180 °C. Beurrez 3 plaques de cuisson et recouvrez-les de papier sulfurisé. Tracez un cercle de 23 cm de diamètre sur chaque feuille.

2 Montez les blancs d'œufs en neige, au robot, jusqu'à ce que des pointes se forment. Incorporez le sucre, cuillerée par cuillerée, en le faisant dissoudre entre chaque ajout. Ajoutez la fécule de maïs. Étalez la meringue sur les 3 cercles.

3 Faites cuire les meringues 10 minutes, baissez la température du four à 150 °C et poursuivez la cuisson 15 minutes. Laissez-les refroidir dans le four, porte entrouverte.

4 Préparez le coulis de fruits rouges. Faites frémir les ingrédients à feu doux pendant 10 minutes, sans couvrir. Passez la préparation au tamis et laissez-la refroidir. Jetez les résidus solides.

5 Fouettez la crème avec le sucre supplémentaire, au robot, pour qu'elle soit bien ferme.

6 Posez 1 meringue sur un plat et aplatissez-la légèrement. Garnissez-la de la moitié de la crème et décorez avec la moitié des fruits mélangés. Répétez l'opération avec une autre meringue, le reste de la crème et les 3/4 des fruits restants. Posez la troisième meringue et décorez avec le reste des fruits. Couvrez et placez pour 3 heures au réfrigérateur.

7 Avant de servir, décorez la meringue avec les fruits restants et le sucre glace tamisé. Servez avec le coulis.

8 | 20' | 50' | 180°

gâteau au citron

125 g de beurre ramolli
2 c. à c. de zeste de citron râpé
275 g de sucre en poudre
3 œufs
125 ml de lait
60 ml de jus de citron
225 g de farine avec levure incorporée

Glaçage au mascarpone
300 ml de crème fraîche épaisse
2 c. à c. de zeste de citron râpé
70 g de sucre glace
150 g de mascarpone

1 Préchauffez le four à 180 °C. Beurrez un moule à gâteau de 20 cm de diamètre, puis chemisez le fond de papier sulfurisé.

2 Préparez le glaçage : fouettez la crème fraîche avec le zeste de citron et le sucre glace tamisé. Ajoutez le mascarpone et mélangez bien.

3 Battez en crème légère le beurre, le zeste de citron et le sucre. Incorporez les œufs un à un. Versez le lait et le jus de citron, puis incorporez la farine tamisée, en 2 fois.

4 Versez la pâte dans le moule et faites cuire 50 minutes au four. Laissez reposer le gâteau 5 minutes avant de le démouler sur une grille.

5 Coupez le gâteau refroidi en trois dans la hauteur. Remontez-le à l'identique, en plaçant une couche de glaçage entre chaque tranche. Glacez également le dessus. Servez froid.

gâteau aux 2 citrons et au chocolat blanc

8 | 20' | 15' | 1h40 | 30' | 170°

250 g de beurre coupé en cubes
2 c. à c. de zeste de citron
2 c. à c. de zeste de citron vert
180 g de chocolat blanc râpé
330 g de sucre en poudre
180 ml de lait
75 g de farine avec levure incorporée
225 g de farine ordinaire
2 œufs légèrement battus

Ganache à la noix de coco
140 ml de crème de coco
360 g de chocolat blanc râpé
1 c. à c. de zeste de citron
1 c. à c. de zeste de citron vert

1 Préchauffez le four à 170 °C. Beurrez un moule à gâteau de 20 cm de diamètre et chemisez le fond de papier sulfurisé.

2 Faites fondre à feu doux le beurre, les zestes, le chocolat, le sucre et le lait. Versez le mélange dans un saladier et laissez tiédir 15 minutes avant d'incorporer les farines tamisées et les œufs battus.

3 Versez dans le moule et faites cuire 1 h 40 au four. Laissez refroidir dans le moule.

4 Préparez la ganache : portez la crème à ébullition dans une petite casserole. Dans un saladier, mélangez le chocolat et les zestes, puis versez la crème de coco chaude et lissez à la spatule souple. Couvrez et réfrigérez 30 minutes. Quand la ganache est assez ferme, étalez-la sur le gâteau démoulé.

génoise à la crème et au caramel

395 g de lait concentré sucré en boîte
4 œufs
165 g de sucre roux
150 g de farine avec levure incorporée
20 g de beurre doux
60 ml d'eau bouillante
300 ml de crème entière fouettée

1 Préchauffez le four à 240 °C. Mettez le lait concentré dans un plat à four peu profond et couvrez de papier d'aluminium. Placez le plat dans un plat à four plus grand. Versez de l'eau bouillante dans le grand plat, jusqu'à la moitié de la hauteur de celui à l'intérieur. Faites cuire au four 1 h 15 sans couvrir, jusqu'à ce que le lait concentré soit doré et caramélisé. Laissez refroidir à température ambiante. Fouettez le caramel jusqu'à obtention d'une consistance homogène.

2 Baissez la température du four à 180 °C. Beurrez 2 moules à gâteaux profonds, de 23 cm de diamètre.

3 Battez les œufs et le sucre dans un récipient, avec un batteur électrique, 10 minutes environ. Versez dans un grand récipient.

4 Tamisez la farine 2 fois au-dessus d'une feuille de papier sulfurisé, puis une troisième fois au-dessus de la préparation aux œufs ; mélangez, puis incorporez le beurre et l'eau bouillante, préalablement mélangés. Répartissez la préparation dans les moules.

5 Démoulez immédiatement les génoises sur des grilles recouvertes de papier sulfurisé et laissez-les refroidir.

6 Disposez 1 génoise sur une assiette de service. Étalez la moitié de la crème fouettée dessus et nappez de la moitié du caramel. Recouvrez de la deuxième génoise et ajoutez le reste de la crème, puis du caramel.

10 20' 30' 180°

génoise Victoria

250 g de beurre
1 c. à c. d'extrait de vanille
220 g de sucre en poudre
4 œufs
80 ml de lait
300 g de farine avec levure incorporée
110 g de confiture de framboises réchauffée

1 Préchauffez le four à 180 °C. Beurrez 2 moules profonds, de 20 cm de diamètre, et chemisez-les de papier sulfurisé.

2 Battez le beurre, l'extrait de vanille et le sucre au robot jusqu'à obtention d'un mélange léger et mousseux. Incorporez les œufs un à un. Ajoutez le lait et mélangez bien. Versez la pâte dans un saladier et incorporez la farine tamisée, en 2 fois. Mélangez pour avoir une pâte homogène.

3 Répartissez-la dans les moules et faites cuire 30 minutes.

4 Démoulez les génoises sur une grille recouverte de papier sulfurisé et laissez refroidir. Garnissez une génoise de confiture et recouvrez-la avec l'autre génoise. Saupoudrez d'un peu de sucre glace tamisé.

minigâteaux fourrés à la crème et nappés de chocolat

12 50' 15' 180°

3 œufs
110 g de sucre en poudre
110 g de farine avec levure incorporée
20 g de beurre doux
60 ml d'eau bouillante
185 g de chocolat noir détaillé en gros morceaux
60 g de beurre doux supplémentaire

Crème pâtissière
1 gousse de vanille
250 ml de lait
75 g de sucre en poudre
2 c. à s. de fécule de maïs
3 jaunes d'œufs
80 ml de crème épaisse

1 Préparez la crème pâtissière. Fendez la gousse de vanille en deux dans la longueur ; raclez les graines au-dessus d'une petite casserole. Ajoutez le lait et le sucre dans la casserole, puis portez à ébullition. Mélangez la fécule de maïs et les jaunes d'œufs dans un bol résistant à la chaleur. Incorporez progressivement le mélange au lait chaud, avec un fouet. Remettez la préparation dans la casserole et remuez sur le feu jusqu'à ce qu'elle bouillonne et épaississe. Couvrez la surface de la crème pâtissière de film alimentaire et laissez refroidir à température ambiante. Incorporez la crème épaisse.

2 Préchauffez le four à 180 °C. Beurrez les 12 alvéoles ovales d'un moule à darioles (125 ml) et saupoudrez-les légèrement de farine.

3 Avec un batteur électrique, battez les œufs et le sucre dans un bol pendant 5 minutes, jusqu'à ce que le mélange soit épais et crémeux. Transvasez dans un grand saladier, incorporez la farine tamisée, puis le beurre et l'eau bouillante préalablement mélangés. Répartissez la préparation dans les alvéoles du moule.

4 Faites cuire 15 minutes environ. En travaillant rapidement, passez un petit couteau sur le bord des alvéoles pour détacher les gâteaux du moule. Démoulez immédiatement sur des grilles recouvertes de papier sulfurisé et laissez refroidir.

5 Faites chauffer au bain-marie le chocolat et le beurre supplémentaire, en remuant, jusqu'à ce que le mélange soit homogène.

6 Coupez les gâteaux refroidis en deux dans l'épaisseur et fourrez-les de crème pâtissière. Nappez-les du mélange au chocolat.

18 35' 12' 180°

petites génoises chocolat-noix de coco

4 œufs
165 g de sucre en poudre
100 g de farine avec levure incorporée
35 g de cacao en poudre
90 g de beurre fondu
1 c. à s. d'eau chaude
160 ml de crème entière
2 c. à s. de sucre en poudre supplémentaire
15 g de copeaux de noix de coco

Ganache au chocolat
200 g de chocolat noir coupé en gros morceaux
160 ml de crème entière

1 Préchauffez le four à 180 °C. Beurrez 2 moules de 9 alvéoles ovales.

2 Avec un batteur électrique, battez les œufs dans un petit récipient, jusqu'à obtention d'une consistance épaisse et crémeuse. Incorporez le sucre, 1 cuillerée à soupe à la fois, en battant jusqu'à ce qu'il soit dissous. Transvasez la préparation dans un grand récipient. Incorporez la farine tamisée, le cacao en poudre, puis le beurre et l'eau chaude. Déposez la préparation dans les alvéoles des moules, avec une cuillère.

3 Faites cuire 12 minutes. Démoulez immédiatement les gâteaux sur des grilles et laissez refroidir.

4 Préparez la ganache au chocolat. Faites chauffer à feu doux les ingrédients dans une petite casserole, en remuant, jusqu'à obtention d'une consistance homogène. Retirez du feu et laissez reposer jusqu'à ce que la ganache épaississe.

5 Avec un batteur électrique, battez la crème et le sucre supplémentaire dans un récipient, jusqu'à la formation de pics mous. Coupez les génoises refroidies en deux dans l'épaisseur et fourrez-les de crème. Nappez-les de ganache et parsemez-les de copeaux de noix de coco.

gâteau à étages banane-confiture de lait

12 | 20' | 40' | 180°

185 g de beurre ramolli
175 g de sucre en poudre
3 œufs
335 g de farine avec levure incorporée
½ c. à c. de bicarbonate de soude
2 bananes très mûres (460 g), écrasées
80 ml de lait
380 g de confiture de lait
180 ml de crème épaisse fouettée
1 grosse banane (230 g), coupée en fines rondelles

1 Préchauffez le four à 180 °C. Beurrez généreusement un moule à cheminée (Bundt®) de 24 cm de diamètre ou un moule à motifs en silicone.

2 Battez le beurre et le sucre, au robot, jusqu'à obtention d'une préparation légère et mousseuse. Incorporez les œufs un à un. Versez dans un saladier et incorporez les ingrédients secs tamisés, puis les bananes écrasées et le lait.

3 Versez la pâte dans le moule et faites cuire 40 minutes. Laissez reposer le gâteau 5 minutes, avant de le démouler sur une grille et de le laisser refroidir.

4 Coupez le gâteau en trois dans l'épaisseur. Nappez la première tranche avec la moitié de la confiture de lait, puis la moitié de la crème, et décorez avec la moitié des rondelles de banane. Posez la deuxième tranche du gâteau et répétez l'opération avec le reste de la confiture de lait, de la crème et des rondelles de banane. Recouvrez avec la partie supérieure du gâteau. Saupoudrez de sucre glace tamisé avant de servir.

génoise à la cassonade

10 30' 20' 15' 180°

4 œufs
165 g de cassonade
150 g de fécule de maïs
1 ½ c. à c. de levure chimique
300 ml de crème fraîche épaisse

Pralin
75 g de sucre en poudre
60 ml d'eau
½ c. à c. de vinaigre de malt
45 g de noisettes grillées

1 Préchauffez le four à 180 °C. Beurrez 2 moules à gâteau ronds et profonds.

2 Dans un saladier, fouettez pendant 10 minutes les œufs avec la cassonade, jusqu'à ce que le mélange soit épais et crémeux.

3 Tamisez la fécule et la levure sur du papier, puis sur les œufs ; mélangez délicatement. Répartissez la pâte dans les moules et faites cuire 20 minutes au four. Démoulez aussitôt les génoises sur des grilles recouvertes de papier sulfurisé. Laissez-les refroidir.

4 Pour préparer le pralin, commencez par faire dissoudre à feu doux le sucre dans l'eau et le vinaigre. Portez à ébullition, puis laissez frémir 10 minutes sans couvrir ni remuer. Quand le caramel est brun doré, ajoutez les noisettes. Versez le caramel sur un plateau chemisé de papier sulfurisé et laissez-le durcir 15 minutes. Cassez-le en morceaux puis broyez-le en poudre grossière.

5 Montez la crème en chantilly avant d'incorporer le pralin. Pour monter le gâteau, posez une génoise sur le plat de service, nappez-la généreusement de crème pralinée avant de disposer dessus l'autre génoise. Étalez le reste de la crème sur la seconde génoise.

génoise à l'orange et aux amandes

185 g de beurre doux ramolli
1 c. à c. d'extrait de vanille
165 g de sucre en poudre
3 œufs
60 ml de lait
225 g de farine avec levure incorporée
320 g de marmelade d'oranges, chauffée
300 ml de crème entière
2 c. à s. de sucre glace
40 g d'amandes effilées grillées

1 Préchauffez le four à 180 °C. Beurrez un moule à savarin de 20 cm de diamètre.

2 Avec un batteur électrique, battez le beurre, l'extrait de vanille et le sucre en poudre dans un petit récipient, jusqu'à ce que le mélange soit léger et aéré. Ajoutez les œufs un à un, sans cesser de battre. Incorporez le lait et la farine tamisée, en 2 fois.

3 Étalez la préparation dans le moule et faites cuire 30 minutes. Démoulez sans attendre la génoise sur une grille recouverte de papier sulfurisé et laissez refroidir.

4 Passez la marmelade à travers un tamis fin. Réservez le sirop et le zeste séparément.

5 Avec un batteur électrique, battez la crème et la moitié du sucre glace dans un petit récipient, jusqu'à la formation de pics mous.

6 Coupez la génoise en trois dans l'épaisseur. Placez la base sur un plat de service, côté coupé vers le haut. Étalez la moitié du sirop de marmelade dessus, recouvrez d'une autre couche de génoise et étalez le reste du sirop dessus. Recouvrez de la troisième couche de génoise. Coupez le gâteau en 12 parts.

7 Étalez les 2/3 de la crème sur les côtés du gâteau et collez les amandes dessus. Mettez le reste de la crème dans une poche à douille munie d'un embout cannelé de 1 cm de diamètre. Formez des petites rosettes sur le dessus du gâteau et garnissez-les d'une partie du zeste réservé. Saupoudrez du reste du sucre glace tamisé avant de servir.

12 25' 30' 180°

génoise au chocolat

10 15' 25' 180°

3 œufs
110 g de sucre en poudre
35 g de fécule de maïs
35 g de farine ordinaire
35 g de farine avec levure incorporée
2 c. à s. de cacao en poudre
300 ml de crème épaisse, fouettée

Glaçage au café
3 c. à c. de café soluble
2 c. à s. de lait
240 g de sucre glace
1 c. à c. de beurre doux

1 Préchauffez le four à 180 °C. Beurrez un moule profond, de 20 cm de diamètre, et chemisez-le de papier sulfurisé.

2 Battez les œufs au robot. Incorporez progressivement le sucre. Versez la préparation dans un saladier et incorporez les ingrédients secs tamisés 3 fois.

3 Versez la pâte dans le moule et faites cuire 25 minutes. Démoulez la génoise sur une grille recouverte de papier sulfurisé et laissez refroidir.

4 Préparez le glaçage au café. Mélangez le café et le lait dans un bol. Tamisez le sucre glace au-dessus d'un autre bol. Ajoutez le beurre et suffisamment de café au lait pour obtenir une pâte dure. Faites chauffer la préparation au bain-marie jusqu'à ce que le glaçage puisse être étalé. Utilisez-le sans attendre.

5 Coupez la génoise en deux dans l'épaisseur et garnissez-en une moitié de crème. Posez l'autre moitié dessus et nappez avec le glaçage. Laissez-le durcir.

10 20' 20' 180°

génoise légère

4 œufs
165 g de sucre en poudre
100 g de fécule de maïs
30 g de préparation en poudre pour crème anglaise
1 c. à c. de crème de tartre
½ c. à c. de bicarbonate de soude
110 g de confiture d'abricots
300 ml de crème épaisse, fouettée

1 Préchauffez le four à 180 °C. Beurrez et farinez 2 moules de 22 cm de diamètre, secouez pour ôter l'excédent de farine.

2 Battez les œufs et le sucre au robot jusqu'à ce que le sucre soit dissous et la préparation épaisse et crémeuse. Versez-la dans un saladier et incorporez les ingrédients secs tamisés, en 3 fois.

3 Répartissez la pâte à parts égales dans les 2 moules et faites cuire 20 minutes. Démoulez les génoises sur une grille recouverte de papier sulfurisé et laissez refroidir.

4 Nappez une génoise de confiture et de crème fouettée, puis posez l'autre génoise par-dessus.

génoise au miel

6 20' 10' 180°

2 œufs
110 g de sucre en poudre
50 g de fécule de maïs
1 ½ c. à s. de préparation en poudre pour crème anglaise
1 c. à c. de mélange d'épices pour pain d'épice
½ c. à c. de crème de tartre
¼ de c. à c. de bicarbonate de soude
300 ml de crème épaisse
2 c. à s. de miel
1 c. à s. de sucre glace

1 Préchauffez le four à 180 °C. Beurrez une plaque de 25 × 30 cm et chemisez-la de papier sulfurisé, en le laissant dépasser de 5 cm sur les côtés les plus longs.

2 Battez les œufs et 75 g de sucre au robot pendant 10 minutes. Incorporez les ingrédients secs tamisés, en 3 fois. Versez la pâte sur la plaque et faites cuire 10 minutes.

3 Posez une feuille de papier sulfurisé de la taille de la plaque sur le plan de travail et saupoudrez-la avec le reste du sucre. Démoulez la génoise sur le papier et décollez la feuille qui était sous la génoise. Laissez refroidir et égalisez les bords.

4 Battez la crème et le miel au robot jusqu'à ce que des pointes se forment.

5 Coupez la génoise en trois rectangles de taille égale, dans la largeur. Posez un rectangle sur un plat. Recouvrez-le avec la moitié de la crème au miel et un autre rectangle de génoise. Répétez l'opération et saupoudrez de sucre glace tamisé.

10 20' 18' 180°

génoise aux épices, crème au miel et aux pistaches

4 œufs
165 g de sucre brun
150 g de fécule de maïs
1 c. à c. de crème de tartre
½ c. à c. de bicarbonate de soude
1 c. à c. de mélange d'épices pour pain d'épice
½ c. à c. de cardamome moulue

Crème au miel et aux pistaches
300 ml de crème épaisse
1 c. à s. de miel
30 g de pistaches grillées

1 Préchauffez le four à 180 °C. Beurrez 2 moules de 23 cm de diamètre.

2 Battez les œufs et le sucre au robot pendant 10 minutes, jusqu'à ce que le sucre soit dissous. Versez-la dans un saladier et incorporez délicatement les ingrédients secs tamisés, en 3 fois.

3 Répartissez la pâte à parts égales dans les 2 moules et faites cuire 18 minutes. Démoulez les génoises sur une grille recouverte de papier sulfurisé et laissez refroidir.

4 Préparez la crème au miel et aux pistaches en mélangeant au robot la crème et le miel. Ajoutez les pistaches hachées.

5 Nappez une génoise de crème et posez l'autre génoise par-dessus. Servez saupoudré d'un peu de sucre glace tamisé.

12 30' 50' 1h 160°

gâteau au mascarpone, aux mûres et à l'orange

185 g de beurre ramolli
1 c. à s. de zeste d'orange finement râpé
220 g de sucre en poudre
3 œufs
150 g de farine avec levure incorporée
40 g de poudre d'amandes
125 ml de jus d'orange
350 g de mûres
110 g de confiture de mûres chauffée
1 c. à s. de liqueur d'orange
1 c. à s. de sucre glace

Crème au mascarpone
250 g de mascarpone
55 g de sucre glace
1 c. à c. de zeste d'orange finement râpé
1 c. à s. de liqueur d'orange
160 ml de crème entière

1 Préchauffez le four à 160 °C. Beurrez un moule à gâteau profond, de 22 cm de diamètre. Chemisez le fond et le bord de papier sulfurisé.

2 Avec un batteur électrique, battez le beurre, le zeste d'orange et le sucre dans un récipient, jusqu'à ce que le mélange soit léger et aéré. Sans cesser de battre, incorporez les œufs un à un, puis la farine tamisée, la poudre d'amandes et le jus d'orange, en 2 fois. Versez la préparation dans le moule.

3 Faites cuire 50 minutes environ. Laissez le gâteau reposer 5 minutes, puis démoulez-le sur une grille pour le laisser refroidir.

4 Préparez la crème au mascarpone. Mélangez le mascarpone, le sucre glace tamisé, le zeste d'orange et la liqueur dans un récipient. Battez la crème jusqu'à la formation de pics mous et incorporez-la dans la préparation au mascarpone.

5 Réservez 12 mûres. Coupez le gâteau en 3 couches. Placez la base sur un plat de service. Mélangez la confiture et la liqueur. Étalez-en la moitié sur la base du gâteau, puis la moitié de la crème au mascarpone, et recouvrez de la moitié des mûres. Répétez l'opération, et terminez par la dernière couche de gâteau. Couvrez et placez au réfrigérateur pour 1 heure.

6 Servez le gâteau saupoudré de sucre glace tamisé, avec les mûres réservées.

CONSEIL
Ne battez pas trop le mascarpone, sinon il se séparera et sera inutilisable.

gâteau fourré à la crème

8 | 20' | 50' | 180°

300 ml de crème fraîche épaisse
3 œufs
1 c. à c. d'extrait de vanille
175 g de cassonade
300 g de farine avec levure incorporée
300 ml de crème fraîche épaisse supplémentaire

Glaçage au caramel
65 g de beurre
110 g de cassonade
2 c. à s. de lait
80 g de sucre glace

1 Préchauffez le four à 180 °C. Beurrez un moule à gâteau de 22 cm de diamètre. Chemisez le fond de papier sulfurisé.

2 Fouettez la crème dans un saladier. Battez les œufs avec l'extrait de vanille dans un autre saladier, puis ajoutez progressivement la cassonade. Incorporez la moitié de la crème fouettée, puis la farine tamisée et le reste de la crème fouettée. Versez la pâte dans le moule et faites cuire 50 minutes au four. Attendez 5 minutes avant de démouler le gâteau sur une grille. Montez en chantilly la crème supplémentaire.

3 Préparez le glaçage : faites fondre le beurre à feu doux, ajoutez la cassonade et le lait, puis portez à ébullition. Baissez le feu dès les premiers bouillons et laissez frémir 2 minutes. Coupez le feu. Quand le mélange est tiède, incorporez le sucre glace.

4 Coupez le gâteau en deux dans la hauteur, fourrez-le avec la chantilly et nappez le dessus de glaçage au caramel.

12 25' 20' 180°

génoise moka à la cannelle

4 œufs à température ambiante
165 g de cassonade
100 g d'amidon de blé
25 g de cacao en poudre
1 c. à c. de cannelle moulue
1 c. à c. de levure
½ c. à c. de bicarbonate de soude
2 c. à c. de café soluble en granules
1 c. à c. d'eau chaude

Crème à la cannelle
250 ml de crème fraîche
2 c. à c. de sucre parfumé à la cannelle

Glaçage
160 g de sucre glace
2 c. à s. de cacao en poudre
10 g de beurre
2 c. à s. d'eau chaude

1 Préchauffez le four à 180 °C. Beurrez 2 moules à bord haut, de 22 cm de diamètre.

2 Battez les œufs et la cassonade avec un batteur électrique, pendant environ 10 minutes, jusqu'à obtention d'un mélange épais et onctueux. Versez-le dans un bol.

3 Tamisez 3 fois les ingrédients secs, à l'exception des granules de café. Incorporez-les dans le mélange précédent. Délayez le café avec l'eau chaude et ajoutez-le à la préparation.

4 Répartissez la pâte dans les 2 moules. Faites cuire 20 minutes environ. Démoulez et laissez refroidir les génoises sur des grilles chemisées de papier sulfurisé.

5 Préparez la crème à la cannelle en battant les ingrédients, avec un batteur électrique, jusqu'à obtention d'une consistance onctueuse.

6 Pour le glaçage, tamisez le sucre glace et le cacao au-dessus d'un bol. Mélangez le beurre et l'eau chaude, puis incorporez-les au mélange précédent, en remuant, jusqu'à ce que le glaçage soit fluide.

7 Superposez les génoises en intercalant la crème à la cannelle. Nappez de glaçage.

CONSERVATION

Cette génoise se conserve jusqu'à 2 jours dans un récipient hermétique au réfrigérateur, ou 1 mois au congélateur, sans crème à la cannelle ni glaçage.

gâteau des blanches neiges

115 g d'ananas confit grossièrement haché
150 g de cerises confites rouges et vertes coupées en deux
115 g de gingembre confit grossièrement haché
60 g de figues confites grossièrement hachées
60 g d'abricots confits grossièrement hachés
55 g d'écorces d'agrumes confites
110 g de noix grossièrement hachées
1 c. à s. de marmelade d'oranges
2 c. à c. de zeste de citron finement râpé
1 c. à s. de miel
60 ml de xérès doux
1 c. à c. d'extrait de vanille
250 g de beurre ramolli
220 g de sucre en poudre
4 œufs
335 g de farine ordinaire

Glaçage blanc
220 g de sucre glace
80 ml d'eau
2 blancs d'œufs

1 Mélangez les fruits, les noix, la marmelade, le zeste de citron, le miel, le xérès et l'extrait de vanille dans un saladier. Couvrez et laissez mariner toute la nuit.

2 Chemisez un moule profond carré de 20 cm de côté ou rond de 22 cm de diamètre avec 2 couches de papier sulfurisé, en le laissant dépasser de 5 cm sur les côtés.

3 Préchauffez le four à 150 °C.

4 Battez le beurre. Ajoutez le sucre et battez jusqu'à ce qu'il soit dissous. Incorporez les œufs un à un. Mélangez cette préparation avec celle aux fruits. Incorporez la farine tamisée.

5 Versez la pâte dans le moule et faites cuire le gâteau 2 h 30. Couvrez-le avec du papier d'aluminium et laissez-le reposer dans son moule jusqu'au lendemain.

6 Préparez le glaçage aérien. Faites chauffer le sucre glace et l'eau dans une casserole, en remuant, sans porter à ébullition. Quand le sucre est dissous, portez à ébullition, sans couvrir ni mélanger, pour 5 minutes environ, jusqu'à ce que le sirop atteigne 116 °C (vérifiez avec un thermomètre confiseur). Il doit être épais mais pas coloré. Retirez du feu. Quelques bulles peuvent se former. Montez les blancs d'œufs en neige ferme au robot. Incorporez le sirop chaud, en un fin filet, sans cesser de battre, et continuez à mélanger à la vitesse maximale pendant 10 minutes, jusqu'à ce que le glaçage soit épais.

7 Recouvrez le gâteau de glaçage et décorez avec des figurines de Noël avant qu'il ne prenne.

gâteau aux fruits et au Grand Marnier

500 g de raisins sultanine
120 g de raisins de Corinthe grossièrement hachés
120 g de dattes séchées dénoyautées et grossièrement hachées
140 g de pruneaux dénoyautés et grossièrement hachés
125 g d'abricots confits grossièrement hachés
150 g d'ananas confit grossièrement haché
70 g d'amandes effilées
60 g de noix grillées grossièrement hachées
250 g d'écorces d'agrumes confites
1 c. à s. de zeste d'orange finement râpé
110 g de sucre en poudre
60 ml de jus d'orange
125 ml de Grand Marnier
250 g de beurre ramolli
110 g de sucre roux
5 œufs
300 g de farine
2 c. à s. de Grand Marnier supplémentaire
1 kg de fondant blanc prêt à l'emploi
1 blanc d'œuf légèrement battu
80 g de sucre glace tamisé
1 morceau de carton de 25 cm de diamètre
ruban décoratif
13 g de perles en sucre argentées

1 Mélangez les fruits secs et confits, les amandes, les noix, les écorces et le zeste dans un grand récipient. Dans une grande poêle à fond épais, faites chauffer à feu doux le sucre en poudre, sans remuer, jusqu'à ce qu'il commence à fondre, puis remuez jusqu'à ce qu'il soit fondu et légèrement bruni. Retirez du feu et incorporez lentement le jus d'orange. Remettez sur feu doux et remuez jusqu'à ce que le sucre soit dissous (ne laissez pas bouillir). Ajoutez le Grand Marnier, puis versez la préparation sur le mélange aux fruits ; couvrez de film alimentaire et conservez dans un endroit frais, à l'abri de la lumière, pendant 10 jours, en remuant tous les jours.

2 Préchauffez le four à 150 °C. Chemisez le fond et le bord d'un moule à gâteau profond, de 22 cm de diamètre (ou d'un moule carré profond, de 10 cm de côté) d'une couche de papier kraft et de 2 couches de papier sulfurisé, en les laissant dépasser de 5 cm sur les bords.

3 Avec un batteur électrique, battez le beurre et le sucre roux dans un petit récipient. Ajoutez les œufs un à un, sans cesser de battre. Incorporez dans le mélange aux fruits, puis ajoutez la farine tamisée et mélangez. Étalez la préparation dans le moule. Tapotez-le fermement sur le plan de travail pour bien répartir la préparation ; lissez-en la surface avec une spatule mouillée.

4 Faites cuire 3 h 30. Sortez le gâteau du four et badigeonnez sa surface de la liqueur supplémentaire. Couvrez le gâteau chaud de papier d'aluminium, puis retournez le moule et laissez refroidir pendant la nuit. Couvrez le moule avec un torchon.

5 Coupez le dessus du gâteau avec un couteau tranchant, de manière que sa base soit plate lorsqu'il sera retourné. Mélangez un peu de fondant et d'eau bouillie refroidie pour obtenir une pâte collante. Étalez environ 2 cuillerées à soupe de la préparation obtenue au centre d'un morceau de papier sulfurisé d'un diamètre supérieur de 5 cm à celui du gâteau. Retournez le gâteau sur le papier. À l'aide d'une spatule et de petits morceaux de pâte à sucre, bouchez les trous éventuels dans le gâteau.

6 Badigeonnez uniformément le gâteau de blanc d'œuf. Travaillez le fondant sur une surface saupoudrée de sucre glace, jusqu'à ce qu'il soit lisse. Abaissez-le à 7 mm d'épaisseur. Déposez-le sur le gâteau, avec un rouleau à pâtisserie, en lissant toute sa surface avec les mains saupoudrées de sucre glace. Coupez l'excédent de fondant au niveau de la base du gâteau.

7 Mélangez les chutes de fondant avec de l'eau bouillie refroidie pour obtenir une pâte collante. Étalez environ 2 cuillerées à soupe de cette pâte au centre du carton et placez le gâteau dessus. Coupez l'excédent de papier sulfurisé autour de la base du gâteau. Fixez le ruban autour du gâteau avec des épingles (retirez-les avant de découper le gâteau et placez-les dans un endroit sûr). Enfoncez délicatement les billes argentées dans le fondant, en réalisant le motif de votre choix.

36 2h 10j 3h30 150°

brownie vanille-framboise

12 30' 30' 30' 160°

1 litre de glace
à la vanille ramollie
150 g de framboises surgelées
125 g de beurre coupé en cubes
200 g de chocolat noir
coupé en morceaux
110 g de sucre en poudre
2 œufs
185 g de farine ordinaire
150 g de chocolat au lait
coupé en morceaux
1 c. à s. de sucre glace

1 Chemisez un moule de 23 cm de diamètre de film alimentaire, en le laissant suffisamment dépasser sur les bords pour pouvoir recouvrir entièrement le moule. Mélangez la glace et les framboises dans un saladier. Garnissez-en le moule et lissez la surface. Repliez le film pour recouvrir la glace. Mettez au congélateur pour 3 heures.

2 Préchauffez le four à 160 °C. Retirez la glace du moule, sans la sortir du film, et remettez-la au congélateur.

3 Beurrez le moule et chemisez-le de papier sulfurisé.

4 Faites fondre le beurre, le chocolat noir et le sucre à feu doux, en remuant. Laissez refroidir 10 minutes. Ajoutez ensuite les œufs, la farine tamisée et le chocolat au lait.

5 Versez la pâte dans le moule et faites cuire 30 minutes. Laissez refroidir le brownie dans le moule.

6 Coupez-le en deux dans l'épaisseur. Posez le gâteau de glace sur une moitié du brownie et recouvrez avec l'autre moitié. Saupoudrez de sucre glace tamisé, puis servez.

forêt-noire

200 g de chocolat noir
cassé en morceaux
250 g de beurre coupé en cubes
165 g de sucre en poudre
165 g de sucre roux
250 ml d'eau chaude
1 c. à s. de café soluble
en granules
225 g de farine ordinaire
35 g de farine
avec levure incorporée
2 c. à s. de cacao en poudre
2 œufs
80 ml de lait fermenté
160 ml de crème fraîche fouettée
415 g de cerises noires dénoyautées
en conserve, égouttées

Ganache au chocolat noir
250 g de chocolat noir
cassé en morceaux
160 ml de crème liquide
1 c. à s. d'eau-de-vie de cerise

Décoration
100 g de chocolat noir
à température ambiante
cerises au marasquin (facultatif)

1 Préchauffez le four à 160 °C. Beurrez légèrement un moule à bord haut de 22 cm de diamètre, puis chemisez le fond et la paroi de papier sulfurisé.

2 Dans une casserole, faites chauffer à feu doux le chocolat, le beurre, les sucres, l'eau et le café, en remuant, jusqu'à obtention d'un mélange lisse. Versez dans un bol et laissez tiédir 10 minutes.

3 Avec un fouet, incorporez les farines tamisées, le cacao, les œufs et le lait fermenté.

4 Versez la préparation dans le moule. Faites cuire 1 h 20. Laissez reposer 20 minutes avant de démouler le gâteau sur une grille, pour qu'il refroidisse.

5 Préparez la ganache : dans une petite casserole, faites chauffer à feu doux le chocolat, la crème et l'eau-de-vie, en remuant, jusqu'à obtention d'une consistance lisse. Laissez reposer jusqu'à épaississement.

6 Raclez le chocolat à l'aide d'un couteau à lame large ou d'une râpe à fromage, ou utilisez un couteau économe si vous voulez des copeaux plus petits.

7 Tranchez le gâteau en deux, horizontalement. Superposez les 2 disques de gâteau en intercalant la moitié de la ganache, la crème et les cerises. Nappez l'ensemble du reste de la ganache, puis garnissez de copeaux de chocolat et de cerises au marasquin.

NOTE
Vous pouvez remplacer les cerises au marasquin par des cerises fraîches ou en conserve.

16 | 25' | 1"20 | 20' | 160°

Pour faire des copeaux de chocolat, raclez le dos d'une tablette avec un couteau à lame large.

QU'EST-IL ARRIVÉ À MON GÂTEAU ?

LA PRÉPARATION SE SÉPARE

Les œufs et le beurre étaient trop froids, ou vous avez ajouté les œufs trop lentement ; battez le mélange jusqu'à ce que chaque œuf soit absorbé – pas plus longtemps –, avant d'ajouter le suivant. Si les œufs ont un calibre de plus de 60 g, mettez-en un de moins ou utilisez uniquement le jaune du dernier.

MON GÂTEAU AU BEURRE S'ÉMIETTE

C'est généralement parce que vous avez trop travaillé le mélange beurre-sucre. N'utilisez pas de mixeur, à moins que la recette ne le précise. Mélangez avec un batteur électrique jusqu'à ce que la préparation soit pâle et légère ; il n'est cependant pas nécessaire que le sucre soit dissous.

MON GÂTEAU AU BEURRE COLLE AU MOULE

Cela peut arriver si vous avez mis trop de sucre, de miel ou de mélasse dans la préparation. Il est plus prudent de chemiser le moule de papier sulfurisé et de le graisser pour maintenir le papier en place.

MON GÂTEAU AU BEURRE GONFLE ET SE CRAQUELLE

Cela peut être dû à une cuisson dans un four trop chaud ou dans un moule trop petit. Cependant, il est normal que les gâteaux cuits dans des moules à cake, à savarin ou à brownie se fissurent légèrement, en raison de la surface réduite du moule.

UN « COL » S'EST FORMÉ SUR MON GÂTEAU AU BEURRE

La formation d'un « col » autour du bord du gâteau est généralement due à une température de cuisson trop élevée. Vérifiez la température de votre four à l'aide d'un thermomètre à four et réglez le thermostat en conséquence.

MON GÂTEAU AUX FRUITS S'AFFAISSE AU CENTRE

Il est possible que vous ayez utilisé de la farine avec levure incorporée au lieu de farine ordinaire, ou bien que vous ayez mis trop de bicarbonate de soude. Le gâteau n'est peut-être pas assez cuit ; testez la cuisson avec la pointe d'un couteau pour obtenir de meilleurs résultats.

LES FRUITS DE MON GÂTEAU SONT AU FOND

La pâte était peut-être trop liquide pour supporter le poids des fruits (généralement le résultat d'un mélange trop travaillé). Des fruits trop juteux ou coupés en morceaux trop gros, ou une trop grande quantité de levure peuvent aboutir au même effet.

LE FOND DE MON GÂTEAU AUX FRUITS EST BRÛLÉ

Cela peut se produire si le moule n'a pas été correctement chemisé (voir pages 492-493). La température du four ne doit pas être trop élevée, et le moule doit être bien placé dans le four.

MA GÉNOISE EST CONSTELLÉE DE POINTS

Le sucre ne s'est pas dissous lorsqu'il a été battu avec les œufs. Battez les œufs jusqu'à obtention d'un mélange épais et onctueux, puis ajoutez le sucre petit à petit, en battant jusqu'à ce qu'il soit complètement dissous avant d'en ajouter.

MA GÉNOISE EST PLATE ET DURE

Vous n'avez pas correctement incorporé la farine et les ingrédients liquides. Tamisez la farine 2 fois et, au moment de l'ajouter, tamisez-la encore une fois au-dessus de la préparation. Pour incorporer un ingrédient, il faut atteindre le fond du récipient avec le bout d'une grande cuillère en métal, puis faire venir à la surface une partie de ce qui se trouvait au fond.

MA GÉNOISE EST CROUSTILLANTE

Elle a peut-être cuit à température trop haute, ou dans un moule trop petit ou mal placé dans le four. Pendant la cuisson, la surface du gâteau doit être au milieu du four. Utilisez des moules à bord haut pour protéger la préparation et l'empêcher de devenir croustillante.

IL Y A UN CRATÈRE DANS MA GÉNOISE

Vous avez peut-être réglé le four sur une température trop élevée, ou bien ajouté trop de sucre, pas assez de farine, trop de liquide, des œufs trop gros, trop de levure, ou bien, et c'est la cause la plus courante, le gâteau n'a pas été assez cuit.

MACARONS

FABRIQUER UNE POCHE À DOUILLE

Accessoire indispensable pour former de jolies coques et de belles meringues, mais aussi pour assembler les macarons et les meringues fourrées.

DÉCOUPER

Découpez un carré de papier sulfurisé en deux en diagonale, en prenant soin de couper proprement, avec de bons ciseaux bien aiguisés.

PLIER

Posez le triangle en pointant l'angle de 90° vers vous. Pliez un côté pour ramener la pointe vers vous et former un cône. Repliez l'autre côté par-dessus, en tournant, pour terminer le cône.

1

2

3

4

METTRE EN FORME

Vérifiez que les 3 pointes du triangle sont superposées et que les deux épaisseurs de papier sont alignées. Si vous ne parvenez pas à voir à travers la pointe de votre cône, votre poche est bien préparée. Faites coulisser le papier pour que les bords soient bien droits.

TERMINER

Repliez le haut de la poche pour maintenir les pointes ensemble et agrafez la poche. C'est le meilleur moyen pour qu'elle ne se déforme pas. Remplissez la poche à mi-hauteur avec le glaçage, la crème, le chocolat fondu, etc., et repliez le haut pour enfermer le contenu. Coupez un tout petit trou à la pointe avec des ciseaux et élargissez-le si nécessaire.

macarons à la noix de coco et aux amandes

16 20' 30' 20' 20' 150°

3 blancs d'œufs
55 g de sucre en poudre
½ c. à c. d'essence de coco
200 g de sucre glace
90 g de poudre d'amandes
20 g de noix de coco râpée
2 c. à c. de sucre glace supplémentaire
60 ml de crème liquide
150 g de chocolat blanc coupé en petits morceaux
2 c. à c. de liqueur de noix de coco

1 Beurrez des plaques de cuisson et chemisez-les de papier sulfurisé.

2 Battez les blancs d'œufs dans un petit saladier, avec un batteur électrique, jusqu'à la formation de pics souples. Ajoutez le sucre en poudre et l'essence de coco, et battez jusqu'à ce que le sucre soit dissous. Transvasez la préparation dans un grand saladier. Incorporez le sucre glace tamisé, la poudre d'amandes et la noix de coco râpée, en 2 fois.

3 Versez la préparation dans une poche à douille munie d'un embout lisse de 2 cm. Formez des disques de 4 cm sur les plaques, à environ 2 cm de distance. Tapotez les plaques sur le plan de travail pour que les macarons s'étalent légèrement. Saupoudrez de sucre glace tamisé puis laissez reposer 30 minutes.

4 Préchauffez le four à 150 °C. Enfournez les macarons pour 20 minutes environ, puis laissez-les refroidir sur les plaques.

5 Portez la crème liquide à ébullition dans une petite casserole. Retirez du feu, ajoutez le chocolat blanc et remuez jusqu'à obtention d'une consistance homogène. Incorporez la liqueur. Réfrigérez 20 minutes, jusqu'à ce que la ganache puisse être étalée.

6 Assemblez les macarons deux par deux avec la ganache.

CONSERVATION
Les macarons non fourrés se conservent dans un récipient hermétique pendant environ 1 semaine. Fourrez les macarons juste avant de les servir.

16 20' 30' 20' 150°

macarons à la fraise

3 blancs d'œufs
55 g de sucre en poudre
colorant alimentaire rose
2 grosses fraises (70 g) fraîches ou surgelées (décongelées)
200 g de sucre glace
120 g de poudre d'amandes
110 g de confiture de fraises
1 c. à s. de sucre glace supplémentaire

1 Préchauffez le four à 150 °C. Beurrez des plaques de cuisson et chemisez-les de papier sulfurisé.

2 Battez les blancs d'œufs dans un récipient, jusqu'à la formation de pics mous. Ajoutez le sucre et quelques gouttes de colorant, et battez jusqu'à ce que le sucre soit dissous. Transvasez dans un grand saladier.

3 Passez les fraises à travers un tamis fin. Vous aurez besoin de 1 cuillerée à soupe de coulis de fraises.

4 Incorporez le sucre glace, la poudre d'amandes et le coulis dans le mélange aux blancs d'œufs, en 2 fois.

5 Mettez la préparation dans une poche à douille munie d'un embout lisse de 1 cm de diamètre. Formez des disques de 4 cm de diamètre sur les plaques, en les espaçant de 2,5 cm. Tapotez les plaques sur le plan de travail pour que les disques s'étalent légèrement. Laissez reposer 30 minutes.

6 Faites cuire 20 minutes environ, puis laissez refroidir sur les plaques.

7 Assemblez les coques deux par deux avec la confiture. Saupoudrez du sucre glace tamisé.

macarons aux pistaches, au chocolat blanc et au miel

45 g de pistaches décortiquées non salées, grillées
3 blancs d'œufs
55 g de sucre en poudre
colorant alimentaire vert
200 g de sucre glace
90 g de poudre d'amandes

Ganache au chocolat blanc et au miel
60 ml de crème fraîche
155 g de chocolat blanc grossièrement haché
2 c. à c. de miel

1 Préchauffez le four à 150 °C. Huilez des plaques de cuisson et chemisez-les de papier sulfurisé.

2 Mixez finement les pistaches.

3 Montez les blancs d'œufs en neige souple à l'aide d'un batteur électrique. Ajoutez le sucre en poudre et quelques gouttes de colorant. Battez pour dissoudre le sucre. Versez dans un grand saladier et incorporez 4 cuillerées à soupe de pistaches moulues, le sucre glace et la poudre d'amandes, en 2 fois.

4 Versez la préparation dans une poche munie d'une douille lisse de 1 cm de diamètre. Formez des disques de pâte de 4 cm de diamètre sur les plaques de cuisson, en les espaçant de 2,5 cm. Tapotez les plaques pour étaler légèrement les macarons. Parsemez-les avec le reste des pistaches moulues et laissez reposer 30 minutes.

5 Faites cuire les macarons 20 minutes environ, puis laissez-les refroidir sur les plaques de cuisson.

6 Préparez la ganache au chocolat blanc et au miel. Portez la crème à ébullition dans une petite casserole, puis retirez du feu. Mettez le chocolat et le miel dans un saladier, et versez la crème chaude. Mélangez pour faire fondre le chocolat. Laissez refroidir à température ambiante jusqu'à ce que la ganache soit assez ferme pour être étalée.

7 Assemblez les macarons deux par deux avec la ganache.

16 25' 30' 20' 150°

macarons roses

18 | 30' | 30' | 15' | 20' | 150°

3 blancs d'œufs
2 c. à s. de sucre en poudre
colorant alimentaire rose
200 g de sucre glace
120 g de poudre d'amandes
2 c. à s. de sucre glace supplémentaire

Ganache au chocolat blanc
100 g de chocolat blanc grossièrement haché
2 c. à s. de crème fraîche épaisse

1 Préparez la ganache : faites chauffer le chocolat blanc et la crème à feu doux, en remuant, jusqu'à obtention d'un mélange lisse. Versez dans un saladier et laissez reposer au réfrigérateur jusqu'à épaississement. La ganache ne doit pas durcir.

2 Chemisez plusieurs plaques de cuisson huilées de papier sulfurisé.

3 Fouettez les blancs d'œufs dans un saladier, à l'aide d'un batteur électrique, jusqu'à ce que des pointes souples se forment. Ajoutez le sucre et le colorant, et continuez de fouetter jusqu'à ce que le sucre soit dissous. Transvasez la préparation dans un saladier. Incorporez le sucre glace tamisé et la poudre d'amandes, en 2 fois.

4 Versez la pâte dans une poche munie d'une douille unie de 1,5 cm de diamètre. Déposez 36 disques de pâte de 4 cm de diamètre sur les plaques, espacés de 2 cm. Tapotez chaque plaque pour que les macarons s'étalent légèrement. Saupoudrez de sucre glace et laissez reposer 15 minutes.

5 Préchauffez le four à 150 °C. Faites cuire environ 20 minutes. Laissez reposer 5 minutes sur la plaque avant de déposer les macarons sur une grille pour qu'ils refroidissent.

6 Assemblez les macarons deux par deux avec de la ganache au chocolat blanc. Saupoudrez de sucre glace si vous le souhaitez.

macarons aux amandes fourrés au chocolat

16 | 20' | 30' | 20' | 20' | 150°

3 blancs d'œufs
55 g de sucre en poudre
160 g de sucre glace
25 g de cacao amer en poudre
120 g de poudre d'amandes
2 c. à c. de cacao amer en poudre supplémentaire
60 ml de crème
150 g de chocolat noir finement haché

1 Huilez des plaques de cuisson et chemisez-les de papier sulfurisé.

2 Montez les blancs d'œufs en neige souple dans un saladier, à l'aide d'un batteur électrique. Ajoutez le sucre en poudre et battez pour le dissoudre. Versez dans un grand saladier, puis incorporez le sucre glace, le cacao et la poudre d'amandes, en 2 fois.

3 Versez la préparation dans une poche munie d'une douille lisse de 2 cm de diamètre. Formez des disques de pâte de 4 cm de diamètre sur les plaques de cuisson, en les espaçant de 2 cm. Tapotez les plaques pour étaler légèrement les macarons. Parsemez-les d'un peu de cacao et laissez reposer 30 minutes.

4 Pendant ce temps, préchauffez le four à 150 °C. Faites cuire les macarons 20 minutes environ, puis laissez-les refroidir sur les plaques de cuisson.

5 Portez la crème à ébullition dans une petite casserole, puis retirez-la du feu. Ajoutez le chocolat et remuez pour le faire fondre. Placez pour 20 minutes au réfrigérateur, jusqu'à ce que le mélange puisse être étalé.

6 Assemblez les macarons deux par deux avec la crème au chocolat.

CONSERVATION

Les macarons nature se conservent 1 semaine dans une boîte hermétique. Il est préférable de les garnir au moment de servir.

macarons tropicaux

120 g de poudre d'amandes
55 g de mangue séchée coupée en gros morceaux
3 blancs d'œufs
2 c. à s. de sucre en poudre
colorant alimentaire orange
240 g de sucre glace

Ganache noix de coco-citron vert
80 ml de crème liquide
180 g de chocolat blanc coupé en petits morceaux
1 c. à c. de zeste de citron vert finement râpé
¼ de c. à c. d'essence de noix de coco

1 Beurrez des plaques de cuisson et chemisez-les de papier sulfurisé.

2 Mixez la poudre d'amandes et la mangue séchée jusqu'à obtention d'une consistance fine.

3 Battez les blancs d'œufs dans un récipient, avec un batteur électrique, jusqu'à la formation de pics mous. Ajoutez le sucre en poudre et un peu de colorant, et battez jusqu'à ce que le sucre soit dissous. Transvasez la préparation dans un grand récipient. Incorporez le sucre glace tamisé et le mélange aux amandes, en 2 fois.

4 À l'aide d'une cuillère, mettez la préparation dans une poche à douille munie d'un embout lisse de 1 cm de diamètre. Formez des disques de 4 cm de diamètre sur les plaques, en les espaçant d'environ 2,5 cm (voir page 610). Tapotez les plaques sur le plan de travail pour que les macarons s'étalent légèrement. Laissez reposer 30 minutes environ, jusqu'à ce qu'ils soient secs au toucher.

5 Préchauffez le four à 150 °C. Faites cuire les coques 20 minutes environ. Laissez-les refroidir sur les plaques.

6 Préparez la ganache noix de coco-citron vert. Portez la crème à ébullition dans une petite casserole. Retirez du feu ; ajoutez le chocolat et remuez jusqu'à obtention d'une consistance homogène. Incorporez le zeste de citron vert et l'extrait de noix de coco. Laissez reposer à température ambiante jusqu'à ce que la ganache puisse être étalée.

7 Assemblez les coques des macarons deux par deux avec la ganache.

macarons au chocolat et à la menthe

240 g de sucre glace
120 g de poudre d'amandes
3 blancs d'œufs
2 c. à s. de sucre en poudre
colorant alimentaire vert
1 c. à c. d'essence de menthe poivrée
35 g de biscuits au chocolat
coupés en petits morceaux

Ganache au chocolat noir
80 ml de crème liquide
180 g de chocolat noir
coupé en petits morceaux

1 Beurrez des plaques de cuisson et chemisez-les de papier sulfurisé.

2 Mixez le sucre glace et la poudre d'amandes jusqu'à obtention d'une consistance fine. Tamisez le mélange et jetez les gros morceaux qui restent dans le tamis.

3 Battez les blancs d'œufs dans un petit récipient, avec un batteur électrique, jusqu'à la formation de pics mous. Ajoutez le sucre et un peu de colorant, et battez jusqu'à ce que le sucre soit dissous. Transvasez la préparation dans un grand récipient. Incorporez le mélange de sucre glace et d'amandes, ainsi que l'essence de menthe, en 2 fois.

4 À l'aide d'une cuillère, mettez la préparation dans une poche à douille munie d'un embout lisse de 1 cm de diamètre. Formez des disques de 4 cm de diamètre sur les plaques, en les espaçant d'environ 2,5 cm. Tapotez les plaques sur le plan de travail pour que les disques s'étalent légèrement. Laissez reposer environ 30 minutes, jusqu'à ce qu'ils soient secs au toucher.

5 Préchauffez le four à 150 °C. Faites cuire les coques 20 minutes, puis laissez-les refroidir sur les plaques.

6 Préparez la ganache au chocolat noir. Portez la crème à ébullition dans une petite casserole. Retirez du feu, ajoutez le chocolat et remuez jusqu'à obtention d'une consistance homogène. Laissez reposer à température ambiante jusqu'à ce que la ganache puisse être étalée.

7 Étalez la ganache sur les coques, puis répartissez les morceaux de biscuit sur la moitié d'entre elles ; recouvrez des coques restantes.

macarons à la liqueur de citron

16 | 20' | 30' | 20' | 150°

3 blancs d'œufs
55 g de sucre en poudre
colorant alimentaire jaune
200 g de sucre glace
120 g de poudre d'amandes
2 c. à c. de zeste de citron finement râpé
1 c. à s. de sucre glace supplémentaire
60 ml de crème liquide
150 g de chocolat blanc
cassé en morceaux
4 c. à c. de limoncello

1 Beurrez des plaques de cuisson et chemisez-les de papier sulfurisé.

2 Battez les blancs d'œufs dans un petit saladier, avec un batteur électrique, jusqu'à la formation de pics souples. Ajoutez le sucre en poudre et quelques gouttes de colorant, et battez jusqu'à dissolution du sucre. Transvasez la préparation dans un grand saladier. Incorporez le sucre glace tamisé, la poudre d'amandes et le zeste de citron, en 2 fois.

3 Versez la préparation dans une poche à douille munie d'un embout lisse de 2 cm. Formez des disques de 4 cm sur les plaques, à environ 2 cm de distance. Tapotez les plaques sur le plan de travail pour que les macarons s'étalent légèrement. Saupoudrez de sucre glace tamisé, puis laissez reposer 30 minutes.

4 Préchauffez le four à 150 °C. Enfournez les macarons pour 20 minutes, puis laissez-les refroidir sur les plaques.

5 Portez la crème liquide à ébullition dans une petite casserole. Retirez du feu, ajoutez le chocolat blanc et remuez jusqu'à obtention d'une consistance homogène. Incorporez le limoncello. Laissez reposer à température ambiante jusqu'à ce que la ganache puisse être étalée.

6 Assemblez les macarons deux par deux avec la ganache juste avant de les servir.

CONSERVATION

Les macarons non fourrés se conservent dans un récipient hermétique pendant environ 1 semaine.

macarons aux amandes et à l'orange

16 | 20' | 30' | 20' | 150°

3 blancs d'œufs
55 g de sucre en poudre
colorant alimentaire orange
200 g de sucre glace
120 g de poudre d'amandes
1 c. à c. de zeste d'orange finement râpé
2 c. à s. d'amandes effilées
115 g de confiture d'oranges

1 Huilez des plaques de cuisson et chemisez-les de papier sulfurisé.

2 Montez les blancs d'œufs en neige souple à l'aide d'un batteur électrique. Ajoutez le sucre en poudre et quelques gouttes de colorant. Battez pour dissoudre le sucre. Versez dans un grand saladier, puis incorporez le sucre glace, la poudre d'amandes et le zeste d'orange, en 2 fois.

3 Versez la préparation dans une poche munie d'une douille lisse de 2 cm de diamètre. Formez des disques de pâte de 4 cm de diamètre sur les plaques de cuisson, en les espaçant de 2 cm. Tapotez les plaques pour étaler légèrement les macarons. Parsemez-les d'amandes effilées et laissez reposer 30 minutes.

4 Préchauffez le four à 150 °C. Faites cuire les macarons 20 minutes, puis laissez-les refroidir sur les plaques de cuisson.

5 Assemblez les macarons deux par deux avec la confiture d'oranges.

CONSEILS

Les macarons nature se conservent 1 semaine dans une boîte hermétique. Il est préférable de les garnir au moment de servir. Si la confiture est trop épaisse ou contient des morceaux trop gros, faites-la chauffer, filtrez-la à l'aide d'une passoire et laissez-la refroidir avant de l'utiliser.

macarons coco-citron

3 blancs d'œufs
2 c. à s. de sucre en poudre
200 g de sucre glace
60 g de poudre d'amandes
40 g de noix de coco râpée
1 c. à s. de sucre glace supplémentaire

Crème au citron
300 ml de crème épaisse
1 c. à s. de sucre glace
1 c. à c. de zeste de citron finement râpé

1 Préchauffez le four à 150 °C. Huilez 4 plaques de cuisson et chemisez-les de papier sulfurisé.

2 Montez les blancs d'œufs en neige souple à l'aide d'un batteur électrique. Ajoutez le sucre en poudre petit à petit. Versez dans un grand saladier et incorporez le sucre glace, la poudre d'amandes et la noix de coco en 2 fois.

3 Versez la préparation dans une poche munie d'une douille lisse de 1,5 cm de diamètre. Formez des disques de pâte de 4 cm de diamètre sur les plaques de cuisson, en les espaçant de 2 cm. Tapotez les plaques pour étaler légèrement les macarons. Saupoudrez-les de sucre glace supplémentaire et laissez reposer 15 minutes.

4 Préparez la crème au citron en battant les ingrédients à l'aide d'un batteur électrique.

5 Faites cuire les macarons 20 minutes. Laissez-les reposer 5 minutes sur les plaques, puis faites-les refroidir sur des grilles. Assemblez les macarons avec la crème au citron.

macarons au café

240 g de sucre glace
75 g de poudre de noisettes
2 c. à c. de café soluble
1 c. à c. d'eau bouillante
3 blancs d'œufs
2 c. à s. de sucre en poudre
2 c. à c. de cacao en poudre

Ganache au chocolat blanc
80 ml de crème liquide
180 g de chocolat blanc coupé en petits morceaux

1 Beurrez des plaques de cuisson et chemisez-les de papier sulfurisé.

2 Mixez le sucre glace et la poudre de noisettes jusqu'à obtention d'une consistance fine. Tamisez le mélange et jetez les gros morceaux qui restent dans le tamis.

3 Mélangez le café et l'eau bouillante dans un petit récipient.

4 Battez les blancs d'œufs dans un bol, avec un batteur électrique, jusqu'à la formation de pics mous. Ajoutez le sucre en poudre et battez jusqu'à ce qu'il soit dissous. Transvasez la préparation dans un grand récipient. Incorporez le mélange de sucre glace et de noisettes, ainsi que le café, en 2 fois.

5 À l'aide d'une cuillère, mettez la préparation dans une poche à douille munie d'un embout lisse de 1 cm de diamètre. Formez des disques de 4 cm de diamètre sur les plaques, en les espaçant d'environ 2,5 cm. Tapotez les plaques sur le plan de travail pour que les disques s'étalent légèrement. Laissez reposer 30 minutes, jusqu'à ce qu'ils soient secs au toucher.

6 Préchauffez le four à 150 °C. Faites cuire les coques 20 minutes environ. Laissez-les refroidir sur les plaques.

7 Préparez la ganache au chocolat blanc. Portez la crème à ébullition dans une petite casserole. Retirez du feu, ajoutez le chocolat et remuez jusqu'à obtention d'une consistance homogène. Laissez reposer à température ambiante jusqu'à ce que la ganache puisse être étalée.

8 Assemblez les coques des macarons deux par deux avec la ganache. Saupoudrez-les de cacao tamisé.

16
40'
30'
20'
150°

macarons à la pistache et à la fleur d'oranger

45 g de pistaches grillées non salées
3 blancs d'œufs
55 g de sucre en poudre
colorant alimentaire vert
200 g de sucre glace
90 g de poudre d'amandes
1 c. à s. de sucre glace supplémentaire
60 ml de crème liquide
150 g de chocolat blanc cassé en morceaux
4 c. à c. d'eau de fleur d'oranger

1 Beurrez des plaques de cuisson et chemisez-les de papier sulfurisé. Mixez les pistaches jusqu'à obtention d'une poudre fine.

2 Battez les blancs d'œufs dans un petit saladier, avec un batteur électrique, jusqu'à la formation de pics souples. Ajoutez le sucre en poudre et quelques gouttes de colorant, et battez jusqu'à ce que le sucre soit dissous. Transvasez la préparation dans un grand saladier. Incorporez les ⅔ des pistaches en poudre, le sucre glace tamisé et la poudre d'amandes, en 2 fois.

3 Versez la préparation dans une poche à douille munie d'un embout lisse de 2 cm de diamètre. Formez des disques de 4 cm sur les plaques, à environ 2 cm de distance. Tapotez les plaques sur le plan de travail pour que les macarons s'étalent légèrement. Saupoudrez de sucre glace tamisé, puis du reste des pistaches en poudre. Laissez reposer 30 minutes.

4 Préchauffez le four à 150 °C. Enfournez les macarons pour 20 minutes, puis laissez-les refroidir sur les plaques.

5 Portez la crème liquide à ébullition dans une petite casserole. Retirez du feu, ajoutez le chocolat blanc et remuez jusqu'à obtention d'une consistance lisse. Incorporez l'eau de fleur d'oranger. Réfrigérez 20 minutes, jusqu'à ce que la ganache puisse être étalée.

6 Assemblez les macarons deux par deux avec la ganache.

CONSERVATION
Les macarons non fourrés se conservent dans un récipient hermétique pendant environ 1 semaine. Fourrez les macarons juste avant de les servir.

Beurrez une plaque et chemisez-la de papier sulfurisé. Remplissez de pâte une grosse poche à douille munie d'un embout large et lisse (ou sans embout). En la tenant bien droite, formez sur la plaque des disques espacés de 2,5 cm.

Tapez la plaque contre le plan de travail pour que la pâte à macarons s'étale un peu. Laissez reposer à température ambiante pendant 30 minutes environ, jusqu'à ce que les disques soient secs au toucher.

16 20' 30' 20' 20' 150°

macarons à la noix de coco

24 20' 30' 150°

2 blancs d'œufs
110 g de sucre en poudre
1 c. à c. d'extrait de vanille
35 g de farine ordinaire
120 g de noix de coco râpée
6 cerises confites coupées en quatre

1 Préchauffez le four à 150 °C. Beurrez des plaques de cuisson et chemisez-les de papier sulfurisé.

2 Battez les blancs d'œufs dans un petit saladier, avec un batteur électrique, jusqu'à la formation de pics souples. Incorporez progressivement le sucre, en battant jusqu'à ce qu'il soit dissous. Ajoutez l'extrait de vanille, la farine tamisée et la noix de coco râpée, en 2 fois.

3 Déposez des cuillerées à soupe de la préparation sur les plaques, à environ 5 cm de distance. Décorez chaque macaron avec un quartier de cerise confite. Enfournez pour 30 minutes environ, puis laissez refroidir sur les plaques.

NOTE

Les cerises confites sont disponibles en trois couleurs ; si vous n'en trouvez pas, remplacez-les par n'importe quel autre fruit confit.

CONSERVATION

Les macarons se conservent dans un récipient hermétique pendant environ 1 semaine.

macarons aux noix de pécan

22 25' 30' 150°

200 g de noix de pécan
2 blancs d'œufs
110 g de cassonade
1 c. à c. d'extrait de vanille
35 g de farine ordinaire
22 cerneaux de noix de pécan

1 Préchauffez le four à 150 °C. Beurrez des plaques de cuisson et chemisez-les de papier sulfurisé.

2 Mixez les noix de pécan jusqu'à obtention d'une poudre fine.

3 Battez les blancs d'œufs et le sucre dans un petit saladier, avec un batteur électrique, pendant environ 15 minutes, ou jusqu'à ce que le sucre soit dissous. Incorporez l'extrait de vanille, la farine tamisée et les noix de pécan en poudre, en 2 fois.

4 Déposez des cuillerées à soupe bombées de la préparation sur les plaques, à environ 5 cm de distance. Disposez 1 cerneau de noix de pécan sur chaque macaron. Enfournez pour 30 minutes environ, puis laissez refroidir sur les plaques.

CONSERVATION
Les macarons se conservent dans un récipient hermétique pendant environ 1 semaine.

24 35' 25' 150°

macarons au chocolat noir et aux noix

200 g de noix
2 blancs d'œufs
110 g de sucre en poudre
1 c. à c. d'extrait de vanille
1 c. à s. de farine ordinaire
4 c. à c. de cacao en poudre
90 g de chocolat noir cassé en petits morceaux
60 g de chocolat noir fondu

1 Préchauffez le four à 150 °C. Beurrez des plaques de cuisson et chemisez-les de papier sulfurisé.

2 Mixez les noix jusqu'à obtention d'une poudre fine.

3 Battez les blancs d'œufs dans un petit saladier, avec un batteur électrique, jusqu'à la formation de pics souples. Ajoutez progressivement le sucre, en battant jusqu'à ce qu'il soit dissous après chaque addition. Incorporez l'extrait de vanille, la farine et le cacao tamisés, les noix en poudre et les morceaux de chocolat, en 2 fois.

4 Déposez des cuillerées à soupe bombées de la préparation sur les plaques, à environ 5 cm de distance. Enfournez pour 25 minutes environ, puis laissez refroidir sur les plaques.

5 Versez le chocolat fondu en filet sur les macarons refroidis. Laissez prendre à température ambiante.

CONSERVATION

Les macarons se conservent dans un récipient hermétique pendant environ 1 semaine.

macarons à la noix de coco, aux canneberges et au chocolat blanc

2 blancs d'œufs
110 g de sucre en poudre
1 c. à c. d'extrait de vanille
35 g de farine ordinaire
120 g de noix de coco râpée
45 g de canneberges séchées, grossièrement hachées
90 g de chocolat blanc cassé en petits morceaux
28 canneberges séchées, entières

1 Préchauffez le four à 150 °C. Beurrez des plaques de cuisson et chemisez-les de papier sulfurisé.

2 Battez les blancs d'œufs dans un petit saladier, avec un batteur électrique, jusqu'à la formation de pics souples. Incorporez progressivement le sucre, en battant jusqu'à ce qu'il soit dissous. Ajoutez l'extrait de vanille, la farine tamisée, la noix de coco, les canneberges et le chocolat blanc, en 2 fois.

3 Avec les mains mouillées, façonnez en boules des cuillerées à soupe bombées de la préparation. Disposez-les sur les plaques, à environ 5 cm de distance. Placez 1 canneberge entière sur chaque macaron. Enfournez pour 25 minutes environ, puis laissez refroidir sur les plaques.

CONSERVATION

Les macarons se conservent dans un récipient hermétique pendant environ 1 semaine.

macarons au pop-corn

24 | 15' | 20' | 150°

3 blancs d'œufs
165 g de sucre en poudre
40 g de noix de coco râpée
2 c. à s. de farine
20 g de pop-corn prêt à l'emploi
80 g d'abricots secs finement hachés

1 Préchauffez le four à 150 °C. Huilez 4 plaques de cuisson et chemisez-les de papier sulfurisé.

2 Montez les blancs d'œufs en neige souple à l'aide d'un batteur électrique. Ajoutez le sucre en poudre petit à petit, tout en battant pour le dissoudre. Versez dans un grand saladier, incorporez la noix de coco et la farine tamisée, puis le pop-corn et les abricots secs.

3 Déposez 24 petits tas de pâte sur les plaques de cuisson, en les espaçant de 5 cm.

4 Faites cuire les macarons 20 minutes environ, puis laissez-les refroidir sur les plaques de cuisson.

CONSEIL

Il faut utiliser du pop-corn nature non salé pour cette recette. Si vous n'en trouvez pas, mettez 2 cuillerées à soupe de maïs à pop-corn dans une grande casserole et fermez avec un couvercle. Faites chauffer à feu moyen jusqu'à ce que le pop-corn commence à sauter. Secouez délicatement la casserole sur le feu jusqu'à ce que tous les grains de maïs aient éclaté. Ôtez du feu et laissez reposer 1 minute avant de retirer le couvercle.

26 | 10' | 45' | 150°

macarons aux amandes et au miel

2 blancs d'œufs
110 g de sucre en poudre
1 c. à c. d'extrait de vanille
4 c. à c. de miel
35 g de farine ordinaire
120 g de poudre d'amandes
80 g de noix de coco râpée
20 g d'amandes effilées
1 c. à s. de sucre glace

1 Préchauffez le four à 150 °C. Beurrez des plaques de cuisson et chemisez-les de papier sulfurisé.

2 Battez les blancs d'œufs dans un petit saladier, avec un batteur électrique, jusqu'à la formation de pics souples. Incorporez progressivement le sucre, en battant jusqu'à ce qu'il soit dissous. Ajoutez l'extrait de vanille, le miel, la farine tamisée, la poudre d'amandes et la noix de coco, en 2 fois.

3 Déposez des cuillerées à soupe de la préparation sur les plaques, à environ 5 cm de distance. Parsemez les macarons d'amandes effilées. Enfournez pour 45 minutes environ, puis laissez refroidir sur les plaques.

4 Quand les macarons sont froids, saupoudrez-les de sucre glace tamisé.

annexes

LES BONUS

INDEX

A

B

CHOCOLAT NOIR

CINQ-ÉPICES

CITRON (FRAIS, CONFIT, LIQUEUR)

D

E

F

G

K

L

O

P

Q

R

S

V

W

X

Y

TABLE DES RECETTES

A

B

C

D

E

F

G

H-J-K

L

M

N

O

P

Q

R

S

T

W

GLOSSAIRE

A

AFTER EIGHT
Petits carrés chocolatés fourrés à la crème de menthe. En vente dans les grandes surfaces.

AMANDE
Fruit de l'amandier ; la graine blanche et tendre est recouverte d'une pellicule brune et enfermée dans une coque grêlée.
effilée amande coupée en fines lamelles dans la longueur.
essence ou extrait d'amandes.
mondée amande entière débarrassée de sa peau brune.
pâte d'amandes mélange de poudre d'amandes, de sucre et d'eau, de texture souple. On peut facilement la colorer, l'étaler au rouleau en une couche mince pour recouvrir des gâteaux ou la modeler pour faire des décorations.
poudre d'amandes amandes moulues jusqu'à obtention d'une texture proche de celle d'une farine grossière.

B

BADIANE
Gousse sèche en forme d'étoile, dont les graines libèrent un arôme et une saveur astringente d'anis. On s'en sert pour parfumer les bouillons et les marinades.

BEURRE
Vous pouvez utiliser du beurre salé ou doux, selon votre goût.

BICARBONATE DE SOUDE
Ou bicarbonate de sodium, ou carbonate monosodique. Il est utilisé comme agent levant en pâtisserie.

C

CACAHUÈTE
Il ne s'agit pas d'un fruit à coque mais du fruit d'une légumineuse ; également connue sous le nom d'arachide.
beurre de cacahuète pâte à tartiner à base de cacahuètes. Existe en version « crunchy », avec des morceaux, ou crémeuse, sans morceaux.

CACAO EN POUDRE
Fèves de cacao séchées, non sucrées, torréfiées puis moulues.

CANNEBERGES SÉCHÉES
Baies rouges acidulées, à riche teneur en vitamine C, très prisées dans les régions froides. On peut les remplacer par des airelles. Vous les trouverez sous forme séchée dans les épiceries bio.

CANNELLE
Écorce intérieure séchée du cannelier. Disponible en bâton ou en poudre.

CARDAMOME
Originaire de l'Inde et très présente dans sa gastronomie. On la trouve en gousses, en graines ou moulue. La cardamome est une graine très parfumée qui appartient à la famille du gingembre et c'est l'une des épices les plus chères du monde.

CHOCOLAT
au lait chocolat doux et très sucré, le plus consommé. Il est similaire au chocolat noir, à la différence qu'il contient du lait.
blanc ne contient pas de cacao. Sa saveur sucrée provient du beurre de cacao. Il est très sensible à la chaleur, soyez donc très prudent quand vous le faites fondre.
noir contient un fort pourcentage de cacao et de beurre de cacao, et peu de sucre ajouté.
pâte à tartiner pâte onctueuse à base de chocolat et de noisettes, vendue toute prête dans le commerce. Il en existe de nombreuses marques.
pépites de chocolat elles gardent leur forme à la cuisson et sont idéales pour la décoration. Il existe des pépites de chocolat blanc, noir ou au lait.
sauce au chocolat sauce chocolatée vendue toute prête dans le commerce.

CLOU DE GIROFLE
Bouton floral séché d'un arbre tropical, pouvant être utilisé entier ou moulu. Il possède une saveur et un parfum piquants et forts caractéristiques.

COLORANT ALIMENTAIRE
Produit utilisé pour changer les couleurs de différents aliments. Les colorants alimentaires sont comestibles et influent de façon imperceptible sur le goût.

CONFITURE DE LAIT
Pâte onctueuse à base de lait et de sucre. Vous pouvez l'acheter toute faite ou la confectionner vous-même en faisant cuire du lait entier et du sucre à feu doux jusqu'à épaississement.

CREAM CHEESE
Longuement égoutté, le cream cheese a une tenue plus ferme que le fromage blanc. Fabriqué avec du lait de vache, il contient au moins 35 % de matières grasses (Philadelphia ou St Morêt, par exemple). Utilisé dans la garniture des cheesecakes.

CRÈME DE TARTRE
Composant acide de la levure. On l'ajoute en confiserie pour empêcher le sucre de cristalliser. Elle permet aux glaçages de rester crémeux et d'augmenter le volume des blancs d'œufs battus.

CRÈME FRAÎCHE
crème épaisse crème fraîche de consistance pâteuse. Il n'est pas nécessaire de la fouetter.
crème fleurette crème liquide contenant au moins 35 % de matières grasses, qui peut être fouettée pour donner de la chantilly.

CRÈME PÂTISSIÈRE
Crème onctueuse parfumée à la vanille, généralement utilisée pour garnir des gâteaux. On trouve de la crème pâtissière instantanée en sachets dans le commerce.

D

DATTE
Fruit du dattier, la datte possède une texture riche et collante. On la consomme le plus souvent séchée.

E

EAU DE FLEUR D'ORANGER
Liquide issu de la distillation des fleurs de l'oranger amer, servant à parfumer crèmes et pâtes. Disponible dans les épiceries moyen-orientales et certains supermarchés et épiceries fines. Elle ne peut pas être remplacée par des arômes d'agrumes car son goût est complètement différent.

EAU DE ROSE
Liquide issu de la distillation des pétales de rose. Elle est très utilisée au Moyen-Orient, en Afrique du Nord et en Inde pour parfumer les desserts.

ESSENCE
Substance aromatique utilisée en petite quantité pour parfumer un mets.

ESSENCE DE MENTHE POIVRÉE
Liquide obtenu à partir des huiles essentielles des feuilles de menthe poivrée. On l'utilise souvent en cuisine.

F

FARINE
avec levure incorporée farine tamisée avec de la levure – 2 cuillerées à café de levure pour 150 g de farine ordinaire.
complète moulue à partir de grains de blé entiers (son, germe et endosperme). Existe avec ou sans levure incorporée.
de riz farine très fine provenant de la mouture de riz blanc. Elle ne contient pas de gluten.
ordinaire farine de blé, polyvalente. Elle est fabriquée à partir de blé dur et de blé tendre.

FÉCULE DE MAÏS
On l'utilise comme épaississant.

FLOCONS D'AVOINE
Grains d'avoine décortiqués, ramollis à la vapeur, aplatis puis séchés et mis en paquet pour être consommés comme céréales. Les flocons à cuisson rapide sont généralement plus fins que les flocons classiques. Ils absorbent plus d'eau et cuisent plus vite.

FONDANT PÂTISSIER
Si vous ne trouvez pas de fondant tout fait, vous pouvez le confectionner vous-même. Dans un saladier, mélangez 1 cuillerée à soupe de sirop de glucose, 1 blanc d'œuf et 1 cuillerée à soupe d'huile. Incorporez environ 300 g de sucre glace jusqu'à obtention d'une boule de la consistance de la pâte à modeler. Si le mélange est trop collant, ajoutez du sucre glace. S'il est trop cassant, ajoutez de l'huile. Conservez ce fondant au réfrigérateur.

FRUITS CONFITS
Fruits que l'on fait bouillir dans un sirop de sucre épais pour les conserver (abricots, cerises, pêches, poires, figues, mandarines…).

G

GÉLATINE
Si vous utilisez des feuilles de gélatine, sachez que 3 cuillerées à café de gélatine en poudre (6 g par sachet) équivalent à environ 4 feuilles de gélatine.

GERME DE BLÉ
Partie qui permet la germination puis la repousse d'une nouvelle plante. Il a une saveur de noisette et est riche en huile, c'est pourquoi il rancit très rapidement. On le retire généralement pendant la mouture. On en trouve dans les magasins bio et les supermarchés.

GINGEMBRE MOULU
On l'utilise pour parfumer les gâteaux, les tartes et autres desserts, mais il ne peut se substituer au gingembre frais.

GOLDEN SYRUP
Sirop de sucre ambré, fabriqué à partir de sucre de canne. On peut le remplacer par du sirop d'érable pur ou par du miel.

L

LAIT
Pour les recettes de ce livre, nous avons utilisé du lait entier.

LAIT CONCENTRÉ SUCRÉ
Lait de vache dont la teneur en eau a été réduite de 60 % par évaporation, et auquel on a ajouté du sucre.

LEMON CURD
Préparation à base de jus de citron, de sucre, de beurre et de jaunes d'œufs. Vous pouvez acheter le lemon curd tout fait ou le préparer vous-même. (voir recette page 333)

LIQUEUR
de café boisson alcoolisée parfumée au café (Tia Maria ou Kahlúa, par exemple).
de noisette nous avons utilisé du Frangelico, mais vous pouvez choisir une autre marque.
de noix de coco nous avons utilisé du Malibu, mais vous pouvez choisir une autre liqueur de votre choix.
d'orange nous avons utilisé du curaçao ou du Grand Marnier, mais vous pouvez choisir d'autres liqueurs.
limoncello digestif (boisson alcoolisée généralement consommée à la fin du repas pour stimuler la digestion) produit à base de zestes de citrons parfumés, que l'on fait macérer dans de l'alcool pur de bonne qualité. Le mélange est ensuite dilué avec du sucre et de l'eau.

M

MARMELADE
Purée de fruits (généralement des agrumes) cuits avec du sucre.

MARSALA
Vin doux sicilien.

MASCARPONE
Fromage frais et lisse à base de crème, doux et légèrement acide, sa teneur en matière grasse est de 75 %.

MINCEMEAT
Mélange de fruits secs et d'épices, traditionnellement utilisé pour fourrer les gâteaux, les puddings et les mince pies. Vous trouverez cette spécialité dans les épiceries britanniques.

MUSCADE
Fruit séché d'un arbre à feuilles persistantes originaire d'Indonésie. On la trouve sous forme de poudre, mais on peut également la râper soi-même avec une râpe fine.

N

NOISETTE
Ce fruit de saveur douce comporte une peau brune non comestible, que l'on ôte en frottant vigoureusement les noisettes chauffées l'une contre l'autre dans un torchon.
poudre de noisettes noisettes moulues en poudre fine ou grossière.

NOIX DE COCO SÉCHÉE
Noix de coco séchée non sucrée, râpée finement ou détaillée en copeaux minces.

NOIX DE MACADAMIA
Originaire d'Australie, cette noix renferme des graisses en proportion importante et doit se conserver au réfrigérateur à couvert, pour en prévenir le rancissement.

NOIX DE PÉCAN
Ce fruit d'un brun doré a une saveur riche.

O

ŒUFS
Certaines recettes de cet ouvrage utilisent des œufs crus ou à peine cuits. Soyez vigilant si vous entendez parler de cas de salmonellose dans votre région.

ORANGE SANGUINE
Variété d'orange contenant peu de pépins, à la chair rouge foncé et à la peau pigmentée de rouge. Elle est douce, avec de légers accents de fraise ou de framboise. Son zeste n'est pas aussi amer que celui des oranges classiques.

P

PAPIER SULFURISÉ
Aussi appelé papier cuisson. Papier enduit de silicone, principalement utilisé pour chemiser des moules et des plaques afin d'éviter que les gâteaux et biscuits ne collent dessus.

PAVOT
Plante herbacée des régions méditerranéennes dont les capsules renferment ces minuscules graines noires au parfum puissant, largement utilisées en boulangerie et en pâtisserie.

PÉTALES DE MAÏS
Céréale produite commercialement à partir de flocons de maïs croustillants, déshydratés puis cuits au four.

PIGNONS DE PIN
Petites graines beiges provenant de la pomme de pin. Il est courant de les faire griller à sec (sans matière grasse), au four ou dans une poêle, avant de les utiliser en pâtisserie.

PISTACHES
Pour les peler, mettez-les à tremper 5 minutes dans de l'eau bouillante, avant de les égoutter et de les éponger sur du papier absorbant. Frottez-les ensuite dans un torchon.

POIRES SÉCHÉES
Poires déshydratées. On en trouve notamment dans les magasins bio.

POIVRE DE LA JAMAÏQUE
Également connu sous le nom de piment de la Jamaïque ou toute-épice. Son goût est un mélange de muscade, de cumin, de clou de girofle et de cannelle. On le trouve en grains (baies brun foncé de la taille d'un petit pois) ou moulu, et on l'utilise aussi bien dans les plats sucrés que salés.

POLENTA
Farine à base de maïs séché. La graine est moulue plus ou moins finement. Dans les gâteaux, on prendra une mouture plutôt fine pour obtenir une pâte pas trop grumeleuse.

Q

QUATRE-ÉPICES
Mélange d'épices composé de poivre, de noix de muscade, de clou de girofle et de cannelle.

R

RAISINS
de Corinthe petits grains de raisin secs, presque noirs, d'une variété de vigne originaire de Corinthe en Grèce.
de Smyrne petits grains de raisin secs, blonds, sans pépins.
sultanine grains moelleux blonds, bruns et dorés.

RICOTTA
Fromage frais et doux à faible teneur en matières grasses (8,5 %) et à consistance légèrement granuleuse.

S

SIROP D'ÉRABLE
Sirop confectionné avec la sève d'une variété spécifique d'érable. Il ne faut pas le confondre avec le sirop « au goût d'érable », une mélasse obtenue après raffinage du sucre de canne.

SIROP DE GLUCOSE
Sirop de sucre à base d'amidon de blé ou de maïs.

SIROP DE SUCRE DE CANNE
Il s'obtient par le raffinement du jus de sucre de canne ; on peut le remplacer par du sirop d'érable ou du miel.

SON
Enveloppe extérieure d'une graine de céréale (blé, riz ou avoine).

SUCRE
cassonade sucre roux parfumé issu de la canne à sucre.
demerara sucre cristal doré à la saveur riche caractéristique. On l'utilise souvent pour sucrer le café.
en poudre aussi appelé sucre semoule, c'est un sucre blanc obtenu par broyage du sucre cristal.
sucre cristal sucre blanc à la texture grossière.
sucre glace sucre cristal réduit en poudre et additionné d'un peu d'amidon.
vanillé sucre en poudre parfumé à la vanille. Il se conserve indéfiniment.

V

VANILLE
extrait obtenu par macération des gousses dans l'alcool. On peut y substituer de l'essence de vanille.
gousse fruit long et mince d'une orchidée cultivée en Amérique du Sud et en Amérique centrale. Elle contient de minuscules graines noires qui confèrent une saveur incomparable aux pâtisseries et aux desserts.

Conception graphique de l'intérieur : Bénédicte Beaujouan
Mise en pages : Les PAOistes
Traduction : Virginie Bordeaux, Catherine Bricou, Anne-Claire Levaux, Constance de Mascureau, Gilles Mourier, Florence Raffy et Catherine Vandevyvere.
Relecture et correction : Natacha Kotchetkova, Clémentine Bougrat, Chloé Chauveau, Valérie Mettais.

Hachette Livre – 43, quai de Grenelle
75905 Paris Cedex 15
41.3160.3/03
Dépôt légal : novembre 2014
ISBN : 978-2-501-08736-0

PAPIER À BASE DE FIBRES CERTIFIÉES

s'engage pour l'environnement en réduisant l'empreinte carbone de ses livres.
Celle de cet exemplaire est de :
3 000 g éq. CO_2
Rendez-vous sur www.marabout-durable.fr

Achevé d'imprimer en août 2012 sur les presses de Graficas Estella en Espagne.